九次改訂

登録免許税の軽減のための

住宅用家屋証明の手引き

民間住宅税制研究会
編・著
国土交通省住宅局
編集協力

第一法規

まえがき

住宅政策の基本理念等を定めるために平成18年に制定された住生活基本法は，住宅セーフティネットの確保を図りつつ，健全な住宅市場を整備するとともに，国民の住生活の「質」の向上を図る政策への本格的な転換を図る道筋を示しています。

同法においては，現在及び将来における国民の住生活の基盤となる良質な住宅の供給等が図られるよう，社会経済情勢の変化に的確に対応しつつ，居住者の負担能力を考慮して，住生活の安定の確保及び向上の促進に関する施策を推進していく旨が掲げられております。

この点，それぞれの世帯が無理のない負担で良質な住宅を確保できるよう，住宅取得に係る負担を軽減するための各種の措置を講じていますが，その一つに住宅取得時における登録免許税の軽減措置があり，この措置は一定の要件を満たす住宅について登録免許税を軽減することとしているものです。

一定の要件を満たす住宅の証明事務については，市区町村等が行っているところですが，本書はこの証明事務についての解説を行うとともに，関連する法令等を収録したものです。

本書が実務に携わる方々にとって，制度の理解，執務の助けとなれば幸いです。

令和6年9月

国土交通省住宅局

目次

I 解説編

II 事例編

III 参考資料編

IV 法令・通達編

※本編は巻末から始まります。

※本書は，令和６年４月１日までに公布され，令和６年７月１日時点で施行された法令等に基づいた内容としています。

I

解説編

1　住宅用家屋証明に関する現行制度の概要

(1)　住宅用家屋の所有権の保存登記等に係る税率の軽減措置の改正

一定の住宅用家屋を取得等し，その者の居住の用に供した場合，当該住宅用家屋に係る保存登記，移転登記及び抵当権設定登記の税率の軽減措置が講じられている。

(2)　本則税率及び軽減措置の関係

本則税率及び軽減措置の関係は以下のとおり。

	本則税率 （登録免許税法別表第一）	住宅用家屋に係る軽減措置 （租税特別措置法第72条の2，73条，74条，74条の2，74条の3，75条）
所有権保存登記	4/1000	1.5/1000（一般の住宅） 1/1000（認定住宅）
所有権移転登記		
相続による移転	4/1000	－
共有物の分割による移転	4/1000	－
売買その他の原因による移転	20/1000	3/1000（一般の住宅） 1/1000（認定住宅及び買取再販で扱われる住宅。ただし認定長期優良住宅の一戸建てのみ2/1000） （売買，競落に限る。）
抵当権設定登記	4/1000	1/1000

2　住宅用家屋の所有権の保存登記に係る登録免許税の軽減措置の概要

(1)　住宅用家屋の要件

①個人が昭和59年4月1日から令和9年3月31日までの間に新築した家屋又は取得した建築後使用されたことのない家屋であること。

②個人が自己の居住の用に供する家屋であること。

③当該家屋の床面積が50㎡以上であること。

④区分建物については，耐火建築物（建築基準法第2条第9号の2に定めるもの。以下同じ。），準耐火建築物（同条第9号の3に定めるもの。以下同じ。），又は一団の土地に集団的に建設された家屋で準耐火建築物に準じる耐火性能を有するものとして国土交通大臣の定める基準に適合するものであること。

(2)　手続要件

①上記の住宅用家屋の要件について，市区町村長等（備考1）の証明を受けたものであること。

②当該住宅用家屋の新築又は取得後1年以内に登記を受けること。

備考1：当該家屋の所在地の市町村長又は特別区の区長。ただし，以下の住宅用家屋についてはそれぞれ以下に掲げる者の証明も認める。

住宅用家屋の証明	証明権者
勤労者財産形成促進法第 9 条第 1 項に規定する勤労者が，当該勤労者を雇用する事業主，当該事業主を構成員とする同項に規定する事業主団体又は当該事業主若しくは当該事業主団体が出資する同項に規定する福利厚生会社から同項に規定する住宅資金の貸付けを受けて新築又は取得をする住宅用の家屋	独立行政法人勤労者退職金共済機構の理事長
勤労者財産形成促進法第 15 条第 2 項の公務員が，当該公務員に係る同項に規定する共済組合等から同項に規定する住宅資金の貸付けを受けて新築又は取得をする住宅用の家屋	当該共済組合等の長
地方公共団体，独立行政法人都市再生機構，地方住宅供給公社又は日本勤労者住宅協会が新築した住宅用の家屋	当該家屋を新築した者の長
個人が，地方公共団体から住宅用の家屋の新築に必要な資金の貸付けを受けて新築した者から取得をする当該住宅用の家屋	当該資金の貸付けをした者の長

⑶　税率の軽減

上記の住宅用家屋の保存登記については，登記の際に，⑵①の市区町村長等による証明書を添付することにより，登録免許税を本則の税率である不動産価額の 4/1000 から 1.5/1000 に軽減する。

3 住宅用家屋の所有権の移転登記に係る登録免許税の軽減措置の概要

(1) 住宅用家屋の要件

○取得原因が「売買」又は「競落」であるもの

○建築後使用されたことのない住宅用家屋の場合

①個人が昭和59年4月1日から令和9年3月31日までの間に新築した家屋又は取得した建築後使用されたことのない家屋であること。

②個人が自己の居住の用に供する家屋であること。

③当該家屋の床面積が50㎡以上であること。

④区分建物については，耐火建築物（建築基準法第2条第9号の2に定めるもの），準耐火建築物（同条第9号の3に定めるもの），又は一団の土地に集団的に建設された家屋で準耐火建築物に準じる耐火性能を有するものとして国土交通大臣の定める基準に適合するものであること。

○建築後使用されたことのある住宅用家屋の場合

①個人が昭和59年4月1日から令和9年3月31日までの間に取得した家屋であること。

②個人が自己の居住の用に供する家屋であること。

③当該家屋の床面積が50㎡以上であること。

④耐震性に関して，以下のいずれかに該当する家屋であること。

・昭和57年1月1日以後に建築された家屋

・一定の耐震基準を満たしていることが次のいずれかの書類により

証明されたもの

➢建築士，指定確認検査機関，登録住宅性能評価機関又は住宅瑕疵担保責任保険法人が証する書類（耐震基準適合証明書）

➢住宅性能評価書の写し（耐震等級が1，2又は3であるものに限る。）

➢既存住宅売買瑕疵担保責任保険に加入していることを証する書類（保険証券の写し又は保険付保証明書）

⑤区分建物については，耐火建築物又は準耐火建築物であること。ただし，備考2に掲げる家屋についてはこれと同様に扱う。

備考2：登記簿に記載された当該家屋の構造のうち建物の主たる部分の構成材料による構造が石造，れんが造，コンクリート造，コンクリートブロック造，鉄骨造，鉄筋コンクリート造又は鉄骨鉄筋コンクリート造であること。

(2) 手続要件

①上記の住宅用家屋の要件について，市区町村長等（3頁備考1）の証明を受けたものであること。

②当該住宅用家屋の新築又は取得後1年以内に登記を受けること。ただし，住宅用家屋を新築した者が所有権の移転の登記に応じないため，当該住宅用家屋の新築後1年以内に訴えを提起した場合については，1年以内に登記できないことについてやむを得ない事情があるとして，判決の確定又は和解調書若しくは認諾調書の作成の日から1年以内の登記についても特例の適用が認められる。

⑶　税率の軽減

上記の住宅用家屋の移転登記については，登記の際に，⑵①の市区町村長等による証明書を添付することにより，登録免許税を本則の税率である不動産価額の20/1000から3/1000に軽減する。

4　特定認定住宅の所有権の保存登記等に係る登録免許税の軽減措置の概要

○所有権の保存登記の場合

(1)　特定認定住宅の要件

①特定認定長期優良住宅については，長期優良住宅の普及の促進に関する法律の施行の日（平成 21 年 6 月 4 日）から，認定低炭素住宅については，都市の低炭素化の促進に関する法律の施行の日（平成 24 年 12 月 4 日）から令和 9 年 3 月 31 日までの間に新築した家屋又は取得した建築後使用されたことのない家屋であること。

②長期優良住宅の普及の促進に関する法律第 10 条第 2 号に規定する認定長期優良住宅又は都市の低炭素化の促進に関する法律第 2 条第 3 項に規定する認定低炭素建築物であること。

③個人が自己の居住の用に供する家屋であること。

④当該家屋の床面積が 50 ㎡以上であること。

⑤区分建物については，耐火建築物（建築基準法第 2 条第 9 号の 2 に定めるもの，以下同じ。），準耐火建築物（同条第 9 号の 3 に定めるもの，以下同じ。），又は一団の土地に集団的に建設された家屋で準耐火建築物に準じる耐火性能を有するものとして国土交通大臣の定める基準に適合するものであること。

⑵　手続要件

①上記の認定住宅の要件について，市区町村長等（3頁備考1）の証明を受けたものであること。

②当該認定住宅の新築又は取得後1年以内の登記を受けること。

⑶　税率の軽減

上記の特定認定長期優良住宅及び認定低炭素住宅の保存登記については，登記の際に，⑵①の市区町村長等による証明書を添付することにより，登録免許税を本則の税率である不動産価額の4/1000から1/1000に軽減する。

○所有権の移転登記について

⑴　認定住宅の要件

①取得原因が「売買」又は「競落」であること。

②特定認定長期優良住宅については，長期優良住宅の普及の促進に関する法律の施行の日（平成21年6月4日）から，認定低炭素住宅については，都市の低炭素化の促進に関する法律の施行の日（平成24年12月4日）から令和9年3月31日までの間に取得した建築後使用されたことのない家屋であること。

③長期優良住宅の普及の促進に関する法律第10条第2号に規定する認定長期優良住宅又は都市の低炭素化の促進に関する法律第2条第3項に規定する認定低炭素建築物であること。

④個人が自己の居住の用に供する家屋であること。

⑤当該家屋の床面積が50㎡以上であること。

⑥区分建物については，耐火建築物（建築基準法第2条第9号の2に

定めるもの），準耐火建築物（同条第９号の３に定めるもの），又は一団の土地に集団的に建設された家屋で準耐火建築物に準じる耐火性能を有するものとして国土交通大臣の定める基準に適合するものであること。

⑵　手続要件

①上記の認定住宅の要件について，市区町村長等（３頁備考１）の証明を受けたものであること。

②上記の認定住宅の移転登記においては，当該認定住宅で建築後使用されたことのないものの取得後１年以内に登記を受けること。ただし，認定住宅（建築後使用されたことのないものに限る。）を新築した者が当該認定住宅の所有権の移転の登記に応じないため，当該認定住宅の新築後１年以内に訴えを提起した場合については，１年以内に登記できないことについてやむを得ない事情があるとして，判決の確定又は和解調書若しくは認諾調書の作成の日から１年以内の登記についても特例の適用が認められる。

⑶　税率の軽減

上記の特定認定長期優良住宅の移転登記については，登記の際に，⑵①の市区町村長等による証明書を添付することにより，登録免許税を本則の税率である不動産価額の20/1000から区分建物は1/1000，一戸建ては2/1000に軽減する。

認定低炭素住宅の移転登記については，登記の際に，⑵①の市区町村長等による証明書を添付することにより，登録免許税を本則の税率である不動産価額の20/1000から1/1000に軽減する。

5　買取再販で扱われる住宅の取得に係る登録免許税の軽減措置の概要

(1)　住宅用家屋の要件

①個人が平成26年4月1日から令和9年3月31日までの間に宅地建物取引業者から取得した建築後使用されたことのある家屋であること。

②個人が自己の居住の用に供する家屋であること。

③当該家屋の床面積が50㎡以上であること。

④耐震性に関して，以下のいずれかに該当する家屋であること。

・昭和57年1月1日以後に建築された家屋

・一定の耐震基準を満たしていることが次のいずれかの書類により証明されたもの。

➢建築士，指定確認検査機関，登録住宅性能評価機関又は住宅瑕疵担保責任保険法人が証する書類（耐震基準適合証明書）

➢住宅性能評価書の写し（耐震等級が1，2又は3であるものに限る。）

➢既存住宅売買瑕疵担保責任保険に加入していることを証する書類（保険証券の写し又は保険付保証明書）

⑤個人の取得の時において，新築された日から起算して10年を経過した家屋であること。

⑥個人の取得前2年以内に宅地建物取引業者が取得をした家屋であること。

⑦建物価格に占めるリフォーム工事の総額の割合が20％（リフォーム工事の総額が300万円を超える場合には300万円）以上であること。

（注） 当該建物価格については，売買契約書，売渡証書その他の金額を証する書類により確認することが考えられる。また，売買契約書に建物と土地の合計金額のみが記載されていて内訳が載っていない場合，売買契約書に記載されている消費税額から逆算して算出する方法が考えられる。

⑧当該家屋について，以下のいずれかに該当するリフォーム工事が行われたこと。

・租税特別措置法施行令第42条の2の2第2項第1号から第6号までに定めるリフォーム工事を行い，工事の合計額が100万円（税込）を超えること。

・50万円（税込）を超える，同項第4号から第6号のいずれかに該当する工事を行うこと。

・50万円（税込）を超える，同項第7号に該当する工事を行い，給水管，排水管又は雨水の浸入を防止する部分の瑕疵を担保する既存住宅売買瑕疵担保責任保険に加入すること。

(2) 手続要件

①上記の住宅用家屋の要件について，市区町村長等（3頁備考1）の証明を受けたものであること。

②当該住宅用家屋の取得後1年以内に登記を受けること。

(3) 税率の軽減

上記の住宅用家屋の所有権の移転登記に係る登録免許税を本則の税率である20/1000から1/1000に軽減する（一般住宅は3/1000）。

6　住宅取得資金の貸付け等の抵当権設定登記に係る登録免許税の軽減措置の概要

(1)　住宅用家屋の要件

◯家屋が新築（増築）又は建築後使用されたことのない家屋の取得の場合

①個人が昭和59年4月1日から令和9年3月31日までの間に新築（増築を含む）又は取得した家屋であること。

②個人が自己の居住の用に供する家屋であること。

③当該家屋の床面積が50㎡以上であること（増築の場合は増築後の床面積）。

④区分建物については，耐火建築物（建築基準法第2条第9号の2に定めるもの），準耐火建築物（同条第9号の3に定めるもの），又は一団の土地に集団的に建設された家屋で準耐火建築物に準じる耐火性能を有するものとして国土交通大臣の定める基準に適合するものであること。

◯建築後使用されたことのある家屋の取得の場合

①個人が昭和59年4月1日から令和9年3月31日までの間に取得した家屋であること。

②個人が自己の居住の用に供する家屋であること。

③当該家屋の床面積が50㎡以上であること。

④耐震性に関して，以下のいずれかに該当する家屋であること。

・昭和57年1月1日以後に建築された家屋

・一定の耐震基準を満たしていることが次のいずれかの書類により証明されたもの

➢建築士，指定確認検査機関，登録住宅性能評価機関又は住宅瑕疵担保責任保険法人が証する書類（耐震基準適合証明書）

➢住宅性能評価書の写し（耐震等級が1，2又は3であるものに限る。）

➢既存住宅売買瑕疵担保責任保険に加入していることを証する書類（保険証券の写し又は保険付保証明書）

⑤区分建物については，耐火建築物又は準耐火建築物であること。ただし，6頁備考2に掲げる家屋についてはこれと同様に扱う。

⑵ 抵当権の設定登記を受ける債権の範囲

上記の家屋の新築若しくは増築又は取得のための以下の債権

・資金の貸付け（貸付けに係る債務保証を含む）に係る債権（当該保証に係る債務の求償権）

・賦払いの方法により対価の支払いが行われる場合，その賦払金に係る債権

・住宅金融支援機構が，独立行政法人住宅金融支援機構法第13条第1項第1号の業務により金融機関から譲り受けた貸付債権

⑶ 手続要件

①上記の家屋の要件について，市区町村長等（3頁備考1）の証明を受けたものであること。

②当該家屋の新築又は取得後1年以内に登記を受けること。

(4)　税率の軽減

上記の家屋の新築若しくは増築又は取得のための資金の貸付け等に係る抵当権の設定登記については，登記の際に，(3)①の市区町村長等による証明書を添付することにより，登録免許税を本則の税率である債権金額の 4/1000 から 1/1000 に軽減する。

7 建物の登記の概要

物権は排他性，支配性を持つものであるから，権利者及び権利内容を公示する必要がある。動産については権利者は占有をするのが通常であるから占有をもって公示方法としているが，不動産は流通，担保等により複雑な支配関係が構成されることがあるため，不動産に係る権利関係を登記簿により公示し，明らかにしている。

登記の効力は，登記がなければ権利変動の当事者以外の第三者に主張することができないという対抗力が主たるものであり，公信力はないとされている。

登記は，対象事項により，土地についての登記と建物についての登記とに分類され，また，それぞれ不動産の表示に関する登記と不動産の権利に関する登記とに分類される。さらに，登記の内容により，記入登記（設定・保存の登記など），変更登記，更正登記，抹消登記及び回復登記に分類される。

(1) 建物の登記簿

建物の登記事項証明書は，表題部及び権利部（甲区）並びに権利部（乙区）から構成されており，それぞれ，建物の物理的状態を表す部分，建物の所有権に関する事項を示す部分，建物に係る所有権以外の権利に関する事項を示す部分となっている。

別記第8号（第197条第2項第2号関係）

表　題　部（主である建物の表示）			調製		不動産番号	
所在図番号						
所　　在						
家屋番号						
① 種 類	② 構 造	③ 床 面 積 ㎡		原因及びその日付〔登記の日付〕		

表　題　部（附属建物の表示）				
符　号	①種 類	② 構 造	③ 床 面 積 ㎡	原因及びその日付〔登記の日付〕
所 有 者				

権　利　部（甲区）（所有権に関する事項）			
順位番号	登 記 の 目 的	受付年月日・受付番号	権 利 者 そ の 他 の 事 項

権　利　部（乙区）（所有権以外の権利に関する事項）			
順位番号	登 記 の 目 的	受付年月日・受付番号	権 利 者 そ の 他 の 事 項

⑵　建物の表示の登記

建物の表示の登記とは，建物を新築した場合に建物の物理的状態を明確にし，建物を特定するためのものであり，登記簿の表題部に建物の所在地，家屋番号，種類，構造及び床面積等を記載する。

建物を新築したときは，建物の所有者は1か月以内に建物の表示の登記の申請をしなければならず，建物の表示の登記の申請前に建物の所有者の変更があったときは新所有者は所有者の変更の日から1か月以内に申請を行わなければならない。ただし，区分所有建物の表示の登記については，原始取得者のみに申請義務が課され，転得者は自ら表示登記申請を行うことはできないこととされている。

①建物の構造

建物の構造は，建物の主たる部分の構成材料，屋根の種類及び階数の3種類を組み合わせて表記され，それぞれは以下のように区分されている。なお，構成材料による区分の中で租税特別措置法施行令第42条に定めるものは，□の6構造である。

構成材料による区分	木造，土蔵造，石造，れんが造，コンクリートブロック造，鉄骨造，鉄筋コンクリート造，鉄骨鉄筋コンクリート造，木骨石造，木骨れんが造，軽量鉄骨造　等
屋根の種類による区分	かわらぶき，スレートぶき，亜鉛メッキ鋼板ぶき，草ぶき，陸屋根，セメントかわらぶき，アルミニューム板ぶき，板ぶき，杉皮ぶき，石板ぶき，銅板ぶき，ルーフィングぶき，ビニール板ぶき，合金メッキ鋼板ぶき　等
階数による区分	平家建，2階建（3階建以上の建物にあっては，これに準ずるものとする），地下何階建，地下何階付き平家建（又は何階建），ガード下にある建物については，ガード下平家建（又は何階建），渡廊下付きの一棟の建物については，渡廊下付き平家建（又は何階建）　等

②建物の種類

建物の種類は，原則として建物の主たる用途により以下のように表記され，主たる用途により定めることができないときはこれらを組み合わせて表記される。

用途による区分	居宅，店舗，寄宿舎，共同住宅，事務所，旅館，料理店，工場，倉庫，車庫，発電所，変電所，校舎，講堂，研究所，病院，診療所，集会所，公会堂，停車場，劇場，映画館，遊戯場，競技場，野球場，競馬場，公衆浴場，火葬場，守衛所，茶室，温室，蚕室，物置，便所，鶏舎，酪農舎，給油所　等

③建物の床面積

建物の床面積は，各階ごとに壁その他の区画の中心線で囲まれた部分の水平投影面積により，100分の1平方メートル以下を切り捨てて表記することとされている。ただし，区分所有建物については，壁その他の区画の内側線により計算することとされている。

参照　**不動産登記法第44条，第45条，第47条，不動産登記規則第113条，第114条，第115条，不動産登記事務取扱手続準則第80条，第81条，第82条**

⑶　建物の所有権の保存登記

建物の所有権の保存登記とは，建物の表示の登記をした後に，建物の所有権を示す権利部（甲区）に初めて行う登記のことである。

登記手続は，所有者の単独申請により，建物の登記事項証明書の表題部に自己又は被相続人が所有者として記載されている者，判決により自己の所有権を証する者，収用により所有権を取得した者，区分所有建物の登記事項証明書の表題部に記載されている者から所有権を取得したことを証する者に限定されている。

登録免許税は不動産価額の 4/1000 とされ，租税特別措置法第 72 条の 2 の住宅用家屋の特例の場合は不動産価額の 1.5/1000，同法第 74 条第 1 項の特定認定長期優良住宅の特例又は同法第 74 条の 2 第 1 項の認定低炭素住宅の特例の場合は不動産価額の 1/1000 とされている。

⑷ 建物の所有権の移転登記

建物の所有権の移転の登記とは，建物の所有者が変更した場合に行う登記であり，権利部（甲区）に新所有者を記載する登記である。

この登記により，新所有者は第三者に対して対抗力を持つことになり，その際の登録免許税は，登記原因に応じ以下のように定められている。

登記原因	本則税率	住宅用家屋の特例
相続	4/1000	軽減なし
贈与	20/1000	軽減なし
売買又は競落	20/1000	税率を 3/1000 に軽減(※)

(※)特定認定長期優良住宅の場合は戸建ては税率を 2/1000，共同住宅は税率を 1/1000 に軽減。買取再販で扱われる住宅の場合は税率を 1/1000 に軽減。

⑸ 抵当権の設定登記

抵当権の設定登記とは，担保物権である抵当権を公示し，当該権利を第三者に対抗するものである。その申請は登記義務者である抵当権設定者と登記権利者である抵当権者が共同して行い，所有権以外の権利に関する事項を記載する登記事項証明書の権利部（乙区）に登記原因，債権額等を記載する。

登録免許税は，債権金額の 4/1000 とされ，租税特別措置法第 75 条の住宅用家屋の特例の場合は債権金額の 1/1000 とされている。

(6)　その他の登記

①建物の表示の変更登記

建物の表示の変更登記とは，建物の所在，種類，構造及び床面積等に変更があった場合に行う登記であり，所有者が1か月以内に申請を行わなければならない。

なお，建物を解体しないで他の場所に移転する曳行移転は，建物の所在の変更とされ，また，建物の増築，改築及び附属建物の新築は建物の種類，構造及び床面積の変更とされる。

参照　**不動産登記法第51条，第52条，第53条，不動産登記事務取扱手続準則第85条**

②建物の合併の登記

建物の合併の登記とは，それぞれ別個の建物として登記されている効用上一体的な関係にある複数の建物を，1個の建物の登記として変更する登記であり，所有者の申請による。

建物の合併の登記を行うためには，原則として所有権の登記以外の登記がないこと，所有権の登記がなされており所有者が同一であること，区分された建物については接続していること等の条件を満たしていなければならない。

なお，建物の合併の登記の登録免許税は合併後の建物1個につき1000円とされている。

参照　**不動産登記法第54条，不動産登記事務取扱手続準則第86条，登録免許税法別表第1**

II
事例編

1 共通事項

Q 1 証明申請者の名義

住宅用家屋証明の申請は誰が行うのか。

A 住宅用家屋証明の申請は，自己の居住の用に供するための住宅の新築，取得又は増築を行い登記を申請する者が行うこととされている。したがって申請行為自体を代理の者が行うことはできるが，申請名義は当該登記を受けようとする者の氏名で行う必要がある。

Q 2 申請方法

市区町村に対して郵送による住宅用家屋証明の申請は認められないのか。

A 書類の確実な受理の観点から，昭和 59 年 5 月 22 日付建設省住民発第 32 号住宅局長通知において，申請の際は「必要書類を持参」することとされているが，申請者負担を考慮し，証明事務が適切に行われるのであれば，市区町村長の判断において郵送又はオンライン形式による申請を認めても差し支えない。

Q 3　日本国籍を有しない者の証明申請

日本国籍を有しない者でも，租税特別措置法第 72 条の 2，第 73 条，第 74 条，第 74 条の 2，第 74 条の 3 及び第 75 条の規定の適用が受けられるか。

A　租税特別措置法第 72 条の 2，第 73 条，第 74 条，第 74 条の 2，第 74 条の 3 及び第 75 条に規定する登録免許税の軽減措置は，申請者が日本国籍を有することは要件とされていない。したがって，住宅の床面積，自己の居住の用に供すること等特例の適用の要件が満たされれば，租税特別措置法第 72 条の 2，第 73 条，第 74 条，第 74 条の 2，第 74 条の 3 及び第 75 条の規定の適用を受けることができる。なお，申請者が日本国籍を有しない場合は，住民票により確認すべき事項について，特別永住者証明書又は在留カード等により確認する。

Q 4　登記後における特例の不適用

通常の税率により登録免許税を納付し，所有権の保存登記若しくは移転登記又は抵当権の設定登記を受けた後においても，所定の証明書を登記官署に提出すれば，租税特別措置法第 72 条の 2，第 73 条，第 74 条，第 74 条の 2，第 74 条の 3 及び第 75 条の規定の適用が受けられるか。

A　租税特別措置法第 72 条の 2，第 73 条，第 74 条，第 74 条の 2，第 74 条の 3 及び第 75 条の規定は，登記申請書に所定の証明書を添付して登記を受ける場合に限って適用されることになっているので，登記を受けた後においては，たとえどのような事情がある場合であっても，これらの特例の適用はないこととされている。

Q 5　専ら当該個人の住宅の用に供する家屋

租税特別措置法第72条の2，第73条，第74条，第74条の2，第74条の3及び第75条の規定の適用を受けることができる「専ら当該個人の住宅の用に供する家屋」とは，どのような家屋をいうのか。

A　「専ら当該個人の住宅の用に供する家屋」とは，その家屋を新築又は取得した個人が居住の用に供する専用住宅家屋をいい，店舗併用住宅，事務所併用住宅のような家屋はこれに該当しない。ただし，その家屋の床面積の90％を超える部分が住宅である店舗併用住宅，事務所併用住宅などの家屋は，専用住宅家屋に該当するものとして取り扱って差し支えないこととされている。この場合，90％を超えているかについては，申請者が提出した図面等で判断することとされている。

区分所有建物の部分についても同様に扱うこととされている。

Q 6　販売等の目的で新築又は取得した家屋

宅地建物取引業者が販売の目的で新築又は取得した家屋で，宅地建物取引業者の名義で登記を受ける場合は，租税特別措置法第72条の2，第73条，第74条，第74条の2，第74条の3及び第75条の規定の適用があるのか。また，個人が貸付けの目的で新築又は取得した家屋についてはどうなのか。

A　租税特別措置法第72条の2，第73条，第74条，第74条の2，第74条の3及び第75条の規定は，専ら当該個人の住宅の用に供する家屋についてのみ適用され，本問の場合はいずれも自己居住要件を欠いているので，これらの特例の適用はない。

Q 7　自己の居住の用に供することの確認

租税特別措置法第72条の2，第73条，第74条，第74条の2，第74条の3及び第75条の規定によれば，「当該個人の居住の用に供した場合」には税率の軽減措置が受けられるとされているが，当該個人の居住の用に供することをどのような方法で確認するのか。

A　申請者が申請に係る家屋を居住の用に供することについては，申請者が当該家屋の所在地への住民票の転入手続を済ませている場合にあっては住民基本台帳又は住民票の写しにより，まだ住民票の転入手続を済ませていない場合にあっては入居（予定）年月日等を記載した当該個人の申立書等又は入居見込み確認書等により確認を行うこととされている。

参照　Q8，Q9，Q10，Q11

Q　8　単身赴任の取扱い

甲は家屋を新築（取得）したが，勤務の都合上当分の間妻子のみが入居し，甲はいわゆる単身赴任することとなった。この場合，租税特別措置法第72条の2，第73条，第74条，第74条の2，第74条の3及び第75条の規定の適用が受けられるのか。

A　甲が，転勤等やむを得ない事情により，甲の配偶者等（社会通念に照らしその者と同居することが通常であると認められる配偶者その他の者をいう。）と離れ，単身で起居している場合であっても，当該事情が解消したときは当該配偶者等と起居を共にすることとなると認められるときは，市区町村長は，当該配偶者等が居住の用に供している家屋を，甲が住民票の転入手続を済ませている場合と同様に甲にとっても居住の用に供している家屋に該当するものとして取り扱って差し支えないこととされている。この場合において，当該事情が解消するまでの期間については，甲の申立書等に基づき市区町村長が適切に判断する。

また，専ら当該個人の居住の用に供するか否かの判断については，当該配偶者等の住民票の写し等により確認することとされている。

なお，転勤等やむを得ない事情により，単身ではなく家族全員が住民票を移せない場合は，取得後1年以内に甲が入居することが要件となっている。

Q 9　申立書に係る証明事務の適正化通知

「住宅用家屋の保存登記等の登録免許税の税率の軽減措置に係る市町村長の証明事務の適切な実施について」（昭和63年11月18日付建設省住民発第58号住宅局長通知）の趣旨は何か。

A　住宅用家屋の保存登記等の登録免許税の税率の軽減措置は，自己の住宅の用に供する家屋に係る保存登記等について適用されるが，証明申請者が当該家屋を専ら住宅の用に供することの確認は，昭和59年5月22日付建設省住民発第32号住宅局長通知により，証明申請者が当該家屋の所在地への住民票の転入手続を済ませている場合には住民票により行い，まだ住民票の転入手続を済ませていない場合には入居（予定）年月日等を記載した当該個人の申立書等によることとされている。

しかしながら，税率の軽減措置を受けた本人が当該家屋に居住せず，第三者を居住させたり，当該家屋を事務所に転用したりするなど，入居（予定）申立書等による事務の運用が必ずしも適切でない事例等が見受けられ，また，申立書の様式及び申立書に係る事務の具体的運用も定められていなかったことに鑑み，申立書に係る事務の具体的運用及び申立書の様式を定め，申立書に係る事務の運用の適正化を図るために行われたものである。

参照　Q10，Q11，昭和63年11月18日付建設省住民発第58号（IV　法令・通達編　105頁）

Q 10 入居（予定）年月日等を記載した当該個人の申立書

申請者が住民票の転入手続を済ませていない場合にあっては入居（予定）年月日等を記載した当該個人の申立書等により，申請に係る家屋を当該申請者が居住の用に供することを確認するとされているが，申立書の記載事項はどのようなものか。また，どのような方法で確認するのか。

A 1．申立書の記載事項は，①所有者の住所・氏名，②家屋の登記簿上の所在地・家屋番号，③家屋の住居表示，④入居予定年月日，⑤現住家屋の処分方法等，⑥入居が登記の後になる理由，とされている。

2．(1)　申請に係る家屋を当該申請者が居住の用に供することの確認は，申請者が証明申請時に居住している家屋（現住家屋）の処分方法等，入居が登記の後になる理由，これらに照らして適切な入居予定日であることなどから判断を行うこととされている。その際，現住家屋の処分方法等については，その場合に応じて次のような書類を提出することとされている。

①現住家屋を売却する場合：当該現住家屋の売買契約（予約）書，媒介契約書等売却することを証する書類及び申請者がその家屋に

居住していることを明らかにする現在の住民票の写し

②現住家屋を賃貸する場合：当該現住家屋の賃貸借契約（予約）書，媒介契約書等賃貸することを証する書類及び申請者がその家屋に居住していることを明らかにする現在の住民票の写し

③現住家屋が借家，借間，社宅，寄宿舎，寮等の場合：申請者と家主の間の賃貸借契約書，使用許可証又は家主の証明書等，現住家屋が申請者の所有家屋ではないことを証する書類及び申請者がその家屋に居住していることを明らかにする現在の住民票の写し

④その他，現住家屋に申請者の親族が住む場合等：当該親族の申立書等，現住家屋が今後，当該申請者の居住の用に供されるものではないことを証する書類及び申請者がその家屋に居住していることを明らかにする現在の住民票の写し

(2)　現住家屋の処分方法等が未定の場合は，入居が登記の後になることを疎明する書類を提出することとされている。

参照　Q8

Q 11　入居（予定）年月日の期間

申立書により申請を行った場合に，入居（予定）年月日は取得後どの位の期間まで認められるのか。

A　租税特別措置法による登録免許税の軽減措置は，「当該個人の居住の用に供した場合」に適用されるものであり，本来，住宅用家屋を取得し，当該家屋に入居した後に住宅用家屋の証明の申

請を行うものである。

しかしながら，中古住宅売買の商慣行を鑑みると，入居前の者について適用を認めないこととすれば借入金で住宅を取得する者は特例の適用を受けられず，自己資金で家屋を取得する者だけが特例の適用を受けるという著しい不公平を生じること等から，居住の用に供した場合と同一視できる場合については，申立書による申請により特例の適用が認められている。

以上のような申立書による運用の趣旨から，申立日から入居予定年月日までの期間は，通常，住居の移転に要する1～2週間程度の期間しか認められないものである。

また，病気療養，転勤，子どもの学校の関係で転居できない等やむを得ない事情が申請人からの疎明書類により明らかな場合についても，当該事情が終了して直ちに入居することが要請され，その事情の期間も，

・居住の用に供したと同一視できる場合に限り申立書による申請を認めていること
・取得後直ちに入居した場合でも1年以内に登記する場合に限り特例の適用があること
・住宅政策上，取得後1年以上も入居しない不要不急の住宅需要に対して援助を行う必要がないこと

等から，申立日から入居日までの期間は1年以内に限られるものである。

証明事務のフローチャート

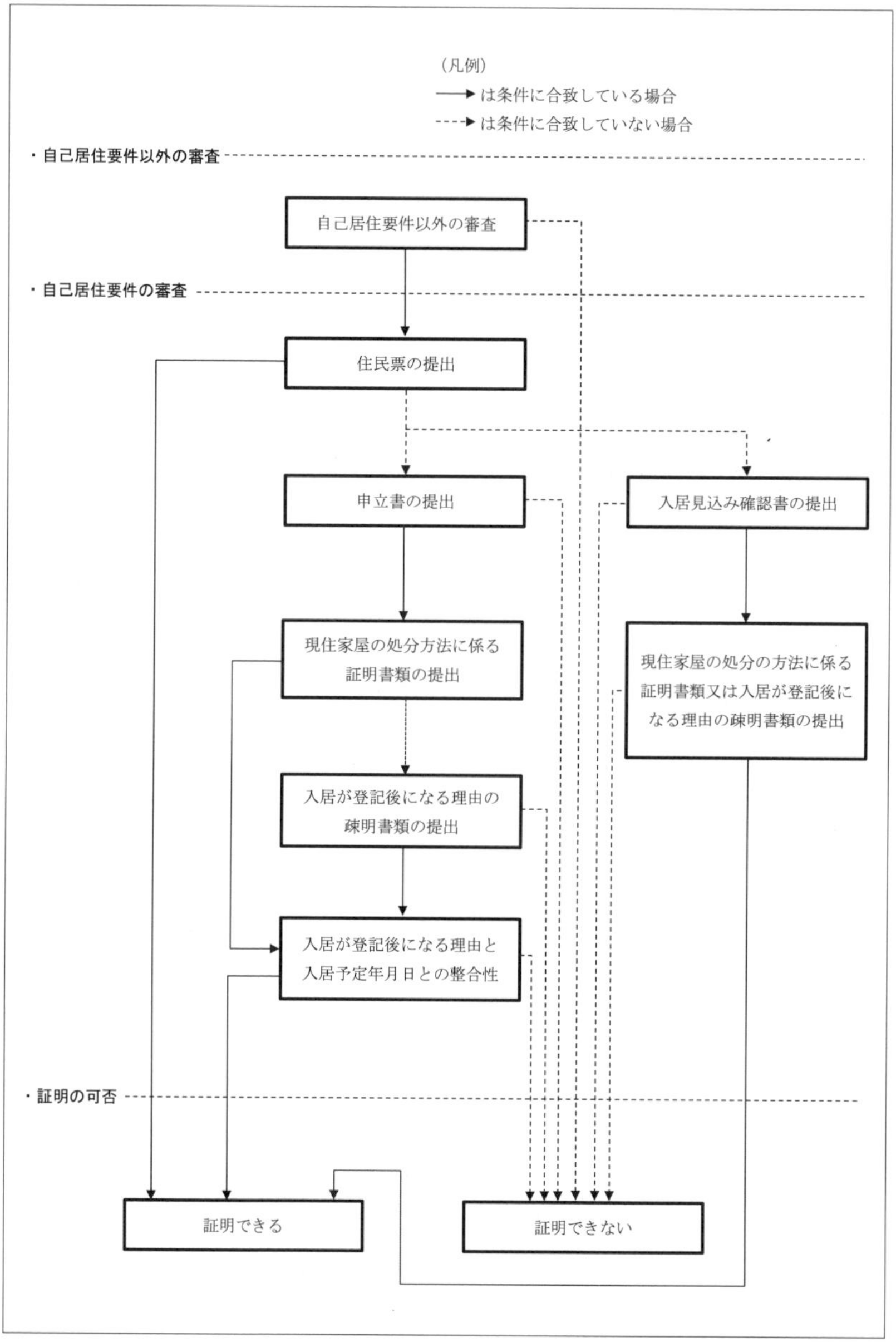

Q 12 宅地建物取引業者が発行する入居見込み確認書に係る通知

令和6年4月1日付国土交通省国住経法第52号住宅局長通知による，「住宅用家屋の所有権の保存登記等の登録免許税の税率の軽減措置に係る市町村長の証明事務の実施について」（昭和59年5月22日付建設省住民発第32号住宅局長通知）及び「住宅用家屋の保存登記等の登録免許税の税率の軽減措置に係る市町村長の証明事務の適切な実施について」（昭和63年11月18日付建設省住民発第58号住宅局長通知）の改正の趣旨は何か。

A 地方分権の推進に係る政府の閣議決定文書である「令和5年の地方からの提案等に関する対応方針」（令和5年12月22日閣議決定）において，住宅用家屋証明の「要件の審査に係る市区町村の事務負担を軽減するため，宅地建物取引業者が発行する確認書を活用できることとし，その旨を地方公共団体及び宅地建物取引業の業界団体に令和6年中に通知する」こととされた。

これを踏まえ，住宅用家屋証明に係る市区町村における要件の審査のうち，自己の居住の用に供することの確認に係る負担を軽減するため，従来の申立書等の確認による方法に加えて，宅地建物取引業者が，買主である当該個人の依頼を受けて当該家屋の取得に係る取引の代理又は媒介をした場合には，当該宅地建物取引業者が発行する「入居見込み確認書」の確認による方法も認められる旨の改正が行われることとなった。

なお，「住宅用家屋の所有権の保存登記等の登録免許税の税率の軽減措置に係る市町村長の証明事務の実施について」（昭和59年5月

22日付建設省住民発第32号住宅局長通知）及び「住宅用家屋の保存登記等の登録免許税の税率の軽減措置に係る市町村長の証明事務の適切な実施について」（昭和63年11月18日付建設省住民発第58号住宅局長通知）について，上記の改正が行われたほか，宅地建物取引業の業界団体の長に対して，「住宅用家屋の所有権の保存登記等の登録免許税の税率の軽減措置に係る宅地建物取引業者の事務について（依頼）」（令和6年4月1日付国土交通省国住経法第51号住宅局長通知）が発出され，宅地建物取引業者における「入居見込み確認書」の発行の際の事務について示された。

Q 13　入居見込み確認書による申請時の添付書類の取扱い

申請者が，入居見込み確認書により，当該申請者が居住の用に供することを証明しようとする場合，併せて提出させる添付書類（現住家屋の処分方法等を示す書類，現住家屋の処分方法が未定の場合にあっては，入居が登記の後になることを疎明する書類）の内容を確認する必要はあるのか。

A　宅地建物取引業者における入居見込み確認書の発行にあたっては，申請者から，

・現住家屋の処分方法等を示す書類や，
・現住家屋の処分方法が未定の場合にあっては，入居が登記の後になることを疎明する書類

の提出を受けた上で，申請者に入居見込み確認書を交付しているため，市区町村における住宅用家屋証明に係る審査において，申請者から入

居見込み確認書が提出された場合には，当該入居見込み確認書に必要事項（買主による署名，宅地建物取引業者による記名，家屋の所在地等，入居予定年月日，現在の家屋（旧居）の処分方法等，入居が登記の後になる理由等）が全て記入されていることを確認すればよく，併せて提出させる添付書類（現住家屋の処分方法等を示す書類，現住家屋の処分方法が未定の場合にあっては，入居が登記の後になることを疎明する書類）の内容を精査する必要はないとされている。

しかし，虚偽の申告により住宅用家屋証明を受けて，登録免許税の軽減を受けたことが判明した場合には，税務当局による調査が行われる可能性があるため，入居見込み確認書によって，当該申請者が居住の用に供することを証明しようとする場合についても，申立書による場合と同様に，添付書類（現住家屋の処分方法等を示す書類，現住家屋の処分方法が未定の場合にあっては，入居が登記の後になることを疎明する書類）の提出を求めることとされており，その証明申請関係書類についても，申立書による場合と同様に，市区町村において5年間保存することとされていることに留意されたい。

○「住宅用家屋の所有権の保存登記等の登録免許税の税率の軽減措置に係る市町村長の証明事務の実施について」及び「住宅用家屋の保存登記等の登録免許税の税率の軽減措置に係る市町村長の証明事務の適切な実施について」の一部改正について

（令和6年4月1日　国住経法第52号
各都道府県知事、各指定都市の長あて　国土交通省住宅局長）

現在、租税特別措置法（昭和32年法律第26号）第72条の2、第73条、第74条、第74条の2、第74条の3及び第75条に規定する住宅用家屋の所有権の保存登記等の税率の軽減の適用にあたっては、租税特別措置法施行令（昭和32年政令第43号）第41条、第42条第1項若しくは第2項、第42条の2、第42条の2の2第1項又は第42条の2の3の規定に基づき、市町村長等が当該家屋の証明を行うことが必要であり、その証明にあたって使用する各種書類の様式について、標記通知により定めているところです。

今般、「令和5年の地方から提案等に関する対応方針」（令和5年12月22日閣議決定）において「施行令41条及び42条1項に規定する要件の審査に係る市区町村の事務負担を軽減するため、宅地建物取引業者が発行する確認書を活用できることとし、その旨を地方公共団体及び宅地建物取引業の業界団体に令和6年中に通知する」とされたこを受け、国土交通省住宅局長通知（令和6年国住経法第51号）にて宅地建物取引業者が買主の入居見込みを証する確認書（「入居見込み確認書様式例」。以下「確認書」という。）が新たに創設されたところです。

これらを踏まえ、別紙のとおり、標記通知について、住宅用家屋の所有権の保存登記等の登録免許税の税率の軽減措置を受けようとする個人が住宅の用に供することの確認の具体的方法につき、従来の申立書等の確認に代えて、宅地建物取引業者が、買主である当該個人の依頼を受けて当該家屋の取得に係る取引の代理又は媒介をした場合には、当該宅地建物取引業者が発行する確認書の確認でも足りることとする等の改正をすることとしましたので、十分留意するようお願いいたします。

本通知は、令和6年7月1日から適用します。

また、各都道府県におかれましては、貴管内市町村（特別区を含み、指定都市を除く。）に対しても本通知を周知いただくよう、お願いいたします。

改正の内容については、関係省庁とも協議済みであることを申し添えます。

別添

入居見込み確認書様式例

（市町村長名）　殿

年　　月　　日

（宅地建物取引業者による記名）

住所 ＿＿＿＿＿＿＿＿＿＿＿＿＿＿＿＿
氏名（法人にあっては名称及び代表者の氏名）

＿＿＿＿＿＿＿＿＿＿＿＿＿＿＿＿＿＿＿＿

宅地建物取引業の免許番号
（　　）第　　　　　号

連絡担当者＿＿＿＿＿＿＿＿＿＿＿＿＿＿
電話番号 ＿＿＿＿＿＿＿＿＿＿＿＿＿＿＿

私/当社が売買取引を仲介した下記の家屋については、現在のところ当該取引の買主が住民票の転入手続を済ませていない状態にありますが、当該取引時点において、当該取引の買主より、当該取引後に当該家屋を自己の住宅の用に供する意向を有することについて下記のとおり確認しておりますので、その内容をここに証します。

記

家屋の表示	所在地	
	家屋番号	
家屋の住居表示		
入居予定年月日		
現在の家屋（旧居）の処分方法等		
入居が登記の後になる理由		

なお、住宅用家屋証明書交付後、この入居見込み確認書に虚偽があることが判明した場合には証明を取り消され、税額の追徴を受けても異議ありません。

（買主による署名）
氏名

＿＿＿＿＿＿＿＿＿＿＿＿＿＿＿＿＿＿

備考

1　本様式は、宅地建物取引業者が、買主である個人の依頼を受けて家屋の取得に係る取引の代理又は媒介をした場合において、当該宅地建物取引業者が記入すること。ただし、「買主による署名」欄のみ、宅地建物取引業者の求めに応じて当該買主が署名すること。

2　「家屋の表示」の「所在地」及び「家屋番号」の欄には、当該家屋の登記簿に記載された家屋番号及び所在地を記載すること。

3　「家屋の住居表示」の欄には、当該家屋の住居表示を記載すること。

4　「入居予定年月日」の欄には、当該家屋への当該買主の入居予定年月日を記載すること。

5　「現在の家屋（旧居）の処分方法等」の欄には、当該買主が現在居住している家屋の処分方法等を記載すること。

6　「入居が登記の後になる理由」の欄には、当該取引の買主の入居が登記の後になる理由を具体的に記載すること。

Q 14　区分所有建物

甲は，耐火建築物である建物（2 階建て，床面積 250 ㎡）を取得し，その 1 階部分（床面積 150 ㎡）には自己が居住し，その 2 階部分（床面積 100 ㎡）には娘夫婦（甲とは生計を別にする。）を無償で居住させることとした。この建物は，1 階部分と 2 階部分が構造上区分され，それぞれ独立して居住の用に供することができ，区分所有することができるものであるが，甲は区分所有せずにその建物全体を 1 個の家屋として登記を受ける。

この場合，租税特別措置法第 72 条の 2，第 73 条，第 74 条，第 74 条の 2，第 74 条の 3 及び第 75 条の規定の適用が受けられるのか。

A

本問の場合，次の点に留意する必要がある。

1. 本問の場合，家屋の床面積の 40％ 相当部分が甲と生計を別にする娘夫婦に使用させるものであるから，その家屋全体を 1 個の家屋として登記を受ける場合には，その家屋は専ら自己の住宅の用に供する家屋に該当しないことになり，特例の適用はない。
2. なお，1 階部分と 2 階部分を区分所有し，区分所有に係る登記を受ける場合には，1 階部分については，特例の適用がある。

   しかし，2 階部分は専ら自己の住宅の用に供する家屋には該当しないから，特例の適用はない。
3. 建物が区分所有建物として登記できるかどうかの判断は，登記官署が行うものであり，市区町村長はその判断に基づき申請を受けることが望ましい。

Q 15 区分所有された賃貸住宅

甲，乙及び丙が共同で10階建ての建物（耐火建築物）を取得した。この建物のうち，1階部分は甲が，2階部分は乙が，3階部分は丙がそれぞれ区分所有し，それぞれ専ら当該個人の居住の用に供する（それぞれ150㎡とする）。その他の部分は甲，乙及び丙で共有し，賃貸を行う。甲，乙，丙は租税特別措置法第72条の2，第73条，第74条，第74条の2，第74条の3及び第75条の特例の適用を受けられるのか。

A 甲，乙及び丙のいずれも，自己の居住の用に供する部分に係る登記については租税特別措置法第72条の2，第73条，第74条，第74条の2，第74条の3及び第75条の規定の適用が受けられることとなる。

（注） この建物のすべてを共有して，同じ方法で利用した場合は，同条の規定の適用は受けられないこととなる。

Q 16 特例の対象となる区分所有建物

床面積が280㎡である1棟の家屋を区分所有し，その区分所有に係る部分（床面積140㎡）を専ら当該個人の住宅の用に供する場合，この部分について受ける登記については，租税特別措置法第72条の2，第73条，第74条，第74条の2，第74条の3及び第75条の特例の適用が受けられるのか。

A 建築後使用されたことのない家屋については，耐火建築物，準耐火建築物又は低層集合住宅に該当する家屋以外の家屋の区分所有に係る登記は，その適用対象として予定されていない。

また，建築後使用されたことのある家屋については，耐火建築物若しくは準耐火建築物に該当する家屋又は建物の登記簿に記載された主たる構成材料が鉄筋コンクリート造等（注）に該当する家屋以外の家屋の区分所有に係る登記は，その適用対象として予定されていない。

したがって，本問の場合には1棟の家屋が上の構造に該当するかどうかにより，判断することとなる。

（注） 鉄筋コンクリート造等

登記事項証明書の構造欄に，①石造，②れんが造，③コンクリートブロック造，④鉄骨造，⑤鉄筋コンクリート造，⑥鉄骨鉄筋コンクリート造のいずれかが記載されているものをいう。したがって例えば，登記事項証明書の構造欄に「木造」や「木・鉄骨造」と記載されている場合は該当しない。

Q 17　増築部分の区分所有

甲所有の耐火建築物である2階建ての居住用家屋の上部に，その子乙が3階部分を増築して入居した。この3階部分は乙が区分所有し，乙名義で登記を受ける。

この場合，乙は住宅用家屋の特例の適用が受けられるか。

A 増築部分の建物が租税特別措置法施行令第41条の要件を満たすものであれば，住宅用家屋の特例の適用が受けられることとなる。

Q 18　区分所有建物の複数部分の取得

個人が，1棟の区分所有建物のうち，床面積が30㎡と40㎡の部分を取得した場合，租税特別措置法第72条の2，第73条，第74条，第74条の2，第74条の3及び第75条の特例の適用を受けることができるのか。

A　増改築が比較的平易な単独家屋（戸建て）について，隣接した2棟以上の家屋を一体として当該個人の居住の用に供する場合，当該2棟以上の家屋が1つの登記事項証明書に登記されている場合に限り（例：1つの登記事項証明書に主たる建物と附属建物として登記されている場合），特例の適用が認められている。

同様に，増改築が困難な区分所有建物について，複数の住戸を一体として居住の用に供する場合，区分所有建物については複数の住戸を1つの登記事項証明書に登記することはできないため，複数の住戸に対して特例の適用が認められている。

例えば，区分所有建物が隣接する場合（例：301号室と302号室）等は特例の適用が認められるが，隣接していない場合（例：101号室と303号室）や区分所有建物の一部が複数の棟にまたがるような場合は，その家屋が一体として自己の居住の用に供しているとは認め難いことから，一般的には特例の適用はないこととされている。

また，住宅用家屋の要件である床面積については，取得した部分の床面積をすべて合計して判定するものとされているところ，本問の場合は床面積の合計が70㎡となるため，特例の適用を受けるための床面積要件を満たすこととなる。

したがって本問の場合，取得した複数部分が一体として居住の用に供されている場合には特例の適用を受けることができることとなる。

参照 Q20

Q 19 共同住宅の取得

共同住宅（登記事項証明書において，建物の種類が「共同住宅」となっているもの）について，保存登記，移転登記及び抵当権設定登記の特例の適用を受けることができるのか。

A 共同住宅は，区分所有建物の場合と異なり，各戸ごとに登記をすることができず，所有者以外の者が居住していないことが登記事項証明書上明らかでないため，一般的には特例の適用はない。

Q 20 共有家屋

甲，乙共同で取得した家屋（床面積120 ㎡で，専ら甲，乙の住宅の用に供するものである。）につき，取得後1年以内に甲，乙がその家屋を共有する登記を受ける場合，甲，乙共に租税特別措置法第72条の2，第73条，第74条，第74条の2，第74条の3及び第75条の特例の適用が受けられるのか。

A　甲，乙共に特例の適用が受けられる。

参照　Q22

Q 21　共有家屋の床面積の判定

甲，乙夫婦は，1 棟の区分所有建物のうち床面積 90 ㎡ の部分を取得した。この家屋については，甲，乙共有物件（持分は，甲，乙それぞれ 50％）として所有権の保存登記を受けるが，この家屋の租税特別措置法施行令第 41 条に規定する床面積要件はどのように判定するのか。

甲，乙それぞれの持分は 50％ であるから，甲の持分に係る部分の床面積は 45 ㎡（家屋全体の床面積 90 ㎡ × 50％），乙の持分に係る部分の床面積は 45 ㎡ であるが，甲，乙共に，租税特別措置法第 72 条の 2，第 73 条，第 74 条，第 74 条の 2，第 74 条の 3 及び第 75 条の特例の適用が受けられるのか。

A　その家屋の床面積が 50 ㎡ 以上であるかどうかは 1 棟の家屋（隣接する 2 棟以上の家屋を共に自己の住宅の用に供する場合には，これらすべての家屋）ごとに判定するので，家屋を共有する場合には，その共有部分に関係なく，その家屋全体の床面積で判定することとされている。したがって，本問の家屋は，その床面積が 50 ㎡ 以上であるので，特例の対象となる家屋には該当し，甲，乙共に特例の適用は受けられる。

Q 22 共有者の一人のみが住宅の用に供する家屋

甲，乙共同で取得した家屋（床面積125㎡で専ら甲のみが住宅の用に供する家屋である。）について，取得後1年以内に，甲，乙がその家屋を共有する登記を受ける場合，甲，乙共に，租税特別措置法第72条の2，第73条，第74条，第74条の2，第74条の3及び第75条の特例の適用が受けられるのか。

A 当該家屋を住宅の用に供する甲の共有持分に係る部分の登録免許税については，特例の適用が受けられるが，当該家屋を住宅の用に供さない乙の共有持分に係る部分の登録免許税については，特例の適用は受けられないものである。

なお，この場合に住宅用家屋証明の申請を行うことができるのは当該住宅を自己の居住の用に供する甲だけであり，また，共有持分の割合には制限がないこととされている。

Q 23 建築基準法との関係

建築基準法に違反しない家屋であることは，保存登記，移転登記又は抵当権設定登記の特例の適用の要件になっているのか。

A 建築基準法に違反する家屋については，建築基準法に基づき，違反を是正するための必要な措置が講じられることとなっているため，建築基準法に違反しない家屋であることは本特例措置の適用要件になっていない。

Q 24　床面積の意義

租税特別措置法施行令第41条に規定する「床面積」とは何か。

A　「床面積」とは，建築基準法施行令に規定する床面積と同様である。すなわち，家屋の各階又はその一部で壁その他の区画の中心線で囲まれた部分の水平投影面積をいう。この場合，この家屋が2以上の階を有する家屋であるときは，各階の床面積の合計をいう。

ただし，建物を区分所有する場合にあっては，不動産登記規則に規定するとおり，区分所有に係る部分の内壁で囲まれた部分の水平投影面積とされている。

これらの床面積は，具体的には，登記簿に記載されているところによる。

参照　**建築基準法施行令第2条第1項第3号**
不動産登記規則第115条

Q 25　高床式住宅

高床式住宅についての取扱いは，高床式でない住宅と異なるのか。

A　高床式住宅とは，特別豪雪地帯等において，積雪時の出入りや採光のため床下部分を通常よりも高くした住宅であり，床面積の判定にあたっては，床下部分の面積は床面積に算入しないことができることとされている。

しかし，本特例の適用を受けるための床面積の上限が平成11年度に撤廃されていることから，高床式住宅と一般住宅の取扱いは変わらない。

Q 26　モデルルームであった物件の扱い

モデルルームとして使用されていた物件を，個人が自己の居住の用に供するために購入し入居した場合，租税特別措置法第72条の2，第73条，第75条の規定の適用を受けることができるのか。

A　モデルルームとして使用されていた物件を，個人が自己の居住の用に供するために購入し入居した場合，当該物件は租税特別措置法第73条に規定されている「建築後使用されたことのある住宅用家屋」として扱われることとなる。したがって，このような場合，所有権移転登記の特例（租税特別措置法第73条）及び抵当権設定登記の特例（租税特別措置法第 75 条）の適用を受けることはできるが，一般的には所有権保存登記の特例（租税特別措置法第 72 条の 2）の適用を受けることはできない。

2　住宅用家屋の所有権の保存登記

Q 27　市区町村長等の確認事項及び確認方法

市区町村長等が証明を行う際に確認すべき事項は何か。また，その確認方法はどうすればよいのか。

A　市区町村長等が証明を行う際に確認が必要な事項は，次のとおりであり，市区町村長等はそれぞれ証明書の交付申請者から，申請書及び次のような書類の提出等を求め，その内容を確認した上で証明する。なお，必要に応じて，確認のためその他の書類の提出等を求めることができることとされている。

また，所在地や床面積等を確認するために提出を求める登記事項証明書については，登記官の押印がある場合のみ真正な書類であることが確認できるため，原則として全部事項証明書であることが望ましい。

(1)　個人が新築した住宅用家屋の場合

①所在地　　　　次のａ～ｄのうちいずれか。

ａ．確認済証及び検査済証（当該家屋が建築確認を要しないものであるときは，その建築工事請負書，設計図書その他の書類）

ｂ．登記事項全部証明書

ｃ．登記完了証（電子申請に基づいて建物の表題登記を完了した場合に交付されるもの（登記完了証として交付された書面及び電子公文書として交付された登記完了証を印刷したものをいう。）に限る。以下同じ。）

d．登記済証

②建築年月日　①に同じ。

③用　途　専用住宅家屋であることについては①に同じ。専ら当該個人の住宅の用に供することについては，住民基本台帳若しくは住民票の写し又は当該個人の申立書等による。

④床面積　①に同じ。

⑤区分建物の耐火性能　確認済証及び検査済証，設計図書，建築士の証明書等による。登記事項証明書の構造欄の記載により明らかな場合は登記事項全部証明書，登記完了証又は登記済証によって差し支えない。

⑥抵当権の設定に係る債権　当該家屋を取得するための資金の貸付け等に係る金銭消費貸借契約書，当該資金の貸付け等に係る債務の保証契約書，登記の申請情報と併せて提供する登記原因証明情報（抵当権の被担保債権が当該家屋の取得等のためのものであることについて明らかな記載があるものに限る。）等による。

(2)　個人が取得した建築後使用されたことのない住宅用家屋の場合

①所在地　次のａ～ｄのうちいずれか。

ａ．確認済証及び検査済証（当該家屋が建築確認を要しないものであるときは，その建築工事請

負書，設計図書その他の書類）
b．登記事項全部証明書
c．登記完了証
d．登記済証

②取得年月日	売買契約書，売渡証書等による。
③建築後使用されたことのないこと	直前の所有者又は当該家屋売買の代理若しくは媒介をした宅地建物取引業者の証明書による。
④用　途	専用住宅家屋であることについては①に同じ。専ら当該個人の住宅の用に供することについては，住民基本台帳若しくは住民票の写し，当該個人の申立書等又は入居見込み確認書等による。
⑤床面積	①に同じ。
⑥区分建物の耐火性能	確認済証及び検査済証，設計図書，建築士の証明書等による。登記事項証明書の構造欄の記載により明らかな場合は登記事項全部証明書，登記完了証又は登記済証によって差し支えない。
⑦抵当権の設定に係る債権	当該家屋を取得するための資金の貸付け等に係る金銭消費貸借契約書，当該資金の貸付け等に係る債務の保証契約書，登記の申請情報と併せて提供する登記原因証明情報（抵当権の被担保債権が当該家屋の取得等のためのものであることについて明らかな記載があるものに限る。）等による。

参照　Q9，Q10，Q11

Q 28　住宅用家屋証明書の記載事項等

租税特別措置法第 72 条の 2 に規定する家屋に関し，同法施行令第 41 条の規定によって市区町村長が発行する証明書は，具体的にどのような事項を記載するものでなければならないのか。

A　市区町村長が証明書に記載する事項は次の事項とされている。

(1)　租税特別措置法施行令の根拠条項，新築されたもの又は建築後使用されたことのないものの別（特定認定長期優良住宅以外の部分）

(2)　新築又は取得年月日

(3)　申請者の住所

(4)　申請者の氏名

(5)　家屋の所在地

〈証明書様式例〉

別添２　証明書様式例

住宅用家屋証明書

租税特別措置法施行令

（イ）第４１条
- 特定認定長期優良住宅又は認定低炭素住宅以外
  - （ａ）新築されたもの
  - （ｂ）建築後使用されたことのないもの
- 特定認定長期優良住宅
  - （ｃ）新築されたもの
  - （ｄ）建築後使用されたことのないもの
- 認定低炭素住宅
  - （ｅ）新築されたもの
  - （ｆ）建築後使用されたことのないもの

（ロ）第４２条第１項（建築後使用されたことのあるもの）
- （ａ）第４２条の２の２に規定する特定の増改築等がされた家屋で、宅地建物取引業者から取得したもの
- （ｂ）（ａ）以外

の規定に基づき、下記の家屋（　　年　　月　　日｛（ハ）新築／（ニ）取得｝）がこの規定に該当

するものである旨を証明します。

申　請　者　の　住　所	
申　請　者　の　氏　名	
家　屋　の　所　在　地	
取得の原因（移転登記の場合）	（１）売買　　　　（２）競落

年　　月　　日

市（区町村）長　　　　　　　　　　　　　印

（注１）｛　｝の中は、該当するものをそれぞれ○印で囲む。

（注２）取得の原因については、該当するものを○印で囲む。

Q 29　住宅用家屋の未使用証明

宅地建物取引業者等が新築した家屋を取得し，保存登記を受けようとする場合，どのような書類が必要か。

A　租税特別措置法第72条の2の規定の適用を受けることのできる家屋は，建築後使用されたことのない家屋である。このため，宅地建物取引業者等から家屋を譲り受けた場合は，自己が家屋を新築した場合と異なり，宅地建物取引業者（宅地建物取引士（個人）による証明は認められていないことに留意。）又は直前の所有者の発行する当該家屋が未使用のものであることを証する書類（家屋未使用証明書）を証明申請書に添付する必要がある。

参照　昭和59年5月29日付建設省住民発第36号
（Ⅳ　法令・通達編　104頁）

〈未使用証明書様式例〉

別記様式

家　屋　未　使　用　証　明　書

取得者の住所	
取得者の氏名	
家屋の所在地	

上記の家屋は建築後使用されたことのないものであることを証明します。

平成　　年　　月　　日

所在地

名　称　　　　　　　　㊞

（免許証番号　　　　　　）

（別添1．2　略）

Q 30　建築年月日等の確認方法としての登記完了証の追加

平成 23 年 6 月 27 日発出の「住宅用家屋の所有権の保存登記等の登録免許税の税率の軽減措置に係る市町村長の証明事務の実施について」の一部改正の通知で，建築年月日等を確認する方法の一つに，登記完了証を追加した理由は何か。

A　不動産登記規則第 181 条が平成 23 年 3 月に改正され，建物の表題登記が完了した際に交付される「登記完了証」において建築年月日等が確認できるようになったことから，所有権の保存登記のための住宅用家屋証明発行に係る要件充足を確認するための書類として，電子申請に基づき発行された「登記完了証」が追加された。

書面申請に基づき登記をする場合と電子申請に基づき登記をする場合とで，登記完了後に交付される登記完了証の様式が異なり，前者の場合は税制適用にあたっての確認事項である建築年月日等の申請情報が記載されていないため，交付された登記完了証からは建築年月日を確認することができない。このため，電子申請に基づいて建物の表題登記を完了した際に交付される登記完了証に限り，確認書類の 1 つとして追加することとした。

Q 31　新築の意義

住宅の用に供していた木造家屋 A を取り壊し，その材料を使って，別の場所に新たに住宅用の木造家屋 B を建築した。その木造家屋 B の建築は，租税特別措置法第 72 条の 2

に規定する「新築」に該当するのか。

A 家屋Bの建築は，建物の移えいではなく，新たな建物の建築であるから，たとえ古材を使用した場合であっても，その建築は，租税特別措置法第72条の2に規定する「新築」に該当するものである。

なお，建物を解体しないで他の場所に移転する曳行移転は，建物の表示の変更とされている。

参照　不動産登記事務取扱手続準則第83条，第84条，第85条

Q 32　新築の日・取得の日

租税特別措置法第72条の2に規定する「新築又は取得後1年以内」であるかどうかの起算日となる家屋の新築の日又は取得の日とは，いつをいうのか。

A 家屋の新築の日とは，その新築に係る家屋の工事完了の日をいい，家屋の取得の日とは，実際に取得した日をいう。いずれも原則として登記事項証明書に記載される登記原因の日付のことであり，登記事項証明書，売買契約書，その他の書類によるものとされている。

参照　Q27

Q 33　新築又は取得後1年を経過した後の保存登記

租税特別措置法第72条の2の規定は，新築又は取得後1年を経過した場合，全く適用が受けられないのか。

A　租税特別措置法第73条「住宅用家屋の所有権の移転登記の税率の軽減」，第74条「特定認定長期優良住宅の所有権の保存登記等の税率の軽減」，第74条の2「認定低炭素住宅の所有権の保存登記等の税率の軽減」，第75条「住宅取得資金の貸付け等に係る抵当権の設定登記の税率の軽減」の規定には，特別の事情があるときは，新築後（同法第75条の場合は増築を含む。）又は取得後1年を経過した後に受ける所有権の移転登記，抵当権の設定登記についても，これらの規定が適用される旨の特別の定めがあるが，租税特別措置法第72条の2の規定はこのような定めがなく，たとえどのような事情がある場合であっても，家屋の新築又は取得後1年を経過した後における所有権の保存登記については適用されないこととされている。

Q 34　建築後1年を経過した家屋を取得した場合の保存登記

個人が，宅地建物取引業者等が建築した後1年超を経過した家屋を購入した。この家屋は，建築後使用されたことのない家屋である。この場合，租税特別措置法第72条の2の規定の適用があるのか。

A　個人が，宅地建物取引業者等から取得した家屋については，取得後1年以内に登記を受けるものであれば，その家屋が建築後1年を経過した家屋であっても租税特別措置法第72条の2の規定の適用が受けられるものである。この場合，当該家屋が未使用であることを証する書類が必要とされている。

参照 Q29

Q 35 隣接した家屋の新築

自己の居住の用に供する家屋A（床面積150㎡）を新築したが，さらに半年後に隣接して，家屋B（床面積30㎡）を新築し，家屋Aと一体として，当該個人の住宅の用に供することとした。家屋Aの新築後1年以内に，家屋Bを家屋Aの附属建物として併せて登記する場合，租税特別措置法第72条の2の規定の適用が受けられるのか。

A 隣接した2棟の家屋について保存登記を行う場合，租税特別措置法第72条の2の適用要件である床面積が50㎡以上であることの判定は，2棟の家屋の床面積の合計をもって判定することとされている。家屋Aと家屋Bの床面積の合計は180㎡であり，租税特別措置法第72条の2の適用を受けることができる。この場合，家屋Aを主たる建物，家屋Bを附属建物というように，2棟の家屋が1つの登記事項証明書に登記されている場合に限り，適用を受けることができる。

Q 36　別棟の車庫等①

自己の住宅の用に供する家屋Aと一緒に隣接して新築又は取得した別棟の自家用車の車庫の所有権の保存登記についても，租税特別措置法第72条の2の規定の適用があるのか。

A　自己の住宅の用に供する家屋Aと一体となって住宅の効用を果たす別棟の車庫，物置などの建物の所有権の保存登記については，新築又は取得後1年以内に，家屋Aと車庫等を1個の建物として所有権の保存登記をする場合に限り，租税特別措置法第72条の2の規定の適用がある。この場合，適用要件である床面積が50㎡以上であることの判定は，家屋Aと別棟の車庫等の床面積の合計で判定を行うこととされている。また車庫等の床面積については，業務用建物の場合と異なり，家屋Aと車庫等の床面積の合計の10%未満であることは要件とされていない。

Q 37　別棟の車庫等②

自己の居住の用に供する家屋Aと一緒に，隣接して未登記の別棟の自家用車の車庫等を一体として登記した場合，租税特別措置法第72条の2の規定の適用があるのか。

A　自己の居住の用に供する家屋Aと一体となって住宅の効用を果たす別棟の車庫，物置などの建物の所有権の保存登記については，以下のケースで租税特別措置法第72条の2の規定の適用の有無が分かれる。

①車庫等が新築又は取得後一年以内のもの

一体として登記した場合，家屋Ａと車庫等ともに租税特別措置法第72条の2の規定の適用がある。

②車庫等が新築又は取得後一年を経過しているもの

一体として登記した場合，主たる建物である家屋Ａのみ租税特別措置法第72条の2の規定の適用があり，車庫等には適用がない。ただし，床面積が50㎡以上であることの判定については家屋Ａと車庫等の床面積の合計で考える。

Q 38　別棟の業務用建物

自己の居住の用に供する家屋Ａと一緒に隣接して農業用倉庫等の業務用建物を新築又は取得し，業務用建物を附属建物として保存登記する場合，租税特別措置法第72条の2の規定の適用を受けることができるのか。

A　業務用建物と家屋Ａを別々に登記する場合は，隣接する場合であっても，業務用建物については租税特別措置法第72条の2の規定の適用はないこととされている。ただし，業務用建物の床面積が，自己の居住の用に供する家屋Ａと業務用建物の床面積の合計の10％未満であり，かつ，家屋Ａと業務用建物の床面積の合計が50㎡以上である場合において，家屋Ａと附属建物を一体として登記するときは，租税特別措置法第72条の2の規定が適用されることとなる。なお，業務用建物や車庫等の床面積については，住宅用の家屋の場合と要件が異なる場合があることに留意する必要がある。

Q 39　新築又は取得後1年を経過した家屋と新築家屋の保存登記

甲は，10年前に新築した未登記の家屋A（100㎡）に居住していたが，家屋Aに隣接して，同一敷地内に新たに家屋B（40㎡）を建築した。

AとBを一体として行う所有権の保存登記をする場合，租税特別措置法第72条の2の適用を受けられるか。

A　2棟以上の家屋を一体として登記する場合にあっては，その全ての家屋について，新築又は取得後1年以内に所有権の保存登記がなされなければ，租税特別措置法第72条の2の適用を受けることができない。

また，A，Bを別々に登記する場合についても，Aについては，新築後1年を経過していること，Bについては，床面積の要件を満たしていないことから，いずれも，租税特別措置法第72条の2の適用はない。

Q 40　建築主と証明書の交付申請者が異なる場合の保存登記

建築基準法上の建築確認通知書及び検査済証の名義人と証明書の交付申請者名義人が異なる場合，租税特別措置法第72条の2の規定の適用が受けられるのか。

A　租税特別措置法第72条の2の特例措置は，個人が新築した家屋又は個人が取得した建築後使用されたことのない家屋について，当該個人が所有権保存登記を受ける場合に限り，税率が軽減されることとなっている。このため，建築基準法上の確認済証及び検査済証の名義人と証明書の交付申請者名義人が異なる場合は，請負契約書等により申請名義人が実質的には建築主であることが確認されるとき又は建築主等の発行した未使用証明書により当該家屋が建築後使用されたことのないものであることが確認されるときに，租税特別措置法第72条の2の規定の適用が受けられることとなる。

Q 41　錯誤に基づく更正登記

甲・乙の共有名義で所有権保存登記を行った家屋が，実際は，甲の単独所有であり，登記を実体に合わせるため更正登記を行う場合，租税特別措置法第72条の2の規定の適用は受けられるのか。

A　適用を受けられる。ただし，通常の保存登記等は取得後1年以内に特例の適用が限られることから，取得後1年を経過している場合は受けられない。

3　住宅用家屋の所有権の移転登記

Q 42　市区町村長等の確認事項及び確認方法

市区町村長等が証明を行う際に確認すべき事項は何か。また，その確認方法はどうすればよいのか。

A　市区町村長等が証明を行う際に確認が必要な事項は，次のとおりであり，市区町村長等はそれぞれ証明書の交付申請者から，申請書及び次のような書類の提出等を求め，その内容を確認した上で証明することとされている。なお，確認のため必要に応じてその他の書類の提出等を求めることができることとされている。

また，所在地や床面積等を確認するために提出を求める登記事項証明書については，登記官の押印がある場合のみ真正な書類であることが確認できるため，原則として全部事項証明書であることが必要である。

(1)　個人が取得した建築後使用されたことのない住宅用家屋の場合

①所在地　　次のａ～ｅのうちいずれか。

ａ．確認済証及び検査済証（当該家屋が建築確認を要しないものであるときは，その建築工事請負書，設計図書その他の書類）

ｂ．登記事項全部証明書

c．登記完了証

d．登記済証

e．登記の申請情報と併せて提供する登記原因証明情報（所有権の登記のない家屋を除く）

②取得年月日	売買契約書，売渡証書（競落の場合は，代金納付期限通知書），登記の申請情報と併せて提供する登記原因証明情報その他当該家屋の取得年月日を確認できる書類による。
③建築後使用されたことのないこと	直前の所有者又は当該家屋の売買の代理若しくは媒介をした宅地建物取引業者の証明書による。
④用　途	住宅であることについては①に同じ。専ら当該個人の住宅の用に供することについては，住民基本台帳若しくは住民票の写し，当該個人の申立書等又は入居見込み確認書等による。
⑤床面積	①に同じ。
⑥区分建物の耐火性能	確認済証及び検査済証，設計図書，建築士の証明書等による。登記簿の構造欄の記載により明らかな場合は登記事項全部証明書，登記完了証又は登記済証によって差し支えない。
⑦抵当権の設定に係る債権	当該家屋を取得するための資金の貸付け等に係る金銭消費貸借契約書，当該資金の貸付け等に係る債務の保証契約書，登記の申請情報と併せて提供する登記原因証明情報（抵当権の被担保債権が当該家屋の取得等のためのものであることについて明らかな記載があるものに限る。）等による。

(2)　個人が取得した建築後使用されたことのある住宅用家屋の場合

①所在地	登記事項全部証明書による。
②建築年月日	①に同じ。
③取得年月日	売買契約書，売渡証書（競落の場合は，代金納付期限通知書），登記の申請情報と併せて提供する登記原因証明情報その他当該家屋の取得年月日を確認できる書類による。
④用　途	住宅であることについては①に同じ。専ら当該個人の住宅の用に供することについては，住民基本台帳若しくは住民票の写し，当該個人の申立書等又は入居見込み確認書等による。
⑤床面積	①に同じ。
⑥地震に対する安全性	昭和57年1月1日以後に建築された家屋については，登記事項全部証明書による。昭和56年12月31日以前に建築された家屋については，耐震基準適合証明書等による。
⑦区分建物の耐火性能	確認済証及び検査済証，設計図書，建築士の証明書等による。登記簿の構造欄の記載により構造上明らかな場合は登記事項全部証明書又は登記済証によって差し支えない。なお，当該家屋の登記簿に記載された構造が，石造，れんが造，コンクリートブロック造，鉄骨造，鉄筋コンクリート造又は鉄骨鉄筋コンクリート造である場合には，当該家屋は耐火建築物又は準耐火建築物に該当するものとされる。

⑧抵当権の設定に係る債権	当該家屋を取得するための資金の貸付け等に係る金銭消費貸借契約書，当該資金の貸付け等に係る債務の保証契約書，登記の申請情報と併せて提供する登記原因証明情報（抵当権の被担保債権が当該家屋の取得等のためのものであることについて明らかな記載があるものに限る。）等による。

参照　Q9，Q10，Q11

Q 43　住宅用家屋証明書の記載事項

租税特別措置法第73条に規定する家屋に関し，同法施行令第41条及び第42条第1項の規定によって市区町村長が発行する証明書は，具体的にどのような事項を記載するものでなければならないのか。

A　市区町村長が証明書に記載する事項は次の事項とされている。

⑴　租税特別措置法施行令の根拠条項（第41条又は第42条第1項の別）。第41条については，建築後使用されたことのないもの。

⑵　取得年月日

⑶　申請者の住所

⑷　申請者の氏名

⑸　家屋の所在地

⑹　取得の原因（売買又は競落に限る。）

〈証明書様式例〉

別添２　証明書様式例

住宅用家屋証明書

租税特別措置法施行令

（イ）第４１条
- 特定認定長期優良住宅又は認定低炭素住宅以外
  - （ａ）新築されたもの
  - （ｂ）建築後使用されたことのないもの
- 特定認定長期優良住宅
  - （ｃ）新築されたもの
  - （ｄ）建築後使用されたことのないもの
- 認定低炭素住宅
  - （ｅ）新築されたもの
  - （ｆ）建築後使用されたことのないもの

（ロ）第４２条第１項（建築後使用されたことのあるもの）
- （ａ）第４２条の２の２に規定する特定の増改築等がされた家屋で、宅地建物取引業者から取得したもの
- （ｂ）（ａ）以外

の規定に基づき、下記の家屋　（　　　　年　　月　　日｛（ハ）新築／（ニ）取得｝）　がこの規定に該当

するものである旨を証明します。

申　請　者　の　住　所	
申　請　者　の　氏　名	
家　屋　の　所　在　地	
取得の原因（移転登記の場合）	（１）売買　　　　（２）競落

年　　月　　日

市（区町村）長　　　　　　　　　　　　　　　　印

（注１）｛　｝の中は、該当するものをそれぞれ○印で囲む。
（注２）取得の原因については、該当するものを○印で囲む。

Q 44　住宅用家屋の未使用証明

宅地建物取引業者等が新築した家屋を取得し，租税特別措置法第73条の適用を受けるための証明の交付申請をしようとする場合，どのような書類が必要なのか。

A　租税特別措置法第73条の規定の適用を受けることのできる家屋は，建築後使用されたことのない家屋及び建築後使用されたことのある家屋のうち政令で定めるものとされている。建築後使用されたことのない家屋について適用を受けるためには，宅地建物取引業者又は直前の所有者の発行する当該家屋が未使用のものであることを証する書類を証明申請書に添付することとされている。

参照　Q29

Q 45　取得の日

租税特別措置法第73条に規定する「取得後1年以内」であるかどうかの起算日となる家屋の取得の日とは，いつをいうのか。

A　家屋の取得の日とは，実際に取得した日をいう。原則として登記簿に記載される登記原因の日付のことであり，登記の申請情報と併せて提供する登記原因証明情報によることとされている。

Q 46　競売による取得資産の取得年月日

競売による取得資産について，「取得年月日」の証明はどのように扱うべきか。

A 民事執行法に基づく競売の手続においては，買受人が代金納付をしたときに不動産を取得するものとされている（民事執行法第79条）。

しかし，民事執行法の代金納付にあたっては，代金・登録免許税の納付と必要な書類の裁判所への提出を要する。よって，「代金納付」をもって「取得の年月日」とすると，登録免許税の軽減の特例を受ける余地が無くなることとなるので，代金納付の前には住宅用家屋証明の発行が必要となる。

競売による移転登記に係る住宅用家屋証明の発行に際しては，住宅用家屋の取得の日を，売却決定のあとに買受人に送達される代金納付期限の通知の日によることとする。

Q 47　取得後１年を経過した家屋の移転登記

租税特別措置法第73条の規定においては，特別の事情があるときは，取得後１年を経過した後に受ける所有権の移転登記についても，これらの規定が適用されるのか。

A 租税特別措置法第73条の規定は，原則として取得後１年以内に行う家屋の移転登記についてのみ適用されるが，特別の事情がある場合は，その事情に応じて定められる日までに登記を行えば適用を受けることができることとされている。

具体的には，住宅用家屋を新築した者が所有権の移転の登記に応じないため，当該住宅用家屋の新築後一年以内に訴えを提起した場合に，判決の確定又は和解調書若しくは認諾調書の作成の日から１年以内に行う登記が対象となっている。

Q　48　建築後１年を経過した家屋の移転登記

宅地建物取引業者等が建築した後１年超を経過した後の家屋を購入した。この家屋は，建築後使用されたことのない家屋である。この場合，租税特別措置法第73条の規定の適用があるのか。

A　取得後１年以内に登記を受けるものであれば，その家屋が建築後１年を経過した家屋であっても租税特別措置法第73条の規定の適用が受けられることとされている。

なお，この場合住宅用家屋の未使用証明の添付が必要とされている。

参照　Q44

Q 49　共有持分の取得に係る移転登記

住宅用家屋についてA，Bが持ち分1/2ずつで共有しており，その後AがBの持ち分を取得する場合，租税特別措置法第73条の規定が適用されるのか。

A　適用される。

Q 50　隣接した家屋の移転登記

自己の居住の用に供している家屋A（床面積150㎡）を取得したが，さらに半年後に隣接して家屋B（床面積30㎡）を取得し，家屋Aと一体として，当該個人の住宅の用に供することとした。家屋Aの取得後1年以内に，家屋Bを家屋Aの附属建物として併せて登記する場合，租税特別措置法第73条の規定の適用が受けられるのか。

A　隣接した2棟の家屋について移転登記を行う場合，租税特別措置法第73条の適用要件である床面積が50㎡以上であることの判定は，2棟の家屋の床面積の合計をもって判定することとされている。家屋Aと家屋Bの床面積の合計は180㎡であり，租税特別措置法第73条の適用を受けることができる。

Q 51　隣接地の二戸目の家屋の移転登記

自宅に隣接した土地・家屋を購入し，二戸を一体として自己の住宅とする場合，新しく購入する家屋の移転登記について，租税特別措置法第73条の適用は受けられるか。なお，自宅は登記済みであるため，新しく購入する家屋のみを登記する。

A　自宅とは別に登記する場合，書類上，二戸を一体として使うとみなされず二戸目の自宅とみなされる。このため，適用は受けられないこととなる。また，仮に新たに購入する家屋を自宅の附属建物として登記するとしても，附属建物のみを新規に購入している場合は増築とみなされるため，適用されないこととなる。ただし，新たに購入する家屋の抵当権設定登記については，租税特別措置法第75条に増築を含むと規定されているため適用を受けられる。

Q 52　別棟の車庫等の移転登記①

自己の住宅の用に供する家屋Aと一緒に隣接して取得した別棟の自家用車の車庫の所有権の移転登記についても，租税特別措置法第73条の規定の適用があるのか。

A　自己の住宅の用に供する家屋Aと一体となって住宅の効用を果たす別棟の車庫，物置などの建物の所有権の移転登記については，原則として家屋新築又は取得後1年以内に，家屋Aと車庫等を１個の建物として所有権の移転登記をする場合に限り，租税特別措置法第 73 条の規定の適用がある。この場合，適用要件である床面積が 50 ㎡以上であることの判定は，家屋Ａと車庫等の床面積の合計で行うこととされている。なお，車庫等の床面積については，業務用建物の場合と異なり，家屋Ａと車庫等の床面積の合計の 10％未満であることは要件とされていない。

Q 53　別棟の車庫等の移転登記②

自己の居住の用に供する家屋Ａと一緒に，隣接して未登記の別棟の自家用車の車庫を一体として登記した場合，租税特別措置法第 73 条の規定の適用があるのか。

A　自己の居住の用に供する家屋Ａと一体となって住宅の効用を果たす別棟の車庫，物置などの建物の所有権の移転登記については，以下のケースで租税特別措置法第 73 条の規定の適用の有無が分かれる。

①車庫等が新築又は取得後一年以内のもの

一体として登記した場合，家屋Ａと車庫等ともに租税特別措置法第 73 条の規定の適用がある。

②車庫等が新築又は取得後一年を経過しているもの

一体として登記した場合，主たる建物である家屋Ａのみ租税特別措置法第 73 条の規定の適用があり，車庫等には適用がない。ただし，床面積が 50 ㎡以上であることの判定については家屋Ａと車庫等の床面積の合計で考える。

Q 54　別棟の業務用建物の移転登記

自己の居住の用に供する家屋Ａと一緒に隣接して農業用倉庫等の業務用建物を取得し，業務用建物を附属建物として移転登記する場合，租税特別措置法第73条の規定の適用を受けることができるのか。

A　業務用建物と家屋Aを別々に登記する場合は，隣接する場合であっても，業務用建物については租税特別措置法第73条の規定の適用はない。ただし，業務用建物の床面積が，自己の居住の用に供する家屋Aと業務用建物の床面積の合計の10％未満であり，かつ，家屋Aと業務用建物の床面積の合計が50㎡以上である場合において，家屋Aと附属建物を一体として登記するときは，租税特別措置法第73条の規定が適用されることとなる。なお，業務用建物や車庫等の床面積については，住宅用の家屋の場合と要件が異なる場合があることに留意する必要がある。

Q 55　中古住宅の売主の範囲

租税特別措置法第73条の規定は「建築後使用されたことのない住宅用家屋又は建築後使用されたことのある住宅用家屋のうち政令で定めるもの」を取得した場合に限って適用されるということであるが，この家屋を建築したものは個人でも法人でもよいのか。また，宅地建物取引業者でなければならないのか。

A　家屋を建築したものは誰であってもよいこととされている。ただし，租税特別措置法第73条の適用主体については，個人でなければならず，法人が家屋を取得した場合，法人は租税特別措置法第73条の適用を受けられない。

Q 56　中古住宅の建築の日と取得の日

中古住宅の建築の日又は取得の日とはいつをいうのか。

A　中古住宅の建築の日とは，その家屋の工事完了の日をいい，登記簿の登記日付等により確認することとされている。

また，中古住宅の取得の日は実際に取得した日をいい，売買契約書，売渡証書，登記申請書に添付する所有権譲渡証明書及び承諾書その他の書類によることとされている。

Q 57　昭和56年12月31日以前に建築された家屋

建築後使用されたことのある家屋については，原則，昭和57年1月1日以後に建築されたものが特例の対象とされている一方で，昭和56年12月31日以前に建築された家屋であっても特例の対象になる場合があるが，どのような場合なのか。

A　当該家屋が現行の耐震基準に適合していることについて，建築士等が発行する耐震基準適合証明書（次頁参照）等の耐震基準に適合していることを証する書類を添付して住宅用家屋証明の申請を行った場合は，昭和56年12月31日以前に建築された家屋であっても，特例の対象となる。

〈証明書様式〉

別添４　耐震基準適合証明書様式

耐震基準適合証明書

証明申請者	住所	
	氏名	
家屋番号及び所在地		
家屋調査日	年　月　日	
適合する耐震基準	1　建築基準法施行令第３章及び第５章の４の規定 2　地震に対する安全性に係る基準	

上記の家屋が租税特別措置法施行令第 42 条第 1 項に定める基準に適合することを証明します。

証明年月日	年　月　日

1．証明者が建築士事務所に属する建築士の場合

証明を行った建築士	氏名			
	一級建築士、二級建築士又は木造建築士の別		登録番号	
			登録を受けた都道府県名（二級建築士又は木造建築士の場合）	
証明を行った建築士の属する建築士事務所	名称			
	所在地			
	一級建築士事務所、二級建築士事務所又は木造建築士事務所の別			
	登録年月日及び登録番号			

2．証明者が指定確認検査機関の場合

証明を行った指定確認検査機関	名称				
	住所				
	指定年月日及び指定番号				
	指定をした者				
調査を行った建築士又は建築基準適合判定資格者	氏名				
	建築士の場合	一級建築士、二級建築士又は木造建築士の別		登録番号	
				登録を受けた都道府県名（二級建築士又は木造建築士の場合）	
	建築基準適合判定資格者の場合	一級建築基準適合判定資格者又は二級建築基準適合判定資格者の別		登録番号	
				登録を受けた地方整備局等名	

３．証明者が登録住宅性能評価機関の場合

<table>
<tr><td rowspan="4">証明を行った登録住宅性能評価機関</td><td colspan="2">名　　　　称</td><td colspan="3"></td></tr>
<tr><td colspan="2">住　　　　所</td><td colspan="3"></td></tr>
<tr><td colspan="2">登録年月日及び登録番号</td><td colspan="3"></td></tr>
<tr><td colspan="2">登録をした者</td><td colspan="3"></td></tr>
<tr><td rowspan="5">調査を行った建築士又は建築基準適合判定資格者</td><td colspan="2">氏　　　　名</td><td colspan="3"></td></tr>
<tr><td rowspan="2">建築士の場合</td><td rowspan="2">一級建築士、二級建築士又は木造建築士の別</td><td rowspan="2"></td><td>登　録　番　号</td><td></td></tr>
<tr><td>登録を受けた都道府県名（二級建築士又は木造建築士の場合）</td><td></td></tr>
<tr><td rowspan="2">建築基準適合判定資格者の場合</td><td rowspan="2">一級建築基準適合判定資格者又は二級建築基準適合判定資格者の別</td><td rowspan="2"></td><td>登　録　番　号</td><td></td></tr>
<tr><td>登録を受けた地方整備局等名</td><td></td></tr>
</table>

４．証明者が住宅瑕疵担保責任保険法人の場合

<table>
<tr><td rowspan="3">証明を行った住宅瑕疵担保責任保険法人</td><td colspan="2">名　　　　称</td><td colspan="3"></td></tr>
<tr><td colspan="2">住　　　　所</td><td colspan="3"></td></tr>
<tr><td colspan="2">指　定　年　月　日</td><td colspan="3"></td></tr>
<tr><td rowspan="5">調査を行った建築士又は建築基準適合判定資格者</td><td colspan="2">氏　　　　名</td><td colspan="3"></td></tr>
<tr><td rowspan="2">建築士の場合</td><td rowspan="2">一級建築士、二級建築士又は木造建築士の別</td><td rowspan="2"></td><td>登　録　番　号</td><td></td></tr>
<tr><td>登録を受けた都道府県名（二級建築士又は木造建築士の場合）</td><td></td></tr>
<tr><td rowspan="2">建築基準適合判定資格者の場合</td><td rowspan="2">一級建築基準適合判定資格者又は二級建築基準適合判定資格者の別</td><td rowspan="2"></td><td>登　録　番　号</td><td></td></tr>
<tr><td>登録を受けた地方整備局等名</td><td></td></tr>
</table>

（用紙　日本産業規格　Ａ４）

備考

1　「証明申請者」の「住所」及び「氏名」の欄には、この証明書の交付を受けようとする者の住所及び氏名をこの証明書を作成する日の現況により記載すること。

2　「家屋番号及び所在地」の欄には、当該家屋の登記簿に記載された家屋番号及び所在地を記載すること。

3　「家屋調査日」の欄には、証明のための当該家屋の構造及び劣化の調査が終了した年月日を記載すること。

4　「適合する耐震基準」の欄には、当該家屋が施行令第42条第1項に定める基準であって当該欄に掲げる規定又は基準のいずれに適合するかに応じ相当する番号を○で囲むものとする。

5　証明者が建築士事務所に属する建築士の場合

(1)「証明を行った建築士」の欄には、当該家屋が施行令第42条第1項に定める基準に適合するものであることにつき証明を行った建築士について、次により記載すること。

① 「氏名」及び「住所」の欄には、建築士法第5条の2の規定により届出を行った氏名及び住所を記載するものとする。

② 「一級建築士、二級建築士又は木造建築士の別」の欄には、証明を行った建築士の免許の別に応じ、「一級建築士」、「二級建築士」又は「木造建築士」と記載するものとする。なお、一級建築士、二級建築士又は木造建築士が証明することのできる家屋は、それぞれ建築士法第3条から第3条の3までに規定する建築物に該当するものとする。

③ 「登録番号」の欄には、証明を行った建築士について建築士法第5条の2の規定による届出に係る登録番号を記載するものとする。

④ 「登録を受けた都道府県名（二級建築士又は木造建築士の場合）」の欄には、証明を行った建築士が二級建築士又は木造建築士である場合には、建築士法第5条第1項の規定により登録を受けた都道府県名を記載するものとする。

(2)「証明を行った建築士の属する建築士事務所」の「名称」、「所在地」、「一級建築士事務所、二級建築士事務所又は木造建築士事務所の別」及び「登録年月日及び登録番号」の欄には、建築士法第23条の3第1項に規定する登録簿に記載された建築士事務所の名称及び所在地、一級建築士事務所、二級建築士事務所又は木造建築士事務所の別並びに登録年月日及び登録番号を記載すること。

6　証明者が指定確認検査機関の場合

(1)「証明を行った指定確認検査機関」の欄には、当該家屋が施行令第42条第1項に定める基準に適合するものであることにつき証明を行った指定確認検査機関について、次により記載すること。

① 「名称」及び「住所」の欄には、建築基準法第77条の18第1項の規定により指定を受けた名称及び住所（指定を受けて後に同法第77条の21第2項の規定により変更の届出を行った場合は、当該変更の届出を行った名称及び住所）を記載するものとする。

② 「指定年月日及び指定番号」及び「指定をした者」の欄には、建築基準法第77条の18第1項の規定により指定を受けた年月日及び指定番号並びに指定をした者を記載するものとする。

(2)「調査を行った建築士又は建築基準適合判定資格者」の欄には、当該家屋が施行令第42条第1項に定める基準に適合するものであることにつき調査を行った建築士又は建築基準適合判定資格者について、次により記載すること。

① 「氏名」及び「住所」の欄には、建築士である場合には建築士法第5条の2の規定により届出を行った氏名及び住所を、建築基準適合判定資格者である場合には建築基準法第77条の58又は第77条の60の規定により登録を受けた氏名及び住所を記載するものとする。

② 「建築士の場合」の「一級建築士、二級建築士又は木造建築士の別」の欄には、調査を行った建築士の免許の別に応じ、「一級建築士」、「二級建築士」又は「木造建築士」と記載するものとする。なお、一級建築士、二級建築士又は木造建築士が証明することのできる家屋は、それぞれ建築士法第3条から第3条の3までに規定する建築物に該当するものとする。

③ 「建築士の場合」の「登録番号」及び「登録を受けた都道府県名（二級建築士又は木造建築士の場合）」の欄には、建築士法第5条の2の規定により届出を行った登録番号及び当該建築士が二級建築士又は木造建築士である場合には、建築士法第5条第1項の規定により登録を受けた都道府県名を記載するものとする。

④ 「建築基準適合判定資格者の場合」の「登録番号」及び「登録を受けた地方整備局等名」の欄には、建築基準法第77条の58又は第77条の60の規定により登録を受けた登録番号及び地方整備局等の名称を記載するものとする。

7　証明者が登録住宅性能評価機関の場合

(1) 「証明を行った登録住宅性能評価機関」の欄には、当該家屋が施行令第42条第1項に定める基準に適合するものであることにつき証明を行った登録住宅性能評価機関について、次により記載すること。

① 「名称」及び「住所」の欄には、住宅の品質確保の促進等に関する法律第7条第1項の規定により登録を受けた名称及び住所（登録を受けた後に同法第10条第2項の規定により変更の届出を行った場合は、当該変更の届出を行った名称及び住所）を記載するものとする。

② 「登録年月日及び登録番号」及び「登録をした者」の欄には、住宅の品質確保の促進等に関する法律第7条第1項の規定により登録を受けた年月日及び登録番号並びに登録をした者を記載するものとする。

(2) 「調査を行った建築士又は建築基準適合判定資格者検定合格者」の欄には、当該家屋が施行令第42条第1項に定める基準に適合するものであることにつき調査を行った建築士又は建築基準適合判定資格者検定合格者について、次により記載すること。

① 「氏名」及び「住所」の欄には、建築士である場合には建築士法第5条の2の規定により届出を行った氏名及び住所を、建築基準適合判定資格者検定合格者である場合には、建築基準法施行令第6条の規定により通知を

受けた氏名及び住所を記載するものとする。

② 「建築士の場合」の「一級建築士、二級建築士又は木造建築士の別」の欄には、調査を行った建築士の免許の別に応じ、「一級建築士」、「二級建築士」又は「木造建築士」と記載するものとする。なお、一級建築士、二級建築士又は木造建築士が証明することのできる家屋は、それぞれ建築士法第3条から第3条の3までに規定する建築物に該当するものとする。

③ 「建築士の場合」の「登録番号」及び「登録を受けた都道府県名（二級建築士又は木造建築士の場合）」の欄には、建築士法第5条の2の規定により届出を行った登録番号及び当該建築士が二級建築士又は木造建築士である場合には、建築士法第5条第1項の規定により登録を受けた都道府県名を記載するものとする。

④ 「建築基準適合判定資格者検定合格者の場合」の「合格通知日付又は合格証書日付」及び「合格通知番号又は合格証書番号」の欄には、建築基準法施行令第6条の規定により通知を受けた日付及び合格通知番号（建築基準法の一部を改正する法律（平成10年法律第100号）附則第2条第2項の規定により建築基準適合判定資格者検定に合格したとみなされた者については、合格証書日付及び合格証書番号）を記載するものとする。

8　証明者が住宅瑕疵担保責任保険法人の場合

(1) 「証明を行った住宅瑕疵担保責任保険法人」の欄には、当該家屋が施行令第42条第1項に定める基準に適合するものであることにつき証明を行った住宅瑕疵担保責任保険法人について、次により記載すること。

① 「名称」及び「住所」の欄には、特定住宅瑕疵担保責任の履行の確保等に関する法律第17条第1項の規定により指定を受けた名称及び住所（指定を受けた後に同法第18条第2項の規定により変更の届出を行った場合は、当該変更の届出を行った名称及び住所）を記載するものとする。

② 「指定年月日」の欄には、特定住宅瑕疵担保責任の履行の確保等に関する法律第17条第1項の規定により指定を受けた年月日を記載するものとする。

(2) 「調査を行った建築士又は建築基準適合判定資格者検定合格者」の欄には、当該家屋が施行令第42条第1項に定める基準に適合するものであることにつき調査を行った建築士又は建築基準適合判定資格者検定合格者について、次により記載すること。

① 「氏名」及び「住所」の欄には、建築士である場合には建築士法第5条の2の規定により届出を行った氏名及び住所を、建築基準適合判定資格者検定合格者である場合には、建築基準法施行令第6条の規定により通知を受けた氏名及び住所を記載するものとする。

② 「建築士の場合」の「一級建築士、二級建築士又は木造建築士の別」の

欄には、調査を行った建築士の免許の別に応じ、「一級建築士」、「二級建築士」又は「木造建築士」と記載するものとする。なお、一級建築士、二級建築士又は木造建築士が証明することのできる家屋は、それぞれ建築士法第3条から第3条の3までに規定する建築物に該当するものとする。

③ 「建築士の場合」の「登録番号」及び「登録を受けた都道府県名（二級建築士又は木造建築士の場合）」の欄には、建築士法第5条の2の規定により届出を行った登録番号及び当該建築士が二級建築士又は木造建築士である場合には、建築士法第5条第1項の規定により登録を受けた都道府県名を記載するものとする。

④ 「建築基準適合判定資格者検定合格者の場合」の「合格通知日付又は合格証書日付」及び「合格通知番号又は合格証書番号」の欄には、建築基準法施行令第6条の規定により通知を受けた日付及び合格通知番号（建築基準法の一部を改正する法律附則第2条第2項の規定により建築基準適合判定資格者検定に合格したとみなされた者については、合格証書日付及び合格証書番号）を記載するものとする。

Q　58　耐震基準適合証明書の必要な家屋

現行の耐震基準が適用されている昭和56年6月1日以降に着工された中古住宅を取得する場合，特例の適用にあたり耐震基準適合証明書は不要なのか。

A　昭和56年6月1日以降に着工された家屋については現行の耐震基準を満たしていると考えられるものの，特例の適用を受けるためには，着工年月日にかかわらず昭和56年12月31日以前に建築された家屋である場合は，耐震基準適合証明書（家屋の取得の日前2年以内に家屋調査が終了しているものに限る。）等の耐震基準に適合していることを証する書類が必要である。

Q 59　耐震基準に適合していることを証する書類

耐震基準に適合していることを証する書類は，耐震基準適合証明書のほかには何があるのか。

A　耐震基準に適合していることを証する書類は，耐震基準適合証明書のほか，住宅性能評価書の写し及び既存住宅売買瑕疵担保責任保険契約が締結されていることを証する書類が認められており，これらの書類のいずれかを添付して住宅家屋証明書の申請を行った場合にも，昭和56年12月31日以前に建築された家屋が特例の対象となる。

Q 60　住宅性能評価書の写し

住宅性能評価書の写しとはどのようなものか。

A　耐震基準に適合していることを証する書類として，住宅性能評価書の写しが認められており，具体的には，登録住宅性能評価機関が発行する現況検査・評価書（住宅の品質確保の促進等に関する法律第5条第1項に基づく住宅性能評価書）の写しにおいて，耐震等級（構造躯体の倒壊等防止）に係る評価が等級1，等級2又は等級3であるもの（当該家屋の取得の日前2年以内に評価されたものに限る。）が認められている。

Q 61 既存住宅売買瑕疵担保責任保険契約が締結されていることを証する書類

既存住宅売買瑕疵担保責任保険契約が締結されていることを証する書類とはどのようなものか。

A 耐震基準に適合していることを証する書類として，既存住宅売買瑕疵担保責任保険契約が締結されていることを証する書類が認められており，具体的には，住宅瑕疵担保責任保険法人が発行する既存住宅売買瑕疵担保責任保険契約に係る保険付保証明書（当該住宅の取得の日前2年以内に契約が締結されたものに限る。）が認められている。

住宅瑕疵担保責任保険法人が引受けを行う既存住宅売買瑕疵担保責任保険契約の種類については，一般社団法人住宅瑕疵担保責任保険協会のホームページにおいて確認することができる。

Q 62 耐震基準に適合していることを証する書類の取得時期

耐震基準に適合していることを証する書類（耐震基準適合証明書，住宅性能評価書の写し，既存住宅売買瑕疵担保責任保険契約が締結されていることを証する書類）は，いつまでに取得する必要があるのか。

A 耐震基準に適合していることを証する書類を取得している場合は，昭和56年12月31日以前に建築された家屋についても特例の適用が認められているが，耐震基準に適合していることを証する書類の時期に係る要件については，それぞれ以下のとおりとされており，耐震基準適合証明書については，証明のための家屋の調査が当該家屋の取得の日前２年以内に終了していればよいとされているため，証明書の取得自体は，当該住宅の取得の後となっても差し支えないこととされている。

- 耐震基準適合証明書　当該家屋の取得の日前２年以内に当該証明のための家屋の調査が終了したもの
- 住宅性能証明書の写し　当該家屋の取得の日前２年以内に評価されたもの
- 既存住宅売買瑕疵担保責任保険契約が締結されていることを証する書類　当該家屋の取得の日前２年以内に締結されたもの

Q 63　贈与等による移転登記

租税特別措置法第73条の規定は，所有権移転登記に係る登記原因が贈与その他の無償名義であっても適用があるのか。

A　租税特別措置法第73条は，「…住宅用家屋又は建築後使用されたことのある住宅用家屋…の取得（売買その他の政令で定める原因によるものに限る。…）をし，当該個人の居住の用に供した場合には…」と規定し，租税特別措置法施行令第42条第3項において，「法第73条に規定する政令で定める原因は，売買又は競落とする。」としている。

よって，登記原因が贈与その他の無償名義であるものについては適用がない。

Q 64　財産分与による移転登記

夫婦が離婚したので，その一方が他方の所有している専用住宅家屋を財産分与により取得し，自己の住宅の用に供した。なお，この家屋は建築後使用されたことのある住宅用家屋の要件を備えている。

この場合に受ける所有権の移転登記について，租税特別措置法第73条の規定の適用が受けられるか。また，住宅用家屋を共同所有していた夫婦の離婚に伴い，その一方が他方の有する共有持分を取得し，その住宅用家屋に居住し続ける場合はどうか。

A 売買又は競落が登記原因の場合のみ特例が適用されるため，本問のように財産分与を登記原因とする場合，特例は適用されない。なお，住宅用家屋を共有していた夫婦の離婚の際であっても，売買を登記原因とする所有権の移転登記を行う場合は，特例が適用される。

Q 65　相続人が受ける移転登記

宅地建物取引業者から家屋を取得した個人が，当該家屋の取得後所有権の移転登記を受けないで死亡したので，相続人が当該家屋の相続後１年以内に所有権の移転登記を受ける場合には，租税特別措置法第 73 条の規定の適用があるのか。

A 売買又は競落が登記原因の場合のみ特例が適用されるため，本問のように相続を登記原因とする場合，前所有者が所有権の移転登記を受けるか否かにかかわらず，特例は適用されない。

Q 66　代位弁済による移転登記

代位弁済により取得した住宅は，租税特別措置法第 73 条の適用を受けられるか。

A 売買又は競落が登記原因の場合のみ特例が適用されるため，本問のように代位弁済を登記原因とする場合，特例は適用されない。

4 特定認定長期優良住宅又は認定低炭素住宅の所有権の保存登記等

Q 67 市区町村長等の確認事項及び確認方法

「特定認定長期優良住宅」又は「認定低炭素住宅」の住宅用家屋証明書の交付申請をしようとする場合，どのような書類が必要なのか。

A 「特定認定長期優良住宅」又は「認定低炭素住宅」の住宅用家屋証明書の交付を受けるためには，租税特別措置法第72条の2又は第73条の適用を受ける際に必要な書類に合わせて，特定認定長期優良住宅の場合は長期優良住宅の普及の促進に関する法律施行規則第1号様式又は第1号の2様式による認定申請書の副本及び第2号様式における認定通知書（長期優良住宅建築計画について変更の認定を受けた場合は，施行規則第3号様式，第5号様式又は第6号様式による変更認定申請書の副本及び第4号様式による変更認定通知書），認定低炭素住宅の場合は都市の低炭素化の促進に関する法律施行規則様式第5による認定申請書の副本及び様式第6による認定通知書（低炭素建築物新築等計画について変更の認定を受けた場合は，施行規則様式第7による変更認定申請書の副本及び様式第8による変更認定通知書）を添付することが必要となる。

（注） 認定住宅に係る認定通知書については，偽造防止の観点から，原本をもって確認を行うことが望ましい。

Q 68 認定住宅の計画実施者でない共有者

特定認定長期優良住宅をＡとＢの２名で共有している。ただし，長期優良住宅建築等計画の認定通知書に記載されている計画実施者（長期優良住宅建築等計画の認定を受けた者）はＡのみである。この場合，Ｂは租税特別措置法第 74 条の適用を受けることができるか。

A 認定通知書で確認すべき事項は，①認定長期優良住宅であること，②住宅用家屋であること，の２点であることから，家屋の所有者が計画実施者であることを確認することは適用要件として求められていない。よって，Ｂは租税特別措置法第 74 条の適用を受けることができる。認定低炭素住宅である場合の租税特別措置法第 74 条の２の適用を受ける際も同様である。

Q 69 建築後使用されたことのある認定住宅の移転登記

建築後使用されたことのある特定認定長期優良住宅を取得したが，租税特別措置法第 74 条第２項の適用はあるのか。

A 租税特別措置法第 74 条第２項は，建築後使用されたことのない特定認定長期優良住宅のみに適用されるため，建築後使用されたことのある特定認定長期優良住宅には適用されない（認定低炭素住宅の場合も同様）。ただし，一般の住宅として，租税特別措置法第 73 条の適用は受けることができる。

Q 70 第 3 号様式（変更認定申請書）及び第 4 号様式（変更認定通知書）による申請

建築後使用されたことのない家屋を取得し，長期優良住宅の認定の変更を行った場合，租税特別措置法第 74 条の適用を受けるにあたり，第 1 号様式（認定申請書）及び第 2 号様式（認定通知書）に代わって，第 3 号様式，第 5 号様式又は第 6 号様式による変更認定申請書及び第 4 号様式による変更認定通知書により申請してもよいか。

A 認定申請書及び認定通知書により確認する事項は取得した家屋が特定認定長期優良住宅に該当するかどうかであり，市区町村長等の判断により，第 3 号様式，第 5 号様式又は第 6 号様式及び第 4 号様式による申請を認めることができる。建築後使用されたことのない家屋を取得し，低炭素住宅の認定の変更を行った場合，租税特別措置法第 74 条の 2 の適用を受けるにあたっても同様に，様式第 5（認定申請書）及び様式第 6（認定通知書）に代わって，様式第 7（変更認定申請書）及び様式第 8（変更認定通知書）による申請を認めることができる。

Q 71 所得税減税用の住宅用家屋証明書の発行

認定住宅の保存登記又は移転登記を受けるため，住宅用家屋証明書を取得し，登録免許税の軽減を受けたが，後に認定住宅に対する住宅ローン減税（租税特別措置法第41条）又は認定住宅の新築等をした場合の所得税額の特別控除（租税特別措置法第41条又は第41条の19の4）の適用を受けるために，住宅用家屋証明書を余分に用意していなかった。所得税減税を受けるために，既に認定住宅の所有権の保存登記又は移転登記が終了した後でも，住宅用家屋証明書の発行を受けることができるか。

A　再発行又は新規の発行として，住宅用家屋証明書の発行を受けることができる。ただし，紛失などの場合，再発行されない場合もある。

発行の可否や申請方法等は，市区町村長の判断による。

Q 72　交付申請添付書類の代替

「長期優良住宅認定通知書」又は「低炭素建築物新築等計画認定通知書」の代わりに「住宅性能評価書」を添付して市区町村に申請すれば，「特定認定長期優良住宅」又は「認定低炭素住宅」の住宅用家屋証明書の交付を受けられるのか。

A　特定認定長期優良住宅は租税特別措置法第 74 条において，長期優良住宅の普及の促進に関する法律第 10 条第 2 号に規定する認定長期優良住宅で住宅用家屋に該当するものとされており，同法第 7 条に規定する「認定の通知」を受けた建物が対象となる。認定低炭素住宅は租税特別措置法第 74 条の 2 において，都市の低炭素化の促進に関する法律第 2 条第 3 項に規定する低炭素建築物で住宅用家屋に該当するものとされており，同法第 54 条に規定する「認定の通知」を受けた建物が対象となる。そのため，「長期優良住宅認定通知書」又は「低炭素建築物新築等計画認定通知書」の添付がない場合は，一般の住宅用家屋の扱いになり，「特定認定長期優良住宅」又は「認定低炭素住宅」として住宅用家屋証明書の交付を受けることはできない。（ただし，租税特別措置法第 72 条の 2 の適用を受けるために「一般住宅」として住宅用家屋証明書の交付を受けることはできる。）

5 住宅取得資金の貸付け等に係る抵当権の設定登記

Q 73　保存登記又は移転登記との関係

租税特別措置法第 75 条の規定は，同法第 72 条の 2，第 73 条，第 74 条，第 74 条の 2 又は第 74 条の 3 の規定の適用を受けている場合に限って適用されるのか。

A　租税特別措置法第 75 条に規定する抵当権の設定登記の税率の軽減の特例は，抵当権の設定に係る家屋の所有権の保存登記又は移転登記に係る登録免許税につき，同法第 72 条の 2，第 73 条，第 74 条，第 74 条の 2 又は第 74 条の 3 の規定の適用を受けていたかどうかに関係なく適用されることとされている。

Q 74　租税特別措置法第 75 条の適用対象住宅の範囲

租税特別措置法第 75 条に規定する住宅用家屋の範囲はどうなっているのか。

A　租税特別措置法第 75 条に規定する家屋とは，新築家屋（増築を含む。）又は建築後使用されたことのない家屋については同法施行令第41条の規定に該当する家屋のことであり，建築後使用されたことのある家屋については第42条第1項の規定に該当する家屋のことである。

Q 75 家屋の所有者名義人と債務者名義人が異なる場合

租税特別措置法第75条の規定は，同条に規定する家屋の登記簿上の所有者名義人と同条に規定する債権に係る債務者名義人とが異なる場合であっても適用されるのか。

A 適用されないこととされている。

Q 76 増築に必要な資金の貸付け等に係る抵当権設定の登記

甲は所有する平家建ての建築物の上部に2階部分を増築し，平家建ての部分と合わせて2階部分も自己の居住の用に供する。甲は，この増築した2階部分について，必要な資金の借入れを行い，当該家屋に抵当権を設定した。この場合，租税特別措置法第75条の規定の適用が受けられるのか。

A 抵当権設定登記の特例（租税特別措置法第75条）は，「新築」に「増築」を含むと規定しており，増築後の家屋が住宅用家屋に該当するものであれば，増築後の家屋に対して抵当権設定登記の特例の適用がある。

一方，所有権保存登記の特例（租税特別措置法第72条の2）については，「新築」に「増築」を含むことが規定されていないことから，所有権保存登記の特例の適用はない。

Q 77 床面積の増加を伴わないリフォーム（改築）を行った場合の抵当権設定の登記

床面積の増加を伴わないリフォーム（改築）を行った場合に租税特別措置法第75条の規定の適用を受けられるのか。

A 抵当権設定登記の特例（租税特別措置法第75条）の対象となっているのは「新築」又は「増築」である。床面積の増加を伴わない場合（「改築」）は，同条に規定する「増築」に含まれないため，抵当権設定登記の特例の適用はない。

Q 78 住宅ローンの借り換えのための抵当権設定登記

住宅ローンの借り換えのため，抵当権設定登記をやり直す際に，租税特別措置法第75条の規定の適用が受けられるか。

A 租税特別措置法第75条においては，「新築，又は取得をするための資金の貸付」に対して適用されることとされている。本問のように取得を伴わない住宅ローンの借り換えには，特例の適用はない。

Q 79　増築を行った場合の新築の日の意義

租税特別措置法第 75 条の規定は，新築後 1 年以内に登記を受けるものに限り適用があるが，増築の場合の新築の日とはいつのことをいうのか。

A　増築の場合の新築の日とは，当該増築工事が完了した日をいう。このため，当該増築に係る家屋に設定する抵当権の登記については，増築完了後 1 年以内に行う場合に限り特別措置が受けられることとされている。

(注)　租税特別措置法第 73 条の規定の対象となる建築後使用されたことのある家屋については建築年月日又は地震に対する安全性に関する要件があるが，租税特別措置法第 75 条の規定の対象となる増築される家屋については同様の要件は設けられていない。

Q 80　債権者の範囲

租税特別措置法第 75 条の規定は，抵当権の設定に係る債権に該当すれば，その債権に係る債権者は誰であってもよいのか。また親族又は知人であってもよいのか。

A　債権者に制限はないので，誰であってもよいこととされている。

Q 81 保証人としての連帯債務者がいる場合

甲は，租税特別措置法第72条の2に規定する住宅用家屋を新築した。その新築にあたっては銀行から資金の貸付けを受けていたので，その新築家屋について抵当権の設定登記を受けるが，銀行の要望により，その借入金を担保するためにさらに乙に連帯債務者になってもらっている。この抵当権の設定登記については租税特別措置法第75条の規定の適用があるのか。

A 抵当権の設定に係る債権が租税特別措置法第72条の2に規定する住宅用家屋の新築又は取得のための資金の貸付けに係るものであれば，他に人的保証が付されているかどうかに関係なく，租税特別措置法第75条の規定の適用要件に合致する。

なお，同法第73条の規定する住宅用家屋の取得についても同様とされている。

Q 82 根抵当権

租税特別措置法第75条の規定は根抵当権の設定登記についても適用されるのか。

A 租税特別措置法第75条の特例は債権の種類を住宅用家屋の取得のための資金の貸付け等に限定しており，根抵当権のように当該住宅用家屋の取得のためのものと特定できないものについては，特例の適用はないこととされている。

III

参考資料編

1　住宅用家屋証明の申請例（申立書による場合）

(1) 申請書（様式例）

住宅用家屋証明申請書

租税特別措置法施行令

（イ）第４１条

特定認定長期優良住宅又は認定低炭素住宅以外

（ａ）新築されたもの

（ｂ）建築後使用されたことのないもの

特定認定長期優良住宅

（ｃ）新築されたもの

（ｄ）建築後使用されたことのないもの

認定低炭素住宅

（ｅ）新築されたもの

（ｆ）建築後使用されたことのないもの

（ロ）第４２条第１項（建築後使用されたことのあるもの）

（ａ）第４２条の２の２に規定する特定の増改築等がされた家屋で宅地建物取引業者から取得したもの

（ｂ）（ａ）以外

の規定に基づき、下記の家屋がこの規定に該当するものである旨の証明を申請します。

年　　月　　日

殿

申請者　住所

氏名

所在地	
建築年月日	年　　月　　日
取得年月日	年　　月　　日
取得の原因 （移転登記の場合に記入）	（１）売買　　　（２）競落
申請者の居住	（１）入居済　　　（２）入居予定
床面積	㎡
区分建物の耐火性能	（１）耐火又は準耐火　（２）低層集合住宅
工事費用の総額 （(ロ)(a)の場合に記入）	円
売買価格 （(ロ)(a)の場合に記入）	円

<備考>

1　｛　｝の中は、（イ）又は（ロ）のうち該当するものを○印で囲み、（イ）を○印で囲んだ場合は、さらに（a）から（f）のうち該当するものを○印で囲み、（ロ）を○印で囲んだ場合は、さらに（a）又は（b）のうち該当するものを○印で囲むこと。

2　「建築年月日」の欄は、（イ）（b）、（d）又は（f）を○印で囲んだ場合は記載しないこと。

3　「取得年月日」の欄は、所有権移転の日を記載すること。なお、（イ）（a）、（c）又は（e）を○印で囲んだ場合は記載しないこと。

4　「取得の原因」の欄は、上記（イ）（b）、（d）若しくは（f）又は（ロ）を○印で囲んだ場合に限り、（1）又は（2）のうち該当するものを○印で囲むこと。

5　「申請者の居住」の欄は、（1）又は（2）のうち該当するものを○印で囲むこと。

6　「区分建物の耐火性能」の欄は、区分建物について証明を申請する場合に、（1）又は（2）のうち該当するものを○印で囲むこと。なお、建築後使用されたことのある区分建物の場合、当該家屋の登記記録に記録された構造が、石造、れんが造、コンクリートブロック造、鉄骨造、鉄筋コンクリート造又は鉄骨鉄筋コンクリート造であるときは、（1）を○印で囲むこと。

7　「工事費用の総額」の欄は、（ロ）（a）を○印で囲んだ場合にのみ、租税特別措置法施行令第42条の2の2第2項第1号から第7号までに規定する工事の種別のいずれかに該当する工事の合計額を記載すること。

8　「売買価格」の欄は、（ロ）（a）を○印で囲んだ場合にのみ、当該家屋の取得の対価の額を記載すること。

(2) 添付書類

①登記簿の写し

登　記　申　請　書

登記の目的　　　　建物表題登記

添付書類

建物図面　　各階平面図　　所有権証明書　　住所証明書

令和○○年○月○○日申請

○○ 法 務 局　○○支局（出張所）

申　請　人　　　　○○区○○　○丁目○番○号

法　務　太　郎　印

連絡先の電話番号○○－○○○○－○○○○

建物の表示	所　在	○○区○○　○丁目○番地○号				
	家屋番号	番				
	主たる建物又は附属建物	①種　類	②構　造	③床面積 m^2		登記原因及びその日付
		居　宅	木造スレート葺3階建	1階39 2階37 3階40	65 17 89	令和○○年○月○日新築

＊これは記載例です。下に線が引かれている部分を、申請内容に応じて書き直してください。

各 階 平 面 図

1 階

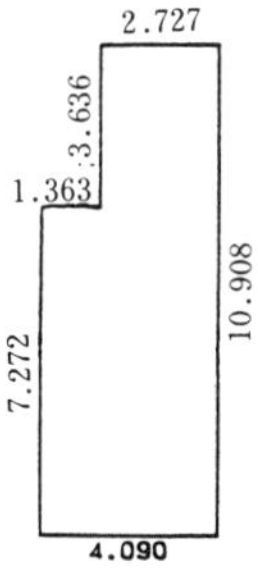

床 面 積

1.363	×	7.272	=	9.911736
2.727	×	10.908	=	29.746116
		合 計		39.657852
		床面積		39.65 ㎡

2 階

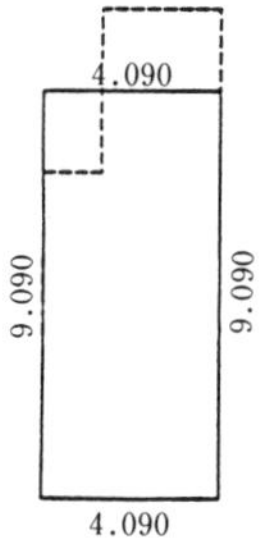

床 面 積

4.090	×	9.090	=	37.178100
		合 計		37.178100
		床面積		37.17 ㎡

3 階

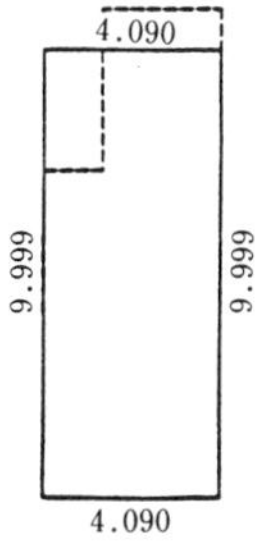

床 面 積

4.090	×	9.999	=	40.895910
		合 計		40.895910
		床面積		40.89 ㎡

単位・メートル

作製者	（令和　年　月　日作製）	縮尺	1/250

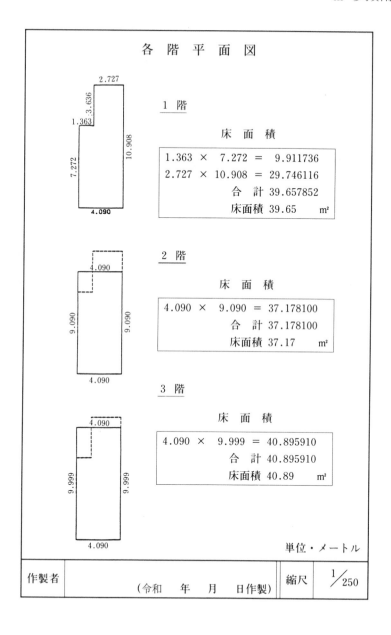

②売渡証明書

売　渡　証　明　書

1. 建物の所在　　○○区○○　○丁目○番地○号
2. 建物の種類　　居宅
3. 建物の構造　　木造スレート葺３階建
4. 床　面　積　　1階　39.65 m^2　2階　37.17 m^2　3階　40.89 m^2
5. 工事種別及び完了年月日　　令和○○年○月○日　新築
6. 買人の住所、氏　名　　＿＿＿＿＿＿＿＿＿＿

上記のとおり建物を売渡したものであることを証明します。

令和　　年　　月　　日

住　　所
売　人
氏　　名

③申立書

申　立　書

令和　年　月　日

○○区長殿

住所　　○○区○○　○丁目○番○号

所有者

氏名　○○○　○○○○

電話　（　　）

このたび、私が建築し、又は取得しました下記の家屋は現在のところ未入居の状態にありますが、自己の住宅の用に供するものに相違ありません。

記

1．家屋の表示

所　在　地　○○区○○　○丁目○番○号

家屋番号　＿＿＿＿＿＿＿＿

2．家屋の住居表示　＿＿＿＿＿＿＿＿

3．入居予定年月日　　令和　年　月　日

4．現在の家屋の処分方法　売　却

5．入居が登記の後になる理由

抵当権設定の為

なお、証明書交付後、この申立書に虚偽があることが判明した場合には証明を取り消され、税額の追徴を受けても異議ありません。

④現住家屋の売買契約書

印紙

区分所有建物売買契約書

売主＿＿＿＿＿＿＿＿と買主＿＿＿＿＿＿＿＿との間にマンション売買に関し下記の条項に依る売買契約を締結したので、その証として、この契約書弐通を作成し、各々壱通宛を所持する

<table>
<tr><td rowspan="5">売買代金</td><td colspan="2">売買総額(A)</td><td colspan="4">金　　　　円也</td></tr>
<tr><td rowspan="4">内訳</td><td>手附金(B)</td><td colspan="4">本契約締結時　　　　金　　　　円也</td></tr>
<tr><td>中間金Ⓒ 第1回</td><td colspan="4">――年――月――日までに――円也</td></tr>
<tr><td>中間金Ⓒ 第2回</td><td colspan="4">――年――月――日までに――円也</td></tr>
<tr><td>残 金 (D)</td><td colspan="4">移転登記完了までに　　金　　　　円也</td></tr>
<tr><td>住宅ローン</td><td colspan="3">ローン申込機関(G) ――</td><td colspan="3">ローン申込額(H) ――</td></tr>
<tr><td colspan="3">本物件引渡日(E)</td><td colspan="4">令和　　年　　月　　日</td></tr>
<tr><td rowspan="3">特約条項</td><td colspan="6">ローン関係書類提出日　　年　　月　　日</td></tr>
<tr><td colspan="6"></td></tr>
<tr><td colspan="6"></td></tr>
<tr><td rowspan="9">売買物件の表示</td><td colspan="2">マンション名</td><td></td><td>家屋番号</td><td colspan="2">番</td></tr>
<tr><td rowspan="2">土地</td><td>所 在 地</td><td colspan="4"></td></tr>
<tr><td>持　　分</td><td>m²のうち</td><td>地目</td><td colspan="2">宅地</td></tr>
<tr><td rowspan="3">建物</td><td>形　　状</td><td colspan="4">鉄筋コンクリート造　地上　　階建、地下　　階建、集合住宅
建築面積　　　m²　延床面積　　　m²</td></tr>
<tr><td>専有部分</td><td colspan="4">棟　　階　　号室(　　m²) ベランダ・テラス(　　m²) 合計(　　m²)</td></tr>
<tr><td>共用部分</td><td colspan="4"></td></tr>
<tr><td colspan="2">そ の 他</td><td colspan="4">塀、植込、外灯等の施設の共有特分</td></tr>
<tr><td rowspan="2">特記事項</td><td colspan="5"></td></tr>
<tr><td colspan="5"></td></tr>
</table>

契 約 日		年　　月　　日
売 主	住 所	
	氏 名	㊞
買 主	住 所	
	氏 名	㊞

IV

法令・通達編

Ⅳ　法令・通達編　目次

1　登録免許税法関係

(1) 登録免許税法（抄）

〔昭和四十二年六月十二日号外
法　律　第　三　十　五　号〕

最終改正　令和六年三月三〇日法律第八号

第一章　総則

（趣旨）

第一条　この法律は、登録免許税について、課税の範囲、納税義務者、課税標準、税率、納付及び還付の手続並びにその納税義務の適正な履行を確保するため必要な事項を定めるものとする。

（課税の範囲）

第二条　登録免許税は、別表第一に掲げる登記、登録、特許、免許、許可、認可、認定、指定及び技能証明（以下「登記等」という。）について課する。

（納税義務者）

第三条　登記等を受ける者は、この法律により登録免許税を納める義務がある。この場合において、当該登記等を受ける者が二人以上あるときは、これらの者は、連帯して登録免許税を納付する義務を負う。

（公共法人等が受ける登記等の非課税）

第四条　国及び別表第二に掲げる者が自己のために受ける登記等については、登録免許税を課さない。

2　別表第三の第一欄に掲げる者が自己のために受けるそれぞれ同表の第三欄に掲げる登記等（同表の第四欄に財務省令で定める書類の添附があるものに限る旨の規定がある登記等にあつては、当該書類を添附して受けるものに限る。）については、登録免許税を課さない。

（非課税登記等）

第五条　次に掲げる登記等（第四号又は第五号に掲げる登記又は登録にあつては、当該登記等がこれらの号に掲げる登

記又は登録に該当するものであることを証する財務省令で定める書類を添付して受けるものに限る。）については、登録免許税を課さない。

一　国又は別表第二に掲げる者がこれらの者以外の者に代位してする登記又は登録

二　登記機関（登記官又は登記以外の登記等をする官庁若しくは団体の長をいう。以下同じ。）が職権に基づいてする登記又は登録で政令で定めるもの

三　会社法（平成十七年法律第八十六号）第二編第九章第二節（特別清算）の規定による株式会社の特別清算（同節の規定を同法第八百二十二条第三項（日本にある外国会社の財産についての清算）において準用する場合における同条第一項の規定による日本にある外国会社の財産についての清算を含む。）に関し裁判所の嘱託によりする登記又は登録

四　住居表示に関する法律（昭和三十七年法律第百十九号）第三条第一項及び第二項又は第四条（住居表示の実施手続等）の規定による住居表示の実施又は変更に伴う登記事項又は登録事項の変更の登記又は登録

五　行政区画、郡、区、市町村内の町若しくは字又はこれらの名称の変更（その変更に伴う地番の変更及び次号に規定する事業の施行に伴う地番の変更を含む。）に伴う登記事項又は登録事項の変更の登記又は登録

六　土地改良法（昭和二十四年法律第百九十五号）第二条第二項（定義）に規定する土地改良事業又は土地区画整理法（昭和二十九年法律第百十九号）第二条第一項（定義）に規定する土地区画整理事業の施行のため必要な土地又は建物に関する登記（政令で定めるものを除く。）

七　都市再開発法（昭和四十四年法律第三十八号）第二条第一号（定義）に規定する市街地再開発事業、大都市地域における住宅及び住宅地の供給の促進に関する特別措置法（昭和五十年法律第六十七号）第二条第四号（定義）に規定する住宅街区整備事業又は密集市街地における防災街区の整備の促進に関する法律（平成九年法律第四十九号）第二条第五号（定義）に規定する防災街区整備事業の施行のため必要な土地又は建物（当該住宅街区整備事業に係る土地又は建物にあつては、大都市地域における宅地開発及び鉄道整備の一体的推進に関する特別措置法（平成元年法律第六十一号）第十七条（大都市地域における住宅及び住宅地の供給の促進に関する特別措置法の特例）の規定により大都市地域における住宅及び住宅地の供給の促進に関する特別措置法第二条第一号に規定する大都市地域とみなされる区域内にある土地又は建物を除く。）に関する登記（政令で定めるものを除く。）

八　国土調査法（昭和二十六年法律第百八十号）第三十二条の二第一項（代位登記）の規定による土地に関する登記
九　入会林野等に係る権利関係の近代化の助長に関する法律（昭和四十一年法律第百二十六号）第十四条第二項（登記）（同法第二十三条第二項（旧慣使用林野整備の効果等）において準用する場合を含む。）の規定による土地に関する登記
十　墳墓地に関する登記
十一　滞納処分（その例による処分を含む。）に関してする登記又は登録（換価による権利の移転の登記又は登録を除くものとし、滞納処分の例により処分するものとされている担保に係る登記又は登録の抹消を含む。）
十二　登記機関の過誤による登記若しくは登録又はその抹消があつた場合の当該登記若しくは登録の抹消若しくは更正又は抹消した登記若しくは登録の回復の登記若しくは登録
十三　相続又は法人の合併若しくは分割に伴い相続人又は合併後存続する法人若しくは合併により設立する法人若しくは分割により設立する法人若しくは事業を承継する法人が、被相続人又は合併により消滅した法人若しくは分割をした法人の受けた別表第一第三十三号から第百六十号までに掲げる登録、特許、免許、許可、認可、認定又は指定を引き続いて受ける場合における当該登録、特許、免許、許可、認可、認定又は指定
十四　公益社団法人及び公益財団法人の認定等に関する法律（平成十八年法律第四十九号）第九条第一項（名称等）又は第二十九条第五項（公益認定の取消し）の規定による一般社団法人若しくは一般財団法人又は公益社団法人若しくは公益財団法人の名称の変更の登記

（外国公館等の非課税）

第六条　外国政府が当該外国の大使館、公使館又は領事館その他これらに準ずる施設（次項において「大使館等」という。）の敷地又は建物に関して受ける登記については、政令で定めるところにより、登録免許税を課さない。

2　前項の規定は、同項の外国が、その国において日本国の大使館等の敷地又は建物に関する登記若しくは登録又はこれらに準ずる行為について課する租税を免除する場合に限り、適用する。

（信託財産の登記等の課税の特例）

第七条　信託による財産権の移転の登記又は登録で次の各号のいずれかに該当するものについては、登録免許税を課さない。

一　委託者から受託者に信託のために財産を移す場合における財産権の移転の登記又は登録

二　信託の効力が生じた時から引き続き委託者のみが信託財産の元本の受益者である信託の信託財産を受託者から当該受益者（当該信託の効力が生じた時から引き続き委託者である者に限る。）に移す場合における財産権の移転の登記又は登録
三　受託者の変更に伴い受託者であつた者から新たな受託者に信託財産を移す場合における財産権の移転の登記又は登録

2　信託の信託財産を受託者から受益者に移す場合であつて、かつ、当該信託の効力が生じた時から引き続き委託者のみが信託財産の元本の受益者である場合において、当該受益者が当該信託の効力が生じた時における委託者の相続人（当該委託者が合併により消滅した場合にあつては、当該合併後存続する法人又は当該合併により設立された法人）であるときは、当該信託による財産権の移転の登記又は登録を相続（当該受益者が当該存続する法人又は当該設立された法人である場合にあつては、合併）による財産権の移転の登記又は登録とみなして、この法律の規定を適用する。

（納税地）
第八条　登録免許税の納税地は、納税義務者が受ける登記等の事務をつかさどる登記所その他の官署又は団体（以下「登記官署等」という。）の所在地（第二十四条の二第一項に規定する財務省令で定める方法により登録免許税を納付する場合にあつては、政令で定める場所）とする。

2　第二十九条第一項若しくは第四項の規定により徴収すべき登録免許税又は国税通則法（昭和三十七年法律第六十六号）第五十六条第一項（還付）に規定する過誤納金に係る登録免許税の納税地は、前項の規定にかかわらず、納税義務者が次の各号に掲げる場合のいずれに該当するかに応じ当該各号に定める場所とする。
一　この法律の施行地（以下「国内」という。）に住所を有する個人である場合　その住所地
二　国内に住所を有せず居所を有する個人である場合　その居所地
三　国内に本店又は主たる事務所を有する法人である場合　その本店又は主たる事務所の所在地
四　前三号に掲げる場合を除き、国内に事務所、営業所その他これらに準ずるものを有する者である場合　その事務所、営業所その他これらに準ずるものの所在地（これらが二以上ある場合には、政令で定める場所）
五　前各号に掲げる場合以外の場合　政令で定める場所

第二章　課税標準及び税率

（課税標準及び税率）
第九条　登録免許税の課税標準及び税率は、この法律に別段

の定めがある場合を除くほか、登記等の区分に応じ、別表第一の課税標準欄に掲げる金額又は数量及び同表の税率欄に掲げる割合又は金額による。

（不動産等の価額）

第十条　別表第一第一号、第二号又は第四号から第四号の四までに掲げる不動産、船舶、ダム使用権、公共施設等運営権、樹木採取権又は漁港水面施設運営権の登記又は登録の場合における課税標準たる不動産、船舶、ダム使用権、公共施設等運営権、樹木採取権又は漁港水面施設運営権（以下この項において「不動産等」という。）の価額は、当該登記又は登録の時における不動産等の価額による。この場合において、当該不動産等の上に所有権以外の権利その他処分の制限が存するときは、当該権利その他処分の制限がないものとした場合の価額による。

2　前項に規定する登記又は登録をする場合において、当該登記又は登録が別表第一第一号又は第二号に掲げる不動産又は船舶の所有権の持分の取得に係るものであるときは、当該不動産又は船舶の価額は、当該不動産又は船舶の同項の規定による価額に当該持分の割合を乗じて計算した金額による。

3　前項の規定は、所有権以外の権利の持分の取得に係る登記又は登録についての課税標準の額の計算について準用する。

（一定の債権金額がない場合の課税標準）

第十一条　登記又は登録につき債権金額を課税標準として登録免許税を課する場合において、一定の債権金額がないときは、当該登記又は登録の時における当該登記又は登録に係る債権の価額又は処分の制限の目的となる不動産、動産、立木、工場財団、鉱業財団、漁業財団、港湾運送事業財団、道路交通事業財団、自動車交通事業財団、観光施設財団、企業担保権、鉄道財団、軌道財団、運河財団、鉱業権、特定鉱業権、著作権、出版権、著作隣接権、特許権、実用新案権、意匠権、商標権、回路配置利用権、育成者権、漁業権、入漁権、ダム使用権、公共施設等運営権、樹木採取権又は漁港水面施設運営権に関する権利（以下第十四条までにおいて「不動産等に関する権利」という。）の価額をもつて債権金額とみなす。

2　前条の規定は、前項の不動産等に関する権利の価額について準用する。

（債権金額等の増額に係る変更の登記の場合の課税標準）

第十二条　先取特権、質権又は抵当権につき工事費用の予算金額、債権金額又は極度金額を増加する登記又は登録は、その増加する部分の工事費用の予算金額、債権金額又は極度金額についての先取特権、質権又は抵当権の保存又は設

定の登記又は登録とみなして、この法律の規定を適用する。

2　鉱業法（昭和二十五年法律第二百八十九号）第百十四条第二項（予定された損害賠償額の登録）の規定により登録されている損害賠償の支払金額を増加する登録は、その増加する部分の支払金額についての予定された損害賠償額の支払の登録とみなして、この法律の規定を適用する。

（共同担保の登記等の場合の課税標準及び税率）

第十三条　一の登記官署等において、同時の申請（官庁又は公署の嘱託を含む。次項において同じ。）により同一の債権のために数個の不動産等に関する権利を目的とする先取特権、質権又は抵当権の保存若しくは設定、移転又は信託の登記又は登録（以下この条において「抵当権等の設定登記等」という。）を受ける場合には、これらの抵当権等の設定登記等を一の抵当権等の設定登記等とみなして、この法律の規定を適用する。この場合において、当該抵当権等の設定登記等に係る不動産等に関する権利の種類の別により別表第一に掲げる税率が異なるときは、そのうち最も低い税率をもつて当該抵当権等の設定登記等の登録免許税の税率とする。

2　同一の債権のために数個の不動産等に関する権利を目的とする抵当権等の設定登記等を受ける場合において、当該抵当権等の設定登記等の申請が最初の申請以外のものであるときは、当該抵当権等の設定登記等に係る登録免許税の課税標準及び税率は、当該抵当権等の設定登記等がこの項の規定に該当するものであることを証する財務省令で定める書類を添付して当該抵当権等の設定登記等の申請をするものに限り、当該抵当権等の設定登記等に係る不動産等に関する権利の件数一件につき千五百円とする。

（担保付社債の抵当権の設定の登記等に係る課税の特例）

第十四条　担保付社債でその総額を二回以上に分割して発行するものの抵当権の設定の登記又は登録については、登録免許税を課さない。この場合には、当該担保付社債につき担保付社債信託法（明治三十八年法律第五十二号）第六十三条第一項（分割発行の場合の社債発行に関する登記）の規定によつてする登記又は鉄道抵当法（明治三十八年法律第五十三号）第三十条ノ二第二項（数回に分けて発行する担保付社債の登録）の規定によつてする登録を抵当権の設定の登記又は登録とみなし、かつ、その回の当該担保付社債の金額の合計額を債権金額とみなして、この法律の規定を適用する。

2　前項の規定の適用がある担保付社債の抵当権の移転の登記又は登録に係る登録免許税の課税標準は、当該登記又は登録の申請前に発行された当該担保付社債の金額の合計額とする。この場合において、当該担保付社債の金額がない

ときは、当該登録免許税の課税標準及び税率は、当該登記又は登録に係る不動産等に関する権利の件数一件につき千五百円とする。

3　前二項の規定は、担保付社債でその総額を二回以上に分割して発行するものの企業担保権の設定又は移転の登記について準用する。

（課税標準の金額の端数計算）

第十五条　別表第一に掲げる登記又は登録に係る課税標準の金額を計算する場合において、その全額が千円に満たないときは、これを千円とする。

（課税標準の数量の端数計算）

第十六条　別表第一に掲げる登録に係る課税標準の数量を計算する場合には、次に定めるところによる。

一　別表第一第三号に掲げる航空機の重量は、航空機の自重トン数により、当該トン数に一トン未満の端数があるときは、その端数を切り捨て、当該トン数が一トンに満たないときは、これを一トンとする。

二　別表第一第二十号に掲げる鉱区若しくは租鉱区又は同表第二十二号に掲げる共同開発鉱区の面積に十万平方メートル未満の端数があるときは、その端数を切り捨て、当該面積が十万平方メートルに満たないときは、これを十万平方メートルとする。

（仮登記等のある不動産等の移転登記の場合の税率の特例）

第十七条　別表第一第一号(十二)イからへまでに掲げる仮登記がされている同号に掲げる不動産について、当該仮登記に基づき所有権の保存若しくは移転の登記、地上権、永小作権、賃借権若しくは採石権の設定、転貸若しくは移転の登記、配偶者居住権の設定の登記、信託の登記又は相続財産の分離の登記を受ける場合には、これらの登記に係る登録免許税の税率は、当該不動産についての当該登記の同号の税率欄に掲げる割合から次の表の上欄に掲げる登記の区分に応じ同表の下欄に掲げる割合を控除した割合とする。

所有権の保存の登記	千分の二
所有権の相続（相続人に対する遺贈を含む。以下同じ。）又は法人の合併による移転の登記	千分の二
所有権の共有物（その共有物について有していた持分に応じた価額に対応する部分に限る。以下同じ。）の分割による移転の登記	千分の二
所有権のその他の原因による移転の登記	千分の十
地上権、永小作権、賃借権又は採石権の設定又は転貸の登記	千分の五

地上権、永小作権、賃借権又は採石権の相続又は法人の合併による移転の登記	千分の一
地上権、永小作権、賃借権又は採石権の共有に係る権利（その共有に係る権利について有していた持分に応じた価額に対応する部分に限る。以下同じ。）の分割による移転の登記	千分の一
地上権、永小作権、賃借権又は採石権のその他の原因による移転の登記	千分の五
配偶者居住権の設定の登記	千分の一
所有権の信託の登記	千分の二
先取特権、質権又は抵当権の信託の登記	千分の一
所有権、先取特権、質権及び抵当権以外の権利の信託の登記	千分の一
所有権である相続財産の分離の登記	千分の二
所有権以外の権利である相続財産の分離の登記	千分の一

2　所有権の移転の仮登記又は所有権の移転請求権の保全のための仮登記がされている別表第一第二号に掲げる船舶について、これらの仮登記に基づきその所有権の移転の登記を受ける場合には、当該登記に係る登録免許税の税率は、同号(二)の税率欄に掲げる割合から千分の四を控除した割合とする。

3　所有権の移転の仮登録又は所有権の移転請求権の保全のための仮登録がされている航空機について、これらの仮登録に基づき移転登録を受けるときは、当該登録に係る登録免許税の税率は、一トンにつき一万五千円とする。

4　地上権、永小作権、賃借権若しくは採石権の設定の登記がされている土地又は賃借権若しくは配偶者居住権の設定の登記がされている建物について、その土地又は建物に係るこれらの権利の登記名義人がその土地又は建物の取得に伴いその所有権の移転の登記を受けるときは、当該登記に係る登録免許税の税率は、別表第一第一号(二)の税率欄に掲げる割合に百分の五十を乗じて計算した割合とする。

（事業協同組合等が組織変更等により受ける設立登記の税額）

第十七条の二　事業協同組合、企業組合その他の政令で定める者が、その組織を変更して株式会社若しくは合同会社となる場合又は分割により新たに株式会社若しくは合同会社を設立する場合における組織変更又は分割による株式会社若しくは合同会社の設立の登記に係る登録免許税の額は、税率を千分の七として計算した金額(株式会社の設立の場合において当該金額が十五万円に満たないときは十五万円とし、合同会社の設立の場合において当該金額が六万円に

満たないときは六万円とする。）とする。

（特例有限会社の通常の株式会社への移行の登記）

第十七条の三　会社法の施行に伴う関係法律の整備等に関する法律（平成十七年法律第八十七号）第四十六条（特例有限会社の通常の株式会社への移行の登記）の規定による株式会社の設立の登記は、別表第一第二十四号㈠ホに掲げる組織変更による株式会社の設立の登記とみなして、この法律の規定を適用する。

（二以上の登記等を受ける場合の税額）

第十八条　同一の登記等の申請書（当該登記等が官庁又は公署の嘱託による場合には、当該登記等の嘱託書）により、別表第一に掲げる登記等の区分に応じ二以上の登記等を受ける場合における登録免許税の額は、各登記等につき同表に掲げる税率を適用して計算した金額の合計金額とする。

（定率課税の場合の最低税額）

第十九条　別表第一に掲げる登記又は登録につき同表に掲げる税率を適用して計算した金額が千円に満たない場合には、当該登記又は登録に係る登録免許税の額は、千円とする。

（政令への委任）

第二十条　この章に定めるもののほか、登録免許税の課税標準及び税額の計算に関し必要な事項は、政令で定める。

第三章　納付及び還付

第一節　納付

（現金納付）

第二十一条　登記等を受ける者は、この法律に別段の定めがある場合を除き、当該登記等につき課されるべき登録免許税の額に相当する登録免許税を国に納付し、当該納付に係る領収証書を当該登記等の申請書（当該登記等を受ける者が当該登記等に係る登記官署等の使用に係る電子計算機（入出力装置を含む。以下同じ。）と当該登記等の申請又は嘱託をする者の使用に係る電子計算機とを電気通信回線で接続した電子情報処理組織（以下「電子情報処理組織」という。）を使用して当該登記等の申請を行う場合には、当該登記等に係る登記機関の定める書類。第二十六条及び第三十一条第二項を除き、以下同じ。）に貼り付けて当該登記等に係る登記官署等に提出しなければならない。

（印紙納付）

第二十二条　登記等（第二十四条第一項に規定する免許等を除く。）を受ける者は、当該登記等につき課されるべき登録免許税の額が三万円以下である場合その他政令で定める場合には、当該登録免許税の額に相当する金額の印紙を当該登記等の申請書に貼り付けて登記官署等に提出することにより、国に納付することができる。

（嘱託登記等の場合の納付）

第二十三条　官庁又は公署が別表第一第一号から第三十一号までに掲げる登記等を受ける者のために当該登記等を登記官署等に嘱託する場合には、当該登記等を受ける者は、当該登記等につき課されるべき登録免許税の額に相当する登録免許税を国に納付し、当該納付に係る領収証書を当該官庁又は公署に提出しなければならない。この場合において、当該官庁又は公署は、当該領収証書を当該登記等の嘱託書（当該官庁又は公署が電子情報処理組織を使用して当該登記等の嘱託を行う場合には、当該登記等に係る登記機関の定める書類。第二十五条及び第三十一条第三項において同じ。）に貼り付けて登記官署等に提出するものとする。

2　前項の場合において、登録免許税の額が三万円以下であるときは、登記等を受ける者は、同項の規定にかかわらず、同項の嘱託する官庁又は公署に対し、当該登録免許税の額に相当する金額の印紙を提出して登録免許税を国に納付することができる。この場合において、当該官庁又は公署は、当該印紙を同項に規定する登記等の嘱託書に貼り付けて登記官署等に提出するものとする。

（免許等の場合の納付の特例）

第二十四条　別表第一に掲げる登録、特許、免許、許可、認可、認定、指定又は技能証明で政令で定めるもの（以下この章において「免許等」という。）につき課されるべき登録免許税については、当該免許等を受ける者は、当該登録免許税の額に係る登記機関が定めた期限までに、当該登録免許税の額に相当する登録免許税を国に納付し、当該納付に係る領収証書を当該登記機関の定める書類に貼り付けて登記官署等に提出しなければならない。

2　免許等に係る登記機関は、当該免許等に係る前項の登録免許税の納付の期限及び書類を定めなければならない。この場合には、その期限を当該免許等をする日から一月を経過する日後としてはならない。

（電子情報処理組織を使用する方法等による納付の特例）

第二十四条の二　登記等を受ける者又は次条第一項の規定による委託を受けた納付受託者（第二十四条の四第一項に規定する納付受託者をいう。次条において同じ。）は、当該登記等につき課されるべき登録免許税の額に相当する登録免許税又は当該委託を受けた登録免許税を、第二十一条から前条までの規定にかかわらず、電子情報処理組織を使用する方法その他の情報通信の技術を利用する方法であつて財務省令で定めるものにより国に納付することができる。ただし、登記機関が当該財務省令で定める方法による当該登録免許税の額の納付の事実を確認することができない場合として財務省令で定める場合は、この限りでない。

2　免許等につき課されるべき登録免許税の額に相当する登

録免許税を前項に規定する財務省令で定める方法により国に納付する場合には、当該免許等に係る登記機関は、当該免許等につき課されるべき登録免許税の納付の期限を定めなければならない。この場合には、その期限を当該免許等をする日から一月を経過する日後としてはならない。

（納付受託者に対する納付の委託）

第二十四条の三　登記等を受ける者は、当該登記等につき課されるべき登録免許税の額に相当する登録免許税を電子情報処理組織を使用する方法その他の情報通信の技術を利用する方法により行う納付受託者に対する通知で財務省令で定めるものに基づき納付しようとするときは、当該納付受託者に納付を委託することができる。

2　前項の規定により免許等につき課されるべき登録免許税の額に相当する登録免許税の納付を委託する場合における前条第二項の規定の適用については、同項中「納付の」とあるのは、「納付の委託の」とする。

3　登記等を受ける者が第一項の通知に基づき登録免許税を納付しようとする場合において、納付受託者が当該登録免許税の納付の委託を受けたときは、当該委託を受けた日に当該登録免許税の納付があつたものとみなして、国税通則法の延滞税に関する規定を適用する。

（納付受託者）

第二十四条の四　登録免許税の納付に関する事務（以下この項及び第二十四条の六第一項において「納付事務」という。）を適正かつ確実に実施することができると認められる者であり、かつ、政令で定める要件に該当する者として登記等を所管する省庁の長（以下「所管省庁の長」という。）が指定するもの（以下「納付受託者」という。）は、当該登記等を受ける者の委託を受けて、納付事務を行うことができる。

2　所管省庁の長は、前項の規定による指定をしたときは、納付受託者の名称、住所又は事務所の所在地その他財務省令で定める事項を公示しなければならない。

3　納付受託者は、その名称、住所又は事務所の所在地を変更しようとするときは、あらかじめ、その旨を所管省庁の長に届け出なければならない。

4　所管省庁の長は、前項の規定による届出があつたときは、当該届出に係る事項を公示しなければならない。

（納付受託者の納付）

第二十四条の五　納付受託者は、第二十四条の三第一項の規定による委託を受けたときは、政令で定める日までに当該委託を受けた登録免許税を国に納付しなければならない。

2　納付受託者は、第二十四条の三第一項の規定による委託を受けたときは、遅滞なく、財務省令で定めるところによ

り、その旨及びその年月日を当該委託に係る所管省庁の長に報告しなければならない。

（納付受託者の帳簿保存等の義務）

第二十四条の六　納付受託者は、財務省令で定めるところにより、帳簿を備え付け、これに納付事務に関する事項を記載し、及びこれを保存しなければならない。

2　所管省庁の長は、前二条及びこの条の規定を施行するため必要があると認めるときは、その必要な限度で、財務省令で定めるところにより、納付受託者に対し、報告をさせることができる。

3　所管省庁の長は、前二条及びこの条の規定を施行するため必要があると認めるときは、その必要な限度で、その職員に、納付受託者の事務所に立ち入り、納付受託者の帳簿書類（その作成又は保存に代えて電磁的記録（電子的方式、磁気的方式その他人の知覚によつては認識することができない方式で作られる記録であつて、電子計算機による情報処理の用に供されるものをいう。）の作成又は保存がされている場合における当該電磁的記録を含む。）その他必要な物件を検査させ、又は関係者に質問させることができる。

4　前項の規定により立入検査を行う職員は、その身分を示す証明書を携帯し、かつ、関係者の請求があるときは、これを提示しなければならない。

5　第三項に規定する権限は、犯罪捜査のために認められたものと解してはならない。

（納付受託者の指定の取消し）

第二十四条の七　所管省庁の長は、第二十四条の四第一項の規定による指定を受けた者が次の各号のいずれかに該当するときは、その指定を取り消すことができる。

一　第二十四条の四第一項に規定する指定の要件に該当しなくなつたとき。

二　第二十四条の五第二項又は前条第二項の規定による報告をせず、又は虚偽の報告をしたとき。

三　前条第一項の規定に違反して、帳簿を備え付けず、帳簿に記載せず、若しくは帳簿に虚偽の記載をし、又は帳簿を保存しなかつたとき。

四　前条第三項の規定による立入り若しくは検査を拒み、妨げ、若しくは忌避し、又は同項の規定による質問に対して陳述をせず、若しくは虚偽の陳述をしたとき。

2　所管省庁の長は、前項の規定により指定を取り消したときは、その旨を公示しなければならない。

（納付の確認）

第二十五条　登記機関は、登記等をするとき（第二十四条第一項の規定により同項に規定する書類が免許等をした後に提出される場合及び第二十四条の二第二項の納付の期限が

免許等をした日後である場合並びに納付受託者が第二十四条の三第一項の規定による委託を受けた場合にあつては、財務省令で定めるとき）は、当該登記等につき課されるべき登録免許税の額の納付の事実を確認しなければならない。この場合において、当該納付が第二十二条、第二十三条第二項又は次条第三項の規定により印紙をもつてされたものであるときは、当該登記等の申請書（当該登記等が第二十三条の官庁又は公署の嘱託による場合にあつては、当該登記等の嘱託書）の紙面と印紙の彩紋とにかけて判明に消印しなければならない。

（課税標準及び税額の認定）

第二十六条　登記機関は、登記等の申請書（当該登記等が官庁又は公署の嘱託による場合にあつては当該登記等の嘱託書とし、当該登記等が免許等である場合にあつては財務省令で定める書類とする。次項及び第四項において同じ。）に記載された当該登記等に係る登録免許税の課税標準の金額若しくは数量又は登録免許税の額が国税に関する法律の規定に従つていなかつたとき、その他当該課税標準の金額若しくは数量又は登録免許税の額がその調査したところと異なるときは、その調査したところにより認定した課税標準の金額若しくは数量又は登録免許税の額を当該登記等を受ける者に通知するものとする。ただし、他の法令の規定により当該登記等の申請を却下するときは、この限りでない。

2　前項の通知を受けた者は、当該通知に係る登記等を受けることをやめる場合を除き、遅滞なく、当該通知を受けた登録免許税の額と当該登記等の申請書に記載された登録免許税の額との差額に相当する登録免許税を国に納付し、その納付に係る領収証書を当該通知に係る登記官署等に提出しなければならない。

3　前項の場合において、第一項の通知に係る登録免許税が免許等以外の登記等に係るものであり、かつ、当該通知をした登記機関が認めるときは、前項に規定する登記等を受ける者は、遅滞なく、同項に規定する差額に相当する金額の印紙を当該通知に係る登記官署等に提出することにより、当該差額に相当する登録免許税を国に納付することができる。

4　第二項の場合において、第一項の通知を受けた者は、当該通知に係る登記等の申請書に記載された登録免許税を第二十四条の二第一項に規定する財務省令で定める方法により納付しているときは、第二項に規定する差額に相当する登録免許税を当該方法により国に納付することができる。

（納期限）

第二十七条　登録免許税を納付すべき期限は、次の各号に掲げる登録免許税の区分に応じ、当該各号に定める時又は期

限とする。

一　次号に掲げる登録免許税以外の登録免許税　当該登録免許税の納付の基因となる登記等を受ける時

二　免許等に係る登録免許税で当該登録免許税に係る第二十四条第一項又は第二十四条の二第二項（第二十四条の三第二項の規定により読み替えて適用する場合を含む。）の期限が当該登録免許税の納付の基因となる免許等を受ける日後であるもの　当該期限

（納付不足額の通知）

第二十八条　登記機関は、登録免許税の納期限後において登記等を受けた者が第二十一条から第二十三条まで（第三十五条第四項の規定により読み替えて適用する場合を含む。）、第二十四条、第二十四条の二第一項又は第二十六条第二項から第四項までの規定により当該登記等につき納付すべき登録免許税の額の全部又は一部を納付していない事実を知つたときは、第三項の規定の適用がある場合を除き、遅滞なく、当該登記等を受けた者の当該登録免許税に係る第八条第二項の規定による納税地の所轄税務署長に対し、その旨及び財務省令で定める事項を通知しなければならない。

2　前項の通知は、登記等を受けた者が二人以上ある場合には、そのうち登記機関の選定した者（当該登記等が登記又は登録の権利者及び義務者の申請に係るものである場合には、当該権利者のうちから選定した者）の同項の納税地の所轄税務署長にするものとする。

3　登記機関は、登録免許税の納期限（第二十四条の五第一項に規定する政令で定める日が当該納期限後に到来する場合には、当該政令で定める日）後において、納付受託者が第二十四条の三第一項の規定による委託を受けた登録免許税の額の全部又は一部を納付していない事実を知つたときは、遅滞なく、当該納付受託者の住所又は事務所の所在地の所轄税務署長に対し、その旨及び財務省令で定める事項を通知しなければならない。

（税務署長による徴収）

第二十九条　税務署長は、前条第一項の通知を受けた場合には、当該通知に係る同項に規定する納付していない登録免許税を当該通知に係る登記等を受けた者から徴収する。

2　税務署長は、前条第三項の通知を受けた場合には、国税の保証人に関する徴収の例により当該通知に係る同項に規定する納付していない登録免許税を当該通知に係る納付受託者から徴収する。

3　税務署長は、第二十四条の五第一項の規定により納付受託者が納付すべき登録免許税については、当該納付受託者に対して国税通則法第四十条（滞納処分）の規定による処分をしてもなお徴収すべき残余がある場合でなければ、その

残余の額について当該登録免許税に係る登記等を受けた者から徴収することができない。

4　税務署長は、第一項に規定する場合のほか、登記等を受けた者が第二十一条から第二十三条まで（第三十五条第四項の規定により読み替えて適用する場合を含む。）、第二十四条、第二十四条の二第一項又は第二十六条第二項から第四項までの規定により当該登記等につき納付すべき登録免許税の額の全部又は一部を納付していない事実を知つた場合には、当該納付していない登録免許税をその者から徴収する。

（納付手続等の政令への委任）

第三十条　この節に定めるもののほか、登録免許税の納付の手続その他この節の規定の適用に関し必要な事項は、政令で定める。

第二節　還付

（過誤納金の還付等）

第三十一条　登記機関は、次の各号に掲げる場合のいずれかに該当する場合には、遅滞なく、当該各号に定める登録免許税の額その他政令で定める事項を登記等の申請をした者又は登記等を受けた者（これらの者が二人以上ある場合には、そのうち登記機関の選定した者）の当該登録免許税に係る第八条第二項の規定による納税地の所轄税務署長に通知しなければならない。

一　登録免許税を納付して登記等の申請をした者につき当該申請が却下された場合（第四項において準用する第三項の証明をする場合を除く。）　当該納付された登録免許税の額

二　登録免許税を納付して登記等の申請をした者につき当該申請の取下げがあつた場合（第三項の証明をする場合を除く。）　当該納付された登録免許税の額

三　過大に登録免許税を納付して登記等を受けた場合　当該過大に納付した登録免許税の額

2　登記等を受けた者は、当該登記等の申請書（当該登記等が官庁又は公署の嘱託による場合にあつては当該登記等の嘱託書とし、当該登記等が免許等である場合にあつては財務省令で定める書類とする。）に記載した登録免許税の課税標準又は税額の計算が国税に関する法律の規定に従つていなかつたこと又は当該計算に誤りがあつたことにより、登録免許税の過誤納があるときは、当該登記等を受けた日（当該登記等が免許等である場合において、当該免許等に係る第二十四条第一項又は第二十四条の二第二項（第二十四条の三第二項の規定により読み替えて適用する場合を含む。）に規定する期限が当該免許等をした日後であるときは、当該期限）から五年を経過する日までに、政令で定めると

ころにより、その旨を登記機関に申し出て、前項の通知をすべき旨の請求をすることができる。

3　登記機関は、登記等を受ける者から登記等の申請の取下げにあわせて、当該登記等の申請書（当該登記等が第二十三条の官庁又は公署の嘱託による場合にあつては当該登記等の嘱託書とし、当該登記等が免許等である場合にあつては当該登記等に係る登記機関の定める書類とする。次項において同じ。）に貼り付けられた登録免許税の領収証書又は印紙で使用済みの旨の記載又は消印がされたものを当該登記官署等における登記等について当該取下げの日から一年以内に再使用したい旨の申出があつたときは、政令で定めるところにより、当該領収証書又は印紙につき再使用することができる証明をすることができる。この場合には、第五項の申出があつたときを除き、当該証明を受けた領収証書又は印紙に係る登録免許税は、還付しない。

4　前項の規定は、登記機関が、登記等の却下に伴い当該登記等の申請書を当該申請者に返付する場合において、当該申請書に貼り付けられた登録免許税の領収証書又は印紙で使用済みの旨の記載又は消印がされたものを当該登記官署等における登記等について当該却下の日から一年以内に再使用させることを適当と認めるときについて準用する。

5　第三項（前項において準用する場合を含む。）の証明を受けた者は、当該証明に係る領収証書又は印紙を再使用しないこととなつたときは、当該証明をした登記機関に対し、当該証明のあつた日から一年を経過した日までに、政令で定めるところにより、当該証明を無効とするとともに、当該領収証書で納付した登録免許税又は当該印紙の額に相当する登録免許税の還付を受けたい旨の申出をすることができる。この場合において、当該申出があつたときは、当該申出を新たな登記等の申請の却下又は取下げとみなして第一項の規定を適用する。

6　第二十四条の二第一項に規定する財務省令で定める方法により登録免許税を納付した者が当該登録免許税の納付に係る登記等を受けることをやめる場合には、当該登録免許税を納付した者は、当該納付した日（第二十四条の三第一項の規定により当該登録免許税の納付の委託をした者にあつては、当該納付の委託をした日。次項において同じ。）から六月を経過する日までに、政令で定めるところによりその旨を登記機関に申し出て、当該登録免許税の額その他政令で定める事項を当該登録免許税を納付した者の当該登録免許税に係る第八条第二項の規定による納税地の所轄税務署長に対し通知をすべき旨の請求をすることができる。

7　第二十四条の二第一項に規定する財務省令で定める方法により登録免許税を納付した者が当該納付した日から六月

を経過する日までに当該登録免許税の納付に係る登記等の申請をしなかつた場合には、前項の請求があつたものとみなす。

8　登録免許税の過誤納金に対する国税通則法第五十六条から第五十八条まで（還付・充当・還付加算金）の規定の適用については、次の各号に掲げる場合の区分に応じ、当該各号に定める日に納付があつたものとみなす。ただし、当該各号（第二号を除く。）に掲げる場合のいずれかに該当する場合の登録免許税に係る過誤納金のうち当該各号に定める日後に納付された登録免許税の額に相当する部分については、この限りでない。

一　登録免許税を納付して登記等の申請をした者につき当該申請を却下した場合（第四項において準用する第三項の証明をした場合を除く。）　当該却下した日

二　第五項の申出があつた場合　当該申出があつた日

三　登録免許税を納付して登記等の申請をした者につき当該申請の取下げがあつた場合（第三項の証明をした場合を除く。）　当該取下げがあつた日

四　過大に登録免許税を納付して登記等を受けた場合　当該登記等を受けた日（当該登記等が免許等である場合において、当該免許等を受けた日が当該免許等に係る第二十七条第二号に定める期限前であるときは、当該期限）

五　第二十四条の二第一項に規定する財務省令で定める方法により登録免許税を納付した者が当該登録免許税の納付の基因となる登記等の申請をしなかつた場合　第六項の申出があつた日（同項の申出がなかつた場合には、前項に規定する六月を経過する日）

第四章　雑則

（通知）

第三十二条　登記機関（政令で定める登記機関については、政令で定める省庁の長）は、政令で定めるところにより、その年の前年四月一日からその年三月三十一日までの期間内にした登記等に係る登録免許税の納付額を、その年七月三十一日までに財務大臣に通知しなければならない。

（電子情報処理組織等を使用した登記等の申請等）

第三十五条　登記等を受ける者又は官庁若しくは公署が電子情報処理組織を使用して当該登記等の申請又は嘱託を行つた場合には、当該登記等の申請又は嘱託は、書面により行われたものとみなして、この法律その他登録免許税に関する法令の規定を適用する。

2　前項に規定する場合において、第四条第二項に規定する財務省令で定める書類の添付の方法その他前項の規定の適用に関し必要な事項は、財務省令で定める。

3　登記を受ける者又は官庁若しくは公署が不動産登記法

（平成十六年法律第百二十三号）第十八条（申請の方法）（他の法令において準用する場合を含む。）の規定により磁気ディスクを提出して登記の申請又は嘱託を行つた場合には、当該登記の申請又は嘱託（当該磁気ディスクに係る部分に限る。）は、書面により行われたものとみなして、この法律その他登録免許税に関する法令の規定を適用する。

4　前項の場合（登記の申請に必要な情報の全部を記録した磁気ディスクを提出して登記の申請又は嘱託を行つた場合に限る。）において、当該登記につき課されるべき登録免許税の額に相当する登録免許税を第二十一条から第二十三条までの規定により国に納付するときは、第二十一条中「当該登記等に係る登記官署等の使用に係る電子計算機（入出力装置を含む。以下同じ。）と当該登記等の申請又は嘱託をする者の使用に係る電子計算機とを電気通信回線で接続した電子情報処理組織（以下「電子情報処理組織」という。）を使用して」とあり、及び第二十三条第一項中「電子情報処理組織を使用して」とあるのは、「磁気ディスクを提出して」と読み替えて適用するものとする。

5　第二項の規定は、第三項に規定する場合について準用する。

附　則

（施行期日）

第一条　この法律は、公布の日から起算して二月をこえない範囲内で政令で定める日から施行する。

〔昭和四二年六月政令一四五号により、昭和四二・八・一から施行〕

（経過規定の原則）

第二条　この附則に別段の定めがあるものを除き、改正後の登録免許税法（以下「新法」という。）の規定は、昭和四十二年八月一日以後に受ける登記等につき課されるべき登録免許税について適用し、同日前に受けた登記等につき課した又は課すべきであつた登録税については、なお従前の例による。

（建物の床面積の増加に係る登記の登録税の免除）

第三条　所有権の登記のある建物につき昭和四十二年七月三十一日以前に受ける床面積の増加に係る登記の登録税は、同年八月一日以後最初に当該建物について権利に関する登記の申請（官庁又は公署の嘱託を含む。以下同じ。）をするときは、前条の規定にかかわらず、納付することを要しない。

（旧申請に係る登記等の場合の課税標準等の特例）

第四条　昭和四十二年十二月三十一日までに受ける新法別表第一の第一号から第二十二号まで並びに第二十三号の㈠、㈣から㈥まで、㈧から⒀まで及び⒁に掲げる登記等で当該

登記等に係る申請書（当該登記等が官庁又は公署の嘱託による場合には、当該登記等の嘱託書。以下同じ。）が同年七月三十一日以前に当該登記等に係る登記官署等に提出されたものに係る登録免許税の課税標準及び税率は、新法第九条の規定にかかわらず、改正前の登録税法第二条から第十六条までに規定する課税標準及び税率とする。

（旧申請に係る免許等についての課税の特例）

第五条　登記等（前条に規定するものを除く。）の申請書をこの法律の公布の日前に当該登記等に係る登記官署等に提出した者が昭和四十二年十二月三十一日までに当該申請書に係る登記等を受けるときは、当該登記等については、登録免許税を課さない。

（不服申立て等に係る免許等についての課税の特例）

第六条　前条の規定の適用がある場合を除き、同条に規定する登記等の申請をした者が昭和四十二年七月三十一日以前に当該申請に係る処分を受けたことにより不服申立て又は訴えの提起をしている場合において、当該不服申立て又は訴えについての裁決又は判決により当該申請に係る登記等を受けるときは、当該登記等については、登録免許税を課さない。

（不動産登記に係る不動産価額の特例）

第七条　新法別表第一の第一号に掲げる不動産の登記の場合における新法第十条第一項の課税標準たる不動産の価額は、当分の間、当該登記の申請の日の属する年の前年十二月三十一日現在又は当該申請の日の属する年の一月一日現在において地方税法（昭和二十五年法律第二百二十六号）第三百四十一条第九号（固定資産税に関する用語の意義）に掲げる固定資産課税台帳に登録された当該不動産の価格を基礎として政令で定める価額によることができる。

（倉庫業法の改正に伴う許可に係る課税の特例）

第八条　倉庫業法の一部を改正する法律（昭和三十六年法律第百十八号）附則第二項（経過規定）に規定する倉庫業を営んでいる者で同項の規定により倉庫業法第三条（営業の許可）の許可の申請の手続をした者が、当該申請に係る新法別表第一の第三十八号の㈠に掲げる倉庫業の許可を受ける場合における当該許可に係る登録免許税の課税標準及び税率は、新法第九条の規定にかかわらず、当該許可件数一件につき一万円とする。

（登録税の非課税規定の整理に伴う経過措置）

第九条　昭和四十四年十二月三十一日までに受ける改正前の登録税法第十九条第八号、第十号から第十一号ノ三まで、第十二号、第十六号及び第十七号に掲げる登記については、政令で定めるところにより、登録免許税を課さない。

（印紙納付の特例）

第十条　昭和四十五年十二月三十一日までに、登記等（新法第二十四条第一項に規定する免許等を除く。）につき課されるべき登録免許税については、新法第二十二条、第二十三条第二項又は第二十六条第三項の規定にかかわらず、当該登録免許税の額に相当する金額の印紙を当該登記等の申請書にはり付けて登記官署等に提出することにより国に納付することができる。

（経過措置の政令への委任）

第十一条　附則第二条から前条までに定めるもののほか、この法律の施行に関し必要な経過措置は、政令で定める。

別表第一　課税範囲、課税標準及び税率の表（第二条、第五条、第九条、第十条、第十三条、第十五条―第十七条、第十七条の三―第十九条、第二十三条、第二十四条、第三十四条―第三十四条の五関係）

登記、登録、特許、免許、許可、認可、認定、指定又は技能証明の事項	課税標準	税率
一　不動産の登記（不動産の信託の登記を含む。） （注）この号において「不動産」とは、土地及び建物並びに立木に関する法律（明治四十二年法律第二十二号）第一条第一項（定義）に規定する立木をいう。		
(一)　所有権の保存の登記	不動産の価額	千分の四
(二)　所有権の移転の登記		
イ　相続又は法人の合併による移転の登記	不動産の価額	千分の四
ロ　共有物の分割による移転の登記	不動産の価額	千分の四
ハ　その他の原因による移転の登記	不動産の価額	千分の二十
(三)　地上権、永小作権、賃借権又は採石権の設定、転貸又は移転の登記		
イ　設定又は転貸の登記	不動産の価額	千分の十
ロ　相続又は法人の合併による移転の登記	不動産の価額	千分の二
ハ　共有に係る権利の分割による移転の登記	不動産の価額	千分の二
ニ　その他の原因による移転の登記	不動産の価額	千分の十
(三の二)　配偶者居住権の設定の登記	不動産の価額	千分の二
(四)　地役権の設定の登記	承役地の不動産の個数	一個につき千五百円
(五)　先取特権の保存、質権若しくは抵当権の設定、強制	債権金額、極度金額又は不	千分の四

競売、担保不動産競売（その例による競売を含む。以下単に「競売」という。）、強制管理若しくは担保不動産収益執行に係る差押え、仮差押え、仮処分又は抵当付債権の差押えその他権利の処分の制限の登記	動産工事費用の予算金額	
(六)　先取特権、質権又は抵当権の移転の登記		
イ　相続又は法人の合併による移転の登記	債権金額又は極度金額	千分の一
ロ　その他の原因による移転の登記	債権金額又は極度金額	千分の二
(七)　根抵当権の一部譲渡又は法人の分割による移転の登記	一部譲渡又は分割後の共有者の数で極度金額を除して計算した金額	千分の二
(八)　抵当権の順位の変更の登記	抵当権の件数	一件につき千円
(九)　賃借権の先順位抵当権に優先する同意の登記	賃借権及び抵当権の件数	一件につき千円
(十)　信託の登記		
イ　所有権の信託の登記	不動産の価額	千分の四

ロ　先取特権、質権又は抵当権の信託の登記	債権金額又は極度金額	千分の二
ハ　その他の権利の信託の登記	不動産の価額	千分の二
(十一)　相続財産の分離の登記		
イ　所有権の分離の登記	不動産の価額	千分の四
ロ　所有権以外の権利の分離の登記	不動産の価額	千分の二
(十二)　仮登記		
イ　所有権の保存の仮登記又は保存の請求権の保全のための仮登記	不動産の価額	千分の二
ロ　所有権の移転の仮登記又は移転の請求権の保全のための仮登記		
(1)　相続又は法人の合併による移転の仮登記又は移転の請求権の保全のための仮登記	不動産の価額	千分の二
(2)　共有物の分割による移転の仮登記又は移転の請求権の保全のための仮登記	不動産の価額	千分の二
(3)　その他の原因による移転の仮登記又は移転	不動産の価額	千分の十

の請求権の保全のための仮登記		
ハ　地上権、永小作権、賃借権若しくは採石権の設定、転貸若しくは移転の仮登記又は設定、転貸若しくは移転の請求権の保全のための仮登記		
(1)　設定若しくは転貸の仮登記又は設定若しくは転貸の請求権の保全のための仮登記	不動産の価額	千分の五
(2)　相続又は法人の合併による移転の仮登記又は移転の請求権の保全のための仮登記	不動産の価額	千分の一
(3)　共有に係る権利の分割による移転の仮登記又は移転の請求権の保全のための仮登記	不動産の価額	千分の一
(4)　その他の原因による移転の仮登記又は移転の請求権の保全のための仮登記	不動産の価額	千分の五
ニ　配偶者居住権の設定の仮登記	不動産の価額	千分の一

ホ　信託の仮登記又は信託の設定の請求権の保全のための仮登記		
(1)　所有権の信託の仮登記又は信託の設定の請求権の保全のための仮登記	不動産の価額	千分の二
(2)　先取特権、質権若しくは抵当権の信託の仮登記又は信託の設定の請求権の保全のための仮登記	債権金額又は極度金額	千分の一
(3)　その他の権利の信託の仮登記又は信託の設定の請求権の保全のための仮登記	不動産の価額	千分の一
ヘ　相続財産の分離の仮登記又は移転の請求権の保全のための仮登記		
(1)　所有権の分離の仮登記又は移転の請求権の保全のための仮登記	不動産の価額	千分の二
(2)　所有権以外の権利の分離の仮登記又は移転の請求権の保全のための仮登記	不動産の価額	千分の一

ト　その他の仮登記	不動産の個数	一個につき千円
(十三)　所有権の登記のある不動産の表示の変更の登記で次に掲げるもの		
イ　土地の分筆又は建物の分割若しくは区分による登記事項の変更の登記	分筆又は分割若しくは区分後の不動産の個数	一個につき千円
ロ　土地の合筆又は建物の合併による登記事項の変更の登記	合筆又は合併後の不動産の個数	一個につき千円
(十四)　付記登記、抹消された登記の回復の登記又は登記事項の更正若しくは変更の登記（これらの登記のうち、㈠から(十三)までに掲げるもの及び土地又は建物の表示に関するものを除く。）	不動産の個数	一個につき千円
(十五)　登記の抹消（土地又は建物の表題部の登記の抹消を除く。）	不動産の個数	一個につき千円（同一の申請書により二十個を超える不動産について登記の抹消を受ける場合には、申請件数一件につき二万円）

以下省略

別表第二・第三　省略

⑵登録免許税法施行令(抄)

〔昭和四十二年六月二十六日
政令第百四十六号〕

最終改正　令和六年三月三〇日政令第一四四号

第一章　総則

(用語の定義)

第一条　この政令において「登記等」、「登記機関」又は「登記官署等」とは、それぞれ登録免許税法(以下「法」という。)第二条、第五条第二号又は第八条第一項に規定する登記等、登記機関又は登記官署等をいう。

(職権登記等の非課税)

第二条　法第五条第二号に規定する政令で定める登記又は登録は、法別表第一第一号から第三十二号までに掲げる登記又は登録で、当該登記又は登録を受ける者の申請(官庁又は公署の嘱託を含む。以下同じ。)に基づかないで登記機関が職権によりするもの(当該登録を受ける者の法令の規定に基づく出願、申請、裁定の請求その他の行為によつてした処分に伴い登記機関が職権によりするものを除く。)とする。

(土地区画整理事業の施行に係る土地等に関する登記で課税するものの範囲)

第三条　法第五条第六号に規定する政令で定める登記は、次に掲げる登記とする。

一　土地区画整理組合の参加組合員が土地区画整理法(昭和二十九年法律第百十九号)第百四条第十項(換地処分の効果)の規定により取得する宅地に係る保存の登記

二　土地区画整理法第三条第一項(土地区画整理事業の施行)の規定により宅地について所有権又は借地権を有する者の同意を得て土地区画整理事業を施行する者に限る。)が同法第百四条第十一項の規定により取得する保留地に係る保存の登記

三　土地区画整理法第二条第一項に規定する土地区画整理事業の施行者が行う同法第百四条第十一項(大都市地域における住宅及び住宅地の供給の促進に関する特別措置法(昭和五十年法律第六十七号)第二十一条第二項(公営住宅等の用地)において準用する場合を含む。)の規定により取得された保留地の処分に係る登記

(市街地再開発事業等の施行に係る土地等に関する登記で課税するものの範囲)

第四条　法第五条第七号に規定する政令で定める登記は、次に掲げる登記とする。

一　市街地再開発組合の参加組合員又は都市再開発法（昭和四十四年法律第三十八号）第五十条の三第一項第五号（規準）若しくは第五十二条第二項第五号（施行規程）（同法第五十八条第三項（施行規程）において準用する場合を含む。）に規定する特定事業参加者が取得する同法第二条第六号又は第七号（定義）に規定する施設建築物又は施設建築敷地に関する権利に係る登記、同条第一号に規定する市街地再開発事業の施行者（以下この号において「施行者」という。）が行うこれらの権利の処分に係る登記（同法第百十八条の十一第一項（建築施設の部分による対償の給付）に規定する譲受け予定者が、同項の規定により給付される建築施設の部分につき受けるものを除く。）及び施行者が行う同法第七条の十一第二項（事業計画）に規定する個別利用区内の宅地に関する権利の処分に係る登記

二　住宅街区整備組合の参加組合員が取得する大都市地域における住宅及び住宅地の供給の促進に関する特別措置法第二十八条第四号又は第五号（定義）に規定する施設住宅又は施設住宅敷地に関する権利に係る登記及び同法第二条第四号（定義）に規定する住宅街区整備事業の施行者が行うこれらの権利の処分に係る登記

三　防災街区整備事業組合の参加組合員又は密集市街地における防災街区の整備の促進に関する法律（平成九年法律第四十九号）第百六十六条第一項第五号（規準）若しくは第百八十条第二項第五号（施行規程）（同法第百八十八条第三項（施行規程）において準用する場合を含む。）に規定する特定事業参加者が取得する同法第百十七条第五号又は第六号（定義）に規定する防災施設建築物又は防災施設建築敷地に関する権利に係る登記並びに同法第二条第五号（定義）に規定する防災街区整備事業の施行者が行うこれらの権利及び同法第百二十四条第二項（事業計画）に規定する個別利用区内の宅地に関する権利の処分に係る登記

（外国公館等の非課税）

第五条　外国政府がその法第六条第一項に規定する大使館等（以下この条において「大使館等」という。）の敷地又は建物に関して受ける登記については、当該登記に係る不動産が直接当該大使館等の用に供されるものであることについて国税庁長官が確認して交付する書類を当該登記の申請書に添付して受ける場合に限り、同項の規定により登録免許税を課さない。

2　前項に規定する書類の交付を受けようとする外国政府は、同項の登記について登録免許税の免除を受けようとする旨及び当該登記に係る大使館等の敷地又は建物の明細その他

参考となるべき事項を記載した申請書に、当該外国において日本国の大使館等の敷地又は建物に関する登記若しくは登録又はこれらに準ずる行為について課する租税を免除することを明らかにした書類を添付し、外務大臣を経由して、これを国税庁長官に提出しなければならない。

（特殊な場合の納税地）

第六条　法第八条第一項に規定する政令で定める場所は、麹町税務署の管轄区域内の場所とする。

2　法第八条第二項第四号に規定する政令で定める場所は、登記等の申請書（当該登記等が官庁又は公署の嘱託による場合には、当該登記等の嘱託書。次条において同じ。）に記載された当該登記等を受ける者の法施行地内にある事務所、営業所その他これらに準ずるものの所在地とする。

3　法第八条第二項第五号に規定する政令で定める場所は、その登記等に係る登記官署等の所在地とする。

第二章　課税標準及び税率

（数個の不動産等の登記又は登録の場合の課税標準）

第七条　同一の申請書により数個の不動産、船舶、ダム使用権、公共施設等運営権、樹木採取権又は漁港水面施設運営権（以下この条において「不動産等」という。）について法別表第一第一号、第二号又は第四号から第四号の四までに掲げる登記又は登録を受ける場合において、当該登記又は登録に係る登録免許税が不動産等の価額を課税標準とするものであるときは、当該登録免許税の課税標準の額は、当該登記又は登録に係る不動産等の価額の合計額とする。

（土地区画整理事業の特定の個人施行者が取得する保留地に係る保存の登記の場合の課税標準）

第八条　第三条第二号に規定する土地区画整理事業の施行者が同号に掲げる保存の登記を受ける場合における当該登記に係る登録免許税の課税標準の額は、当該登記に係る同号に規定する保留地の価額から当該土地区画整理事業の施行前の当該土地区画整理事業の施行地区内のすべての宅地又は借地権の価額の合計額のうちにその者が有する宅地又は借地権の価額の合計額の占める割合を当該登記に係る保留地の価額（当該登記が保留地の所有権の持分に係るものであるときは、持分の価額の合計額）に乗じて計算した金額を控除した金額とする。

（共有物の分割による移転登記等の場合の課税標準）

第九条　共有物である土地の所有権の移転の登記において法第十七条第一項又は別表第一第一号㈡ロ若しくは㈢ロ⑵の規定の適用がある場合におけるその共有物について有していた所有権の持分に応じた価額に対応する部分は、当該共有物の分割による所有権の持分の移転の登記に係る土地（以下この項において「対象土地」という。）につき当該登

記（以下この項において「対象登記」という。）の直前に分筆による登記事項の変更の登記（以下この項において「分筆登記」という。）がされている場合であつて当該対象登記が当該分筆登記に係る他の土地の全部又は一部の所有権の持分の移転の登記（当該共有物の分割によるものに限る。以下この項において「他の持分移転登記」という。）と同時に申請されたときの当該対象土地の所有権の持分の移転に係る土地の価額のうち当該他の持分移転登記において減少する当該他の土地の所有権の持分の価額に応じた当該対象土地の持分の価額に対応する部分とする。

2 前項の規定は、共有物である建物の所有権又は共有に係る地上権、永小作権、賃借権若しくは採石権の分割の登記を行う場合について準用する。

第三章 納付及び還付

（現金納付の場合の収納機関の指定）

第二十八条 法務局又は地方法務局の長は、その指定する登記所においてつかさどる登記又は登録に係る登録免許税で法第二十一条又は第二十三条第一項（これらの規定を法第三十五条第四項の規定により読み替えて適用する場合を含む。次項において同じ。）の規定により納付すべきものについて必要があると認める場合には、その収納機関（日本銀行及び国税の収納を行うその代理店をいう。以下この章において同じ。）を指定することができる。

2 前項の登記所において受ける登記又は登録に係る登録免許税で法第二十一条又は第二十三条第一項の規定により国に納付するものは、前項の規定により指定された収納機関に納付しなければならない。

3 法務局又は地方法務局の長は、第一項の指定をしたときは、その旨並びに当該指定に係る収納機関の名称及び所在地を当該登記所に公示しなければならない。

（印紙納付ができる場合）

第二十九条 法第二十二条に規定する政令で定める場合は、次に掲げる場合とする。

一 登記所の近傍に収納機関が存在しないため当該登記所においてつかさどる登記又は登録に係る登録免許税を法第二十一条（法第三十五条第四項の規定により読み替えて適用する場合を含む。）の規定により納付することが困難であると法務局又は地方法務局の長が認めてその旨を当該登記所に公示した場合

二 登記等につき課されるべき登録免許税の額の三万円未満の端数の部分の登録免許税を納付する場合

三 前二号に掲げる場合のほか、印紙により登録免許税を納付することにつき特別の事情があると登記機関が認めた場合

（免許等の範囲）

第三十条　法第二十四条第一項に規定する政令で定める免許等は、法別表第一第十三号㈡、第三十二号㈤ロ、㈥ロ若しくは㈩、第三十三号、第五十一号、第五十二号、第五十四号、第五十五号、第五十九号、第六十一号、第六十四号、第六十五号、第六十六号㈢若しくは㈣、第八十五号、第八十七号の二、第九十二号、第九十六号㈠、第九十七号、第九十八号、第九十九号㈠、第百号㈣、第百一号（㈨を除く。）、第百二号（㈣を除く。）、第百三号、第百四号㈠から㈩まで、第百八号から第百十二号まで、第百十七号の二、第百二十号、第百二十一号、第百二十三号から第百二十六号まで、第百二十八号から第百三十五号まで又は第百三十七号から第百四十二号の二までに掲げる登録、特許、免許、許可、認可、認定、指定又は技能証明（同表第十三号㈡に掲げる登録にあつては、特許登録令（昭和三十五年政令第三十九号）第十六条第六号（職権による登録）の規定により特許庁長官が職権でする仮専用実施権の設定の登録に限る。）とする。

（納付受託者の指定要件）

第三十条の二　法第二十四条の四第一項に規定する政令で定める要件は、次に掲げるものとする。

一　納付受託者（法第二十四条の四第一項に規定する納付受託者をいう。次条において同じ。）として納付事務（同項に規定する納付事務をいう。次号において同じ。）を行うことが登録免許税の徴収の確保及び納税者の便益の増進に寄与すると認められること。

二　納付事務を適正かつ確実に遂行するに足りる経理的及び技術的な基礎を有するものとして財務省令で定める基準を満たしていること。

（納付受託者の納付に係る納付期日）

第三十条の三　法第二十四条の五第一項に規定する政令で定める日は、納付受託者が法第二十四条の三第一項の規定による委託を受けた日の翌日から起算して十一取引日（収納機関の休日以外の日をいう。以下この条において同じ。）を経過した最初の取引日までの取引日で当該納付受託者に係る所管省庁の長（法第二十四条の四第一項に規定する所管省庁の長をいう。以下この条において同じ。）が定める日（災害その他やむを得ない理由によりその日までに納付することができないと当該所管省庁の長が認める場合には、その承認する日）とする。

（過誤納金の還付等）

第三十一条　法第三十一条第一項に規定する政令で定める事項は、次に掲げる事項とする。

一　納付した登録免許税の額が過誤納となつた理由が法第

三十一条第一項各号に掲げる場合のいずれに該当するかの別及びその該当することとなつた日
二　過誤納となつた登録免許税の納付方法(法第二十一条、第二十三条第一項、第二十四条若しくは第二十六条第二項の規定により納付した登録免許税又は法第二十四条の二第一項に規定する財務省令で定める方法により納付した登録免許税については、その納付した収納機関の名称)
三　法第三十一条第一項の通知をする登記機関の官職及び氏名
四　当該登録免許税に係る登記官署等の名称及びその所在地
五　登記等の申請をした者又は登記等を受けた者の氏名又は名称及びこれらの登記等に係る登録免許税の法第八条第二項の規定による納税地
六　法第三十一条第二項に規定する請求又は同条第五項の申出に基づき同条第一項の通知をする場合には、当該請求又は申出があつた旨及び当該請求又は申出があつた日並びに次項第五号に掲げる事項

2　法第三十一条第二項の規定により同条第一項の通知をすべき旨の請求をしようとする者は、次に掲げる事項を記載した請求書を登記等を受けた登記機関に提出しなければならない。
一　法第三十一条第二項に規定する申請書に記載した登録免許税の課税標準及び税額
二　前号の課税標準及び税額の計算が国税に関する法律の規定に従つて計算されていなかつたこと又は当該計算に誤りがあつたことにより過大となつた登録免許税の課税標準及び税額
三　当該請求をする理由及び当該請求をするに至つた事情の詳細
四　前項第二号に掲げる事項(法第二十四条の三第一項の規定により納付の委託をした場合にあつては、その旨)及び前項第五号に掲げる事項
五　当該請求に係る登録免許税の還付のための支払を受けようとする銀行又は郵便局(簡易郵便局法(昭和二十四年法律第二百十三号)第二条(定義)に規定する郵便窓口業務を行う日本郵便株式会社の営業所であつて郵政民営化法(平成十七年法律第九十七号)第九十四条(定義)に規定する郵便貯金銀行を銀行法(昭和五十六年法律第五十九号)第二条第十六項(定義等)に規定する所属銀行とする同条第十四項に規定する銀行代理業の業務を行うものをいう。次項第五号において同じ。)の名称及び所在地
六　その他参考となるべき事項

3　法第三十一条第六項の規定により同項の通知をすべき旨の請求をしようとする者は、次に掲げる事項を記載した請求書を同項の登記等に係る登記機関に提出しなければならない。
一　法第二十四条の二第一項に規定する財務省令で定める方法により納付した登録免許税の税額
二　当該請求をする理由及び当該請求をするに至つた事情の詳細
三　当該登録免許税の納付に係る登記等を受けることをやめる者の氏名又は名称及び当該登記等に係る登録免許税の法第八条第二項の規定による納税地
四　当該登録免許税を納付した収納機関の名称及び納付した日（法第二十四条の三第一項の規定により納付の委託をした場合にあつては、その納付の委託をした日）
五　当該請求に係る登録免許税の還付のための支払を受けようとする銀行又は郵便局の名称及び所在地
六　その他参考となるべき事項
4　法第三十一条第六項に規定する政令で定める事項は、次に掲げる事項とする。
一　納付した登録免許税に係る登記等を受けることをやめる日及びその理由
二　前項第三号に掲げる事項
三　当該登録免許税を納付した収納機関の名称及び納付した日
四　法第三十一条第六項の通知をする登記機関の官職及び氏名
五　当該登録免許税に係る登記官署等の名称及びその所在地
六　法第三十一条第六項に規定する請求（同条第七項の規定により請求があつたものとみなされる場合を含む。）があつた旨及び当該請求があつた日並びに前項第五号に掲げる事項

（使用済みの印紙等の再使用証明等）
第三十二条　法第三十一条第三項の規定により登録免許税の領収証書又は印紙で使用済みの旨の記載又は消印がされたものにつき再使用することができる証明を受けようとする者は、登記等の申請の取下げの申出と同時に当該領収証書又は印紙を再使用したい旨を記載した書類を登記機関に提出しなければならない。
2　登記機関は、前項の書類の提出があつた場合には、登録免許税の領収証書又は印紙で使用済みの旨の記載又は消印がされたものにつき再使用することができる証明をしなければならない。ただし、当該領収証書又は印紙を再使用させることが適当でないと認める特別な事情がある場合は、

この限りでない。

3　法第三十一条第五項の規定により登録免許税の還付を受けようとする者は、当該還付を受けたい旨及び次に掲げる事項を記載した申請書に前項に規定する証明がされた領収証書又は印紙を添付して当該証明をした登記機関に提出しなければならない。

一　還付を受けようとする登録免許税の額

二　前条第二項第四号及び第五号に掲げる事項

三　その他参考となるべき事項

第四章　雑則

（通知）

第三十三条　法第三十二条に規定する政令で定める登記機関は、法別表第一に掲げる登記等につき二以上の登記機関がある場合における当該登記機関とし、同条に規定する政令で定める省庁の長は、当該登記機関の属する省庁の長とする。

2　法第三十二条の通知は、同条に規定する期間内にした登記等に係る登録免許税の納付額を法別表第一に掲げる登記等の区分ごとに分類し、その件数及び納付額の合計額についてするものとする。

（関係書類の保存年数）

第三十四条　登記官署等は、そのつかさどる登記等に係る次に掲げる書類を、その受理した日（第二号に掲げる書類にあつては、法第二十四条第一項の期限）から五年間保存しなければならない。

一　法第二十一条に規定する電子情報処理組織を使用して登記等の申請又は嘱託を行う場合において同条から法第二十三条までに定める方法により登録免許税を納付するときにおける登記機関の定める書類

二　法第二十四条第一項の書類

三　法第三十五条第四項に規定する場合において法第二十一条から第二十三条までに定める方法により登録免許税を納付するときにおける登記機関の定める書類

四　第三十一条第二項及び第三項に規定する書類

五　第三十二条第一項及び第三項に規定する書類

附　則

1　この政令は、昭和四十二年八月一日から施行する。

2　法附則第四条の規定の適用については、鉱業法（昭和二十五年法律第二百八十九号）第二十一条第一項（同法第四十五条第三項及び第五十条第三項において準用する場合を含む。）又は第七十七条第一項（同法第七十八条第二項において準用する場合を含む。）の規定により提出した鉱業権の設定若しくは変更の願書又は租鉱権の設定若しくは変更の申請書は、法別表第一の第十五号㈠、㈡、㈤、㈥、㈨若しく

は㈩又は第十六号㈠、㈡、㈤若しくは㈥に掲げる登録の申請書とみなす。

3　法附則第七条に規定する政令で定める価額は、地方税法（昭和二十五年法律第二百二十六号）第三百四十一条第九号に掲げる固定資産課税台帳（以下「課税台帳」という。）に登録された価格のある不動産については、次の各号に掲げる当該不動産の登記の申請の日の属する日の区分に応じ当該各号に掲げる金額に相当する価額とし、課税台帳に登録された価格のない不動産については、当該不動産の登記の申請の日において当該不動産に類似する不動産で課税台帳に登録された価格のあるものの次の各号に掲げる当該申請の日の区分に応じ当該各号に掲げる金額を基礎として当該登記に係る登記機関が認定した価額とする。

一　登記の申請の日がその年の一月一日から三月三十一日までの期間内であるもの　その年の前年十二月三十一日現在において課税台帳に登録された当該不動産の価格に百分の百を乗じて計算した金額

二　登記の申請の日がその年の四月一日から十二月三十一日までの期間内であるもの　その年の一月一日現在において課税台帳に登録された当該不動産の価格に百分の百を乗じて計算した金額

4　法別表第一の第一号に掲げる登記で不動産の価額を課税標準とするものについて登録免許税を課税する場合において、登記官が当該登記の目的となる不動産について増築、改築、損壊、地目の変換その他これらに類する特別の事情があるため前項の規定により計算した金額に相当する価額を課税標準の額とすることを適当でないと認めるときは、同項の規定にかかわらず、法附則第七条に規定する政令で定める価額は、同項の規定により計算した金額を基礎とし当該事情を考慮して当該登記官が認定した価額とする。

5　法附則第九条に規定する登記については、次の各号に掲げる登記の区分に応じ当該各号に掲げる書類を当該登記の申請書に添附して受ける場合に限り、登録免許税を課さない。

一　旧登録税法（明治二十九年法律第二十七号。以下「旧法」という。）第十九条第八号、第十六号若しくは第十七号又は第十二号に掲げる登記　改正前の登録税法施行規則（以下「旧令」という。）第五条ノ六又は第五条に規定する証明の書類

二　旧法第十九条第十号、第十一号ノ二又は第十一号ノ三に掲げる登記　当該登記がこれらの規定に掲げる登記に該当することについての都道府県知事の証明書

三　旧法第十九条第十一号に掲げる登記　当該登記が旧令第五条ノ二に該当することについての都道府県知事の証

明書

(3)登録免許税法施行規則(抄)

〔昭和四十二年六月三十日号外
大蔵省令第三十七号〕

最終改正 令和六年三月三〇日財務省令第一八号

(登録免許税の免除を受けるための書類)

第一条 登録免許税法(昭和四十二年法律第三十五号。以下「法」という。)第五条に規定する書類は、次の各号に掲げる登記又は登録の区分に応じ当該各号に定める書類とする。

一 法第五条第四号に掲げる登記又は登録 その登記又は登録が同号に規定する住居表示の実施又は変更に伴つて受けるものであることを証する当該実施又は変更に係る市町村長(特別区の区長を含む。次号において同じ。)の書類

二 法第五条第五号に掲げる登記又は登録 その登記又は登録が同号に規定する行政区画、郡、区、市町村内の町若しくは字又はこれらの名称の変更に伴つて受けるものであることを証する当該変更に係る市町村長又は同号に規定する事業の施行者(国及び法別表第二に掲げる者以外の者にあつては、その者が、当該事業の施行について都道府県知事又は市町村長の認可を受けた者であること

を当該都道府県知事又は市町村長の証明により明らかにされたものに限る。）の書類

第一条の二　法別表第三の一の項の第四欄に規定する財務省令で定める書類は、その登記に係る不動産が同項の第三欄に規定する不動産に該当する旨を証する外国人の技能実習の適正な実施及び技能実習生の保護に関する法律（平成二十八年法律第八十九号）第百三条第一項（主務大臣等）に規定する主務大臣の書類とする。

第二条　法別表第三の一の二の項の第四欄に規定する財務省令で定める書類は、次の各号に掲げる登記の区分に応じ当該各号に定める書類とする。

一　法別表第三の一の二の項の第三欄の第一号又は第二号に掲げる登記　その登記に係る不動産が同欄の第一号又は第二号に規定する不動産に該当する旨を証する当該不動産に係る学校教育法（昭和二十二年法律第二十六号）第一条（学校の範囲）に規定する学校又は同法第百二十四条（専修学校）に規定する専修学校若しくは同法第百三十四条第一項（各種学校）に規定する各種学校の私立学校法（昭和二十四年法律第二百七十号）第四条（所轄庁）に規定する所轄庁（地方自治法（昭和二十二年法律第六十七号）第二百五十二条の十七の二第一項（条例による事務処理の特例）の規定により同表の一の二の項の第一欄に規定する学校法人に係る事務を市町村（特別区を含む。以下同じ。）が処理する場合にあつては、当該市町村の長）の書類

二　法別表第三の一の二の項の第三欄の第三号に掲げる登記　次に掲げる登記の区分に応じそれぞれ次に定める書類

イ　法別表第三の一の二の項の第三欄の第三号に規定する保育所（以下「保育所」という。）の用に供する不動産に係る登記　次に掲げる場合の区分に応じそれぞれ次に定める書類

(1)　保育所の用に供する不動産が地方自治法第二百五十二条の十九第一項（指定都市の権能）に規定する指定都市（以下「指定都市」という。）、同法第二百五十二条の二十二第一項（中核市の権能）に規定する中核市（以下「中核市」という。）及び児童福祉法（昭和二十二年法律第百六十四号）第五十九条の四第一項（指定都市等の特例）に規定する児童相談所設置市（以下「児童相談所設置市」という。）の区域外に所在する場合　その登記に係る不動産が法別表第三の一の二の項の第三欄の第三号に規定する不動産に該当する旨を証する当該不動産の所在地を管轄する都道府県知事（地方自治法第二百五十二条の十七の二

第一項の規定により児童福祉法第三十五条第四項(児童福祉施設の認可)の保育所の認可に係る事務を市町村が処理する場合にあつては、当該市町村の長)の書類

(2)　保育所の用に供する不動産が指定都市の区域内に所在する場合　その登記に係る不動産が法別表第三の一の二の項の第三欄の第三号に規定する不動産に該当する旨を証する当該不動産の所在地を管轄する指定都市の長の書類

(3)　保育所の用に供する不動産が中核市の区域内に所在する場合　その登記に係る不動産が法別表第三の一の二の項の第三欄の第三号に規定する不動産に該当する旨を証する当該不動産の所在地を管轄する中核市の長の書類

(4)　保育所の用に供する不動産が児童相談所設置市の区域内に所在する場合　その登記に係る不動産が法別表第三の一の二の項の第三欄の第三号に規定する不動産に該当する旨を証する当該不動産の所在地を管轄する児童相談所設置市の長の書類

ロ　法別表第三の一の二の項の第三欄の第三号に規定する家庭的保育事業等(以下「家庭的保育事業等」という。)の用に供する不動産に係る登記　その登記に係る不動産が同号に規定する不動産に該当する旨を証する当該不動産の所在地を管轄する市町村の長の書類

三　法別表第三の一の二の項の第三欄の第四号に掲げる登記　次に掲げる場合の区分に応じそれぞれ次に定める書類

イ　法別表第三の一の二の項の第三欄の第四号に規定する認定こども園(以下「認定こども園」という。)の用に供する不動産が指定都市及び中核市の区域外に所在する場合　その登記に係る不動産が同号に規定する不動産に該当する旨を証する当該不動産の所在地を管轄する都道府県知事(就学前の子どもに関する教育、保育等の総合的な提供の推進に関する法律(平成十八年法律第七十七号)第三条第一項(幼保連携型認定こども園以外の認定こども園の認定等)の規定により同項又は同条第三項の認定こども園の認定に係る事務を都道府県の教育委員会が処理する場合にあつては当該都道府県の教育委員会とし、地方自治法第二百五十二条の十七の二第一項の規定により当該事務又は就学前の子どもに関する教育、保育等の総合的な提供の推進に関する法律第十七条第一項(設置等の認可)の幼保連携型認定こども園(同法第二条第七項(定義)に規定する幼保連携型認定こども園をいう。以下同じ。)の認可に係

る事務を市町村が処理する場合にあつては当該市町村の長とする。）の書類

ロ　認定こども園の用に供する不動産が指定都市の区域内に所在する場合　その登記に係る不動産が法別表第三の一の二の項の第三欄の第四号に規定する不動産に該当する旨を証する当該不動産の所在地を管轄する指定都市の長（就学前の子どもに関する教育、保育等の総合的な提供の推進に関する法律第三条第一項の規定により同項又は同条第三項の認定こども園の認定に係る事務を指定都市の教育委員会が処理する場合にあつては、当該指定都市の教育委員会）の書類

ハ　認定こども園の用に供する不動産が中核市の区域内に所在する場合　その登記に係る不動産が法別表第三の一の二の項の第三欄の第四号に規定する不動産に該当する旨を証する当該不動産の所在地を管轄する中核市の長（就学前の子どもに関する教育、保育等の総合的な提供の推進に関する法律第三条第一項の規定により同項又は同条第三項の認定こども園の認定に係る事務を中核市の教育委員会が処理する場合にあつては、当該中核市の教育委員会）の書類

第二条の二　法別表第三の一の三の項の第四欄に規定する財務省令で定める書類は、次の各号に掲げる場合の区分に応じ当該各号に定める書類とする。

一　その登記又は登録が個人に係る債権を担保するために受けるものである場合　次に掲げる当該個人の区分に応じそれぞれ次に定める書類

イ　国内に住所を有する個人　当該個人の次に掲げるいずれかの書類でその登記又は登録の申請の日以前六月以内に作成されたもの

(1)　住民票の写し若しくは住民票に記録されている事項を記載した書類又は住民票に記載した事項に関する証明書

(2)　印鑑証明書

ロ　イに掲げる個人以外の個人　当該個人に係る領事官（領事官の職務を行う大使館若しくは公使館の長又はその事務を代理する者を含む。）の在留証明でその登記又は登録の申請の日以前六月以内に作成されたもの

二　その登記又は登録が法人に係る債権を担保するために受けるものである場合　次に掲げる当該法人の区分に応じそれぞれ次に定める書類

イ　国内に本店又は主たる事務所を有する法人　当該法人の登記事項証明書（法人税法（昭和四十年法律第三十四号）第二条第九号（定義）に規定する普通法人（その資本金の額又は出資金の額につき登記を要するものに限

る。）にあつては、当該普通法人の資本金の額又は出資金の額の記載があるもの）でその登記又は登録の申請の日以前一月以内に交付を受けたもの

ロ　イに掲げる法人以外の法人　その登記又は登録が法別表第三の一の三の項の第三欄に規定する登記又は登録に該当する旨を証する当該登記又は登録に係る株式会社国際協力銀行の本店又は支店の所在地を管轄する財務局長（当該所在地が福岡財務支局の管轄区域内にある場合にあつては、福岡財務支局長）の書類

2　前項の規定は、法別表第三の一の四の項の第四欄に規定する財務省令で定める書類について準用する。この場合において、前項中「株式会社国際協力銀行」とあるのは、「株式会社日本政策金融公庫」と読み替えるものとする。

第二条の三　法別表第三の二の項の第四欄に規定する財務省令で定める書類は、その登記に係る不動産が同項の第三欄の第一号又は第二号に規定する不動産に該当する旨を証する厚生労働大臣の書類とする。

第二条の四　法別表第三の三の項の第四欄に規定する財務省令で定める書類は、その登記に係る不動産が同項の第三欄の第一号又は第二号に規定する不動産に該当する旨を証する国土交通大臣の書類とする。

第二条の五　法別表第三の四の項の第四欄に規定する財務省令で定める書類は、その登記に係る不動産が同項の第三欄の第一号又は第二号に規定する不動産に該当する旨を証する厚生労働大臣の書類とする。

第二条の六　法別表第三の四の二の項の第四欄に規定する財務省令で定める書類は、その登記に係る不動産が同項の第三欄の第一号又は第二号に規定する不動産に該当する旨を証する経済産業大臣の書類とする。

第二条の七　法別表第三の五の項の第四欄に規定する財務省令で定める書類は、次の各号に掲げる登記の区分に応じ当該各号に定める書類とする。

一　法別表第三の五の項の第三欄の第一号に掲げる登記　その登記に係る不動産が同号に規定する不動産に該当する旨を証する広域臨海環境整備センター法（昭和五十六年法律第七十六号）第三十六条（主務大臣等）に規定する主務大臣（次号において「主務大臣」という。）の書類

二　法別表第三の五の項の第三欄の第二号に掲げる登記　その登記が同号に掲げる登記に該当する旨を証する主務大臣の書類

第二条の八　法別表第三の五の二の項の第四欄に規定する財務省令で定める書類は、次の各号に掲げる登記の区分に応じ当該各号に定める書類とする。

一　法別表第三の五の二の項の第三欄の第一号に掲げる登

記　その登記に係る不動産が同号に規定する不動産に該当する旨を証する当該不動産に係る同号に規定する学校を所管する都道府県知事（地方自治法第二百五十二条の十七の二第一項（条例による事務処理の特例）の規定により当該学校に係る事務を市町村が処理する場合にあつては、当該市町村の長）の書類

二　法別表第三の五の二の項の第三欄の第二号に掲げる登記　次に掲げる登記の区分に応じそれぞれ次に定める書類

イ　保育所の用に供する不動産に係る登記　第二条第二号イに定める書類

ロ　家庭的保育事業等の用に供する不動産に係る登記　第二条第二号ロに定める書類

三　法別表第三の五の二の項の第三欄の第三号に掲げる登記　第二条第三号に定める書類

第二条の九　法別表第三の六の項の第四欄に規定する財務省令で定める書類は、その登記に係る不動産が同項の第三欄に規定する不動産に該当する旨を証する法務大臣の書類とする。

第二条の十　法別表第三の七の項の第四欄に規定する財務省令で定める書類は、その登記に係る不動産が同項の第三欄の第一号又は第二号に規定する不動産に該当する旨を証する財務大臣の書類とする。

第二条の十一　法別表第三の九の項の第四欄に規定する財務省令で定める書類は、その登記に係る不動産が同項の第三欄の第一号又は第二号に規定する不動産に該当する旨を証する厚生労働大臣の書類とする。

第二条の十二　法別表第三の九の二の項の第四欄に規定する財務省令で定める書類は、その登記に係る不動産が同項の第三欄の第一号又は第二号に規定する不動産に該当する旨を証する国家公安委員会の書類とする。

第三条　法別表第三の十の項の第四欄に規定する財務省令で定める書類は、次の各号に掲げる登記の区分に応じ当該各号に定める書類とする。

一　法別表第三の十の項の第三欄の第一号に掲げる登記　次に掲げる登記の区分に応じそれぞれ次に定める書類

イ　法別表第三の十の項の第三欄の第一号の社会福祉事業（社会福祉法（昭和二十六年法律第四十五号）第二条第二項第二号（定義）に規定する事業（同号に規定する母子生活支援施設を経営する事業を除く。）、同条第三項第二号に規定する事業（同号に規定する児童自立生活援助事業及び児童厚生施設又は児童家庭支援センターを経営する事業に限る。）及び同項第四号の二に規定する事業（同号に規定する相談支援事業のうち児童福

祉法第四条第二項（定義）に規定する障害児に係るものに限る。）を除く。(1)から(3)までにおいて同じ。）の用に供する不動産に係る登記（ハに掲げる登記を除く。）　次に掲げる場合の区分に応じそれぞれ次に定める書類

(1)　社会福祉事業の用に供する不動産が指定都市及び中核市の区域外に所在する場合　その登記に係る不動産が法別表第三の十の項の第三欄の第一号に規定する不動産に該当する旨を証する当該不動産の所在地を管轄する都道府県知事（地方自治法第二百五十二条の十七の二第一項（条例による事務処理の特例）の規定により社会福祉法第六十二条第一項（社会福祉施設の設置）の社会福祉施設若しくは同法第六十八条の二第一項（社会福祉住居施設の設置）の社会福祉住居施設の設置又は同法第六十七条第一項（施設を必要としない第一種社会福祉事業の開始）若しくは第六十九条第一項（住居の用に供するための施設を必要としない第二種社会福祉事業の開始等）の社会福祉事業の開始に係る事務を市町村が処理する場合にあつては、当該市町村の長。ロ(1)において同じ。）の書類

(2)　社会福祉事業の用に供する不動産が指定都市の区域内に所在する場合　その登記に係る不動産が法別表第三の十の項の第三欄の第一号に規定する不動産に該当する旨を証する当該不動産の所在地を管轄する指定都市の長の書類

(3)　社会福祉事業の用に供する不動産が中核市の区域内に所在する場合　その登記に係る不動産が法別表第三の十の項の第三欄の第一号に規定する不動産に該当する旨を証する当該不動産の所在地を管轄する中核市の長の書類

ロ　法別表第三の十の項の第三欄の第一号の社会福祉事業（イに規定する社会福祉事業を除く。以下ロにおいて同じ。）の用に供する不動産に係る登記（ハに掲げる登記を除く。）　次に掲げる場合の区分に応じそれぞれ次に定める書類

(1)　社会福祉事業の用に供する不動産が指定都市の区域外に所在する場合　その登記に係る不動産が法別表第三の十の項の第三欄の第一号に規定する不動産に該当する旨を証する当該不動産の所在地を管轄する都道府県知事の書類

(2)　社会福祉事業の用に供する不動産が指定都市の区域内に所在する場合　その登記に係る不動産が法別表第三の十の項の第三欄の第一号に規定する不動産に該当する旨を証する当該不動産の所在地を管轄す

る指定都市の長の書類

ハ　法別表第三の十の項の第三欄の第一号の社会福祉事業（児童福祉法第五十九条の四（指定都市等の特例）の規定により児童相談所設置市が処理するものとされる事務に係るものに限る。）の用に供する不動産に係る登記　その登記に係る不動産が同号に規定する不動産に該当する旨を証する当該不動産の所在地を管轄する児童相談所設置市の長の書類

二　法別表第三の十の項の第三欄の第二号に掲げる登記　その登記に係る不動産が同号に規定する不動産に該当する旨を証する当該不動産に係る同号に規定する学校を所管する都道府県知事（地方自治法第二百五十二条の十七の二第一項の規定により当該学校に係る事務を市町村が処理する場合にあつては、当該市町村の長）の書類

三　法別表第三の十の項の第三欄の第三号に掲げる登記　次に掲げる登記の区分に応じそれぞれ次に定める書類

イ　保育所の用に供する不動産に係る登記　第二条第二号イに定める書類

ロ　家庭的保育事業等の用に供する不動産に係る登記　第二条第二号ロに定める書類

四　法別表第三の十の項の第三欄の第四号に掲げる登記　第二条第三号に定める書類

第四条　法別表第三の十二の項の第四欄に規定する財務省令で定める書類は、次の各号に掲げる登記の区分に応じ当該各号に定める書類とする。

一　法別表第三の十二の項の第三欄の第一号に掲げる登記　その登記に係る不動産が同号に規定する不動産に該当する旨を証する当該不動産の所在地を管轄する都道府県知事（地方自治法第二百五十二条の十七の二第一項（条例による事務処理の特例）の規定により宗教法人に係る事務を市町村が処理する場合にあつては、当該市町村の長）の書類

二　法別表第三の十二の項の第三欄の第二号に掲げる登記　その登記に係る不動産が同号に規定する不動産に該当する旨を証する当該不動産に係る同号に規定する学校を所管する都道府県知事（地方自治法第二百五十二条の十七の二第一項の規定により当該学校に係る事務を市町村が処理する場合にあつては、当該市町村の長）の書類

三　法別表第三の十二の項の第三欄の第三号に掲げる登記　次に掲げる登記の区分に応じそれぞれ次に定める書類

イ　保育所の用に供する不動産に係る登記　第二条第二号イに定める書類

ロ　家庭的保育事業等の用に供する不動産に係る登記　第二条第二号ロに定める書類

四　法別表第三の十二の項の第三欄の第四号に掲げる登記　第二条第三号に定める書類

第四条の二　法別表第三の十三の項の第四欄に規定する財務省令で定める書類は、その登記に係る不動産が同項の第三欄に規定する不動産に該当する旨を証する都道府県知事（地方自治法第二百五十二条の十七の二第一項（条例による事務処理の特例）の規定により職業訓練に係る事務を市町村が処理する場合にあつては、当該市町村の長）の書類とする。

第四条の三　法別表第三の十四の項の第四欄に規定する財務省令で定める書類は、その登記に係る不動産が同項の第三欄の第一号又は第二号に規定する不動産に該当する旨を証する厚生労働大臣の書類とする。

第四条の四　法別表第三の十五の項の第四欄に規定する財務省令で定める書類は、その登記に係る不動産が同項の第三欄に規定する不動産に該当する旨を証する厚生労働大臣の書類とする。

第四条の五　法別表第三の十六の項の第四欄に規定する財務省令で定める書類は、その登記に係る不動産が同項の第三欄に規定する不動産に該当する旨を証する経済産業大臣の書類とする。

第四条の六　法別表第三の十八の項の第四欄に規定する財務省令で定める書類は、その登記に係る不動産が同項の第三欄に規定する不動産に該当する旨を証する総務大臣の書類とする。

第五条　法別表第三の十九の二の項の第四欄に規定する財務省令で定める書類は、その登記に係る不動産が同項の第三欄の第一号に規定する不動産に該当する旨又はその登記若しくは登録が同欄の第二号に規定する登記若しくは登録に該当する旨を証する書類で、独立行政法人ごとに財務大臣が指定した者の書類とする。

第六条　法別表第三の二十一の項の第四欄に規定する財務省令で定める書類は、次の各号に掲げる登記の区分に応じ当該各号に定める書類とする。

一　法別表第三の二十一の項の第三欄の第一号又は第三号に掲げる登記　その登記に係る不動産が同欄の第一号又は第三号に規定する不動産に該当する旨を証する文部科学大臣の書類

二　法別表第三の二十一の項の第三欄の第二号に掲げる登記　その登記が同号に掲げる登記に該当する旨を証する文部科学大臣の書類

第七条　削除

第八条　法別表第三の二十二の項の第四欄に規定する財務省令で定める書類は、その登記に係る不動産又は船舶が同項

の第三欄に規定する不動産又は船舶に該当する旨を証する厚生労働大臣の書類とする。

第九条　法別表第三の二十三の項の第四欄に規定する財務省令で定める書類は、次の各号に掲げる法人の区分に応じ当該各号に定める書類とする。

一　農業共済組合（都道府県の区域を超える区域をその区域とするものを除く。以下この号において同じ。）　その登記に係る不動産が法別表第三の二十三の項の第三欄の第一号又は第二号に規定する不動産に該当する旨を証する当該農業共済組合を所管する都道府県知事（地方自治法第二百五十二条の十七の二第一項（条例による事務処理の特例）の規定により農業共済組合に係る事務を市町村が処理する場合にあつては、当該市町村の長）の書類

二　農業共済組合（都道府県の区域を超える区域をその区域とするものに限る。）及び農業共済組合連合会　その登記に係る不動産が法別表第三の二十三の項の第三欄の第一号又は第二号に規定する不動産に該当する旨を証する農林水産大臣の書類

第十条　法別表第三の二十四の項の第四欄に規定する財務省令で定める書類は、次の各号に掲げる不動産の区分に応じ当該各号に定める書類とする。

一　法別表第三の二十四の項の第三欄に規定する病院若しくは診療所又は介護老人保健施設若しくは介護医療院の用に供する不動産　その登記に係る不動産が同欄に規定する不動産に該当する旨を証する当該不動産の所在地を管轄する都道府県知事（地方自治法第二百五十二条の十七の二第一項（条例による事務処理の特例）の規定により同欄に規定する病院若しくは診療所又は介護老人保健施設若しくは介護医療院に係る事務を市町村が処理する場合にあつては、当該市町村の長）の書類

二　法別表第三の二十四の項の第三欄に規定する特別養護老人ホーム（以下この号において「特別養護老人ホーム」という。）の用に供する不動産　次に掲げる場合の区分に応じそれぞれ次に定める書類

イ　特別養護老人ホームの用に供する不動産が指定都市及び中核市の区域外に所在する場合　その登記に係る不動産が法別表第三の二十四の項の第三欄に規定する不動産に該当する旨を証する当該不動産の所在地を管轄する都道府県知事（地方自治法第二百五十二条の十七の二第一項の規定により特別養護老人ホームに係る事務を市町村が処理する場合にあつては、当該市町村の長）の書類

ロ　特別養護老人ホームの用に供する不動産が指定都市の区域内に所在する場合　その登記に係る不動産が法

別表第三の二十四の項の第三欄に規定する不動産に該当する旨を証する当該不動産の所在地を管轄する指定都市の長の書類

ハ　特別養護老人ホームの用に供する不動産が中核市の区域内に所在する場合　その登記に係る不動産が法別表第三の二十四の項の第三欄に規定する不動産に該当する旨を証する当該不動産の所在地を管轄する中核市の長の書類

(共同担保の登記等の場合の税率の特例の適用を受けるための書類)

第十一条　法第十三条第二項に規定する財務省令で定める書類は、登記事項証明書その他の書類でその登記又は登録に係る債権金額につき既に同条第一項に規定する抵当権等の設定登記等を受けている旨を証するものとする。

(使用済小型電子機器等の収集を行おうとする区域の増加に係る再資源化事業計画の変更の認定で課税するものの範囲)

第二十二条の二　法別表第一第百五十六号の二㈡イに規定する財務省令で定める変更の認定は、使用済小型電子機器等の再資源化の促進に関する法律(平成二十四年法律第五十七号)第十一条第一項(再資源化事業計画の変更等)の規定による再資源化事業計画の変更の認定で同法第十条第二項第四号(再資源化事業計画の認定)の使用済小型電子機器等の収集を行おうとする区域の増加に係るものとする。

(電子情報処理組織を使用する場合の納付方法等)

第二十三条　法第二十四条の二第一項に規定する財務省令で定める方法は、法第二条に規定する登記等(以下「登記等」という。)の申請又は嘱託を行う場合に登記機関(法第五条第二号に規定する登記機関をいう。以下同じ。)から得た納付情報により納付する方法とする。

2　法第二十四条の二第一項に規定する財務省令で定める場合は、次に掲げる場合とする。

一　登録免許税の額の納付の事実の確認に係る事務を電子情報処理組織により処理するために必要な電子計算機が登記官署等(法第八条第一項に規定する登記官署等をいう。以下同じ。)に設置されていない場合

二　電気通信回線の故障その他の事由により前号に規定する電子計算機を使用して登記機関が登録免許税の額の納付の事実を確認することができない場合

(納付の委託に係る通知)

第二十三条の二　法第二十四条の三第一項に規定する財務省令で定めるものは、次の各号に掲げる場合の区分に応じ当該各号に定める事項の通知とする。

一　登記等を受ける者(当該者以外の者で当該登記等に係

る登録免許税を納付しようとするものを含む。以下この条において同じ。）のクレジットカードを使用する方法により登録免許税を納付しようとする場合（当該登録免許税の額が当該クレジットカードによつて決済することができる金額以下である場合に限る。）　次に掲げる事項

イ　前条第一項の納付情報及び納付書記載事項（登記等を受ける者の氏名又は名称及び当該登記等に係る登録免許税の額その他の納付書に記載すべきこととされている事項をいう。以下同じ。）

ロ　当該クレジットカードの番号及び有効期限その他当該クレジットカードを使用する方法による決済に関し必要な事項

二　登記等を受ける者が使用する資金決済に関する法律（平成二十一年法律第五十九号）第三条第五項（定義）に規定する第三者型前払式支払手段による取引その他これに類する為替取引（以下この号において「第三者型前払式支払手段による取引等」という。）により登録免許税を納付しようとする場合（当該登録免許税の額が当該第三者型前払式支払手段による取引等によつて決済することができる金額以下である場合に限る。）　次に掲げる事項

イ　前条第一項の納付情報及び納付書記載事項

ロ　当該第三者型前払式支払手段による取引等に係る業務を行う者の名称その他当該第三者型前払式支払手段による取引等による決済に関し必要な事項

（納付受託者の指定の基準）

第二十三条の三　令第三十条の二第二号に規定する財務省令で定める基準は、地方自治法第二百三十一条の二の三第一項（指定納付受託者）に規定する指定納付受託者として道府県税又は都税の納付に関する事務処理の実績を有する者その他これらの者に準じて法第二十四条の四第一項に規定する納付事務を適正かつ確実に遂行することができると認められる者であることとする。

（納付受託者の指定の手続）

第二十三条の四　法第二十四条の四第一項の規定による所管省庁の長（同項に規定する所管省庁の長をいう。以下同じ。）の指定を受けようとする者は、その名称及び住所又は事務所の所在地その他当該所管省庁の長が必要と認める事項を記載した申出書を当該所管省庁の長に提出しなければならない。

2　前項の申出書には、同項の指定を受けようとする者に係る定款、登記事項証明書並びに最終の貸借対照表、損益計算書及び事業報告又はこれらに準ずるもの（以下この項において「定款等」という。）を添付しなければならない。ただし、所管省庁の長が、インターネットにおいて識別する

ための文字、記号その他の符号又はこれらの結合をその使用に係る電子計算機に入力することによつて、自動公衆送信装置（著作権法（昭和四十五年法律第四十八号）第二条第一項第九号の五イ（定義）に規定する自動公衆送信装置をいう。）に記録されている情報のうち定款等の内容を閲覧し、かつ、当該電子計算機に備えられたファイルに当該情報を記録することができる場合は、この限りでない。

3　所管省庁の長は、第一項の申出書の提出があつた場合において、その申出につき指定をしたときはその旨を、指定をしないこととしたときはその旨及びその理由を当該申出書を提出した者に通知しなければならない。

（納付受託者の指定に係る公示事項）

第二十三条の五　法第二十四条の四第二項に規定する財務省令で定める事項は、所管省庁の長が同条第一項の規定による指定をした日とする。

（納付受託者の名称等の変更の届出）

第二十三条の六　納付受託者（法第二十四条の四第一項に規定する納付受託者をいう。以下同じ。）は、その名称、住所又は事務所の所在地を変更しようとするときは、同条第三項の規定により、変更しようとする日の前日から起算して六十日前の日又はその変更を決定した日の翌日から起算して十四日後の日のいずれか早い日までに、その旨を記載した届出書を当該納付受託者に係る所管省庁の長に提出しなければならない。

（納付受託の手続）

第二十三条の七　納付受託者は、法第二十四条の三第一項の規定による委託を受けたときは、当該委託をした者に、その旨を電子情報処理組織を使用して通知しなければならない。

2　前項の納付受託者は、同項の委託を受けた登録免許税に係る納付情報及び納付書記載事項に係る電磁的記録（法第二十四条の六第三項に規定する電磁的記録をいう。）を保存しなければならない。

（納付受託者の報告）

第二十三条の八　法第二十四条の五第二項の規定による報告は、次に掲げる事項について行うものとする。

一　報告の対象となつた期間並びに当該期間において法第二十四条の三第一項の規定による委託を受けた件数、合計額及び納付年月日

二　前号の期間において受けた同号の委託に係る納付書記載事項及び当該委託を受けた年月日

（納付受託者に対する報告の徴求）

第二十三条の九　所管省庁の長は、納付受託者に対し、法第二十四条の六第二項の報告を求めるときは、報告すべき事

項、報告の期限その他必要な事項を明示するものとする。

（帳簿等の書式）

第二十三条の十　次の各号に掲げる帳簿又は証明書の様式及び作成の方法は、当該各号に定める書式に定めるところによる。

一　法第二十四条の六第一項の帳簿　第一号書式

二　法第二十四条の六第四項の証明書　第二号書式

（納付受託者の指定取消の通知）

第二十三条の十一　所管省庁の長は、法第二十四条の七第一項の規定による指定の取消しをしたときは、その旨及びその理由を当該指定の取消しを受けた者に通知しなければならない。

（免許等の場合の納付の確認の時期）

第二十四条　法第二十五条に規定する財務省令で定めるときは、次の各号に掲げる場合の区分に応じ当該各号に定めるときとする。

一　法第二十四条第一項の規定により同項に規定する書類が免許等（同項に規定する免許等をいう。以下同じ。）をした後に提出される場合　同項の規定により登記機関の定める書類が提出されたとき。

二　法第二十四条の二第二項の納付の期限が免許等をした日後である場合　登録免許税の額の納付の事実に係る情報が第二十三条第二項第一号に規定する電子計算機に備えられたファイルに記録されたとき。

三　納付受託者が法第二十四条の三第一項の規定による委託を受けた場合　当該納付受託者による登録免許税の額の納付の事実に係る情報が第二十三条第二項第一号に規定する電子計算機に備えられたファイルに記録されたとき。

（免許等の場合の課税標準及び税額の認定に係る書類）

第二十五条　法第二十六条第一項及び第三十一条第二項に規定する財務省令で定める書類は、次の各号に掲げる場合の区分に応じ当該各号に定める書類とする。

一　当該免許等に係る登録免許税が法第二十四条の二第一項に規定する財務省令で定める方法により納付された場合　当該免許等の申請書

二　前号に掲げる場合以外の場合　法第二十四条第一項の規定により提出された登記機関の定める書類

（納付不足額の通知事項）

第二十六条　法第二十八条第一項に規定する財務省令で定める事項は、次に掲げる事項とする。

一　登記等の区分及びその明細

二　登記等に係る課税標準及び登録免許税の額

三　前号の登録免許税の額のうち未納の金額

四　第二号の登録免許税の納期限
五　登記等を受けた者の氏名又は名称及び当該登記等に係る登録免許税の法第八条第二項の規定による納税地
六　通知をする登記機関の官職及び氏名
七　第二号の登録免許税に係る登記官署等の名称及びその所在地
八　その他参考となるべき事項
2　法第二十八条第三項に規定する財務省令で定める事項は、前項各号に掲げる事項のほか、次に掲げる事項とする。
一　令第三十条の三に規定する所管省庁の長が定める日
二　納付受託者の名称及び住所又は事務所の所在地

（電子情報処理組織を使用した場合の添付書類の提出）
第二十七条　電子情報処理組織を使用して登記等の申請を行う者又は嘱託を行う官庁若しくは公署は、法第四条第二項の規定その他の登録免許税に関する法令の規定により書類を添付して当該登記等の申請又は嘱託を行う場合には、当該書類を当該登記等に係る登記機関の定めるところにより登記官署等に提出しなければならない。

附　則

1　この省令は、昭和四十二年八月一日から施行する。
2　租税特別措置法施行規則（昭和三十二年大蔵省令第十五号）の一部を次のように改正する。

〔次のよう略〕

2　租税特別措置法関係

(1) 租税特別措置法（抄）

〔昭和三十二年三月三十一日号外
法律第二十六号〕

最終改正　令和六年三月三〇日法律第八号

（住宅用家屋の所有権の保存登記の税率の軽減）

第七十二条の二　個人が、昭和五十九年四月一日から令和九年三月三十一日までの間に住宅用の家屋で政令で定めるもの（以下第七十五条までにおいて「住宅用家屋」という。）を新築し、又は建築後使用されたことのない住宅用家屋を取得し、当該個人の居住の用に供した場合には、当該住宅用家屋の所有権の保存の登記に係る登録免許税の税率は、財務省令で定めるところにより当該住宅用家屋の新築又は取得後一年以内に登記を受けるものに限り、登録免許税法第九条の規定にかかわらず、千分の一・五とする。

（住宅用家屋の所有権の移転登記の税率の軽減）

第七十三条　個人が、昭和五十九年四月一日から令和九年三月三十一日までの間に建築後使用されたことのある住宅用家屋又は建築後使用されたことのない住宅用家屋のうち政令で定めるものの取得（売買その他の政令で定める原因によるものに限る。次条第二項、第七十四条の二第二項及び第七十四条の三第一項において同じ。）をし、当該個人の居住の用に供した場合には、これらの住宅用家屋の所有権の移転の登記に係る登録免許税の税率は、財務省令で定めるところによりこれらの住宅用家屋の取得後一年以内（一年以内に登記ができないことにつき政令で定めるやむを得ない事情がある場合には、政令で定める期間内。次条第二項、第七十四条の二第二項及び第七十五条において同じ。）に登記を受けるものに限り、登録免許税法第九条の規定にかかわらず、千分の三とする。

（特定認定長期優良住宅の所有権の保存登記等の税率の軽減）

第七十四条　個人が、長期優良住宅の普及の促進に関する法律の施行の日から令和九年三月三十一日までの間（次項において「特定期間」という。）に同法第十条第二号イに掲げる住宅で住宅用家屋に該当するもの（以下この条において「特定認定長期優良住宅」という。）の新築をし、又は建築

後使用されたことのない特定認定長期優良住宅の取得をし、当該個人の居住の用に供した場合には、当該特定認定長期優良住宅の所有権の保存の登記に係る登録免許税の税率は、財務省令で定めるところにより当該特定認定長期優良住宅の新築又は取得後一年以内に登記を受けるものに限り、第七十二条の二及び登録免許税法第九条の規定にかかわらず、千分の一とする。

2　個人が、特定期間内に建築後使用されたことのない特定認定長期優良住宅の取得をし、当該個人の居住の用に供した場合には、当該特定認定長期優良住宅の所有権の移転の登記に係る登録免許税の税率は、財務省令で定めるところにより当該特定認定長期優良住宅の取得後一年以内に登記を受けるものに限り、前条及び登録免許税法第九条の規定にかかわらず、千分の一（一戸建ての特定認定長期優良住宅にあつては、千分の二）とする。

（認定低炭素住宅の所有権の保存登記等の税率の軽減）

第七十四条の二　個人が、都市の低炭素化の促進に関する法律の施行の日から令和九年三月三十一日までの間（次項において「特定期間」という。）に同法第二条第三項に規定する低炭素建築物（同法第十六条の規定により当該低炭素建築物とみなされた同法第九条第一項に規定する特定建築物のうち政令で定めるものを含む。）で住宅用家屋に該当するもの（以下この条において「認定低炭素住宅」という。）の新築をし、又は建築後使用されたことのない認定低炭素住宅の取得をし、当該個人の居住の用に供した場合には、当該認定低炭素住宅の所有権の保存の登記に係る登録免許税の税率は、財務省令で定めるところにより当該認定低炭素住宅の新築又は取得後一年以内に登記を受けるものに限り、第七十二条の二及び登録免許税法第九条の規定にかかわらず、千分の一とする。

2　個人が、特定期間内に建築後使用されたことのない認定低炭素住宅の取得をし、当該個人の居住の用に供した場合には、当該認定低炭素住宅の所有権の移転の登記に係る登録免許税の税率は、財務省令で定めるところにより当該認定低炭素住宅の取得後一年以内に登記を受けるものに限り、第七十三条及び登録免許税法第九条の規定にかかわらず、千分の一とする。

（特定の増改築等がされた住宅用家屋の所有権の移転登記の税率の軽減）

第七十四条の三　個人が、平成二十六年四月一日から令和九年三月三十一日までの間に宅地建物取引業法第二条第三号に規定する宅地建物取引業者が増改築等をした建築後使用されたことのある住宅用家屋で政令で定めるものを当該宅地建物取引業者から取得をし、当該個人の居住の用に供し

た場合には、当該住宅用家屋の所有権の移転の登記に係る登録免許税の税率は、財務省令で定めるところにより当該住宅用家屋の取得後一年以内に登記を受けるものに限り、第七十三条及び登録免許税法第九条の規定にかかわらず、千分の一とする。

2 前項に規定する増改築等とは、同項に規定する宅地建物取引業者が同項に規定する住宅用家屋(同項の取得前二年以内に当該宅地建物取引業者が取得をしたものに限る。)につき行う増築、改築その他の政令で定める工事(当該工事と併せて行う当該住宅用家屋と一体となつて効用を果たす設備の取替え又は取付けに係る工事を含む。)であつて、当該工事に要した費用の総額が当該住宅用家屋の同項の個人に対する譲渡の対価の額の百分の二十に相当する金額(当該金額が三百万円を超える場合には、三百万円)以上であることその他の政令で定める要件を満たすものをいう。

(住宅取得資金の貸付け等に係る抵当権の設定登記の税率の軽減)

第七十五条 個人が、昭和五十九年四月一日から令和九年三月三十一日までの間に住宅用家屋の新築(当該期間内に家屋につき増築をし、当該増築後の家屋が住宅用家屋に該当する場合における当該増築を含む。以下この条において同じ。)をし、又は建築後使用されたことのない住宅用家屋若しくは建築後使用されたことのある住宅用家屋のうち政令で定めるものの取得をし、当該個人の居住の用に供した場合において、これらの住宅用家屋の新築又は取得(以下この条において「住宅用家屋の新築等」という。)をするための資金の貸付け(貸付けに係る債務の保証を含む。)が行われるとき、又は対価の支払が賦払の方法により行われるときは、その貸付け又はその賦払金に係る債権で次の各号に掲げるものを担保するために当該各号に定める者が受けるこれらの住宅用家屋を目的とする抵当権の設定の登記に係る登録免許税の税率は、財務省令で定めるところにより当該住宅用家屋の新築等後一年以内に登記を受けるものに限り、登録免許税法第九条の規定にかかわらず、千分の一とする。

一 住宅用家屋の新築等をするための資金の貸付けに係る債権 当該債権に係る貸付けを行つた者

二 住宅用家屋の新築等をするための資金の貸付けに係る債務の保証に基づく求償権 当該債務の保証を行つた者

三 住宅用家屋の新築等をするための対価の支払が賦払の方法により行われる場合における当該賦払金に係る債権 当該賦払の方法により当該対価の支払を受けた者

四 住宅用家屋の新築等をするための資金の貸付けに係る債権で独立行政法人住宅金融支援機構が独立行政法人住

宅金融支援機構法（平成十七年法律第八十二号）第十三条第一項第一号の業務により金融機関から譲り受けた貸付債権　独立行政法人住宅金融支援機構

(2) 租税特別措置法施行令（抄）

〔昭和三十二年三月三十一日号外
政　令　第　四　十　三　号〕

最終改正　令和六年三月三〇日政令第一五一号

（登記の税率が軽減される住宅用家屋の範囲）

第四十一条　法第七十二条の二に規定する住宅用の家屋で政令で定めるものは、次の各号の一に該当する家屋であることにつき、当該個人の申請に基づき当該家屋の所在地の市町村長又は特別区の区長（勤労者財産形成促進法第九条第一項に規定する勤労者が、当該勤労者を雇用する事業主、当該事業主を構成員とする同項に規定する事業主団体又は当該事業主若しくは当該事業主団体が出資する同項に規定する福利厚生会社から同項に規定する住宅資金の貸付けを受けて新築又は取得をする住宅用の家屋その他の財務省令で定める家屋にあつては、独立行政法人勤労者退職金共済機構の理事長その他の財務省令で定める者。次条第一項において同じ。）が証明したものとする。

一　専ら当該個人の住宅の用に供される一棟の家屋（隣接する二棟以上の家屋を共に当該住宅の用に供する場合には、これらのすべての家屋）で床面積の合計が五十平方メートル以上であるもの

二　次に掲げる一棟の家屋でその構造上区分された数個の部分を独立して住居その他の用途に供することができるものにつきその各部分を区分所有する場合には、当該家屋のうち専ら住宅用の部分でその床面積が五十平方メートル以上であるもの

イ　建築基準法第二条第九号の二に規定する耐火建築物又は同条第九号の三に規定する準耐火建築物に該当する家屋

ロ　一団の土地（その面積が千平方メートル以上のものに限る。）に集団的に新築された家屋（地上階数が三以下のものに限る。）で建築基準法第二条第九号の三に規定する準耐火建築物に準ずる耐火性能を有するものとして国土交通大臣の定める基準に適合するもの（イに掲げる家屋に該当するものを除く。）

（所有権の移転登記の税率が軽減される建築後使用されたことのある住宅用家屋の範囲等）

第四十二条　法第七十三条に規定する建築後使用されたことのある住宅用家屋のうち政令で定めるものは、次に掲げる

要件の全てに該当する家屋であることにつき、当該個人の申請に基づき当該家屋の所在地の市町村長又は特別区の区長が証明したものとする。

一　当該家屋が前条第一号又は第二号イに該当するものであること。

二　当該家屋が建築基準法施行令第三章及び第五章の四の規定若しくは国土交通大臣が財務大臣と協議して定める地震に対する安全性に係る基準に適合するものであること又は昭和五十七年一月一日以後に建築されたものであること。

2　一棟の家屋（登記簿に記録された当該家屋の構造が鉄骨造、鉄筋コンクリート造、鉄骨鉄筋コンクリート造その他の財務省令で定めるものである家屋に限る。）でその構造上区分された数個の部分を独立して住居その他の用途に供することができるものにつきその各部分を区分所有する場合における当該家屋のうち専ら当該個人の住宅の用に供する部分でその床面積が五十平方メートル以上であるものは、前項の規定の適用については、前条第二号イに掲げる家屋に該当するものとする。

3　法第七十三条に規定する政令で定める原因は、売買又は競落とする。

4　法第七十三条に規定する一年以内に登記ができないことにつき政令で定めるやむを得ない事情がある場合は前条に規定する住宅用の家屋（建築後使用されたことのないものに限る。）を新築した者が当該住宅用の家屋の所有権の移転の登記に応じないため当該住宅用の家屋の新築後一年以内に訴えを提起した場合とし、法第七十三条に規定する政令で定める期間は当該訴えに係る判決の確定又は和解調書若しくは認諾調書の作成の日から一年を経過する日までの期間とする。

（登記の税率が軽減される低炭素建築物の範囲）

第四十二条の二　法第七十四条の二第一項に規定する特定建築物で政令で定めるものは、都市の低炭素化の促進に関する法律第十二条に規定する認定集約都市開発事業計画（都市機能の集約を図るための拠点の形成に資するものとして財務省令で定めるものに限る。）に基づき整備される同項の特定建築物（低炭素化に資する建築物として財務省令で定めるものに限る。）で、当該認定集約都市開発事業計画に係る同法第十条第一項の認定の日から三年以内に建築をするものとする。

（登記の税率が軽減される特定の増改築等がされた住宅用家屋の範囲等）

第四十二条の二の二　法第七十四条の三第一項に規定する建築後使用されたことのある住宅用家屋で政令で定めるもの

は、第四十二条第一項に規定する家屋（同条第二項の規定により当該家屋に該当することとされた家屋を含む。）のうち新築された日から起算して十年を経過したものとする。

2　法第七十四条の三第二項に規定する政令で定める工事は、次に掲げる工事とする。

一　増築、改築、建築基準法第二条第十四号に規定する大規模の修繕又は同条第十五号に規定する大規模の模様替

二　一棟の家屋でその構造上区分された数個の部分を独立して住居その他の用途に供することができるもののうちその者が区分所有する部分について行う次に掲げるいずれかの修繕又は模様替（前号に掲げる工事に該当するものを除く。）

イ　その区分所有する部分の床（建築基準法第二条第五号に規定する主要構造部（以下この号において「主要構造部」という。）である床及び最下階の床をいう。）の過半又は主要構造部である階段の過半について行う修繕又は模様替

ロ　その区分所有する部分の間仕切壁（主要構造部である間仕切壁及び建築物の構造上重要でない間仕切壁をいう。）の室内に面する部分の過半について行う修繕又は模様替（その間仕切壁の一部について位置の変更を伴うものに限る。）

ハ　その区分所有する部分の主要構造部である壁の室内に面する部分の過半について行う修繕又は模様替（当該修繕又は模様替に係る壁の過半について遮音又は熱の損失の防止のための性能を向上させるものに限る。）

三　家屋（前号の家屋にあつては、その者が区分所有する部分に限る。）のうち居室、調理室、浴室、便所その他の室で国土交通大臣が財務大臣と協議して定めるものの一室の床又は壁の全部について行う修繕又は模様替（前二号に掲げる工事に該当するものを除く。）

四　家屋について行う建築基準法施行令第三章及び第五章の四の規定又は国土交通大臣が財務大臣と協議して定める地震に対する安全性に係る基準に適合させるための修繕又は模様替（前三号に掲げる工事に該当するものを除く。）

五　家屋について行う国土交通大臣が財務大臣と協議して定める法第四十一条の三の二第一項に規定する高齢者等が自立した日常生活を営むのに必要な構造及び設備の基準に適合させるための修繕又は模様替（前各号に掲げる工事に該当するものを除く。）

六　家屋について行う国土交通大臣が財務大臣と協議して定めるエネルギーの使用の合理化に資する修繕又は模様替（前各号に掲げる工事に該当するものを除く。）

七　家屋について行う給水管、排水管又は雨水の浸入を防止する部分(住宅の品質確保の促進等に関する法律施行令第五条第二項に規定する雨水の浸入を防止する部分をいう。)に係る修繕又は模様替(当該家屋の瑕疵《かし》を担保すべき責任の履行に関し国土交通大臣が財務大臣と協議して定める保証保険契約が締結されているものに限り、前各号に掲げる工事に該当するものを除く。)

3　法第七十四条の三第二項に規定する政令で定める要件は、次に掲げる要件とする。

一　法第七十四条の三第二項に規定する工事に要した費用の総額が同項に規定する住宅用家屋の同条第一項の個人に対する譲渡の対価の額の百分の二十に相当する金額(当該金額が三百万円を超える場合には、三百万円)以上であること。

二　次に掲げる要件のいずれかを満たすこと。

イ　前項第一号から第六号までに掲げる工事に要した費用の額の合計額が百万円を超えること。

ロ　前項第四号から第七号までのいずれかに掲げる工事に要した費用の額がそれぞれ五十万円を超えること。

4　国土交通大臣は、第二項第三号の規定により居室、調理室、浴室、便所その他の室を定め、同項第四号の規定により基準を定め、同項第五号若しくは第六号の規定により修繕若しくは模様替を定め、又は同項第七号の規定により保証保険契約を定めたときは、これを告示する。

(3) 租税特別措置法施行規則(抄)

〔昭和三十二年三月三十一日号外／大蔵省令第十五号〕

最終改正　令和六年三月三〇日財務省令第二四号

(住宅用家屋の所有権の保存登記の税率の軽減を受けるための手続等)

第二十五条　法第七十二条の二の規定の適用を受けようとする者は、その登記の申請書に、当該登記に係る家屋についての施行令第四十一条に規定する市町村長又は特別区の区長(以下第二十七条までにおいて「市町村長等」という。)の施行令第四十一条の規定による証明書で当該家屋が新築されたものであること又は建築後使用されたことのないものであること及び当該家屋の新築又は取得の年月日の記載があるものを添付しなければならない。

2　施行令第四十一条に規定する財務省令で定める家屋は、次の各号に掲げる家屋とし、同条に規定する財務省令で定める者は、当該各号に定める者とする。

一　勤労者財産形成促進法第九条第一項に規定する勤労者

が、当該勤労者を雇用する事業主、当該事業主を構成員とする同項に規定する事業主団体又は当該事業主若しくは当該事業主団体が出資する同項に規定する福利厚生会社から同項に規定する住宅資金の貸付けを受けて新築又は取得をする住宅用の家屋　独立行政法人勤労者退職金共済機構の理事長

二　勤労者財産形成促進法第十五条第二項の公務員が、当該公務員に係る同項に規定する共済組合等から同項に規定する住宅資金の貸付けを受けて新築又は取得をする住宅用の家屋　当該共済組合等の長

三　地方公共団体、独立行政法人都市再生機構、地方住宅供給公社又は日本勤労者住宅協会が新築した住宅用の家屋　当該家屋を新築した者の長

四　個人が、地方公共団体から住宅用の家屋の新築に必要な資金の貸付けを受けて新築した者から取得をする当該住宅用の家屋　当該資金の貸付けをした者の長

（住宅用家屋の所有権の移転登記の税率の軽減を受けるための手続等）

第二十五条の二　法第七十三条の規定の適用を受けようとする者は、その登記の申請書に、当該登記に係る家屋の次の各号に掲げる区分に応じ、当該各号に定める証明書を添付しなければならない。

一　建築後使用されたことのない家屋　当該家屋についての市町村長等の施行令第四十一条の規定による証明書で当該家屋が建築後使用されたことのないものであること、当該家屋を売買又は競落により取得したこと及び当該家屋の取得の年月日の記載があるもの

二　施行令第四十二条第一項に規定する家屋　当該家屋についての市町村長等の同項の規定による証明書で当該家屋を売買又は競落により取得したこと及び当該家屋の取得の年月日の記載があるもの

2　施行令第四十二条第二項に規定する財務省令で定める構造は、登記簿に記録された当該家屋の構造のうち建物の主たる部分の構成材料が石造、れんが造、コンクリートブロック造、鉄骨造、鉄筋コンクリート造又は鉄骨鉄筋コンクリート造とする。

3　法第七十三条に規定するやむを得ない事情がある場合において、同条に規定する家屋につきその取得後一年を経過した日以後に同条に規定する登記を受けるときは、当該登記の申請書には、第一項に規定する書類のほか、施行令第四十二条第四項の訴えを提起した日を証する書類及び当該訴えについての判決、和解調書又は認諾調書の謄本を添付しなければならない。

（特定認定長期優良住宅の所有権の保存登記等の税率の軽

減を受けるための手続）

第二十六条　法第七十四条第一項の規定の適用を受けようとする者は、その登記の申請書に、当該登記に係る家屋についての市町村長等の施行令第四十一条の規定による証明書で、当該家屋が同項に規定する特定認定長期優良住宅（次項において「特定認定長期優良住宅」という。）に該当するものであること、当該家屋が新築されたものであること又は建築後使用されたことのないものであること及び当該家屋の新築又は取得の年月日の記載があるものを添付しなければならない。

2　法第七十四条第二項の規定の適用を受けようとする者は、その登記の申請書に、当該登記に係る家屋についての市町村長等の施行令第四十一条の規定による証明書で、当該家屋が特定認定長期優良住宅に該当するものであること、当該家屋が建築後使用されたことのないものであること、当該家屋を売買又は競落により取得したこと、当該家屋に係る一戸建ての住宅又は共同住宅等（共同住宅、長屋その他の一戸建ての住宅以外の住宅をいう。）の別及び当該家屋の取得の年月日の記載があるものを添付しなければならない。

3　前条第三項の規定は、法第七十四条第二項の規定の適用を受ける場合について準用する。

（認定低炭素住宅の所有権の保存登記等の税率の軽減を受けるための手続）

第二十六条の二　法第七十四条の二第一項の規定の適用を受けようとする者は、その登記の申請書に、当該登記に係る家屋についての市町村長等の施行令第四十一条の規定による証明書で、当該家屋が同項に規定する認定低炭素住宅（第三項において「認定低炭素住宅」という。）に該当するものであること、当該家屋が新築されたものであること又は建築後使用されたことのないものであること及び当該家屋の新築又は取得の年月日の記載があるものを添付しなければならない。

2　施行令第四十二条の二に規定する都市機能の集約を図るための拠点の形成に資するものとして財務省令で定めるものは、同条に規定する認定集約都市開発事業計画（その対象とする法第七十四条の二第一項の特定建築物に関する事項についての記載があるものに限る。）に係る都市の低炭素化の促進に関する法律第十二条に規定する認定集約都市開発事業により当該特定建築物が整備される場合における当該認定集約都市開発事業計画とし、施行令第四十二条の二に規定する低炭素化に資する建築物として財務省令で定めるものは、当該認定集約都市開発事業計画に記載がある当該特定建築物である住戸とする。

3　法第七十四条の二第二項の規定の適用を受けようとする

者は、その登記の申請書に、当該登記に係る家屋について の市町村長等の施行令第四十一条の規定による証明書で、当該家屋が認定低炭素住宅に該当するものであること、当該家屋が建築後使用されたことのないものであること、当該家屋を売買又は競落により取得したこと及び当該家屋の取得の年月日の記載があるものを添付しなければならない。

4　第二十五条の二第三項の規定は、法第七十四条の二第二項の規定の適用を受ける場合について準用する。

（特定の増改築等がされた住宅用家屋の所有権の移転登記の税率の軽減を受けるための手続）

第二十六条の三　法第七十四条の三第一項の規定の適用を受けようとする者は、その登記の申請書に、当該登記に係る家屋についての市町村長等の施行令第四十二条第一項の規定による証明書で、当該家屋が法第七十四条の三第一項に規定する宅地建物取引業者が同条第二項に規定する増改築等をした施行令第四十二条の二の二第一項に規定する住宅用家屋で政令で定めるものに該当するものであること、当該家屋を当該宅地建物取引業者から売買又は競落により取得したこと及び当該家屋の取得の年月日の記載があるものを添付しなければならない。

（住宅取得資金の貸付け等に係る抵当権の設定登記の税率の軽減を受けるための手続）

第二十七条　法第七十五条の規定の適用を受けようとする者は、その登記の申請書に、当該登記に係る家屋についての市町村長等の施行令第四十一条又は第四十二条第一項の規定による証明書で、当該家屋が法第七十五条に規定する新築又は取得をされたものであること及び当該新築又は取得の年月日の記載があるものを添付しなければならない。

2　第二十五条の二第三項の規定は、法第七十五条の規定の適用を受ける場合について準用する。

3　証明事務取扱通達関係

(1)住宅用家屋の所有権の保存登記等の登録免許税の税率の軽減措置に係る市町村長の証明事務の実施について

〔昭和五十九年五月二十二日
建設省住民発三十二号〕
最終改正　令和六年七月一日

各都道府県知事、各指定都市の長あて　国土交通省住宅局長

今般、租税特別措置法(昭和三十二年法律第二十六号)、租税特別措置法施行令(昭和三十二年政令第四十三号)及び租税特別措置法施行規則(昭和三十二年大蔵省令第十五号)の一部改正が行われ、従来の新築住宅及び既存住宅に係る軽減措置を整理して、住宅用家屋の所有権の保存登記及び移転登記並びに抵当権の設定登記の登録免許税の税率の軽減措置が創設された。この新しい軽減措置の適用を受けるためには、従来と同様その登記の申請書に当該住宅用家屋の所在地の市町村長(特別区の区長を含む。以下同じ。)の証明書の添付を要するものとされているが、昭和五十九年四月一日以降に新築し、又は取得した住宅用家屋の証明事務は下記の点に留意のうえ実施することとされたく、貴管下の市町村長に対して本通知の趣旨の周知徹底を図るとともに、証明事務を円滑に実施するよう周知徹底を図られたい。

なお、昭和五十九年四月一日前に新築し、又は取得した新築住宅及び既存住宅の証明事務については、なお従前の例によるものである。

おって、この通知については、国税庁及び法務省とも協議済みである。

なお、本助言は、地方自治法(昭和二十二年法律第六十七号)第二百四十五条の四第一項に基づく技術的な助言であることを申し添える。

記

一　市町村長の証明手続

(一)　住宅用家屋の新築又は取得に係る所有権の保存登記若しくは移転登記又は住宅取得資金の貸付け等に係る抵当権の設定登記に対する登録免許税の税率の軽減措置に係る市町村長の証明は、租税特別措置法施行令第四十一条、第四十

二条第一項若しくは第二項、第四十二条の二、第四十二条の二の二又は第四十二条の二の三の規定に基づき、住宅用家屋を新築し、又は取得した個人（その代理人を含む。）が必要書類を持参して証明の申請をした場合に行うものである。

(二)　申請書及び証明書の様式は、別添1「申請書様式例」及び別添2「証明書様式例」を参考として作成されたい。なお、別添1及び2中、「特定認定長期優良住宅」とは、長期優良住宅の普及の促進に関する法律（平成二十年法律第八十七号。以下「長期優良住宅普及促進法」という。）第十条第二号イ（令和四年九月三十日までは第十条第二号）に掲げる住宅で住宅用家屋に該当するもの（以下単に「認定長期優良住宅」という。）をいい、「認定低炭素住宅」とは、都市の低炭素化の促進に関する法律（平成二十四年法律第八十四号。以下「都市低炭素化促進法」という。）第二条第三項に規定する低炭素建築物（以下単に「低炭素建築物」という。）で住宅用家屋に該当するものをいう。

(三)　証明の申請に対する審査は、申請者より提出された書類等により行うものとする。

(四)　証明事務の実施については、別添3「住宅用家屋証明事務施行細則例」を参考として規則を定めることが望ましい。

二　確認事項と確認方法

証明の申請に対しては、それぞれの確認事項について、以下の方法により確認することが考えられる。この場合において、確認に必要とされる書類については、その写し（コピー）を含むとしても差し支えない（ただし、認定住宅に係る認定通知書については、偽造防止の観点から、原本をもって確認を行うのが望ましい。）。

なお、申請者に過重な負担を課すことのないよう十分配慮されたい。

(一)　個人が新築した住宅用家屋の場合

①　住宅用家屋の種類

当該家屋が認定長期優良住宅である場合においては、長期優良住宅の普及の促進に関する法律施行規則（平成二十一年国土交通省令第三号。以下「長期優良住宅普及促進法施行規則」という。）第一号様式による申請書の副本及び第二号様式による認定通知書の原本による（長期優良住宅普及促進法第九条第一項に規定する認定長期優良住宅建築等計画について同法第八条第二項において準用する同法第六条第一項の規定による変更の認定を受けた場合には、長期優良住宅普及促進法施行規則第五号様式による申請書の副本及び第四号様式による認定通知書の原本による。(二)①において同じ。）。

当該家屋が低炭素建築物である場合においては、都市の

低炭素化の促進に関する法律施行規則（平成二十四年国土交通省令第八十六号。以下「都市低炭素化促進法施行規則」という。）別記様式第五による申請書の副本及び別記様式第六による認定通知書の原本による（都市低炭素化促進法第五十六条に規定する認定低炭素建築物新築等計画について同法第五十五条第二項において準用する同法第五十四条第一項の規定による変更の認定を受けた場合には、都市低炭素化促進法施行規則別記様式第七による申請書の副本及び別記様式第八による認定通知書の原本による。㈡①において同じ。）。

② 所在地

当該家屋の確認済証及び検査済証（当該家屋が建築確認を要しないものであるときは、その建築工事請負書、設計図書その他の書類）、登記事項証明書（当該申請の添付書類としてインターネット登記情報提供サービスにより取得した照会番号及び発行年月日（以下「照会番号等」という。）が記載された書類の提出等がされており、市町村（特別区を含む。）が当該照会番号等により電気通信回線による登記情報の提供に関する法律（平成十一年法律第二百二十六号）第二条第一項に規定する登記情報を確認できるときは、当該照会番号等が記載された書類を提出等することにより当該登記事項証明書の提出に代えることができる。以下同じ。）、登記完了証（不動産登記規則（平成十七年法務省令第十八号）第百八十一条の規定により交付されたものをいい、電子申請に基づいて建物の表題登記を完了した場合に交付されるもの（登記完了証として交付された書面及び電子公文書として交付された登記完了証を印刷したものをいう。）に限る。以下同じ。）又は登記済証（旧不動産登記法（明治三十二年法律第二四号）第六十条の規定により交付された書面をいう。以下同じ。）による。

認定長期優良住宅について長期優良住宅普及促進法第六条第五項の規定により確認済証の交付があったものとみなされる場合又は低炭素建築物について都市低炭素化促進法第五十四条第五項の規定により確認済証の交付があったものとみなされる場合においては、登記事項証明書又は登記完了証による。

③ 建築年月日

②に同じ。

④ 用途

専用住宅家屋であることについては、②に同じ。専ら当該個人が住宅の用に供することについては、当該個人が既に当該家屋の所在地への住民票の転入手続を済ませている場合にあっては住民基本台帳又は住民票の写しにより、まだ住民票の転入手続を済ませていない場合にあっては入居

（予定）年月日等を記載した当該個人の申立書等による。

⑤　床面積

②に同じ。

⑥　区分建物の耐火性能

耐火建築物又は準耐火建築物に該当する区分建物であることについては、当該家屋の確認済証及び検査済証、設計図書、建築士（耐火建築物の場合、木造建築士を除く。）の証明書等によるものとするが、コンクリート系住宅等のようにその登記記録の構造欄その他の記録内容から耐火建築物又は準耐火建築物に該当する区分建物であることが明らかな場合は、当該家屋の登記事項証明書、登記完了証又は登記済証によることとして差し支えない。また、低層集合住宅（一団の土地（一、〇〇〇㎡以上）に集団的に新築された地上階数が三以下の家屋で国土交通大臣の定める耐火性能の基準（昭和五十六年建設省告示第八百十六号）に適合するもの（耐火建築物又は準耐火建築物に該当するものを除く。））であることの確認は、国土交通大臣（国土交通省住宅局住宅生産課において取り扱う。）が交付した当該家屋が低層集合住宅に該当する旨の認定書による。

⑦　抵当権の設定に係る債権

抵当権の設定登記に係る登録免許税の税率の軽減を受けるために住宅用家屋の証明申請がされている場合における当該抵当権の設定に係る債権の確認については、当該家屋を新築するための資金の貸付け等に係る金銭消費貸借契約書、当該資金の貸付け等に係る債務の保証契約書、不動産登記法（平成十六年法律第百二十三号）の定めるところによりその登記の申請情報と併せて提供する登記原因証明情報（抵当権の被担保債権が当該住宅の取得等のためのものであることについて明らかな記載がある場合に限る。）等によ る。

なお、租税特別措置法第七十五条第四号に規定する独立行政法人住宅金融支援機構が金融機関から譲り受けた貸付債権である場合は、上記金銭消費貸借契約書により当該債権である旨を確認するものとする。

㈡　個人が取得した建築後使用されたことのない住宅用家屋の場合

①　住宅用家屋の種類

当該家屋が認定長期優良住宅である場合においては、長期優良住宅普及促進法施行規則第一号様式による申請書の副本及び第二号様式による認定通知書の原本による。

当該家屋が低炭素建築物である場合においては、都市低炭素化促進法施行規則別記様式第五による申請書の副本及び別記様式第六による認定通知書の原本による。

②　所在地

当該家屋の確認済証及び検査済証（当該家屋が建築確認を要しないものであるときは、その建築工事請負書、設計図書その他の書類）、登記事項証明書、登記完了証、登記済証又は不動産登記法の定めるところによりその登記の申請情報と併せて提供する登記原因証明情報（所有権の登記のない家屋を除く。③において同じ。）による。

認定長期優良住宅について、長期優良住宅普及促進法第六条第五項の規定により確認済証の交付があったものとみなされる場合又は低炭素建築物について都市低炭素化促進法第五十四条第五項の規定により確認済証の交付があったものとみなされる場合においては、登記事項証明書又は登記完了証による。

③　取得年月日

当該家屋の売買契約書、売渡証書（競落の場合は、代金納付期限通知書）、不動産登記法の定めるところによりその登記の申請情報と併せて提供する登記原因証明情報その他当該家屋の取得年月日を確認することができる書類による。

④　建築後使用されたことのないこと

当該家屋の直前の所有者又は当該家屋の取得に係る取引の代理若しくは媒介をした宅地建物取引業者の証明書による。

⑤　用途

専用住宅家屋であることについては、②に同じ。専ら当該個人が住宅の用に供することについては、当該個人が既に当該家屋の所在地への住民票の転入手続を済ませている場合にあっては住民基本台帳又は住民票の写しにより、まだ住民票の転入手続を済ませていない場合にあっては入居（予定）年月日等を記載した当該個人の申立書等（宅地建物取引業者が、買主である当該個人の依頼を受けて当該家屋の取得に係る取引の代理又は媒介をした場合は、当該個人が当該家屋の取得後に入居の意向があることを確認したことを証する当該宅地建物取引業者の証明書も可とする。）による。

⑥　床面積

②に同じ。

⑦　区分建物の耐火性能

耐火建築物又は準耐火建築物に該当する区分建物であることについては、当該家屋の確認済証及び検査済証、設計図書、建築士（耐火建築物の場合、木造建築士を除く。）の証明書等によるものとするが、マンション等のようにその登記記録の構造欄その他の記録内容から耐火建築物又は準耐火建築物に該当する区分建物であることが明らかな場合は、当該家屋の登記事項証明書、登記完了証又は登記済証

によることとして差し支えない。また低層集合住宅（一団の土地（一、〇〇〇㎡以上）に集団的に新築された地上階数が三以下の家屋で国土交通大臣の定める耐火性能の基準（昭和五十六年建設省告示第八百十六号）に適合するもの（耐火建築物又は準耐火建築物に該当するものを除く。））であることの確認は、国土交通大臣（国土交通省住宅局住宅生産課において取り扱う。）が交付した当該家屋が低層集合住宅に該当する旨の認定書による。

⑧　抵当権の設定に係る債権

抵当権の設定登記に係る登録免許税の税率の軽減を受けるために住宅用家屋の証明申請がされている場合における当該抵当権の設定に係る債権の確認については、当該家屋を取得するための資金の貸付け等に係る債務の保証契約書、当該資金の貸付け等に係る金銭消費貸借契約書、不動産登記法の定めるところによりその登記の申請情報と併せて提供する登記原因証明情報（抵当権の被担保債権が当該住宅の取得等のためのものであることについて明らかな記載がある場合に限る。）等による。

なお、租税特別措置法第七十五条第四号に規定する独立行政法人住宅金融支援機構が金融機関から譲り受けた貸付債権である場合は、上記金銭消費貸借契約書により当該債権である旨を確認するものとする。

㈢　個人が取得した建築後使用されたことのある住宅用家屋の場合

①　所在地

当該家屋の登記事項証明書による。

②　建築年月日

当該家屋の登記事項証明書による。

③　取得年月日

当該家屋の売買契約書、売渡証書（競落の場合は、代金納付期限通知書）、不動産登記法の定めるところによりその登記の申請情報と併せて提供する登記原因証明情報その他当該家屋の取得年月日を確認できる書類による。

④　用途

専用住宅家屋であることについては、当該家屋の登記事項証明書等による。専ら当該個人が住宅の用に供することについては、当該個人が既に当該家屋の所在地への住民票の転入手続を済ませている場合にあっては住民基本台帳又は住民票の写しにより、まだ住民票の転入手続を済ませていない場合にあっては入居（予定）年月日等を記載した当該個人の申立書等（宅地建物取引業者が、買主である当該個人の依頼を受けて当該家屋の取得に係る取引の代理又は媒介をした場合は、当該個人が当該家屋の取得後に入居の意向があることを確認したことを証する当該宅地建物取引業

者の証明書も可とする。）による。

⑤　床面積

当該家屋の登記事項証明書による。

⑥　地震に対する安全性

当該家屋が昭和五十七年一月一日以後に建築されたものであることについては、当該家屋の登記事項証明書によるものとする。また、当該家屋の構造が建築基準法施行令（昭和二十五年政令第三百三十八号）第三章及び第五章の四の規定又は国土交通大臣が財務大臣と協議して定める地震に対する安全性に係る基準に適合するものであることの確認については、次のいずれかの書類による。

(ア)　当該家屋が建築基準法施行令第三章及び第五章の四の規定又は租税特別措置法施行令第二十四条の二第三項第一号、第二十六条第三項第二号、第四十条の五第二項及び第四十二条第一項第二号に規定する国土交通大臣が財務大臣と協議して定める基準（平成十七年国土交通省告示第三百九十三号）に適合するものである旨を建築士（建築士法（昭和二十五年第二百二号）第二十三条の三第一項の規定により登録された建築士事務所に属する建築士に限るものとし、当該家屋が同法第三条第一項各号に掲げる建築物であるときは一級建築士に、同法第三条の二第一項各号に掲げる建築物であるときは一級建築士又は二級建築士に限るものとする。）、建築基準法（昭和二十五年法律第二百一号）第七十七条の二十一第一項に規定する指定確認検査機関、住宅の品質確保の促進等に関する法律（平成十一年法律第八十一号）第五条第一項に規定する登録住宅性能評価機関又は特定住宅瑕疵担保責任の履行の確保等に関する法律（平成十九年法律第六十六号）第十七条第一項の規定による指定を受けた同項に規定する住宅瑕疵担保責任保険法人（以下「保険法人」という。）が別添4の様式により証する書類（当該家屋の取得の日前二年以内に当該証明のための家屋の調査が終了したものに限る。）

(イ)　当該家屋について交付された住宅の品質確保の促進等に関する法律第五条第一項に規定する住宅性能評価書の写し（当該家屋の取得の日前二年以内に評価されたもので、日本住宅性能表示基準（平成十三年国土交通省告示第千三百四十六号）別表二－一の一－一耐震等級（構造躯体の倒壊等防止）に係る評価が等級一、等級二又は等級三であるものに限る。）

(ウ)　当該家屋について交付された既存住宅売買瑕疵担保責任保険契約（次の(i)及び(ii)に掲げる要件に適合する保険契約であって、当該家屋の取得の日前二年以内に

締結されたものに限る。）が締結されていることを証する書類

(i)　特定住宅瑕疵担保責任の履行の確保等に関する法律第十九条第二号の規定に基づき保険法人が引受けを行うものであること。

(ii)　建築後使用されたことのある住宅の用に供する家屋の構造耐力上主要な部分（住宅の品質確保の促進等に関する法律施行令（平成十二年政令第六十四号）第五条第一項に規定する構造耐力上主要な部分をいう。以下同じ。）に瑕疵（住宅の品質確保の促進等に関する法律第二条第五項に規定する瑕疵をいう。以下同じ。）（構造耐力に影響のないものを除く。次の(b)において同じ。）がある場合において、次の(a)又は(b)に掲げる場合の区分に応じ、それぞれ(a)又は(b)に掲げる損害を塡補するものであること。

(a)　宅地建物取引業者（特定住宅瑕疵担保責任の履行の確保等に関する法律第二条第四項に規定する宅地建物取引業者をいう。以下この号において同じ。）が売主である場合　既存住宅売買瑕疵担保責任（建築後使用されたことのある住宅の用に供する家屋の売買契約において、宅地建物取引業者が負うこととされている民法（明治二十九年法律第八十九号）第四百十五条、第五百四十一条、第五百四十二条、第五百六十二条及び第五百六十三条に規定する担保の責任をいう。）を履行することによって生じた当該宅地建物取引業者の損害

(b)　宅地建物取引業者以外の者が売主である場合　既存住宅売買瑕疵保証責任（保証者（建築後使用されたことのある住宅の用に供する家屋の構造耐力上主要な部分に瑕疵がある場合において、買主に生じた損害を塡補することを保証する者をいう。以下同じ。）が負う保証の責任をいう。）を履行することによって生じた保証者の損害

⑦　区分建物の耐火性能

耐火建築物又は準耐火建築物に該当する区分建物であることについては、当該家屋の登記事項証明書によるものとし、登記事項証明書でこれらの建築物に該当することが明らかでない場合は、確認済証及び検査済証、設計図書、建築士（耐火建築物の場合、木造建築士を除く。）の証明書等によるものとする。

なお、当該家屋の登記記録に記録された構造が、石造、れんが造、コンクリートブロック造、鉄骨造、鉄筋コンクリート造又は鉄骨鉄筋コンクリート造である場合には、当該家屋は耐火建築物に該当するものとする。

⑧　抵当権の設定に係る債権

抵当権の設定登記に係る登録免許税の税率の軽減を受けるために住宅用家屋の証明申請がされている場合における当該抵当権の設定に係る債権の確認については、当該家屋を取得するための資金の貸付け等に係る金銭消費貸借契約書、当該資金の貸付け等に係る債務の保証契約書、不動産登記法の定めるところによりその登記の申請情報と併せて提供する登記原因証明情報（抵当権の被担保債権が当該住宅の取得等のためのものであることについて明らかな記載がある場合に限る。）等による。

なお、租税特別措置法第七十五条第四号に規定する独立行政法人住宅金融支援機構が金融機関から譲り受けた貸付債権である場合は、上記金銭消費貸借契約書により当該債権である旨を確認するものとする。

⑨　租税特別措置法第七十四条の三に規定する特定の増改築等がされた住宅用家屋

租税特別措置法第七十四条の三に規定する特定の増改築等がされた住宅用家屋の所有権の移転登記の税率の軽減を受けるために租税特別措置法施行令第四十二条の二の二の住宅用家屋の証明申請がされている場合においては、以下の(ア)から(オ)に適合することを確認するものとする。

(ア)　宅地建物取引業法（昭和二十七年法律第百七十六号）第二条第三号に規定する宅地建物取引業者から当該家屋を取得したこと

当該家屋の売買契約書、売渡証書その他の当該家屋の売主が宅地建物取引業者であることを確認できる書類による。

(イ)　当該個人が当該家屋を取得する日前二年以内に、当該宅地建物取引業者が当該家屋を取得したこと

当該家屋の登記事項証明書その他の当該家屋の取得年月日を確認できる書類による。

(ウ)　当該家屋が(ア)の取得の時において新築された日から起算して十年を経過したものであること

当該家屋の登記事項証明書による。

(エ)　工事に要した費用の総額が当該家屋の売買価格の百分の二十に相当する金額（当該金額が三百万円を超える場合には、三百万円）以上であること

工事に要した費用の総額については、宅地建物取引業法第二条第三号に規定する宅地建物取引業者から証明の申請を受けた建築士（建築士法第二十三条の三第一項の規定により登録された建築士事務所に属する建築士に限るものとし、当該申請に係る住宅用の家屋が同法第三条第一項各号に掲げる建築物であるときは一級建築士に、同法第三条の二第一項各号に掲げる建築

物であるときは一級建築士又は二級建築士に限るものとする。）、建築基準法第七十七条の二十一第一項に規定する指定確認検査機関、住宅の品質確保の促進等に関する法律第五条第一項に規定する登録住宅性能評価機関又は保険法人が、当該申請に係る工事が租税特別措置法施行令第四十二条の二の二第二項第一号に規定する増築、改築、大規模の修繕若しくは大規模の模様替、同項第二号に規定する修繕若しくは模様替、同項第三号に規定する修繕若しくは模様替、同項第四号に規定する修繕若しくは模様替、同項第五号に規定する修繕若しくは模様替、同項第六号に規定する修繕若しくは模様替又は同項第七号に規定する修繕若しくは模様替に該当する旨を、別添5の書式により証する書類（以下「増改築等工事証明書」という。）又は別添6の書式により証する書類（I所得税額の特別控除中、4.償還期間が十年以上の住宅借入金等を利用して特定の増改築等がされた住宅用家屋を取得した場合（買取再販住宅の取得に係る住宅借入金等特別税額控除）に記載のあるものに限る。以下「増改築等工事証明書（住宅ローン減税・買取再販用）」という。）による。なお、当該証明年月日が令和四年三月三十一日以前の場合は別添5の書式により、当該証明年月日が令和四年四月一日以後の場合は別添5又は別添6の書式により証するものとする。当該家屋の売買価格については、売買契約書、売渡証書その他の金額を証する書類による。

(オ)　次のいずれかに該当すること

(i)　租税特別措置法施行令第四十二条の二の二第二項第一号から第六号までに掲げる工事に要した費用の額の合計額が百万円を超えること

増改築等工事証明書又は増改築等工事証明書（住宅ローン減税・買取再販用）による。

(ii)　租税特別措置法施行令第四十二条の二の二第二項第四号から第七号までのいずれかに掲げる工事に要した費用の額がそれぞれ五十万円を超えること

増改築等工事証明書又は増改築等工事証明書（住宅ローン減税・買取再販用）による。

ただし、租税特別措置法施行令第四十二条の二の二第二項第七号に掲げる工事に要した費用の額が五十万円を超える場合においては、以下の書類により同号の国土交通大臣が財務大臣と協議して定める保証保険契約が締結されていることを確認するものとする。

当該家屋について交付された既存住宅売買瑕疵担保責任保険契約（次の(a)及び(b)に掲げる要件に適合

するものに限る。）が締結されていることを証する書類

(a)　特定住宅瑕疵担保責任の履行の確保等に関する法律第十九条第二号の規定に基づき、保険法人が引受けを行うものであること。

(b)　建築後使用されたことのある居住の用に供する家屋の給水管若しくは配水管に瑕疵（通常有すべき性能又は機能に影響のないものを除く。）がある場合又は雨水の浸入を防止する部分（住宅の品質確保の促進等に関する法律施行令第五条第二項に規定する雨水の浸入を防止する部分をいう。）に瑕疵（雨水の浸入に影響のないものを除く。）がある場合において、既存住宅売買瑕疵担保責任（建築後使用されたことのある居住の用に供する家屋の売買契約において、宅地建物取引業者（特定住宅瑕疵担保責任の履行の確保等に関する法律第二条第四項に規定する宅地建物取引業者をいう。以下同じ。）が負うこととされている民法第四百十五条、第五百四十一条、第五百四十二条、第五百六十二条及び第五百六十三条に規定する担保の責任をいう。）を履行することによって生じた当該宅地建物取引業者の損害を塡補するものであること。

なお、確認に必要とされる別添5の増改築等工事証明書（特定の増改築等がされた所有権の移転登記の税率の軽減の特例及び改修工事がされた住宅の不動産取得税の軽減の特例用）は、租税特別措置法第七十四条の三に規定する特定の増改築等がされた住宅用家屋の所有権の移転登記の税率の軽減の特例のほか、地方税法附則第十一条の四第二項に規定する改修工事がされた住宅の不動産取得税の軽減の特例を受ける場合にも必要とされる書類であるため、当該書類の写し（コピー）となる場合があることに留意すること。

また、確認に必要とされる別添6の増改築等工事証明書（住宅ローン減税・買取再販用）は、租税特別措置法第七十四条の三に規定する特定の増改築等がされた住宅用家屋の所有権の移転登記の税率の軽減の特例のほか、同法第四十一条に規定する買取再販住宅の取得に係る住宅借入金等特別控除及び地方税法附則第十一条の四第二項に規定する改修工事がされた住宅の不動産取得税の軽減の特例を受ける場合にも必要とされる書類であるため、当該書類の写し（コピー）となる場合があることに留意すること。

別添1　申請書様式例

住宅用家屋証明申請書

租税特別措置法施行令
（イ）第４１条
特定認定長期優良住宅又は認定低炭素住宅以外
（ａ）新築されたもの
（ｂ）建築後使用されたことのないもの
特定認定長期優良住宅
（ｃ）新築されたもの
（ｄ）建築後使用されたことのないもの
認定低炭素住宅
（ｅ）新築されたもの
（ｆ）建築後使用されたことのないもの
（ロ）第４２条第１項（建築後使用されたことのあるもの）
（ａ）第４２条の２の２に規定する特定の増改築等がされた家屋で宅地建物取引業者から取得したもの
（ｂ）（ａ）以外

の規定に基づき、下記の家屋がこの規定に該当するものである旨の証明を申請します。

年　　月　　日

殿

申請者　住所
　　　　氏名

所　在　地	
建築年月日	年　　月　　日
取得年月日	年　　月　　日
取得の原因 （移転登記の場合に記入）	（１）売買　　（２）競落
申請者の居住	（１）入居済　　（２）入居予定
床　面　積	㎡
区分建物の耐火性能	（１）耐火又は準耐火　（２）低層集合住宅
工事費用の総額 （(ロ)(a)の場合に記入）	円
売買価格 （(ロ)(a)の場合に記入）	円

＜備考＞

1　｛　｝の中は、（イ）又は（ロ）のうち該当するものを○印で囲み、（イ）を○印で囲んだ場合は、さらに（a）から（f）のうち該当するものを○印で囲み、（ロ）を○印で囲んだ場合は、さらに（a）又は（b）のうち該当するものを○印で囲むこと。

2　「建築年月日」の欄は、（イ）（b）、（d）又は（f）を○印で囲んだ場合は記載しないこと。

3　「取得年月日」の欄は、所有権移転の日を記載すること。なお、（イ）（a）、（c）又は（e）を○印で囲んだ場合は記載しないこと。

4　「取得の原因」の欄は、上記（イ）（b）、（d）若しくは（f）又は（ロ）を○印で囲んだ場合に限り、（1）又は（2）のうち該当するものを○印で囲むこと。

5　「申請者の居住」の欄は、（1）又は（2）のうち該当するものを○印で囲むこと。

6　「区分建物の耐火性能」の欄は、区分建物について証明を申請する場合に、（1）又は（2）のうち該当するものを○印で囲むこと。なお、建築後使用されたことのある区分建物の場合、当該家屋の登記記録に記録された構造が、石造、れんが造、コンクリートブロック造、鉄骨造、鉄筋コンクリート造又は鉄骨鉄筋コンクリート造であるときは、（1）を○印で囲むこと。

7　「工事費用の総額」の欄は、（ロ）（a）を○印で囲んだ場合にのみ、租税特別措置法施行令第42条の2の2第2項第1号から第7号までに規定する工事の種別のいずれかに該当する工事の合計額を記載すること。

8　「売買価格」の欄は、（ロ）（a）を○印で囲んだ場合にのみ、当該家屋の取得の対価の額を記載すること。

別添2　証明書様式例

住宅用家屋証明書

租税特別措置法施行令
（イ）第４１条
　特定認定長期優良住宅又は認定低炭素住宅以外
　　（ａ）新築されたもの
　　（ｂ）建築後使用されたことのないもの
　特定認定長期優良住宅
　　（ｃ）新築されたもの
　　（ｄ）建築後使用されたことのないもの
　認定低炭素住宅
　　（ｅ）新築されたもの
　　（ｆ）建築後使用されたことのないもの
（ロ）第４２条第１項（建築後使用されたことのあるもの）
　　（ａ）第４２条の２の２に規定する特定の増改築等がされた
　　　家屋で、宅地建物取引業者から取得したもの
　　（ｂ）（ａ）以外

の規定に基づき、下記の家屋　年　月　日 {（ハ）新築／（ニ）取得} がこの規定に該当

するものである旨を証明します。

申　請　者　の　住　所	
申　請　者　の　氏　名	
家　屋　の　所　在　地	
取得の原因（移転登記の場合）	（１）売買　　（２）競落

年　月　日

市（区町村）長　　　　印

（注１）{　} の中は、該当するものをそれぞれ○印で囲む。
（注２）取得の原因については、該当するものを○印で囲む。

別添3　住宅用家屋証明事務施行細則例

（趣旨）

第一条　この規則は、租税特別措置法施行令（昭和三十二年政令第四十三号）第四十一条及び第四十二条第一項の規定に基づく証明（以下「住宅用家屋証明」という。）の事務に関し、必要な事項を定めるものとする。

（証明申請の手続）

第二条　住宅用家屋証明を受けようとする者は、別記様式第一の住宅用家屋証明申請書を市（区町村）長に提出しなければならない。

2　個人が新築した家屋について住宅用家屋証明を受けようとする場合には、前項の申請書に、次の各号に掲げる書類又はその写しを添付しなければならない。

一　当該家屋が長期優良住宅の普及の促進に関する法律（平成二十年法律第八十七号。以下「長期優良住宅普及促進法」という。）第十条第二号イ（令和四年九月三十日までは第十条第二号）に掲げる住宅で住宅用家屋に該当するもの（以下単に「認定長期優良住宅」という。）である場合においては、長期優良住宅の普及の促進に関する法律施行規則（平成二十一年国土交通省令第三号。以下「長期優良住宅普及促進法施行規則」という。）第一号様式による申請書の副本及び第二号様式による認定通知書（長期優良住宅普及促進法第九条第一項に規定する認定長期優良住宅建築等計画について同法第八条第二項において準用する同法第六条第一項の規定による変更の認定を受けた場合には、長期優良住宅普及促進法施行規則第五号様式による申請書の副本及び第四号様式による認定通知書。次項第一号において同じ。）

二　当該家屋が都市の低炭素化の促進に関する法律（平成二十四年法律第八十四号。以下「都市低炭素化促進法」という。）第二条第三項に規定する低炭素建築物（以下単に「低炭素建築物」という。）である場合においては、都市の低炭素化の促進に関する法律施行規則（平成二十四年国土交通省令第八十六号。以下「都市低炭素化促進法施行規則」という。）別記様式第五による申請書の副本及び別記様式第六による認定通知書による（都市低炭素化促進法第五十六条に規定する認定低炭素建築物新築等計画について同法第五十五条第二項において準用する同法第五十四条第一項の規定による変更の認定を受けた場合には、都市低炭素化促進法施行規則別記様式第七による申請書の副本及び別記様式第八による認定通知書による。次項第二号において同じ。）

三　当該家屋の確認済証及び検査済証、登記事項証明書（インターネット登記情報提供サービスにより取得した

照会番号及び発行年月日(以下「照会番号等」という。)が記載された書類の提出等がされ、市(区町村)が当該照会番号等により電気通信回線による登記情報の提供に関する法律(平成十一年法律第二百二十六号)第二条第一項に規定する登記情報を確認できるときは、当該照会番号等が記載された書類を提出等することにより登記事項証明書の提出に代えることができる。以下同じ。)、登記完了証(不動産登記規則(平成十七年法務省令第十八号)第百八十一条の規定により交付されたものをいい、電子申請に基づいて建物の表題登記を完了した場合に交付されるもの(登記完了証として交付された書面及び電子公文書として交付された登記完了証を印刷したものをいう。)に限る。以下同じ。)又は登記済証(旧不動産登記法(明治三十二年法律第二十四号)第六十条の規定により交付された書面をいう。以下同じ。)(認定長期優良住宅について長期優良住宅普及促進法第六条第五項の規定により確認済証の交付があったものとみなされる場合又は低炭素建築物について都市低炭素化促進法第五十四条第五項の規定により確認済証の交付があったものとみなされる場合においては、登記事項証明書又は登記完了証)

四　申請者が当該家屋の所在地への住民票の転入手続を済ませている場合は住民票の写し、まだ住民票の転入手続を済ませていない場合は入居(予定)年月日等を記載した当該申請者の申立書

五　耐火建築物又は準耐火建築物に該当する区分建物について証明を受けようとする場合は、当該家屋の確認済証及び検査済証、設計図書、建築士(耐火建築物の場合、木造建築士を除く。)の証明書等、当該家屋が耐火建築物又は準耐火建築物に該当する区分建物であることを明らかにする書類。ただし、当該家屋の登記事項証明書、登記完了証又は登記済証でこれら建築物に該当することが明らかなときはそれらの書類で代えることができる。

六　低層集合住宅(一団の土地(一、〇〇〇㎡以上)に集団的に新築された地上階数が三以下の家屋で国土交通大臣の定める耐火性能の基準(昭和五十六年三月三十一日建設省告示第八百十六号)に適合するもの(耐火建築物又は準耐火建築物に該当するものを除く。))に該当する区分建物について証明を受けようとする場合は、国土交通大臣が交付した当該家屋が低層集合住宅に該当する旨の認定書

七　抵当権の設定登記に係る登録免許税の税率の軽減を受けるために証明を受けようとする場合は、当該抵当権の設定に係る債権が当該家屋の新築のためのものであることを確認できる金銭消費貸借契約書、当該資金の貸付け

等に係る債務の保証契約書、不動産登記法（平成十六年法律第百二十三号）の定めるところによりその登記の申請情報と併せて提供する登記原因証明情報（抵当権の被担保債権が当該住宅の取得等のためのものであることについて明らかな記載があるものに限る。）等の書類

八　前各号に掲げるもののほか必要と認められる書類

3　個人が取得した建築後使用されたことのない家屋について住宅用家屋証明を受けようとする場合には、第一項の申請書に、次の各号に掲げる書類又はその写しを添付しなければならない。

一　当該家屋が認定長期優良住宅である場合においては、長期優良住宅普及促進法施行規則第一号様式による申請書の副本及び第二号様式による認定通知書

二　当該家屋が低炭素建築物である場合においては、都市低炭素化促進法施行規則別記様式第五による申請書の副本及び別記様式第六による認定通知書

三　当該家屋の確認済証及び検査済証、登記事項証明書、登記完了証、登記済証又は不動産登記法の定めるところによりその登記の申請情報と併せて提供する登記原因証明情報（所有権の登記のない家屋を除く。）（認定長期優良住宅について長期優良住宅普及促進法第六条第五項の規定により確認済証の交付があったとみなされる場合又は低炭素建築物について都市低炭素化促進法第五十四条第五項の規定により確認済証の交付があったものとみなされる場合においては、登記事項証明書又は登記完了証）

四　当該家屋の売買契約書、売渡証書（競落の場合は、代金納付期限通知書）等

五　当該家屋の直前の所有者又は当該家屋の取得に係る取引の代理若しくは媒介をした宅地建物取引業者の当該家屋が建築後使用されたことのないものである旨の証明書

六　申請者が当該家屋の所在地への住民票の転入手続を済ませている場合は住民票の写し、まだ住民票の転入手続を済ませていない場合は入居（予定）年月日等を記載した当該申請者の申立書（宅地建物取引業者が、買主である当該個人の依頼を受けて当該家屋の取得に係る取引の代理又は媒介をした場合は、当該個人が当該家屋の取得後に入居の意向があることを確認したことを証する当該宅地建物取引業者の証明書も可とする。）

七　耐火建築物又は準耐火建築物に該当する区分建物について証明を受けようとする場合は、当該家屋の確認済証及び検査済証、設計図書、建築士（耐火建築物の場合、木造建築士を除く。）の証明書等、当該家屋が耐火建築物又は準耐火建築物に該当する区分建物であることを明らかにする書類。ただし、当該家屋の登記事項証明書、登

記完了証又は登記済証でこれらの建築物に該当することが明らかなときはそれらの書類で代えることができる。

八　低層集合住宅（一団の土地（一、〇〇〇㎡以上）に集団的に新築された地上階数が三以下の家屋で国土交通大臣の定める耐火性能の基準に適合するもの（耐火建築物又は準耐火建築物に該当するものを除く。））に該当する区分建物について証明を受けようとする場合は、国土交通大臣が交付した当該家屋が低層集合住宅に該当する旨の認定書

九　抵当権の設定登記に係る登録免許税の税率の軽減を受けるために証明を受けようとする場合は、当該抵当権の設定に係る債権が当該家屋の取得のためのものであることを確認できる金銭消費貸借契約書、当該貸付け等に係る債務の保証契約書、不動産登記法の定めるところによりその登記の申請情報と併せて提供する登記原因証明情報（抵当権の被担保債権が当該住宅の取得等のためのものであることについて明らかな記載があるものに限る。）等の書類

十　前各号に掲げるもののほか必要と認められる書類

4　個人が取得した建築後使用されたことのある家屋について住宅用家屋証明を受けようとする場合には、第一項の申請書に、次の各号に掲げる書類又はその写しを添付しなければならない。

一　当該家屋の登記事項証明書

二　当該家屋の売買契約書、売渡証書（競落の場合は、代金納付期限通知書）等

三　申請者が当該家屋の所在地への住民票の転入手続を済ませている場合は住民票の写し、まだ住民票の転入手続を済ませていない場合は入居（予定）年月日等を記載した当該申請者の申立書（宅地建物取引業者が、買主である当該個人の依頼を受けて当該家屋の取得に係る取引の代理又は媒介をした場合は、当該個人が当該家屋の取得後に入居の意向があることを確認したことを証する当該宅地建物取引業者の証明書も可とする。）

四　昭和五十六年十二月三十一日以前に建築された家屋について証明を受けようとする場合は、次のいずれかの書類

(ア)　当該家屋が建築基準法施行令（昭和二十五年政令第三百三十八号）第三章及び第五章の四の規定又は租税特別措置法施行令第二十四条の二第三項第一号、第二十六条第二項第二号、第四十条の五第二項第二号及び第四十二条第一項第二号に規定する国土交通大臣が財務大臣と協議して定める基準（平成十七年国土交通省告示第三百九十三号）に適合するものである旨を建築

士（建築士法（昭和二十五年法律第二百二号）第二十三条の三第一項の規定により登録された建築士事務所に属する建築士に限るものとし、当該家屋が同法第三条第一項各号に掲げる建築物であるときは一級建築士に、同法第三条の二第一項各号に掲げる建築物であるときは一級建築士又は二級建築士に限るものとする。）、建築基準法（昭和二十五年法律第二百一号）第七十七条の二十一第一項に規定する指定確認検査機関、住宅の品質確保の促進等に関する法律（平成十一年法律第八十一号）第五条第一項に規定する登録住宅性能評価機関又は特定住宅瑕疵担保責任の履行の確保等に関する法律（平成十九年法律第六十六号）第十七条第一項の規定による指定を受けた同項に規定する住宅瑕疵《かし》担保責任保険法人（以下「保険法人」という。）が別記様式第二の様式により証する書類（当該家屋の取得の日前二年以内に当該証明のための家屋の調査が終了したものに限る。）

(イ)　当該家屋について交付された住宅の品質確保の促進等に関する法律第五条第一項に規定する住宅性能評価書の写し（当該家屋の取得の日前二年以内に評価されたもので、日本住宅性能表示基準（平成十三年国土交通省告示第千三百四十六号）別表二－一の一－一耐震等級（構造躯体の倒壊等防止）に係る評価が等級一、等級二又は等級三であるものに限る。）

(ウ)　当該家屋について交付された既存住宅売買瑕疵担保責任保険契約（次の(i)及び(ii)に掲げる要件に適合する保険契約であって、当該家屋の取得の日前二年以内に締結されたものに限る。）が締結されていることを証する書類

(i)　特定住宅瑕疵担保責任の履行の確保等に関する法律第十九条第二号の規定に基づき保険法人が引受けを行うものであること。

(ii)　建築後使用されたことのある住宅の用に供する家屋の構造耐力上主要な部分（住宅の品質確保の促進等に関する法律施行令（平成十二年政令第六十四号）第五条第一項に規定する構造耐力上主要な部分をいう。以下同じ。）に瑕疵（住宅の品質確保の促進等に関する法律第二条第五項に規定する瑕疵をいう。以下同じ。）（構造耐力に影響のないものを除く。次の(b)において同じ。）がある場合において、次の(a)又は(b)に掲げる場合の区分に応じ、それぞれ(a)又は(b)に掲げる損害を塡補するものであること。

(a)　宅地建物取引業者（特定住宅瑕疵担保責任の履行の確保等に関する法律第二条第四項に規定する

宅地建物取引業者をいう。以下この号において同じ。）が売主である場合　既存住宅売買瑕疵担保責任（建築後使用されたことのある住宅の用に供する家屋の売買契約において、宅地建物取引業者が負うこととされている民法（明治二十九年法律第八十九号）第四百十五条、第五百四十一条、第五百四十二条、第五百六十二条及び第五百六十三条に規定する担保の責任をいう。）を履行することによって生じた当該宅地建物取引業者の損害

(b)　宅地建物取引業者以外の者が売主である場合　既存住宅売買瑕疵保証責任（保証者（建築後使用されたことのある住宅の用に供する家屋の構造耐力上主要な部分に瑕疵がある場合において、買主に生じた損害を塡補することを保証する者をいう。以下同じ。）が負う保証の責任をいう。）を履行することによって生じた保証者の損害

五　耐火建築物又は準耐火建築物に該当する区分建物について証明を受けようとする場合は、当該家屋の登記事項証明書でこれらの建築物に該当することが明らかであるもの（当該家屋の登記記録に記録された構造が、石造、れんが造、コンクリートブロック造、鉄骨造、鉄筋コンクリート造又は鉄骨鉄筋コンクリート造である場合はこれらの建物に該当するものとみなされる。）を除き、確認済証及び検査済証、設計図書、建築士（耐火建築物の場合、木造建築士を除く。）の証明書等、当該家屋が耐火建築物又は準耐火建築物に該当する区分建物であることを明らかにする書類

六　抵当権の設定登記に係る登録免許税の税率の軽減を受けるために証明を受けようとする場合は、当該抵当権の設定に係る債権が当該家屋の取得のためのものであることを確認できる金銭消費貸借契約書、当該貸付け等に係る債務の保証契約書、不動産登記法の定めるところによりその登記の申請情報と併せて提供する登記原因証明情報（抵当権の被担保債権が当該住宅の取得等のためのものであることについて明らかな記載があるものに限る。）等の書類

七　租税特別措置法施行令第四十二条の二の二第二項に規定する特定の増改築等がされた住宅用家屋の所有権の移転登記の税率の軽減を受けるために証明を受けようとする場合は、宅地建物取引業法（昭和二十七年法律第百七十六号）第二条第三号に規定する宅地建物取引業者から証明の申請を受けた建築士（建築士法第二十三条の三第一項の規定により登録された建築士事務所に属する建築士に限るものとし、当該申請に係る住宅用の家屋が同法

第三条第一項各号に掲げる建築物であるときは一級建築士に、同法第三条の二第一項各号に掲げる建築物であるときは一級建築士又は二級建築士に限るものとする。）、建築基準法第七十七条の二十一第一項に規定する指定確認検査機関、住宅の品質確保の促進等に関する法律第五条第一項に規定する登録住宅性能評価機関又は保険法人が、当該申請に係る工事が租税特別措置法施行令第四十二条の二の二第二項第一号に規定する増築、改築、大規模の修繕若しくは大規模の模様替、同項第二号に規定する修繕若しくは模様替、同項第三号に規定する修繕若しくは模様替、同項第四号に規定する修繕若しくは模様替、同項第五号に規定する修繕若しくは模様替、同項第六号に規定する修繕若しくは模様替又は同項第七号に規定する修繕若しくは模様替に該当する旨を、別記様式第四の書式により証する書類（以下「増改築等工事証明書」という。）

　ただし、租税特別措置法施行令第四十二条の二の二第二項第七号に掲げる工事に要した費用の額が五十万円を超える場合においては、増改築等工事証明書に加えて、当該家屋について交付された既存住宅売買瑕疵担保責任保険契約（次の(ア)及び(イ)に掲げる要件に適合するものに限る。）が締結されていることを証する書類

(ア)　特定住宅瑕疵担保責任の履行の確保等に関する法律第十九条第二号の規定に基づき、保険法人が引受けを行うものであること。

(イ)　建築後使用されたことのある居住の用に供する家屋の給水管若しくは配水管に瑕疵（通常有すべき性能又は機能に影響のないものを除く。）がある場合又は雨水の浸入を防止する部分（住宅の品質確保の促進等に関する法律施行令第五条第二項に規定する雨水の浸入を防止する部分をいう。）に瑕疵（雨水の浸入に影響のないものを除く。）がある場合において、既存住宅売買瑕疵担保責任（建築後使用されたことのある居住の用に供する家屋の売買契約において、宅地建物取引業者（特定住宅瑕疵担保責任の履行の確保等に関する法律第二条第四項に規定する宅地建物取引業者をいう。以下同じ。）が負うこととされている民法第四百十五条、第五百四十一条、第五百四十二条、第五百六十二条及び第五百六十三条に規定する担保の責任をいう。）を履行することによって生じた当該宅地建物取引業者の損害を塡補するものであること。

八　前各号に掲げるもののほか必要と認められる書類

（証明書の交付）

第三条　市（区町村）長は、住宅用家屋証明の申請があった場

合において、添付された書類に照らして、その申請の内容が租税特別措置法施行令第四十一条又は第四十二条第一項の規定に該当し、かつ、その申請の手続がこの規則に適合していると認められるときは、別記様式第三の住宅用家屋証明書を交付するものとする。

附　則

一　この規則は公布の日から施行する。

二　この規則は、昭和五十九年四月一日以降に新築し、又は取得した家屋について適用し、同日前に新築し、又は取得した家屋については、なお従前の例による。

(注)　別記様式第一、第二、第三及び第四は、それぞれ別添1の「住宅用家屋証明申請書」、別添4の「耐震基準適合証明書」、別添2の「住宅用家屋証明書」及び別添5の「増改築等工事証明書」若しくは別添6の「増改築等工事証明書(住宅ローン減税・買取再販用)」とする。

別添4　耐震基準適合証明書様式

耐 震 基 準 適 合 証 明 書

<table>
<tr><td rowspan="2">証明申請者</td><td>住 所</td><td></td></tr>
<tr><td>氏 名</td><td></td></tr>
<tr><td colspan="2">家屋番号及び所在地</td><td></td></tr>
<tr><td colspan="2">家 屋 調 査 日</td><td>年　月　日</td></tr>
<tr><td colspan="2">適合する耐震基準</td><td>1　建築基準法施行令第3章及び第5章の4の規定
2　地震に対する安全性に係る基準</td></tr>
</table>

上記の家屋が租税特別措置法施行令第42条第1項に定める基準に適合することを証明します。

証 明 年 月 日	年　月　日

1．証明者が建築士事務所に属する建築士の場合

<table>
<tr><td rowspan="3">証明を行った建築士</td><td>氏　名</td><td colspan="4"></td></tr>
<tr><td rowspan="2">一級建築士、二級建築士又は木造建築士の別</td><td rowspan="2" colspan="2"></td><td>登　録　番　号</td><td></td></tr>
<tr><td>登録を受けた都道府県名(二級建築士又は木造建築士の場合)</td><td></td></tr>
<tr><td rowspan="4">証明を行った建築士の属する建築士事務所</td><td>名　称</td><td colspan="4"></td></tr>
<tr><td>所　在　地</td><td colspan="4"></td></tr>
<tr><td colspan="2">一級建築士事務所、二級建築士事務所又は木造建築士事務所の別</td><td colspan="3"></td></tr>
<tr><td colspan="2">登録年月日及び登録番号</td><td colspan="3"></td></tr>
</table>

2．証明者が指定確認検査機関の場合

<table>
<tr><td rowspan="4">証明を行った指定確認検査機関</td><td colspan="2">名　称</td><td colspan="3"></td></tr>
<tr><td colspan="2">住　所</td><td colspan="3"></td></tr>
<tr><td colspan="2">指定年月日及び指定番号</td><td colspan="3"></td></tr>
<tr><td colspan="2">指定をした者</td><td colspan="3"></td></tr>
<tr><td rowspan="5">調査を行った建築士又は建築基準適合判定資格者</td><td colspan="2">氏　名</td><td colspan="3"></td></tr>
<tr><td rowspan="2">建築士の場合</td><td rowspan="2">一級建築士、二級建築士又は木造建築士の別</td><td rowspan="2"></td><td>登　録　番　号</td><td></td></tr>
<tr><td>登録を受けた都道府県名(二級建築士又は木造建築士の場合)</td><td></td></tr>
<tr><td rowspan="2">建築基準適合判定資格者の場合</td><td rowspan="2">一級建築基準適合判定資格者又は二級建築基準適合判定資格者の別</td><td rowspan="2"></td><td>登　録　番　号</td><td></td></tr>
<tr><td>登録を受けた地方整備局等名</td><td></td></tr>
</table>

3．証明者が登録住宅性能評価機関の場合

<table>
<tr><td rowspan="4">証明を行った登録住宅性能評価機関</td><td colspan="2">名　　　　称</td><td colspan="3"></td></tr>
<tr><td colspan="2">住　　　　所</td><td colspan="3"></td></tr>
<tr><td colspan="2">登録年月日及び登録番号</td><td colspan="3"></td></tr>
<tr><td colspan="2">登録をした者</td><td colspan="3"></td></tr>
<tr><td rowspan="5">調査を行った建築士又は建築基準適合判定資格者</td><td colspan="2">氏　　　　名</td><td colspan="3"></td></tr>
<tr><td rowspan="2">建築士の場合</td><td rowspan="2">一級建築士、二級建築士又は木造建築士の別</td><td rowspan="2"></td><td>登　録　番　号</td><td></td></tr>
<tr><td>登録を受けた都道府県名（二級建築士又は木造建築士の場合）</td><td></td></tr>
<tr><td rowspan="2">建築基準適合判定資格者の場合</td><td rowspan="2">一級建築基準適合判定資格者又は二級建築基準適合判定資格者の別</td><td rowspan="2"></td><td>登　録　番　号</td><td></td></tr>
<tr><td>登録を受けた地方整備局等名</td><td></td></tr>
</table>

4．証明者が住宅瑕疵担保責任保険法人の場合

<table>
<tr><td rowspan="3">証明を行った住宅瑕疵担保責任保険法人</td><td colspan="2">名　　　　称</td><td colspan="3"></td></tr>
<tr><td colspan="2">住　　　　所</td><td colspan="3"></td></tr>
<tr><td colspan="2">指　定　年　月　日</td><td colspan="3"></td></tr>
<tr><td rowspan="5">調査を行った建築士又は建築基準適合判定資格者</td><td colspan="2">氏　　　　名</td><td colspan="3"></td></tr>
<tr><td rowspan="2">建築士の場合</td><td rowspan="2">一級建築士、二級建築士又は木造建築士の別</td><td rowspan="2"></td><td>登　録　番　号</td><td></td></tr>
<tr><td>登録を受けた都道府県名（二級建築士又は木造建築士の場合）</td><td></td></tr>
<tr><td rowspan="2">建築基準適合判定資格者の場合</td><td rowspan="2">一級建築基準適合判定資格者又は二級建築基準適合判定資格者の別</td><td rowspan="2"></td><td>登　録　番　号</td><td></td></tr>
<tr><td>登録を受けた地方整備局等名</td><td></td></tr>
</table>

（用紙　日本産業規格　Ａ４）

備考

1　「証明申請者」の「住所」及び「氏名」の欄には、この証明書の交付を受けようとする者の住所及び氏名をこの証明書を作成する日の現況により記載すること。

2　「家屋番号及び所在地」の欄には、当該家屋の登記簿に記載された家屋番号及び所在地を記載すること。

3　「家屋調査日」の欄には、証明のための当該家屋の構造及び劣化の調査が終了した年月日を記載すること。

4　「適合する耐震基準」の欄には、当該家屋が施行令第42条第1項に定める基準であって当該欄に掲げる規定又は基準のいずれに適合するかに応じ相当する番号を○で囲むものとする。

5　証明者が建築士事務所に属する建築士の場合

⑴「証明を行った建築士」の欄には、当該家屋が施行令第42条第1項に定める基準に適合するものであることにつき証明を行った建築士について、次により記載すること。

①「氏名」の欄には、建築士法第5条の2の規定により届出を行った氏名を記載するものとする。

②「一級建築士、二級建築士又は木造建築士の別」の欄には、証明を行った建築士の免許の別に応じ、「一級建築士」、「二級建築士」又は「木造建築士」と記載するものとする。なお、二級建築士が証明することのできる家屋は、建築士法第3条に規定する建築物以外の建築物に該当するものとし、木造建築士が証明することのできる家屋は、同法第3条及び第3条の2に規定する建築物以外の建築物に該当するものとする。

③「登録番号」の欄には、証明を行った建築士について建築士法第5条の2の規定による届出に係る登録番号を記載するものとする。

④「登録を受けた都道府県名（二級建築士又は木造建築士の場合）」の欄には、証明を行った建築士が二級建築士又は木造建築士である場合には、建築士法第5条第1項の規定により登録を受けた都道府県名を記載するものとする。

⑵「証明を行った建築士の属する建築士事務所」の「名称」、「所在地」、「一級建築士事務所、二級建築士事務所又は木造建築士事務所の別」及び「登録年月日及び登録番号」の欄には、建築士法第23条の3第1項に規定する登録簿に記載された建築士事務所の名称及び所在地、一級建築士事務所、二級建築士事務所又は木造建築士事務所の別並びに登録年月日及び登録番号を記載すること。

6　証明者が指定確認検査機関の場合

⑴「証明を行った指定確認検査機関」の欄には、当該家屋が施行令第42条第1項に定める基準に適合するものであることにつき証明を行った指定確認検査機関について、次により記載すること。

①「名称」及び「住所」の欄には、建築基準法第77条の18第1項の規定により指定を受けた名称及び住所（指定を受けた後に同法第77条の21第2項の規定により変更の届出を行った場合は、当該変更の届出を行った名称及び住所）を記載するものとする。

②「指定年月日及び指定番号」及び「指定をした者」の欄には、建築基準法第77条の18第1項の規定により指定を受けた年月日及び指定番号並びに指定をした者を記載するものとする。

⑵「調査を行った建築士又は建築基準適合判定資格者」の欄には、当該家屋が施行令第42条第1項に定める基準に適合するものであることにつき調査を行った建築士又は建築基準適合判定資格者について、次により記載するこ

と。

① 「氏名」の欄には、建築士である場合には建築士法第5条の2の規定により届出を行った氏名を、建築基準適合判定資格者である場合には建築基準法第77条の58又は第77条の60の規定により登録を受けた氏名を記載するものとする。

② 「建築士の場合」の「一級建築士、二級建築士又は木造建築士の別」の欄には、調査を行った建築士の免許の別に応じ、「一級建築士」、「二級建築士」又は「木造建築士」と記載するものとする。なお、二級建築士が調査することのできる家屋は、建築士法第3条に規定する建築物以外の建築物に該当するものとし、木造建築士が調査することのできる家屋は、同法第3条及び第3条の2に規定する建築物以外の建築物に該当するものとする。

③ 「建築士の場合」の「登録番号」及び「登録を受けた都道府県名（二級建築士又は木造建築士の場合）」の欄には、建築士法第5条の2の規定により届出を行った登録番号及び当該建築士が二級建築士又は木造建築士である場合には、建築士法第5条第1項の規定により登録を受けた都道府県名を記載するものとする。

④ 「建築基準適合判定資格者の場合」の「一級建築基準適合判定資格者又は二級建築基準適合判定資格者の別」の欄には、調査を行った建築基準適合判定資格者の登録の別に応じ、「一級建築基準適合判定資格者」又は「二級建築基準適合判定資格者」と記載するものとする。ただし、調査を行った者が地域の自主性及び自立性を高めるための改革の推進を図るための関係法律の整備に関する法律（令和5年法律第58号）第7条の規定による改正前の建築基準法（以下「旧建築基準法」という。）第77条の58第1項の登録を受けている者（建築基準適合判定資格者）である場合は、当該欄に「一級建築基準適合判定資格者」と記載するものとする。なお、二級建築基準適合判定資格者が調査することのできる家屋は、建築士法第3条に規定する建築物以外の建築物に該当するものとする。

⑤ 「建築基準適合判定資格者の場合」の「登録番号」及び「登録を受けた地方整備局等名」の欄には、建築基準法第77条の58又は第77条の60の規定により登録を受けた登録番号及び地方整備局等の名称を記載するものとする。

7　証明者が登録住宅性能評価機関の場合

⑴ 「証明を行った登録住宅性能評価機関」の欄には、当該家屋が施行令第42条第1項に定める基準に適合するものであることにつき証明を行った登録住宅性能評価機関について、次により記載すること。

① 「名称」及び「住所」の欄には、住宅の品質確保の促進等に関する法律第7条第1項の規定により登録を受けた名称及び住所（登録を受けた後に

同法第10条第2項の規定により変更の届出を行った場合は、当該変更の届出を行った名称及び住所）を記載するものとする。

② 「登録年月日及び登録番号」及び「登録をした者」の欄には、住宅の品質確保の促進等に関する法律第7条第1項の規定により登録を受けた年月日及び登録番号並びに登録をした者を記載するものとする。

(2) 「調査を行った建築士又は建築基準適合判定資格者」の欄には、当該家屋が施行令第42条第1項に定める基準に適合するものであることにつき調査を行った建築士又は建築基準適合判定資格者について、次により記載すること。

① 「氏名」の欄には、建築士である場合には建築士法第5条の2の規定により届出を行った氏名を、建築基準適合判定資格者である場合には、建築基準法第77条の58又は第77条の60の規定により登録を受けた氏名を記載するものとする。

② 「建築士の場合」の「一級建築士、二級建築士又は木造建築士の別」の欄には、調査を行った建築士の免許の別に応じ、「一級建築士」、「二級建築士」又は「木造建築士」と記載するものとする。なお、二級建築士が調査することのできる家屋は、建築士法第3条に規定する建築物以外の建築物に該当するものとし、木造建築士が調査することのできる家屋は、同法第3条及び第3条の2に規定する建築物以外の建築物に該当するものとする。

③ 「建築士の場合」の「登録番号」及び「登録を受けた都道府県名（二級建築士又は木造建築士の場合）」の欄には、建築士法第5条の2の規定により届出を行った登録番号及び当該建築士が二級建築士又は木造建築士である場合には、建築士法第5条第1項の規定により登録を受けた都道府県名を記載するものとする。

④ 「建築基準適合判定資格者の場合」の「一級建築基準適合判定資格者又は二級建築基準適合判定資格者の別」の欄には、調査を行った建築基準適合判定資格者の登録の別に応じ、「一級建築基準適合判定資格者」又は「二級建築基準適合判定資格者」と記載するものとする。ただし、調査を行った者が旧建築基準法第77条の58第1項の登録を受けている者（建築基準適合判定資格者）である場合は、当該欄に「一級建築基準適合判定資格者」と記載するものとする。なお、二級建築基準適合判定資格者が調査することのできる家屋は、建築士法第3条に規定する建築物以外の建築物に該当するものとする。

⑤ 「建築基準適合判定資格者の場合」の「登録番号」及び「登録を受けた地方整備局等名」の欄には、建築基準法第77条の58又は第77条の60の規定により登録を受けた登録番号及び地方整備局等の名称を記載するものとする。

8　証明者が住宅瑕疵担保責任保険法人の場合

(1)「証明を行った住宅瑕疵担保責任保険法人」の欄には、当該家屋が施行令第42条第1項に定める基準に適合するものであることにつき証明を行った住宅瑕疵担保責任保険法人について、次により記載すること。

①「名称」及び「住所」の欄には、特定住宅瑕疵担保責任の履行の確保等に関する法律第17条第1項の規定により指定を受けた名称及び住所（指定を受けた後に同法第18条第2項の規定により変更の届出を行った場合は、当該変更の届出を行った名称及び住所）を記載するものとする。

②「指定年月日」の欄には、特定住宅瑕疵担保責任の履行の確保等に関する法律第17条第1項の規定により指定を受けた年月日を記載するものとする。

(2)「調査を行った建築士又は建築基準適合判定資格者」の欄には、当該家屋が施行令第42条第1項に定める基準に適合するものであることにつき調査を行った建築士又は建築基準適合判定資格者について、次により記載すること。

①「氏名」の欄には、建築士である場合には建築士法第5条の2の規定により届出を行った氏名を、建築基準適合判定資格者である場合には、建築基準法第77条の58又は第77条の60の規定により登録を受けた氏名を記載するものとする。

②「建築士の場合」の「一級建築士、二級建築士又は木造建築士の別」の欄には、調査を行った建築士の免許の別に応じ、「一級建築士」、「二級建築士」又は「木造建築士」と記載するものとする。なお、二級建築士が調査することのできる家屋は、建築士法第3条に規定する建築物以外の建築物に該当するものとし、木造建築士が調査することのできる家屋は、同法第3条及び第3条の2に規定する建築物以外の建築物に該当するものとする。

③「建築士の場合」の「登録番号」及び「登録を受けた都道府県名（二級建築士又は木造建築士の場合）」の欄には、建築士法第5条の2の規定により届出を行った登録番号及び当該建築士が二級建築士又は木造建築士である場合には、建築士法第5条第1項の規定により登録を受けた都道府県名を記載するものとする。

④「建築基準適合判定資格者の場合」の「一級建築基準適合判定資格者又は二級建築基準適合判定資格者の別」の欄には、調査を行った建築基準適合判定資格者の登録の別に応じ、「一級建築基準適合判定資格者」又は「二級建築基準適合判定資格者」と記載するものとする。ただし、調査を行った者が旧建築基準法第77条の58第1項の登録を受けている者（建築基準適合判定資格者）である場合は、当該欄に「一級建築基準適合判定資格者」と記載するものとする。なお、二級建築基準適合判定資格者が調査

することのできる家屋は、建築士法第3条に規定する建築物以外の建築物に該当するものとする。

⑤ 「建築基準適合判定資格者の場合」の「登録番号」及び「登録を受けた地方整備局等名」の欄には、建築基準法第77条の58又は第77条の60の規定により登録を受けた登録番号及び地方整備局等の名称を記載するものとする。

別添５

増改築等工事証明書

（特定の増改築等がされた住宅用家屋の所有権の移転登記の税率の軽減の特例及び改修工事がされた住宅の不動産取得税の軽減の特例用）

<table>
<tr><td rowspan="2">証明申請者</td><td>住　所</td><td></td></tr>
<tr><td>氏　名</td><td></td></tr>
<tr><td colspan="2">家屋番号及び所在地</td><td></td></tr>
<tr><td colspan="2">工事完了年月日</td><td></td></tr>
</table>

１．実施した工事の種別

<table>
<tr><td>第１号工事</td><td colspan="4">１ 増築　２ 改築　３ 大規模の修繕　４ 大規模の模様替</td></tr>
<tr><td>第２号工事</td><td colspan="4">共同住宅等の区分所有する部分について行う次に掲げるいずれかの修繕又は模様替
１ 床の過半の修繕又は模様替　２ 階段の過半の修繕又は模様替
３ 間仕切壁の過半の修繕又は模様替　４ 壁の過半の修繕又は模様替</td></tr>
<tr><td>第３号工事</td><td colspan="4">次のいずれか一室の床又は壁の全部の修繕又は模様替
１ 居室　２ 調理室　３ 浴室　４ 便所　５ 洗面所　６ 納戸
７ 玄関　８ 廊下</td></tr>
<tr><td>第４号工事（耐震改修工事）</td><td colspan="4">次の規定又は基準に適合させるための修繕又は模様替
１ 建築基準法施行令第３章及び第５章の４の規定
２ 地震に対する安全性に係る基準</td></tr>
<tr><td>第５号工事（バリアフリー改修工事）</td><td colspan="4">バリアフリー化のための次のいずれかに該当する修繕又は模様替
１ 通路又は出入口の拡幅　２ 階段の勾配の緩和　３ 浴室の改良
４ 便所の改良　５ 手すりの取付　６ 床の段差の解消
７ 出入口の戸の改良　８ 床材の取替</td></tr>
<tr><td rowspan="4">第６号工事（省エネ改修工事）</td><td rowspan="2">全ての居室の全ての窓の断熱改修工事を実施した場合</td><td colspan="3">省エネルギー化のための修繕又は模様替
１ 全ての居室の全ての窓の断熱性を高める工事

上記１と併せて行う次のいずれかに該当する修繕又は模様替
２ 天井等の断熱性を高める工事　３ 壁の断熱性を高める工事
４ 床等の断熱性を高める工事</td></tr>
<tr><td>地域区分</td><td colspan="2">１ １地域　２ ２地域　３ ３地域　４ ４地域
５ ５地域　６ ６地域　７ ７地域　８ ８地域</td></tr>
<tr><td rowspan="2">改修工事後の住宅の一定の省エネ性能が証明される場合</td><td rowspan="2">住宅性能評価書により証明される場合</td><td colspan="2">省エネルギー化のための次に該当する修繕又は模様替
１ 窓の断熱性を高める工事

上記１と併せて行う次のいずれかに該当する修繕又は模様替
２ 天井等の断熱性を高める工事
３ 壁の断熱性を高める工事
４ 床等の断熱性を高める工事</td></tr>
<tr><td>地域区分</td><td>１ １地域　２ ２地域　３ ３地域
４ ４地域　５ ５地域　６ ６地域</td></tr>
</table>

<table>
<tr><td rowspan="12"></td><td rowspan="12"></td><td rowspan="6"></td><td></td><td colspan="2">7　7地域　　8　8地域</td></tr>
<tr><td>改修工事後の住宅の省エネ性能</td><td colspan="2">1　断熱等性能等級4以上
2　一次エネルギー消費量等級4以上及び断熱等性能等級3</td></tr>
<tr><td rowspan="2">住宅性能評価書を交付した登録住宅性能評価機関</td><td>名　　称</td><td></td></tr>
<tr><td>登録番号</td><td>第　　　　号</td></tr>
<tr><td colspan="2">住宅性能評価書の交付番号</td><td>第　　　　号</td></tr>
<tr><td colspan="2">住宅性能評価書の交付年月日</td><td>年　　月　　日</td></tr>
<tr><td rowspan="6">増改築による長期優良住宅建築等計画の認定により証明される場合</td><td colspan="3">省エネルギー化のための次に該当する修繕又は模様替
1　窓の断熱性を高める工事

上記1と併せて行う次のいずれかに該当する修繕又は模様替
2　天井等の断熱性を高める工事
3　壁の断熱性を高める工事
4　床等の断熱性を高める工事</td></tr>
<tr><td>地域区分</td><td colspan="2">1　1地域　　2　2地域　　3　3地域
4　4地域　　5　5地域　　6　6地域
7　7地域　　8　8地域</td></tr>
<tr><td>改修工事後の住宅の省エネ性能</td><td colspan="2">1　断熱等性能等級4以上
2　一次エネルギー消費量等級4以上及び断熱等性能等級3</td></tr>
<tr><td colspan="2">長期優良住宅建築等計画の認定主体</td><td></td></tr>
<tr><td colspan="2">長期優良住宅建築等計画の認定番号</td><td>第　　　　号</td></tr>
<tr><td colspan="2">長期優良住宅建築等計画の認定年月日</td><td>年　　月　　日</td></tr>
<tr><td>第7号工事（給排水管・雨水の浸入を防止する部分に係る工事）</td><td colspan="5">1　給水管に係る修繕又は模様替
2　排水管に係る修繕又は模様替
3　雨水の浸入を防止する部分に係る修繕又は模様替</td></tr>
</table>

2．実施した工事の内容

3．実施した工事の費用の額

（1）特定の増改築等に要した費用の総額

第1号工事～第7号工事に要した費用の総額	円

（2）特定の増改築等のうち、第1号工事～第6号工事に要した費用の額

第1号工事～第6号工事に要した費用の額	円

（3）特定の増改築等のうち、第4号工事、第5号工事、第6号工事又は第7号工事に要した費用の額

①　第4号工事に要した費用の額	円
②　第5号工事に要した費用の額	円
③　第6号工事に要した費用の額	円
④　第7号工事に要した費用の額	円

上記の工事が、租税特別措置法施行令及び地方税法施行令に規定する工事に該当することを証明します。

<table>
<tr><td>証明年月日</td><td>年　　月　　日</td></tr>
</table>

（1）証明者が建築士事務所に属する建築士の場合

<table>
<tr><td rowspan="3">証明を行った建築士</td><td>氏　　名</td><td colspan="3">印</td></tr>
<tr><td rowspan="2">一級建築士、二級建築士又は木造建築士の別</td><td rowspan="2"></td><td>登　録　番　号</td><td></td></tr>
<tr><td>登録を受けた都道府県名（二級建築士又は木造建築士の場合）</td><td></td></tr>
<tr><td rowspan="4">証明を行った建築士の属する建築士事務所</td><td>名　　称</td><td colspan="3"></td></tr>
<tr><td>所　在　地</td><td colspan="3"></td></tr>
<tr><td colspan="3">一級建築士事務所、二級建築士事務所又は木造建築士事務所の別</td><td></td></tr>
<tr><td colspan="3">登録年月日及び登録番号</td><td></td></tr>
</table>

（2）証明者が指定確認検査機関の場合

<table>
<tr><td rowspan="4">証明を行った指定確認検査機関</td><td colspan="2">名　　称</td><td colspan="3">印</td></tr>
<tr><td colspan="2">住　　所</td><td colspan="3"></td></tr>
<tr><td colspan="2">指定年月日及び指定番号</td><td colspan="3"></td></tr>
<tr><td colspan="2">指定をした者</td><td colspan="3"></td></tr>
<tr><td rowspan="5">調査を行った建築士又は建築基準適合判定資格者</td><td colspan="2">氏　　名</td><td colspan="3"></td></tr>
<tr><td rowspan="2">建築士の場合</td><td rowspan="2">一級建築士、二級建築士又は木造建築士の別</td><td rowspan="2"></td><td>登　録　番　号</td><td></td></tr>
<tr><td>登録を受けた都道府県名（二級建築士又は木造建築士の場合）</td><td></td></tr>
<tr><td rowspan="2">建築基準適合判定資格者の場合</td><td rowspan="2">一級建築基準適合判定資格者又は二級建築基準適合判定資格者の別</td><td rowspan="2"></td><td>登　録　番　号</td><td></td></tr>
<tr><td>登録を受けた地方整備局等名</td><td></td></tr>
</table>

（3）証明者が登録住宅性能評価機関の場合

<table>
<tr><td rowspan="4">証明を行った登録住宅性能評価機関</td><td colspan="2">名　　称</td><td colspan="3">印</td></tr>
<tr><td colspan="2">住　　所</td><td colspan="3"></td></tr>
<tr><td colspan="2">登録年月日及び登録番号</td><td colspan="3"></td></tr>
<tr><td colspan="2">登録をした者</td><td colspan="3"></td></tr>
<tr><td rowspan="5">調査を行った建築士又は建築基準適合判定資格者</td><td colspan="2">氏　　名</td><td colspan="3"></td></tr>
<tr><td rowspan="2">建築士の場合</td><td rowspan="2">一級建築士、二級建築士又は木造建築士の別</td><td rowspan="2"></td><td>登　録　番　号</td><td></td></tr>
<tr><td>登録を受けた都道府県名（二級建築士又は木造建築士の場合）</td><td></td></tr>
<tr><td rowspan="2">建築基準適合判定資格者の場合</td><td rowspan="2">一級建築基準適合判定資格者又は二級建築基準適合判定資格者の別</td><td rowspan="2"></td><td>登　録　番　号</td><td></td></tr>
<tr><td>登録を受けた地方整備局等名</td><td></td></tr>
</table>

（4）証明者が住宅瑕疵担保責任保険法人の場合

<table>
<tr><td rowspan="3">証明を行った住宅瑕疵担保責任保険法人</td><td colspan="2">名　　称</td><td colspan="3">印</td></tr>
<tr><td colspan="2">住　　所</td><td colspan="3"></td></tr>
<tr><td colspan="2">指定年月日</td><td colspan="3"></td></tr>
<tr><td rowspan="5">調査を行った建築士又は建築基準適合判定資格者</td><td colspan="2">氏　　名</td><td colspan="3"></td></tr>
<tr><td rowspan="2">建築士の場合</td><td rowspan="2">一級建築士、二級建築士又は木造建築士の別</td><td rowspan="2"></td><td>登　録　番　号</td><td></td></tr>
<tr><td>登録を受けた都道府県名（二級建築士又は木造建築士の場合）</td><td></td></tr>
<tr><td rowspan="2">建築基準適合判定資格者の場合</td><td rowspan="2">一級建築基準適合判定資格者又は二級建築基準適合判定資格者の別</td><td rowspan="2"></td><td>登　録　番　号</td><td></td></tr>
<tr><td>登録を受けた地方整備局等名</td><td></td></tr>
</table>

（用紙　日本産業規格　Ａ４）

備考

1　「証明申請者」の「住所」及び「氏名」の欄には、この証明書の交付を受けようとする者の住所及び氏名をこの証明書を作成する日の現況により記載すること。

2　「家屋番号及び所在地」の欄には、当該工事を行った家屋の建物登記簿に記載された家屋番号及び所在地を記載すること。

3　「1．実施した工事の種別」の欄には、この証明書により証明をする工事について、次により記載すること。

(1)　以下により第1号工事から第7号工事までのいずれかの工事について記載するものとする。

①「第1号工事」の欄には、当該工事が租税特別措置法施行令第42条の2の2第2項第1号及び地方税法施行令附則第9条第1項第1号イに規定する増築、改築、大規模の修繕又は大規模の模様替のいずれに該当するかに応じ該当する番号を○で囲むものとする。

②「第2号工事」の欄には、当該工事が租税特別措置法施行令第42条の2の2第2項第2号及び地方税法施行令附則第9条第1項第1号ロに規定する修繕又は模様替であって次に掲げるもののいずれに該当するかに応じ該当する番号を○で囲むものとする。

イ　床の過半の修繕又は模様替　床（建築基準法第2条第5号に規定する主要構造部（以下「主要構造部」という。）である床及び最下階の床をいう。）の過半について行うもの

ロ　階段の過半の修繕又は模様替　主要構造部である階段の過半について行うもの

ハ　間仕切壁の過半の修繕又は模様替　間仕切壁（主要構造部である間仕切壁及び建築物の構造上重要でない間仕切壁をいう。）の室内に面する部分の過半について行うもの（その間仕切壁の一部について位置の変更を伴うものに限る。）

ニ　壁の過半の修繕又は模様替　主要構造部である壁の室内に面する部分の過半について行うもの（当該修繕又は模様替に係る壁の過半について遮音又は熱の損失の防止のための性能を向上させるものに限る。）

③「第3号工事」の欄には、当該工事が租税特別措置法施行令第42条の2の2第2項第3号及び地方税法施行令附則第9条第1項第1号ハに規定する修繕又は模様替であって当該欄に掲げるもののいずれに該当するかに応じ該当する番号を○で囲むものとする。

④「第4号工事」の欄には、当該工事が租税特別措置法施行令第42条の2の2第2項第4号及び地方税法施行令附則第9条第1項第1号ニに規定する修繕又は模様替であって当該欄に掲げる規定又は基準のいずれに適合するかに応じ該当する番号を○で囲むものとする。

⑤「第5号工事」の欄には、当該工事が租税特別措置法施行令第42条の2の2第2項第5号及び地方税法施行令附則第9条第1項第1号ホに規定する修繕又は模様替であって当該欄に掲げるもののいずれに該当するかに応じ該当する番号を○で囲むものとする。

⑥「第6号工事」の欄のうち、「全ての居室の全ての窓の断熱改修工事を実施した場合」の欄には、平成26年国土交通省告示第435号第1号に掲げる工事又は平成27年国土交通省告示第478号第1号で定める工事について記載するものとし、当該工事が租税特別措置法施行令第42条の2の2

第2項第6号及び地方税法施行令附則第9条第1項第1号へに規定する修繕又は模様替であって当該欄に掲げるもののいずれに該当するかに応じ該当する番号（建築物エネルギー消費性能基準等を定める省令における算出方法等に係る事項等（平成28年国土交通省告示第265号。以下「算出方法告示」という。）別表第10に掲げる地域の区分における8地域において窓の日射遮蔽性を高める工事を行った場合は、番号1）を○で囲むものとする。また、同欄中、「地域区分」の欄には算出方法告示別表第10に掲げる地域の区分のいずれに該当するかに応じ該当する番号を○で囲むものとする。

⑦　「第6号工事」の欄のうち、「改修工事の住宅の一定の省エネ性能が証明される場合」の欄には、平成26年国土交通省告示第435号第2号又は平成27年国土交通省告示第478号第2号に掲げる工事について、次により記載するものとする。

イ　住宅性能評価書により証明される場合

当該工事が租税特別措置法施行令第42条の2の2第2項第6号又は地方税法施行令附則第9条第1項第1号へに規定する修繕又は模様替であって当該欄に掲げるもののいずれに該当するかに応じ該当する番号（算出方法告示別表第10に掲げる地域の区分における8地域において窓の日射遮蔽性を高める工事を行った場合は、番号1）を○で囲むものとする。また、同欄中、「地域区分」の欄には算出方法告示別表第10に掲げる地域の区分のいずれに該当するかに応じ該当する番号を○で囲むものとする。「改修工事後の住宅の省エネ性能」の欄には改修工事後の住宅の日本住宅性能表示基準（平成13年国土交通省告示第1346号）別表2－1の（い）項に掲げる「5－1断熱等性能等級」又は「5－2一次エネルギー消費量等級」を○で囲むものとする。

ロ　増改築による長期優良住宅建築等計画の認定により証明される場合

当該工事が租税特別措置法施行令第42条の2の2第2項第6号又は地方税法施行令附則第9条第1項第1号へに規定する修繕又は模様替であって当該欄に掲げるもののいずれに該当するかに応じ該当する番号（算出方法告示別表第10に掲げる地域の区分における8地域において窓の日射遮蔽性を高める工事を行った場合は、番号1）を○で囲むものとする。同欄中、「地域区分」の欄には算出方法告示別表第10に掲げる地域の区分のいずれに該当するかに応じ該当する番号を○で囲むものとする。「改修工事後の住宅が相当する省エネ性能」の欄には改修工事後の住宅が相当する日本住宅性能表示基準別表2－1の（い）項に掲げる「5－1断熱等性能等級」又は「5－2一次エネルギー消費量等級」を○で囲むものとする。

⑧　「第7号工事」の欄には、当該工事が租税特別措置法施行令第42条の2

の2第2項第7号及び地方税法施行令附則第9条第1項第1号トに規定する修繕又は模様替であって当該欄に掲げるもののいずれに該当するかに応じ該当する番号を○で囲むものとする。

4 「2. 実施した工事の内容」の欄には、当該工事が租税特別措置法施行令第42条の2の2第2項第1号及び地方税法施行令附則第9条第1項第1号イに規定する増築、改築、大規模の修繕若しくは大規模の模様替、租税特別措置法施行令第42条の2の2第2項第2号及び地方税法施行令附則第9条第1項第1号ロに規定する修繕若しくは模様替、租税特別措置法施行令第42条の2の2第2項第3号及び地方税法施行令附則第9条第1項第1号ハに規定する修繕若しくは模様替、租税特別措置法施行令第42条の2の2第2項第4号及び地方税法施行令附則第9条第1項第1号ニに規定する修繕若しくは模様替、租税特別措置法施行令第42条の2の2第2項第5号及び地方税法施行令附則第9条第1項第1号ホに規定する修繕若しくは模様替、租税特別措置法施行令第42条の2の2第2項第6号及び地方税法施行令附則第9条第1項第1号ヘに規定する修繕若しくは模様替又は租税特別措置法施行令第42条の2の2第2項第7号及び地方税法施行令附則第9条第1項第1号トに規定する修繕若しくは模様替に該当することを明らかにする工事の具体的内容を記載するものとする。

5 「3. 実施した工事の費用の額」の欄には、この証明書により証明をする工事について、次により記載すること。

⑴ 「（1）特定の増改築等に要した費用の総額」に関し、確認した内容について記載する表には、次により記載すること。

「第1号工事～第7号工事に要した費用の総額」の欄には、租税特別措置法施行令第42条の2の2第2項第1号から第7号まで及び地方税法施行令附則第9条第1項第1号イからトまでに規定する工事の種別のいずれかに該当する工事の合計額を記載するものとする。

⑵ 「（2）特定の増改築等のうち、第1号工事～第6号工事に要した費用の額」に関し、確認した内容について記載する表には、次により記載すること。

「第1号工事～第6号工事に要した費用の額」の欄には、租税特別措置法施行令第42条の2の2第2項第1号から第6号まで及び地方税法施行令附則第9条第1項第1号イからヘまでに規定する工事の種別のいずれかに該当する工事の合計額を記載するものとする。

⑶ 「（3）特定の増改築等のうち、第4号工事、第5号工事、第6号工事又は第7号工事に要した費用の額」に関し、確認した内容について記載する表には、次により記載すること。

① 「①　第4号工事に要した費用の額」の欄には、第4号工事に該当する工事の合計額を記載するものとする。

② 「②　第5号工事に要した費用の額」の欄には、第5号工事の1～8のいずれかに該当する工事の合計額を記載するものとする。

③ 「③　第6号工事に要した費用の額」の欄には、第6号工事の1～4のいずれかに該当する工事の合計額を記載するものとする。
④ 「④　第7号工事に要した費用の額」の欄には、第7号工事の1～3のいずれかに該当する工事の合計額を記載するものとする。

6　この証明書により証明を行う者について、次により記載するものとする。

(1)　証明者が建築士事務所に属する建築士の場合

「証明を行った建築士」の欄には、当該工事が租税特別措置法施行令第42条の2の2第2項第1号及び地方税法施行令附則第9条第1項第1号イに規定する増築、改築、大規模の修繕若しくは大規模の模様替、租税特別措置法施行令第42条の2の2第2項第2号及び地方税法施行令附則第9条第1項第1号ロに規定する修繕若しくは模様替、租税特別措置法施行令第42条の2の2第2項第3号及び地方税法施行令附則第9条第1項第1号ハに規定する修繕若しくは模様替、租税特別措置法施行令第42条の2の2第2項第4号及び地方税法施行令附則第9条第1項第1号ニに規定する修繕若しくは模様替、租税特別措置法施行令第42条の2の2第2項第5号及び地方税法施行令附則第9条第1項第1号ホに規定する修繕若しくは模様替、租税特別措置法施行令第42条の2の2第2項第6号及び地方税法施行令附則第9条第1項第1号ヘに規定する修繕若しくは模様替又は租税特別措置法施行令第42条の2の2第2項第7号及び地方税法施行令附則第9条第1項第1号トに規定する修繕若しくは模様替であることにつき証明を行った建築士について次により記載すること。

① 「氏名」の欄には、建築士法第5条の2の規定により届出を行った氏名を記載するものとする。
② 「一級建築士、二級建築士又は木造建築士の別」の欄には、証明を行った建築士の免許の別に応じ、「一級建築士」、「二級建築士」又は「木造建築士」と記載するものとする。なお、二級建築士が証明することのできる家屋は、建築士法第3条に規定する建築物以外の建築物に該当するものとし、木造建築士が証明することのできる家屋は、同法第3条及び第3条の2に規定する建築物以外の建築物に該当するものとする。
③ 「登録番号」の欄には、証明を行った建築士について建築士法第5条の2の規定による届出に係る登録番号を記載するものとする。
④ 「登録を受けた都道府県名（二級建築士又は木造建築士の場合）」の欄には、証明を行った建築士が二級建築士又は木造建築士である場合には、建築士法第5条第1項の規定により登録を受けた都道府県名を記載するものとする。
⑤ 「証明を行った建築士の属する建築士事務所」の「名称」、「所在地」、「一級建築士事務所、二級建築士事務所又は木造建築士事務所の別」及び「登録年月日及び登録番号」の欄には、建築士法第23条の3第1項に規定

する登録簿に記載された建築士事務所の名称及び所在地、一級建築士事務所、二級建築士事務所又は木造建築士事務所の別並びに登録年月日及び登録番号を記載すること。

(2) 証明者が指定確認検査機関の場合

① 「証明を行った指定確認検査機関」の欄には、当該工事が租税特別措置法施行令第42条の2の2第2項第1号及び地方税法施行令附則第9条第1項第1号イに規定する増築、改築、大規模の修繕若しくは大規模の模様替、租税特別措置法施行令第42条の2の2第2項第2号及び地方税法施行令附則第9条第1項第1号ロに規定する修繕若しくは模様替、租税特別措置法施行令第42条の2の2第2項第3号及び地方税法施行令附則第9条第1項第1号ハに規定する修繕若しくは模様替、租税特別措置法施行令第42条の2の2第2項第4号及び地方税法施行令附則第9条第1項第1号ニに規定する修繕若しくは模様替、租税特別措置法施行令第42条の2の2第2項第5号及び地方税法施行令附則第9条第1項第1号ホに規定する修繕若しくは模様替、租税特別措置法施行令第42条の2の2第2項第6号及び地方税法施行令附則第9条第1項第1号ヘに規定する修繕若しくは模様替、又は租税特別措置法施行令第42条の2の2第2項第7号及び地方税法施行令附則第9条第1項第1号トに規定する修繕若しくは模様替であることにつき証明を行った指定確認検査機関について次により記載すること。

② 「名称」及び「住所」の欄には、建築基準法第77条の18第1項の規定により指定を受けた名称及び住所（指定を受けた後に同法第77条の21第2項の規定により変更の届出を行った場合は、当該変更の届出を行った名称及び住所）を記載するものとする。

③ 「指定年月日及び指定番号」及び「指定をした者」の欄には、建築基準法第77条の18第1項の規定により指定を受けた年月日及び指定番号並びに指定をした者を記載するものとする。

④ 「調査を行った建築士又は建築基準適合判定資格者」の欄には、当該工事が租税特別措置法施行令第42条の2の2第2項第1号及び地方税法施行令附則第9条第1項第1号イに規定する増築、改築、大規模の修繕若しくは大規模の模様替、租税特別措置法施行令第42条の2の2第2項第2号及び地方税法施行令附則第9条第1項第1号ロに規定する修繕若しくは模様替、租税特別措置法施行令第42条の2の2第2項第3号及び地方税法施行令附則第9条第1項第1号ハに規定する修繕若しくは模様替、租税特別措置法施行令第42条の2の2第2項第4号及び地方税法施行令附則第9条第1項第1号ニに規定する修繕若しくは模様替、租税特別措置法施行令第42条の2の2第2項第5号及び地方税法施行令附則第9条第1項第1号ホに規定する修繕若しくは模様替、租税特別措置法施行令第42条の2の2第2項第6号及び地方税法施行令附則第9条第1項第1号ヘに規

定する修繕若しくは模様替又は租税特別措置法施行令第42条の2の2第2項第7号及び地方税法施行令附則第9条第1項第1号トに規定する修繕若しくは模様替であることにつき調査を行った建築士又は建築基準適合判定資格者について、次により記載すること。

イ　「氏名」の欄には、建築士である場合には建築士法第5条の2の規定により届出を行った氏名を、建築基準適合判定資格者である場合には建築基準法第77条の58又は第77条の60の規定により登録を受けた氏名を記載するものとする。

ロ　「建築士の場合」の「一級建築士、二級建築士又は木造建築士の別」の欄には、調査を行った建築士の免許の別に応じ、「一級建築士」、「二級建築士」又は「木造建築士」と記載するものとする。なお、二級建築士が調査することのできる家屋は、建築士法第3条に規定する建築物以外の建築物に該当するものとし、木造建築士が調査することのできる家屋は、同法第3条及び第3条の2に規定する建築物以外の建築物に該当するものとする。

ハ　「建築士の場合」の「登録番号」及び「登録を受けた都道府県名（二級建築士又は木造建築士の場合）」の欄には、建築士法第5条の2の規定により届出を行った登録番号及び当該建築士が二級建築士又は木造建築士である場合には、同法第5条第1項の規定により登録を受けた都道府県名を記載するものとする。

ニ　「建築基準適合判定資格者の場合」の「一級建築基準適合判定資格者又は二級建築基準適合判定資格者の別」の欄には、調査を行った建築基準適合判定資格者の登録の別に応じ、「一級建築基準適合判定資格者」又は「二級建築基準適合判定資格者」と記載するものとする。ただし、調査を行った者が地域の自主性及び自立性を高めるための改革の推進を図るための関係法律の整備に関する法律（令和5年法律第58号）第7条の規定による改正前の建築基準法（以下「旧建築基準法」という。）第77条の58第1項の登録を受けている者（建築基準適合判定資格者）である場合は、当該欄に「一級建築基準適合判定資格者」と記載するものとする。なお、二級建築基準適合判定資格者が調査することのできる家屋は、建築士法第3条に規定する建築物以外の建築物に該当するものとする。

ホ　「建築基準適合判定資格者の場合」の「登録番号」及び「登録を受けた地方整備局等名」の欄には、建築基準法第77条の58又は第77条の60の規定により登録を受けた登録番号及び地方整備局等の名称を記載するものとする。

(3)　証明者が登録住宅性能評価機関の場合

①　「証明を行った登録住宅性能評価機関」の欄には、当該工事が租税特別

措置法施行令第42条の2の2第2項第1号及び地方税法施行令附則第9条第1項第1号イに規定する増築、改築、大規模の修繕若しくは大規模の模様替、租税特別措置法施行令第42条の2の2第2項第2号及び地方税法施行令附則第9条第1項第1号ロに規定する修繕若しくは模様替、租税特別措置法施行令第42条の2の2第2項第3号及び地方税法施行令附則第9条第1項第1号ハに規定する修繕若しくは模様替、租税特別措置法施行令第42条の2の2第2項第4号及び地方税法施行令附則第9条第1項第1号ニに規定する修繕若しくは模様替、租税特別措置法施行令第42条の2の2第2項第5号及び地方税法施行令附則第9条第1項第1号ホに規定する修繕若しくは模様替、租税特別措置法施行令第42条の2の2第2項第6号及び地方税法施行令附則第9条第1項第1号ヘに規定する修繕若しくは模様替又は租税特別措置法施行令第42条の2の2第2項第7号及び地方税法施行令附則第9条第1項第1号トに規定する修繕若しくは模様替であることにつき証明を行った登録住宅性能評価機関について次により記載すること。

イ　「名称」及び「住所」の欄には、住宅の品質確保の促進等に関する法律第7条第1項の規定により登録を受けた名称及び住所（登録を受けた後に同法第10条第2項の規定により変更の届出を行った場合は、当該変更の届出を行った名称及び住所）を記載するものとする。

ロ　「登録年月日及び登録番号」及び「登録をした者」の欄には、住宅の品質確保の促進等に関する法律第7条第1項の規定により登録を受けた年月日及び登録番号並びに登録をした者を記載するものとする。

②「調査を行った建築士又は建築基準適合判定資格者」の欄には、当該工事が租税特別措置法施行令第42条の2の2第2項第1号及び地方税法施行令附則第9条第1項第1号イに規定する増築、改築、大規模の修繕若しくは大規模の模様替、租税特別措置法施行令第42条の2の2第2項第2号及び地方税法施行令附則第9条第1項第1号ロに規定する修繕若しくは模様替、租税特別措置法施行令第42条の2の2第2項第3号及び地方税法施行令附則第9条第1項第1号ハに規定する修繕若しくは模様替、租税特別措置法施行令第42条の2の2第2項第4号及び地方税法施行令附則第9条第1項第1号ニに規定する修繕若しくは模様替、租税特別措置法施行令第42条の2の2第2項第5号及び地方税法施行令附則第9条第1項第1号ホに規定する修繕若しくは模様替、租税特別措置法施行令第42条の2の2第2項第6号及び地方税法施行令附則第9条第1項第1号ヘに規定する修繕若しくは模様替又は租税特別措置法施行令第42条の2の2第2項第7号及び地方税法施行令附則第9条第1項第1号トに規定する修繕若しくは模様替であることにつき調査を行った建築士又は建築基準適合判定資格者について、次により記載すること。

イ 「氏名」の欄には、建築士である場合には建築士法第5条の2の規定により届出を行った氏名を、建築基準適合判定資格者である場合には、建築基準法第77条の58又は第77条の60の規定により登録を受けた氏名を記載するものとする。

ロ 「建築士の場合」の「一級建築士、二級建築士又は木造建築士の別」の欄には、調査を行った建築士の免許の別に応じ、「一級建築士」、「二級建築士」又は「木造建築士」と記載するものとする。なお、二級建築士が調査することのできる家屋は、建築士法第3条に規定する建築物以外の建築物に該当するものとし、木造建築士が調査することのできる家屋は、同法第3条及び第3条の2に規定する建築物以外の建築物に該当するものとする。

ハ 「建築士の場合」の「登録番号」及び「登録を受けた都道府県名（二級建築士又は木造建築士の場合）」の欄には、建築士法第5条の2の規定により届出を行った登録番号及び当該建築士が二級建築士又は木造建築士である場合には、同法第5条第1項の規定により登録を受けた都道府県名を記載するものとする。

ニ 「建築基準適合判定資格者の場合」の「一級建築基準適合判定資格者又は二級建築基準適合判定資格者の別」の欄には、調査を行った建築基準適合判定資格者の登録の別に応じ、「一級建築基準適合判定資格者」又は「二級建築基準適合判定資格者」と記載するものとする。ただし、調査を行った者が旧建築基準法第77条の58第1項の登録を受けている者（建築基準適合判定資格者）である場合は、当該欄に「一級建築基準適合判定資格者」と記載するものとする。なお、二級建築基準適合判定資格者が調査することのできる家屋は、建築士法第3条に規定する建築物以外の建築物に該当するものとする。

ホ 「建築基準適合判定資格者の場合」の「登録番号」及び「登録を受けた地方整備局等名」の欄には、建築基準法第77条の58又は第77条の60の規定により登録を受けた登録番号及び地方整備局等の名称を記載するものとする。

(4) 証明者が住宅瑕疵担保責任保険法人の場合

① 「証明を行った住宅瑕疵担保責任保険法人」の欄には、当該工事が租税特別措置法施行令第42条の2の2第2項第1号及び地方税法施行令附則第9条第1項第1号イに規定する増築、改築、大規模の修繕若しくは大規模の模様替、租税特別措置法施行令第42条の2の2第2項第2号及び地方税法施行令附則第9条第1項第1号ロに規定する修繕若しくは模様替、租税特別措置法施行令第42条の2の2第2項第3号及び地方税法施行令附則第9条第1項第1号ハに規定する修繕若しくは模様替、租税特別措置法施行令第42条の2の2第2項第4号及び地方税法施行令附則第9条第1

項第1号ニに規定する修繕若しくは模様替、租税特別措置法施行令第42条の2の2第2項第5号及び地方税法施行令附則第9条第1項第1号ホに規定する修繕若しくは模様替、租税特別措置法施行令第42条の2の2第2項第6号及び地方税法施行令附則第9条第1項第1号ヘに規定する修繕若しくは模様替又は租税特別措置法施行令第42条の2の2第2項第7号及び地方税法施行令附則第9条第1項第1号トに規定する修繕若しくは模様替であることにつき証明を行った住宅瑕疵担保責任保険法人について次により記載すること。

イ　「名称」及び「住所」の欄には、特定住宅瑕疵担保責任の履行の確保等に関する法律第17条第1項の規定により指定を受けた名称及び住所（指定を受けた後に同法第18条第2項の規定により変更の届出を行った場合は、当該変更の届出を行った名称及び住所）を記載するものとする。

ロ　「指定年月日」の欄には、特定住宅瑕疵担保責任の履行の確保等に関する法律第17条第1項の規定により指定を受けた年月日を記載するものとする。

②「調査を行った建築士又は建築基準適合判定資格者」の欄には、当該工事が租税特別措置法施行令第42条の2の2第2項第1号及び地方税法施行令附則第9条第1項第1号イに規定する増築、改築、大規模の修繕若しくは大規模の模様替、租税特別措置法施行令第42条の2の2第2項第2号及び地方税法施行令附則第9条第1項第1号ロに規定する修繕若しくは模様替、租税特別措置法施行令第42条の2の2第2項第3号及び地方税法施行令附則第9条第1項第1号ハに規定する修繕若しくは模様替、租税特別措置法施行令第42条の2の2第2項第4号及び地方税法施行令附則第9条第1項第1号ニに規定する修繕若しくは模様替、租税特別措置法施行令第42条の2の2第2項第5号及び地方税法施行令附則第9条第1項第1号ホに規定する修繕若しくは模様替、租税特別措置法施行令第42条の2の2第2項第6号及び地方税法施行令附則第9条第1項第1号ヘに規定する修繕若しくは模様替又は租税特別措置法施行令第42条の2の2第2項第7号及び地方税法施行令附則第9条第1項第1号トに規定する修繕若しくは模様替であることにつき調査を行った建築士又は建築基準適合判定資格者について、次により記載すること。

イ　「氏名」の欄には、建築士である場合には建築士法第5条の2の規定により届出を行った氏名を、建築基準適合判定資格者である場合には、建築基準法第77条の58又は第77条の60の規定により登録を受けた氏名を記載するものとする。

ロ　「建築士の場合」の「一級建築士、二級建築士又は木造建築士の別」の欄には、調査を行った建築士の免許の別に応じ、「一級建築士」、「二級建築士」又は「木造建築士」と記載するものとする。なお、二級建築

士が調査することのできる家屋は、建築士法第3条に規定する建築物以外の建築物に該当するものとし、木造建築士が調査することのできる家屋は、同法第3条及び第3条の2に規定する建築物以外の建築物に該当するものとする。

ハ　「建築士の場合」の「登録番号」及び「登録を受けた都道府県名（二級建築士又は木造建築士の場合）」の欄には、建築士法第5条の2の規定により届出を行った登録番号及び当該建築士が二級建築士又は木造建築士である場合には、同法第5条第1項の規定により登録を受けた都道府県名を記載するものとする。

ニ　「建築基準適合判定資格者の場合」の「一級建築基準適合判定資格者又は二級建築基準適合判定資格者の別」の欄には、調査を行った建築基準適合判定資格者の登録の別に応じ、「一級建築基準適合判定資格者」又は「二級建築基準適合判定資格者」と記載するものとする。ただし、調査を行った者が旧建築基準法第77条の58第1項の登録を受けている者（建築基準適合判定資格者）である場合は、当該欄に「一級建築基準適合判定資格者」と記載するものとする。なお、二級建築基準適合判定資格者が調査することのできる家屋は、建築士法第3条に規定する建築物以外の建築物に該当するものとする。

ホ　「建築基準適合判定資格者の場合」の「登録番号」及び「登録を受けた地方整備局等名」の欄には、建築基準法第77条の58又は第77条の60の規定により登録を受けた登録番号及び地方整備局等の名称を記載するものとする。

別添6　（略）

⑵準耐火建築物に準ずる耐火性能を有する家屋の基準

〔昭和五十六年三月三十一日　建設省告示第八百十六号〕

第一　天井及び壁（界壁を除く。）の室内に面する部分並びに界壁（以下「天井等」という。）の構造は、それぞれ次の表の右欄に掲げる各号のいずれか一に該当するものであること。ただし、天井等が昭和五十四年建設省告示第四百七十八号の別記「内部火災に対する耐火性能試験」に合格したものであるときは、この限りでない。

建築物の部分	構　　造
天井の室内に面する部分	一　厚さ十二ミリメートル以上の石膏ボードを張ったもの 二　厚さ九ミリメートル以上の石膏ボードに厚さ九ミリメートル以上のロックウール吸音板を張ったもの 三　厚さ九ミリメートル以上の石膏ボードに厚さ九ミリメートル以上の石膏ボードを張ったもの 四　厚さ九ミリメートル以上の石膏ボードに厚さ三ミリメートル以上の石綿スレートを張ったもの 五　厚さ九ミリメートル以上の石膏ボードを吊木及び野縁を介して一体としたもの
壁（界壁を除く。）の室内に面する部分	一　厚さ十二ミリメートル以上の石膏ボードを張ったもの 二　厚さ九ミリメートル以上の石膏ボードに厚さ三ミリメートル以上の石綿スレートを張ったもの 三　厚さ九ミリメートル以上の石膏ボードに厚さ九ミリメートル以上の石膏ボードを張ったもの 四　厚さ七ミリメートル以上の石膏ラスボードに厚さ八ミリメートル以上のプラスターを塗ったもの 五　厚さ七ミリメートル以上のガラス繊維混入石膏板を張ったもの
界壁	壁の中間に厚さ十二ミリメートル以上の石膏ボード、厚さ四ミリメートル以上の石綿スレート又はこれらと同等以上の不燃性を有する建築材料を二枚以上張り、かつ、室内面に厚さ十二ミリメートル以上の石膏ボードを二枚以上張ったもの

第二　外壁の屋外に面する部分及び軒裏は、防火構造（建築基準法（昭和二十五年法律第二百一号。以下「法」という。）第二条第八号に規定するものをいう。）であること。ただし、主要構造部である柱及びはりを不燃材料（法第二条第九号に規定するものをいう。）で造ったものについては、外壁の屋外に面する部分及び軒裏を土塗壁とし、又は延焼防止についてこれと同等以上の効力を有する構造とすることができる。

第三　屋根は、不燃材料で造り、又はふいたものであること。

第四　延焼のおそれのある部分（法第二条第六号に規定するものをいう。）又は外壁のうち長屋の隣戸の開口部から九十センチメートル以内にある部分に開口部がある場合においては、当該開口部に、次の各号の一に該当する構造の防火戸を設けたものであること。ただし、外壁面から五十センチメートル以上突出したそで壁その他これに類するもので防火上有効にさえぎられているときは、この限りでない。

一　金属で造られたもの

二　金属及び網入ガラスで造られたもの

三　雨戸（〇・二七ミリメートル以上の鉄板又は〇・五ミリメートル以上のアルミニューム板で造られたものに限る。）が取り付けられたもの

四　厚さ三十五ミリメートル以上の木材で造られた単板であるもの

五　日本工業規格Ａ一三一一－一九七五に規定する三級加熱標準曲線による加熱試験において防火上支障のない性能を有することが確認されたもの

附　則

この告示は、昭和五十六年四月一日から施行する。

(3)住宅用家屋証明に要する家屋未使用証明書について

〔昭和五十九年五月二十九日
建設省住民発第三十六号〕

建設省住宅局民間住宅課長から都道府県民間住宅担当部(局)長あて

住宅用家屋証明事務の実施については、「住宅用家屋の所有権の保存登記等の登録免許税の税率の軽減措置に係る市町村長の証明事務の実施について」(昭和五十九年五月二十二日付け建設省住民発第三十二号建設省住民局長通知)により通知したところであるが、個人が取得した建築後使用されたことのない住宅用家屋に係る「建築後使用されたことのないこと」の確認に必要な「当該家屋の直前の所有者又は当該家屋の取得に係る取引の代理若しくは媒介をした宅地建物取引業者の証明書」(家屋未使用証明書)の様式を定め、別添1のとおり、宅地建物取引業関係団体あて当該証明書の交付について協力依頼し、別添2のとおり、都道府県宅地建物取引業担当部(局)長あて通知したので、貴職におかれても、その旨了知のうえ、貴管下市町村長(特別区の区長を含む。)に対して、本通知の周知を図り、証明事務を円滑に実施するよう指導されたい。

別記様式

家　屋　未　使　用　証　明　書

取得者の住所	
取得者の氏名	
家屋の所在地	

上記の家屋は建築後使用されたことのないものであることを証明します。

平成　　年　　月　　日

所在地

名　称　　　　　　　　　　㊞

（免許証番号　　　　　　　）

(別添1、2　略)

(4)住宅用家屋の保存登記等の登録免許税の税率の軽減措置に係る市町村長の証明事務の適切な実施について

〔昭和六十三年十一月十八日
建設省住民発第五十八号〕

最終改正　令和六年七月一日

各都道府県知事、各指定都市の長あて　国土交通省住宅局長

標記の市町村長（特別区の区長を含む。以下同じ。）の証明事務については、「住宅用家屋の所有権の保存登記等の登録免許税の税率の軽減措置に係る市町村長の証明事務の実施について」（昭和五十九年五月二十二日付け建設省住民発第三十二号住宅局長通知。以下「通知」という。）により実施されてきたところである。通知においては、専ら当該個人が住宅の用に供することの確認については、証明申請者が当該家屋の所在地への住民票の転入手続を済ませていない場合には「入居（予定）年月日等を記載した当該個人の申立書等による」こととされているが、今般、申立書により住宅用家屋証明を受けたもののうち登記申請後一年以上経過しても当該個人が転入手続をせずに第三者が入居している事例、当該家屋を事務所等の用に供していた事例が見受けられ、そのような事例について登録免許税が軽減されている状況となっていること及びその背景として申立書による証明の運用が必ずしも適切ではなかったことについて、会計検査院の実地検査により指摘を受けたところである。

本証明事務は、個人が住宅を取得して当該個人の住宅の用に供する場合に良質な住宅用家屋の取得を促進し、国民の居住水準の向上等に資する観点から設けられている登録免許税の軽減措置の運用を受けるために行われているものであり、専ら当該個人が住宅の用に供することについては、転入手続を済ませている場合には住民基本台帳又は住民票により確認することとしており、転入手続を済ませていない場合にあっては、登記後において遅滞なく当該個人の住宅の用に供すると認められる場合に限って、申立書等により確認することとしているものである。

今般、会計検査院の指摘を踏まえ、通知記二(一)④、(二)⑤及び(三)④における申立書等による専ら当該個人が住宅の用に供することの確認の具体的方法について下記の通り定め、昭和六十四年四月一日以降に申請のあったものから適用することとしたので、申立書等による確認の本来の趣旨を踏まえ、本証明事務が適切に行われるよう、貴管下の市町村長に対して本通知の趣旨の周知徹底を図られたい。

なお、この通知については、国税庁及び法務省とも協議済である。

記

一　住民票の転入手続を済ませていない場合にあっての確認方法について

(一)　専ら当該個人が住宅の用に供することについては、証明申請者が証明申請時に居住している家屋（以下「現住家屋」という。）の処分方法等、入居が登記の後になる理由及びこれらと照らして適切な入居予定日が記載されている申立書（宅地建物取引業者が買主である当該個人の依頼を受けて当該家屋の取得に係る取引の代理又は媒介をした場合は、当該個人が当該家屋の取得後に入居の意向があることを確認したことを証する当該宅地建物取引業者の証明書（以下「入居見込み確認書」という。）も可とする。）並びに併せて提出させる書類により、確認するものとする（ただし、入居見込み確認書が提出された場合にあっては、併せて提出させる書類の確認は要しないものとする。）。

(二)　申立書の様式は別添1「申立書様式例」を参考として作成されたい。

(三)　現住家屋の処分方法等については、その場合に応じ、次のような書類を提出させるものとする。

①現住家屋を売却する場合　当該現住家屋の売買契約（予約）書、媒介契約書等売却することを証する書類及び証明申請者がその家屋に住んでいることを明らかにする現在の住民票の写し

②現住家屋を賃貸する場合　当該現住家屋の賃貸借契約（予約）書、媒介契約書等賃貸することを証する書類及び証明申請者がその家屋に住んでいることを明らかにする現在の住民票の写し

③現住家屋が借家、借間、社宅、寄宿舎、寮等の場合　証明申請者と家主の間の賃貸借契約書、使用許可証又は家主の証明書等、現住家屋が当該証明申請者の所有する家屋ではないことを証する書類及び当該証明申請者がその家屋に住んでいることを明らかにする現在の住民票の写し

④その他、現住家屋に証明申請者の親族が住む場合等　当該親族の申立書等、現住家屋が今後、当該証明申請者の居住の用に供されるものではないことを証する書類及び当該証明申請者がその家屋に住んでいることを明らかにする現在の住民票の写し

(四)　申立書には入居が登記の後になる理由を具体的に記載させるものとし、現住家屋の処分方法等が未定である場合には、入居が登記の後になることを疎明する次のような書類を提出させるものとする。

①資金を借りるため抵当権設定を急ぐ場合等登記を入居の後に遅らせることのできない場合　当該家屋を新築又は取得するための資金の貸付け等に係る金銭消費貸借契約書又は当該家屋の代金の支払期日の記載のある売買契約書等の写し

②前住人が未転出であること、本人又は家族の病気等止むを得ない事情により登記までに入居できない場合　前住人と証明申請者又は宅地建物取引業者との間の引渡期日の記載のある売買契約書の写し、治療期間が記載された医師の診断書の写し等止むを得ない事情を明らかにする書類

(五)　入居見込み確認書の様式は、「住宅用家屋の所有権の保存登記等の登録免許税の税率の軽減措置に係る宅地建物取引業者の事務について(令和六年四月一日付け国住経法第五十一号)」別添に定める通り(参考として別添2参照)。なお、先述の通り、入居見込み確認書の提出があった場合は、当該入居見込み確認書に必要事項が全て記入されていることを確認すればよく、併せて提出させる書類の確認は要しないものとする。

(六)　住宅家屋証明事務施行細則を定めている場合には、本通知の趣旨を踏まえ、適宜改正されたい。

(七)　申立書又は入居見込み確認書による証明を行った場合には、その証明申請関係書類については、五年間保存するものとする。

二　登記所への通知について

証明書発行後、虚偽の申立書又は入居見込み確認書により証明を受けたことが判明した場合には、市町村長は、当該証明書は登録免許税の軽減に該当しない物件について発行したものである旨を所轄の登記所に通知するものとする。

別添１

申　立　書　様　式　例

年　　月　　日

（市町村長名）　殿

所有者　　住所

氏名

このたび、私が建築し、又は取得しました下記家屋は、現在のところ未入居の状態にありますが、自己の住宅の用に供するものに相違ありません。

記

１．　家屋の表示

所在地

家屋番号

２．　家屋の住居表示

３．　入居予定年月日　　　　　　　　　　年　　月　　日

４．　現在の家屋の処分方法等

５．　入居が登記の後になる理由

なお、証明書交付後、この申立書に虚偽があることが判明した場合には証明を取り消され、税額の追徴を受けても異議ありません。

別添２

入居見込み確認書様式例

（市町村長名）　殿

年　　月　　日

（宅地建物取引業者による記名）

住所 ＿＿＿＿＿＿＿＿＿＿

氏名（法人にあっては名称及び代表者の氏名）

＿＿＿＿＿＿＿＿＿＿

宅地建物取引業の免許番号

（　　）第　　　　号

連絡担当者＿＿＿＿＿＿＿＿

電話番号 ＿＿＿＿＿＿＿＿

私/当社が売買取引を仲介した下記の家屋については、現在のところ当該取引の買主が住民票の転入手続を済ませていない状態にありますが、当該取引時点において、当該取引の買主より、当該取引後に当該家屋を自己の住宅の用に供する意向を有することについて下記のとおり確認しておりますので、その内容をここに証します。

記

家屋の表示	所在地	
	家屋番号	
家屋の住居表示		
入居予定年月日		
現在の家屋（旧居）の処分方法等		
入居が登記の後になる理由		

なお、住宅用家屋証明書交付後、この入居見込み確認書に虚偽があることが判明した場合には証明を取り消され、税額の追徴を受けても異議ありません。

（買主による署名）

氏名

＿＿＿＿＿＿＿＿＿＿

備考

1　本様式は、宅地建物取引業者が、買主である個人の依頼を受けて家屋の取得に係る取引の代理又は媒介をした場合において、当該宅地建物取引業者が記入すること。ただし、「買主による署名」欄のみ、宅地建物取引業者の求めに応じて当該買主が署名すること。

2「家屋の表示」の「所在地」及び「家屋番号」の欄には、当該家屋の登記簿に記載された家屋番号及び所在地を記載すること。

3「家屋の住居表示」の欄には、当該家屋の住居表示を記載すること。

4「入居予定年月日」の欄には、当該家屋への当該買主の入居予定年月日を記載すること。

5「現在の家屋（旧居）の処分方法等」の欄には、当該買主が現在居住している家屋の処分方法等を記載すること。

6「入居が登記の後になる理由」の欄には、当該取引の買主の入居が登記の後になる理由を具体的に記載すること。

⑸住宅用家屋の所有権の保存登記等の登録免許税の税率の軽減措置に係る宅地建物取引業者の事務について（依頼）

〔令和六年四月一日
国住経法第五十一号〕

業界団体の長あて　国土交通省住宅局長

租税特別措置法（昭和三十二年法律第二十六号）第七十二条の二等において住宅用家屋の所有権の保存登記等の登録免許税の税率の軽減措置が講じられており、本特例措置により、住宅取得の際の負担が軽減されるとともに、良質な住宅ストックの形成及びその流通の促進が図られているところです。

また、その適用にあたっては、住宅用家屋に係る市町村長（特別区の区長を含む。以下同じ。）の証明を受けることが必要であり、その証明事務等について、国土交通省住宅局長通知（昭和五十九年建設省住民発第三十二号）及び国土交通省住宅局長通知（昭和六十三年建設省住民発第五十八号）により定めているところです。

今般、「令和五年の地方からの提案等に関する対応方針」（令和五年十二月二十二日閣議決定）（以下「対応方針」という。）において「施行令四十一条及び四十二条一項に規定する要件の審査に係る市区町村の事務負担を軽減するため、宅地建物取引業者が発行する確認書を活用できることとし、その旨を地方公共団体及び宅地建物取引業の業界団体に令和六年中に通知する」とされたことを受け、本特例措置がより一層円滑に運用されるよう、国土交通省住宅局長通知（昭和五十九年建設省住民発第三十二号）及び国土交通省住宅局長通知（昭和六十三年建設省住民発第五十八号）について、本特例措置を受けようとする個人が住宅の用に供することの確認の具体的方法につき、従来の申立書等の確認に代えて、宅地建物取引業者が、買主である当該個人の依頼を受けて当該家屋の取得に係る取引の代理又は媒介をした場合には、当該宅地建物取引業者が発行する確認書（別添「入居見込み確認書様式例」。以下「確認書」という。）の確認でも足りることとする等の改正を行ったところです。

本通知は、本特例措置の運用に関し、下記のとおり宅地建物取引業者において確認書を発行する際の事務について示すものであり、令和六年七月一日から適用しますので、貴団体傘下の宅地建物取引業者に対する周知方宜しくお願いいたします。

記

一　本特例措置の概要

本特例措置は、個人が一定の要件を満たす住宅用家屋の取

得をし、当該個人の居住の用に供した場合に、この住宅用家屋の取得後一年以内に登記を受けるものに限り、住宅用家屋に係る所有権保存登記、所有権移転登記又は抵当権設定登記における登録免許税の税率を軽減するものです。

二　本特例措置の適用対象となる住宅用家屋

本特例措置の適用を受けるためには、登記の申請書に当該住宅用家屋の所在地の市町村長が発行する住宅用家屋証明書の添付を要するものとされていますが、特例措置適用のための要件の一つである「当該家屋が専ら当該個人の住宅の用に供されること」の確認については、国土交通省住宅局長通知（昭和五十九年建設省住民発第三十二号）において、当該個人が既に当該家屋の所在地への住民票の転入手続を済ませている場合にあっては住民基本台帳又は住民票の写しにより確認することとされており、住宅用家屋証明書発行申請手続までに住民票の転入手続が済んでいない場合にあっては当該個人の申立書等により確認することとされています。

また、国土交通省住宅局長通知（昭和六十三年建設省住民発第五十八号）では、市町村（特別区を含む。以下同じ。）における、本特例措置を受けようとする個人が当該住宅用家屋を自己の住宅の用に供することの具体的な確認方法について、住宅用家屋証明書発行申請手続までに当該個人の住民票の転入手続が済んでいない場合、申立書とともに現住家屋の処分方法等を確認するために種々の書類を提出させるものとされています。

三　市町村が行う住宅用家屋証明書の発行手続に係る必要申請書類の変更について

対応方針を受けて、国土交通省住宅局長通知（昭和五十九年建設省住民発第三十二号）及び国土交通省住宅局長通知（昭和六十三年建設省住民発第五十八号）を改正し、本特例措置を受けようとする個人が当該住宅用家屋を自己の住宅の用に供することの具体的な確認方法について、宅地建物取引業者が、買主である当該個人の依頼を受けて当該家屋の取得に係る取引の代理又は媒介をした場合は、従来の申立書等に代えて、当該宅地建物取引業者が発行する確認書の確認によることも可とすることとされました。

四　宅地建物取引業者において確認書を発行する際の事務手続について

㈠　本特例措置の適用を受けようとする個人は、市町村において上記二の住宅用家屋証明書を取得し、法務局における家屋の所有権移転登記等の際に同証明書を添付する必要があります。住宅用家屋証明書の発行を受けるためには、当該個人は市町村に対して住宅用家屋証明書発行の申請を行う必要がありますが、申請までに当該個人の住民票の転入手続が済んでいない場合において、従来の申立書等に代え

て、当該個人が自己の住宅の用に供することを証する確認書を宅地建物取引業者が発行する場合、以下の手順で事務を行っていただくようお願いいたします。

(1)　買主の仲介を行う住宅用家屋について、宅地建物取引業者自ら又は登記申請業務を受託する司法書士を通じて買主に対して、本特例措置の利用意向を確認するとともに、住民票の転入手続が住宅用家屋証明発行申請手続の前後どちらになるかについて、その見込みを確認する。

(2)　買主から宅地建物取引業者に対して直接又は登記申請業務を受託する司法書士を通じて本特例措置の利用意向が示され、かつ当該買主である個人の住民票の転入手続が住宅用家屋証明書発行申請手続の後になる場合又は後になると見込まれる場合、売買契約時又は契約後速やかに、買主に対し、現在の家屋(旧居)の処分方法等、入居が登記の後になる理由等を以下のケースに応じて以下のような書類で確認の上、確認書に記入するとともに、買主に対し確認・記名を求める。

(3)　必要事項を全て記入した後、宅地建物取引業者は、当該確認書を買主に渡すとともに、(二)・(三)で確認いただく書類を買主に返却する。

(二)　現在の家屋(旧居)の処分方法等については、以下のケースに応じて以下のような書類で確認をお願いいたします。

①現在の家屋(旧居)を売却する場合　当該家屋の売買契約(予約)書の写し、媒介契約書の写し等売却することを証する書類及び証明申請者がその家屋に住んでいることを明らかにする現在の住民票の写し

②現在の家屋(旧居)を賃貸する場合　当該家屋の賃貸借契約(予約)書の写し、媒介契約書の写し等賃貸することを証する書類及び証明申請者がその家屋に住んでいることを明らかにする現在の住民票の写し

③現在の家屋(旧居)が借家、借間、社宅、寄宿舎、寮等の場合　証明申請者と家主の間の賃貸借契約書の写し、使用許可証又は家主の証明書の写し等、当該家屋が当該証明申請者の所有する家屋ではないことを証する書類及び当該証明申請者がその家屋に住んでいることを明らかにする現在の住民票の写し

④その他、現在の家屋(旧居)に証明申請者の親族が住む場合等　当該親族の申立書等、当該家屋が今後、当該証明申請者の居住の用に供されるものではないことを証する書類及び当該証明申請者がその家屋に住んでいることを明らかにする現在の住民票の写し

(三)　また、入居が登記の後になる理由を買主に確認の上、確認書に具体的に記載することとし、現在の家屋(旧居)の処分方法等が未定である場合には、入居が登記の後になるこ

とを疎明する次のような書類の確認をお願いいたします。
①資金を借りるため抵当権設定を急ぐ場合等登記を入居の後に遅らせることのできない場合　当該家屋を新築又は取得するための資金の貸付け等に係る金銭消費貸借契約書又は当該家屋の代金の支払期日の記載のある売買契約書等の写し
②前住人が未転出であること、本人又は家族の病気等止むを得ない事情により登記までに入居できない場合　前住人と証明申請者又は宅地建物取引業者との間の引渡期日の記載のある売買契約書の写し、治療期間が記載された医師の診断書の写し等止むを得ない事情を明らかにする書類

なお、㈡・㈢で確認いただく書類については、買主が市町村に確認書を提出する際に併せて提出することとなるため、㈠(3)に記載のとおり、確認書とともに買主に返却していただきますが、宅地建物取引業者において、買主に確認の上、その写しを保存することは差し支えありません。

五　市町村への通知について

確認書発行後、買主の申告に虚偽があったことを把握した場合には、宅地建物取引業者は、当該確認書は買主の住宅の用に供されない物件について発行したものである旨を所管の市町村（当該確認書に係る物件が所在する市町村）に通知するようお願いいたします。

以上

別添

入居見込み確認書様式例

（市町村長名）　殿

年　　　月　　　日

（宅地建物取引業者による記名）

住所 ＿＿＿＿＿＿＿＿＿＿＿＿＿＿＿＿
氏名（法人にあっては名称及び代表者の氏名）

＿＿＿＿＿＿＿＿＿＿＿＿＿＿＿＿＿＿
宅地建物取引業の免許番号
（　　）第　　　　　号
連絡担当者＿＿＿＿＿＿＿＿＿＿＿＿＿＿
電話番号 ＿＿＿＿＿＿＿＿＿＿＿＿＿＿＿

私/当社が売買取引を仲介した下記の家屋については、現在のところ当該取引の買主が住民票の転入手続を済ませていない状態にありますが、当該取引時点において、当該取引の買主より、当該取引後に当該家屋を自己の住宅の用に供する意向を有することについて下記のとおり確認しておりますので、その内容をここに証します。

記

家屋の表示	所在地	
	家屋番号	
家屋の住居表示		
入居予定年月日		
現在の家屋（旧居）の処分方法等		
入居が登記の後になる理由		

なお、住宅用家屋証明書交付後、この入居見込み確認書に虚偽があることが判明した場合には証明を取り消され、税額の追徴を受けても異議ありません。

（買主による署名）
氏名

＿＿＿＿＿＿＿＿＿＿＿＿＿＿＿＿＿＿

備考

1　本様式は、宅地建物取引業者が、買主である個人の依頼を受けて家屋の取得に係る取引の代理又は媒介をした場合において、当該宅地建物取引業者が記入すること。ただし、「買主による署名」欄のみ、宅地建物取引業者の求めに応じて当該買主が署名すること。
2　「家屋の表示」の「所在地」及び「家屋番号」の欄には、当該家屋の登記簿に記載された家屋番号及び所在地を記載すること。
3　「家屋の住居表示」の欄には、当該家屋の住居表示を記載すること。
4　「入居予定年月日」の欄には、当該家屋への当該買主の入居予定年月日を記載すること。
5　「現在の家屋（旧居）の処分方法等」の欄には、当該買主が現在居住している家屋の処分方法等を記載すること。
6　「入居が登記の後になる理由」の欄には、当該取引の買主の入居が登記の後になる理由を具体的に記載すること。

4　不動産登記法関係

(1)不動産登記法(抄)

〔平成十六年六月十八日号外
法律第百二十三号〕

最終改正　令和五年六月一六日法律第六三号

(目的)

第一条　この法律は、不動産の表示及び不動産に関する権利を公示するための登記に関する制度について定めることにより、国民の権利の保全を図り、もって取引の安全と円滑に資することを目的とする。

(定義)

第二条　この法律において、次の各号に掲げる用語の意義は、それぞれ当該各号に定めるところによる。

一　不動産　土地又は建物をいう。

二　不動産の表示　不動産についての第二十七条第一号、第三号若しくは第四号、第三十四条第一項各号、第四十三条第一項、第四十四条第一項各号又は第五十八条第一項各号に規定する登記事項をいう。

三　表示に関する登記　不動産の表示に関する登記をいう。

四　権利に関する登記　不動産についての次条各号に掲げる権利に関する登記をいう。

五　登記記録　表示に関する登記又は権利に関する登記について、一筆の土地又は一個の建物ごとに第十二条の規定により作成される電磁的記録(電子的方式、磁気的方式その他人の知覚によっては認識することができない方式で作られる記録であって、電子計算機による情報処理の用に供されるものをいう。以下同じ。)をいう。

六　登記事項　この法律の規定により登記記録として登記すべき事項をいう。

七　表題部　登記記録のうち、表示に関する登記が記録される部分をいう。

八　権利部　登記記録のうち、権利に関する登記が記録される部分をいう。

九　登記簿　登記記録が記録される帳簿であって、磁気ディスク(これに準ずる方法により一定の事項を確実に記録することができる物を含む。以下同じ。)をもって調製するものをいう。

十　表題部所有者　所有権の登記がない不動産の登記記録の表題部に、所有者として記録されている者をいう。
十一　登記名義人　登記記録の権利部に、次条各号に掲げる権利について権利者として記録されている者をいう。
十二　登記権利者　権利に関する登記をすることにより、登記上、直接に利益を受ける者をいい、間接に利益を受ける者を除く。
十三　登記義務者　権利に関する登記をすることにより、登記上、直接に不利益を受ける登記名義人をいい、間接に不利益を受ける登記名義人を除く。
十四　登記識別情報　第二十二条本文の規定により登記名義人が登記を申請する場合において、当該登記名義人自らが当該登記を申請していることを確認するために用いられる符号その他の情報であって、登記名義人を識別することができるものをいう。
十五　変更の登記　登記事項に変更があった場合に当該登記事項を変更する登記をいう。
十六　更正の登記　登記事項に錯誤又は遺漏があった場合に当該登記事項を訂正する登記をいう。
十七　地番　第三十五条の規定により一筆の土地ごとに付す番号をいう。
十八　地目　土地の用途による分類であって、第三十四条第二項の法務省令で定めるものをいう。
十九　地積　一筆の土地の面積であって、第三十四条第二項の法務省令で定めるものをいう。
二十　表題登記　表示に関する登記のうち、当該不動産について表題部に最初にされる登記をいう。
二十一　家屋番号　第四十五条の規定により一個の建物ごとに付す番号をいう。
二十二　区分建物　一棟の建物の構造上区分された部分で独立して住居、店舗、事務所又は倉庫その他建物としての用途に供することができるものであって、建物の区分所有等に関する法律(昭和三十七年法律第六十九号。以下「区分所有法」という。)第二条第三項に規定する専有部分であるもの(区分所有法第四条第二項の規定により共用部分とされたものを含む。)をいう。
二十三　附属建物　表題登記がある建物に附属する建物であって、当該表題登記がある建物と一体のものとして一個の建物として登記されるものをいう。
二十四　抵当証券　抵当証券法(昭和六年法律第十五号)第一条第一項に規定する抵当証券をいう。

(登記することができる権利等)

第三条　登記は、不動産の表示又は不動産についての次に掲げる権利の保存等(保存、設定、移転、変更、処分の制限

又は消滅をいう。次条第二項及び第百五条第一号において同じ。）についてする。

一　所有権
二　地上権
三　永小作権
四　地役権
五　先取特権
六　質権
七　抵当権
八　賃借権
九　配偶者居住権
十　採石権（採石法（昭和二十五年法律第二百九十一号）に規定する採石権をいう。第五十条、第七十条第二項及び第八十二条において同じ。）

（権利の順位）
第四条　同一の不動産について登記した権利の順位は、法令に別段の定めがある場合を除き、登記の前後による。
2　付記登記（権利に関する登記のうち、既にされた権利に関する登記についてする登記であって、当該既にされた権利に関する登記を変更し、若しくは更正し、又は所有権以外の権利にあってはこれを移転し、若しくはこれを目的とする権利の保存等をするもので当該既にされた権利に関する登記と一体のものとして公示する必要があるものをいう。以下この項及び第六十六条において同じ。）の順位は主登記（付記登記の対象となる既にされた権利に関する登記をいう。以下この項において同じ。）の順位により、同一の主登記に係る付記登記の順位はその前後による。

（登記がないことを主張することができない第三者）
第五条　詐欺又は強迫によって登記の申請を妨げた第三者は、その登記がないことを主張することができない。
2　他人のために登記を申請する義務を負う第三者は、その登記がないことを主張することができない。ただし、その登記の登記原因（登記の原因となる事実又は法律行為をいう。以下同じ。）が自己の登記の登記原因の後に生じたときは、この限りでない。

（登記所）
第六条　登記の事務は、不動産の所在地を管轄する法務局若しくは地方法務局若しくはこれらの支局又はこれらの出張所（以下単に「登記所」という。）がつかさどる。
2　不動産が二以上の登記所の管轄区域にまたがる場合は、法務省令で定めるところにより、法務大臣又は法務局若しくは地方法務局の長が、当該不動産に関する登記の事務をつかさどる登記所を指定する。
3　前項に規定する場合において、同項の指定がされるまで

の間、登記の申請は、当該二以上の登記所のうち、一の登記所にすることができる。

（事務の委任）

第七条　法務大臣は、一の登記所の管轄に属する事務を他の登記所に委任することができる。

（事務の停止）

第八条　法務大臣は、登記所においてその事務を停止しなければならない事由が生じたときは、期間を定めて、その停止を命ずることができる。

（登記官）

第九条　登記所における事務は、登記官（登記所に勤務する法務事務官のうちから、法務局又は地方法務局の長が指定する者をいう。以下同じ。）が取り扱う。

（登記官の除斥）

第十条　登記官又はその配偶者若しくは四親等内の親族（配偶者又は四親等内の親族であった者を含む。以下この条において同じ。）が登記の申請人であるときは、当該登記官は、当該登記をすることができない。登記官又はその配偶者若しくは四親等内の親族が申請人を代表して申請するときも、同様とする。

（登記）

第十一条　登記は、登記官が登記簿に登記事項を記録することによって行う。

（登記記録の作成）

第十二条　登記記録は、表題部及び権利部に区分して作成する。

（登記記録の滅失と回復）

第十三条　法務大臣は、登記記録の全部又は一部が滅失したときは、登記官に対し、一定の期間を定めて、当該登記記録の回復に必要な処分を命ずることができる。

（地図等）

第十四条　登記所には、地図及び建物所在図を備え付けるものとする。

2　前項の地図は、一筆又は二筆以上の土地ごとに作成し、各土地の区画を明確にし、地番を表示するものとする。

3　第一項の建物所在図は、一個又は二個以上の建物ごとに作成し、各建物の位置及び家屋番号を表示するものとする。

4　第一項の規定にかかわらず、登記所には、同項の規定により地図が備え付けられるまでの間、これに代えて、地図に準ずる図面を備え付けることができる。

5　前項の地図に準ずる図面は、一筆又は二筆以上の土地ごとに土地の位置、形状及び地番を表示するものとする。

6　第一項の地図及び建物所在図並びに第四項の地図に準ずる図面は、電磁的記録に記録することができる。

（法務省令への委任）
第十五条　この章に定めるもののほか、登記簿及び登記記録並びに地図、建物所在図及び地図に準ずる図面の記録方法その他の登記の事務に関し必要な事項は、法務省令で定める。

（当事者の申請又は嘱託による登記）
第十六条　登記は、法令に別段の定めがある場合を除き、当事者の申請又は官庁若しくは公署の嘱託がなければ、することができない。

2　第二条第十四号、第五条、第六条第三項、第十条及びこの章（この条、第二十七条、第二十八条、第三十二条、第三十四条、第三十五条、第四十一条、第四十三条から第四十六条まで、第五十一条第五項及び第六項、第五十三条第二項、第五十六条、第五十八条第一項及び第四項、第五十九条第一号、第三号から第六号まで及び第八号、第六十六条、第六十七条、第七十一条、第七十三条第一項第二号から第四号まで、第二項及び第三項、第七十六条から第七十六条の四まで、第七十六条の六、第七十八条から第八十六条まで、第八十八条、第九十条から第九十二条まで、第九十四条、第九十五条第一項、第九十六条、第九十七条、第九十八条第二項、第百一条、第百二条、第百六条、第百八条、第百十二条、第百十四条から第百十七条まで並びに第百十八条第二項、第五項及び第六項を除く。）の規定は、官庁又は公署の嘱託による登記の手続について準用する。

（代理権の不消滅）
第十七条　登記の申請をする者の委任による代理人の権限は、次に掲げる事由によっては、消滅しない。
一　本人の死亡
二　本人である法人の合併による消滅
三　本人である受託者の信託に関する任務の終了
四　法定代理人の死亡又はその代理権の消滅若しくは変更

（申請の方法）
第十八条　登記の申請は、次に掲げる方法のいずれかにより、不動産を識別するために必要な事項、申請人の氏名又は名称、登記の目的その他の登記の申請に必要な事項として政令で定める情報（以下「申請情報」という。）を登記所に提供してしなければならない。
一　法務省令で定めるところにより電子情報処理組織（登記所の使用に係る電子計算機（入出力装置を含む。以下この号において同じ。）と申請人又はその代理人の使用に係る電子計算機とを電気通信回線で接続した電子情報処理組織をいう。）を使用する方法
二　申請情報を記載した書面（法務省令で定めるところにより申請情報の全部又は一部を記録した磁気ディスクを

含む。）を提出する方法

（受付）

第十九条　登記官は、前条の規定により申請情報が登記所に提供されたときは、法務省令で定めるところにより、当該申請情報に係る登記の申請の受付をしなければならない。

2　同一の不動産に関し二以上の申請がされた場合において、その前後が明らかでないときは、これらの申請は、同時にされたものとみなす。

3　登記官は、申請の受付をしたときは、当該申請に受付番号を付さなければならない。この場合において、同一の不動産に関し同時に二以上の申請がされたとき（前項の規定により同時にされたものとみなされるときを含む。）は、同一の受付番号を付するものとする。

（登記の順序）

第二十条　登記官は、同一の不動産に関し権利に関する登記の申請が二以上あったときは、これらの登記を受付番号の順序に従ってしなければならない。

（登記識別情報の通知）

第二十一条　登記官は、その登記をすることによって申請人自らが登記名義人となる場合において、当該登記を完了したときは、法務省令で定めるところにより、速やかに、当該申請人に対し、当該登記に係る登記識別情報を通知しなければならない。ただし、当該申請人があらかじめ登記識別情報の通知を希望しない旨の申出をした場合その他の法務省令で定める場合は、この限りでない。

（登記識別情報の提供）

第二十二条　登記権利者及び登記義務者が共同して権利に関する登記の申請をする場合その他登記名義人が政令で定める登記の申請をする場合には、申請人は、その申請情報と併せて登記義務者（政令で定める登記の申請にあっては、登記名義人。次条第一項、第二項及び第四項各号において同じ。）の登記識別情報を提供しなければならない。ただし、前条ただし書の規定により登記識別情報が通知されなかった場合その他の申請人が登記識別情報を提供することができないことにつき正当な理由がある場合は、この限りでない。

（事前通知等）

第二十三条　登記官は、申請人が前条に規定する申請をする場合において、同条ただし書の規定により登記識別情報を提供することができないときは、法務省令で定める方法により、同条に規定する登記義務者に対し、当該申請があった旨及び当該申請の内容が真実であると思料するときは法務省令で定める期間内に法務省令で定めるところによりその旨の申出をすべき旨を通知しなければならない。この場

合において、登記官は、当該期間内にあっては、当該申出がない限り、当該申請に係る登記をすることができない。

2　登記官は、前項の登記の申請が所有権に関するものである場合において、同項の登記義務者の住所について変更の登記がされているときは、法務省令で定める場合を除き、同項の申請に基づいて登記をする前に、法務省令で定める方法により、同項の規定による通知のほか、当該登記義務者の登記記録上の前の住所にあてて、当該申請があった旨を通知しなければならない。

3　前二項の規定は、登記官が第二十五条（第十号を除く。）の規定により申請を却下すべき場合には、適用しない。

4　第一項の規定は、同項に規定する場合において、次の各号のいずれかに掲げるときは、適用しない。

一　当該申請が登記の申請の代理を業とすることができる代理人によってされた場合であって、登記官が当該代理人から法務省令で定めるところにより当該申請人が第一項の登記義務者であることを確認するために必要な情報の提供を受け、かつ、その内容を相当と認めるとき。

二　当該申請に係る申請情報（委任による代理人によって申請する場合にあっては、その権限を証する情報）を記載し、又は記録した書面又は電磁的記録について、公証人（公証人法（明治四十一年法律第五十三号）第八条の規定により公証人の職務を行う法務事務官を含む。）から当該申請人が第一項の登記義務者であることを確認するために必要な認証がされ、かつ、登記官がその内容を相当と認めるとき。

（登記官による本人確認）

第二十四条　登記官は、登記の申請があった場合において、申請人となるべき者以外の者が申請していると疑うに足りる相当な理由があると認めるときは、次条の規定により当該申請を却下すべき場合を除き、申請人又はその代表者若しくは代理人に対し、出頭を求め、質問をし、又は文書の提示その他必要な情報の提供を求める方法により、当該申請人の申請の権限の有無を調査しなければならない。

2　登記官は、前項に規定する申請人又はその代表者若しくは代理人が遠隔の地に居住しているとき、その他相当と認めるときは、他の登記所の登記官に同項の調査を嘱託することができる。

（申請の却下）

第二十五条　登記官は、次に掲げる場合には、理由を付した決定で、登記の申請を却下しなければならない。ただし、当該申請の不備が補正することができるものである場合において、登記官が定めた相当の期間内に、申請人がこれを補正したときは、この限りでない。

一　申請に係る不動産の所在地が当該申請を受けた登記所の管轄に属しないとき。
二　申請が登記事項（他の法令の規定により登記記録として登記すべき事項を含む。）以外の事項の登記を目的とするとき。
三　申請に係る登記が既に登記されているとき。
四　申請の権限を有しない者の申請によるとき。
五　申請情報又はその提供の方法がこの法律に基づく命令又はその他の法令の規定により定められた方式に適合しないとき。
六　申請情報の内容である不動産又は登記の目的である権利が登記記録と合致しないとき。
七　申請情報の内容である登記義務者（第六十五条、第七十七条、第八十九条第一項（同条第二項（第九十五条第二項において準用する場合を含む。）及び第九十五条第二項において準用する場合を含む。）、第九十三条（第九十五条第二項において準用する場合を含む。）又は第百十条前段の場合にあっては、登記名義人）の氏名若しくは名称又は住所が登記記録と合致しないとき。
八　申請情報の内容が第六十一条に規定する登記原因を証する情報の内容と合致しないとき。
九　第二十二条本文若しくは第六十一条の規定又はこの法律に基づく命令若しくはその他の法令の規定により申請情報と併せて提供しなければならないものとされている情報が提供されないとき。
十　第二十三条第一項に規定する期間内に同項の申出がないとき。
十一　表示に関する登記の申請に係る不動産の表示が第二十九条の規定による登記官の調査の結果と合致しないとき。
十二　登録免許税を納付しないとき。
十三　前各号に掲げる場合のほか、登記すべきものでないときとして政令で定めるとき。

（政令への委任）

第二十六条　この章に定めるもののほか、申請情報の提供の方法並びに申請情報と併せて提供することが必要な情報及びその提供の方法その他の登記申請の手続に関し必要な事項は、政令で定める。

（表示に関する登記の登記事項）

第二十七条　土地及び建物の表示に関する登記の登記事項は、次のとおりとする。
一　登記原因及びその日付
二　登記の年月日
三　所有権の登記がない不動産（共用部分（区分所有法第四

条第二項に規定する共用部分をいう。以下同じ。）である旨の登記又は団地共用部分（区分所有法第六十七条第一項に規定する団地共用部分をいう。以下同じ。）である旨の登記がある建物を除く。）については、所有者の氏名又は名称及び住所並びに所有者が二人以上であるときはその所有者ごとの持分

四　前三号に掲げるもののほか、不動産を識別するために必要な事項として法務省令で定めるもの

（職権による表示に関する登記）

第二十八条　表示に関する登記は、登記官が、職権ですることができる。

（登記官による調査）

第二十九条　登記官は、表示に関する登記について第十八条の規定により申請があった場合及び前条の規定により職権で登記しようとする場合において、必要があると認めるときは、当該不動産の表示に関する事項を調査することができる。

2　登記官は、前項の調査をする場合において、必要があると認めるときは、日出から日没までの間に限り、当該不動産を検査し、又は当該不動産の所有者その他の関係者に対し、文書若しくは電磁的記録に記録された事項を法務省令で定める方法により表示したものの提示を求め、若しくは質問をすることができる。この場合において、登記官は、その身分を示す証明書を携帯し、関係者の請求があったときは、これを提示しなければならない。

（一般承継人による申請）

第三十条　表題部所有者又は所有権の登記名義人が表示に関する登記の申請人となることができる場合において、当該表題部所有者又は登記名義人について相続その他の一般承継があったときは、相続人その他の一般承継人は、当該表示に関する登記を申請することができる。

（表題部所有者の氏名等の変更の登記又は更正の登記）

第三十一条　表題部所有者の氏名若しくは名称又は住所についての変更の登記又は更正の登記は、表題部所有者以外の者は、申請することができない。

（表題部所有者の変更等に関する登記手続）

第三十二条　表題部所有者又はその持分についての変更は、当該不動産について所有権の保存の登記をした後において、その所有権の移転の登記の手続をするのでなければ、登記することができない。

（表題部所有者の更正の登記等）

第三十三条　不動産の所有者と当該不動産の表題部所有者とが異なる場合においてする当該表題部所有者についての更正の登記は、当該不動産の所有者以外の者は、申請するこ

とができない。

2　前項の場合において、当該不動産の所有者は、当該表題部所有者の承諾があるときでなければ、申請することができない。

3　不動産の表題部所有者である共有者の持分についての更正の登記は、当該共有者以外の者は、申請することができない。

4　前項の更正の登記をする共有者は、当該更正の登記によってその持分を更正することとなる他の共有者の承諾があるときでなければ、申請することができない。

（土地の表示に関する登記の登記事項）

第三十四条　土地の表示に関する登記の登記事項は、第二十七条各号に掲げるもののほか、次のとおりとする。

一　土地の所在する市、区、郡、町、村及び字

二　地番

三　地目

四　地積

2　前項第三号の地目及び同項第四号の地積に関し必要な事項は、法務省令で定める。

（地番）

第三十五条　登記所は、法務省令で定めるところにより、地番を付すべき区域（第三十九条第二項及び第四十一条第二号において「地番区域」という。）を定め、一筆の土地ごとに地番を付さなければならない。

（土地の表題登記の申請）

第三十六条　新たに生じた土地又は表題登記がない土地の所有権を取得した者は、その所有権の取得の日から一月以内に、表題登記を申請しなければならない。

（地目又は地積の変更の登記の申請）

第三十七条　地目又は地積について変更があったときは、表題部所有者又は所有権の登記名義人は、その変更があった日から一月以内に、当該地目又は地積に関する変更の登記を申請しなければならない。

2　地目又は地積について変更があった後に表題部所有者又は所有権の登記名義人となった者は、その者に係る表題部所有者についての更正の登記又は所有権の登記があった日から一月以内に、当該地目又は地積に関する変更の登記を申請しなければならない。

（土地の表題部の更正の登記の申請）

第三十八条　第二十七条第一号、第二号若しくは第四号（同号にあっては、法務省令で定めるものに限る。）又は第三十四条第一項第一号、第三号若しくは第四号に掲げる登記事項に関する更正の登記は、表題部所有者又は所有権の登記名義人以外の者は、申請することができない。

（分筆又は合筆の登記）
第三十九条　分筆又は合筆の登記は、表題部所有者又は所有権の登記名義人以外の者は、申請することができない。
2　登記官は、前項の申請がない場合であっても、一筆の土地の一部が別の地目となり、又は地番区域（地番区域でない字を含む。第四十一条第二号において同じ。）を異にするに至ったときは、職権で、その土地の分筆の登記をしなければならない。
3　登記官は、第一項の申請がない場合であっても、第十四条第一項の地図を作成するため必要があると認めるときは、第一項に規定する表題部所有者又は所有権の登記名義人の異議がないときに限り、職権で、分筆又は合筆の登記をすることができる。

（分筆に伴う権利の消滅の登記）
第四十条　登記官は、所有権の登記以外の権利に関する登記がある土地について分筆の登記をする場合において、当該分筆の登記の申請情報と併せて当該権利に関する登記に係る権利の登記名義人（当該権利に関する登記が抵当権の登記である場合において、抵当証券が発行されているときは、当該抵当証券の所持人又は裏書人を含む。）が当該権利を分筆後のいずれかの土地について消滅させることを承諾したことを証する情報が提供されたとき（当該権利を目的とする第三者の権利に関する登記がある場合にあっては、当該第三者が承諾したことを証する情報が併せて提供されたときに限る。）は、法務省令で定めるところにより、当該承諾に係る土地について当該権利が消滅した旨を登記しなければならない。

（合筆の登記の制限）
第四十一条　次に掲げる合筆の登記は、することができない。
一　相互に接続していない土地の合筆の登記
二　地目又は地番区域が相互に異なる土地の合筆の登記
三　表題部所有者又は所有権の登記名義人が相互に異なる土地の合筆の登記
四　表題部所有者又は所有権の登記名義人が相互に持分を異にする土地の合筆の登記
五　所有権の登記がない土地と所有権の登記がある土地との合筆の登記
六　所有権の登記以外の権利に関する登記がある土地（権利に関する登記であって、合筆後の土地の登記記録に登記することができるものとして法務省令で定めるものがある土地を除く。）の合筆の登記

（土地の滅失の登記の申請）
第四十二条　土地が滅失したときは、表題部所有者又は所有権の登記名義人は、その滅失の日から一月以内に、当該土

地の滅失の登記を申請しなければならない。

（河川区域内の土地の登記）

第四十三条　河川法（昭和三十九年法律第百六十七号）第六条第一項（同法第百条第一項において準用する場合を含む。第一号において同じ。）の河川区域内の土地の表示に関する登記の登記事項は、第二十七条各号及び第三十四条第一項各号に掲げるもののほか、第一号に掲げる土地である旨及び第二号から第五号までに掲げる土地にあってはそれぞれその旨とする。

一　河川法第六条第一項の河川区域内の土地

二　河川法第六条第二項（同法第百条第一項において準用する場合を含む。）の高規格堤防特別区域内の土地

三　河川法第六条第三項（同法第百条第一項において準用する場合を含む。）の樹林帯区域内の土地

四　河川法第二十六条第四項（同法第百条第一項において準用する場合を含む。）の特定樹林帯区域内の土地

五　河川法第五十八条の二第二項（同法第百条第一項において準用する場合を含む。）の河川立体区域内の土地

2　土地の全部又は一部が前項第一号の河川区域内又は同項第二号の高規格堤防特別区域内、同項第三号の樹林帯区域内、同項第四号の特定樹林帯区域内若しくは同項第五号の河川立体区域内の土地となったときは、河川管理者は、遅滞なく、その旨の登記を登記所に嘱託しなければならない。

3　土地の全部又は一部が第一項第一号の河川区域内又は同項第二号の高規格堤防特別区域内、同項第三号の樹林帯区域内、同項第四号の特定樹林帯区域内若しくは同項第五号の河川立体区域内の土地でなくなったときは、河川管理者は、遅滞なく、その旨の登記の抹消を登記所に嘱託しなければならない。

4　土地の一部について前二項の規定により登記の嘱託をするときは、河川管理者は、当該土地の表題部所有者若しくは所有権の登記名義人又はこれらの者の相続人その他の一般承継人に代わって、当該土地の分筆の登記を登記所に嘱託することができる。

5　第一項各号の河川区域内の土地の全部が滅失したときは、河川管理者は、遅滞なく、当該土地の滅失の登記を登記所に嘱託しなければならない。

6　第一項各号の河川区域内の土地の一部が滅失したときは、河川管理者は、遅滞なく、当該土地の地積に関する変更の登記を登記所に嘱託しなければならない。

（建物の表示に関する登記の登記事項）

第四十四条　建物の表示に関する登記の登記事項は、第二十七条各号に掲げるもののほか、次のとおりとする。

一　建物の所在する市、区、郡、町、村、字及び土地の地

番（区分建物である建物にあっては、当該建物が属する一棟の建物の所在する市、区、郡、町、村、字及び土地の地番）
二　家屋番号
三　建物の種類、構造及び床面積
四　建物の名称があるときは、その名称
五　附属建物があるときは、その所在する市、区、郡、町、村、字及び土地の地番（区分建物である附属建物にあっては、当該附属建物が属する一棟の建物の所在する市、区、郡、町、村、字及び土地の地番）並びに種類、構造及び床面積
六　建物が共用部分又は団地共用部分であるときは、その旨
七　建物又は附属建物が区分建物であるときは、当該建物又は附属建物が属する一棟の建物の構造及び床面積
八　建物又は附属建物が区分建物である場合であって、当該建物又は附属建物が属する一棟の建物の名称があるときは、その名称
九　建物又は附属建物が区分建物である場合において、当該区分建物について区分所有法第二条第六項に規定する敷地利用権（登記されたものに限る。）であって、区分所有法第二十二条第一項本文（同条第三項において準用する場合を含む。）の規定により区分所有者の有する専有部分と分離して処分することができないもの（以下「敷地権」という。）があるときは、その敷地権

2　前項第三号、第五号及び第七号の建物の種類、構造及び床面積に関し必要な事項は、法務省令で定める。

（家屋番号）

第四十五条　登記所は、法務省令で定めるところにより、一個の建物ごとに家屋番号を付さなければならない。

（敷地権である旨の登記）

第四十六条　登記官は、表示に関する登記のうち、区分建物に関する敷地権について表題部に最初に登記をするときは、当該敷地権の目的である土地の登記記録について、職権で、当該登記記録中の所有権、地上権その他の権利が敷地権である旨の登記をしなければならない。

（建物の表題登記の申請）

第四十七条　新築した建物又は区分建物以外の表題登記がない建物の所有権を取得した者は、その所有権の取得の日から一月以内に、表題登記を申請しなければならない。

2　区分建物である建物を新築した場合において、その所有者について相続その他の一般承継があったときは、相続人その他の一般承継人も、被承継人を表題部所有者とする当該建物についての表題登記を申請することができる。

（区分建物についての建物の表題登記の申請方法）

第四十八条　区分建物が属する一棟の建物が新築された場合又は表題登記がない建物に接続して区分建物が新築されて一棟の建物となった場合における当該区分建物についての表題登記の申請は、当該新築された一棟の建物又は当該区分建物が属することとなった一棟の建物に属する他の区分建物についての表題登記の申請と併せてしなければならない。

2　前項の場合において、当該区分建物の所有者は、他の区分建物の所有者に代わって、当該他の区分建物についての表題登記を申請することができる。

3　表題登記がある建物（区分建物を除く。）に接続して区分建物が新築された場合における当該区分建物についての表題登記の申請は、当該表題登記がある建物についての表題部の変更の登記の申請と併せてしなければならない。

4　前項の場合において、当該区分建物の所有者は、当該表題登記がある建物の表題部所有者若しくは所有権の登記名義人又はこれらの者の相続人その他の一般承継人に代わって、当該表題登記がある建物についての表題部の変更の登記を申請することができる。

（合体による登記等の申請）

第四十九条　二以上の建物が合体して一個の建物となった場合において、次の各号に掲げるときは、それぞれ当該各号に定める者は、当該合体の日から一月以内に、合体後の建物についての建物の表題登記及び合体前の建物についての建物の表題部の登記の抹消（以下「合体による登記等」と総称する。）を申請しなければならない。この場合において、第二号に掲げる場合にあっては当該表題登記がない建物の所有者、第四号に掲げる場合にあっては当該表題登記がある建物（所有権の登記がある建物を除く。以下この条において同じ。）の表題部所有者、第六号に掲げる場合にあっては当該表題登記がない建物の所有者及び当該表題登記がある建物の表題部所有者をそれぞれ当該合体後の建物の登記名義人とする所有権の登記を併せて申請しなければならない。

一　合体前の二以上の建物が表題登記がない建物及び表題登記がある建物のみであるとき。　当該表題登記がない建物の所有者又は当該表題登記がある建物の表題部所有者

二　合体前の二以上の建物が表題登記がない建物及び所有権の登記がある建物のみであるとき。　当該表題登記がない建物の所有者又は当該所有権の登記がある建物の所有権の登記名義人

三　合体前の二以上の建物がいずれも表題登記がある建物

であるとき。　当該建物の表題部所有者

四　合体前の二以上の建物が表題登記がある建物及び所有権の登記がある建物のみであるとき。　当該表題登記がある建物の表題部所有者又は当該所有権の登記がある建物の所有権の登記名義人

五　合体前の二以上の建物がいずれも所有権の登記がある建物であるとき。　当該建物の所有権の登記名義人

六　合体前の三以上の建物が表題登記がない建物、表題登記がある建物及び所有権の登記がある建物のみであるとき。　当該表題登記がない建物の所有者、当該表題登記がある建物の表題部所有者又は当該所有権の登記がある建物の所有権の登記名義人

2　第四十七条並びに前条第一項及び第二項の規定は、二以上の建物が合体して一個の建物となった場合において合体前の建物がいずれも表題登記がない建物であるときの当該建物についての表題登記の申請について準用する。この場合において、第四十七条第一項中「新築した建物又は区分建物以外の表題登記がない建物の所有権を取得した者」とあるのは「いずれも表題登記がない二以上の建物が合体して一個の建物となった場合における当該合体後の建物について当該合体時の所有者又は当該合体後の建物が区分建物以外の表題登記がない建物である場合において当該合体時の所有者から所有権を取得した者」と、同条第二項中「区分建物である建物を新築した場合」とあり、及び前条第一項中「区分建物が属する一棟の建物が新築された場合又は表題登記がない建物に接続して区分建物が新築されて一棟の建物となった場合」とあるのは「いずれも表題登記がない二以上の建物が合体して一個の区分建物となった場合」と、同項中「当該新築された一棟の建物又は当該区分建物が属することとなった一棟の建物」とあるのは「当該合体後の区分建物が属する一棟の建物」と読み替えるものとする。

3　第一項第一号、第二号又は第六号に掲げる場合において、当該二以上の建物（同号に掲げる場合にあっては、当該三以上の建物）が合体して一個の建物となった後当該合体前の表題登記がない建物の所有者から当該合体後の建物について合体前の表題登記がない建物の所有権に相当する持分を取得した者は、その持分の取得の日から一月以内に、合体による登記等を申請しなければならない。

4　第一項各号に掲げる場合において、当該二以上の建物（同項第六号に掲げる場合にあっては、当該三以上の建物）が合体して一個の建物となった後に合体前の表題登記がある建物の表題部所有者又は合体前の所有権の登記がある建物の所有権の登記名義人となった者は、その者に係る表題部所有者についての更正の登記又は所有権の登記があった

日から一月以内に、合体による登記等を申請しなければならない。

（合体に伴う権利の消滅の登記）

第五十条　登記官は、所有権等（所有権、地上権、永小作権、地役権及び採石権をいう。以下この款及び第百十八条第五項において同じ。）の登記以外の権利に関する登記がある建物について合体による登記等をする場合において、当該合体による登記等の申請情報と併せて当該権利に関する登記に係る権利の登記名義人（当該権利に関する登記が抵当権の登記である場合において、抵当証券が発行されているときは、当該抵当証券の所持人又は裏書人を含む。）が合体後の建物について当該権利を消滅させることについて承諾したことを証する情報が提供されたとき（当該権利を目的とする第三者の権利に関する登記がある場合にあっては、当該第三者が承諾したことを証する情報が併せて提供されたときに限る。）は、法務省令で定めるところにより、当該権利が消滅した旨を登記しなければならない。

（建物の表題部の変更の登記）

第五十一条　第四十四条第一項各号（第二号及び第六号を除く。）に掲げる登記事項について変更があったときは、表題部所有者又は所有権の登記名義人（共用部分である旨の登記又は団地共用部分である旨の登記がある建物の場合にあっては、所有者）は、当該変更があった日から一月以内に、当該登記事項に関する変更の登記を申請しなければならない。

2　前項の登記事項について変更があった後に表題部所有者又は所有権の登記名義人となった者は、その者に係る表題部所有者についての更正の登記又は所有権の登記があった日から一月以内に、当該登記事項に関する変更の登記を申請しなければならない。

3　第一項の登記事項について変更があった後に共用部分である旨の登記又は団地共用部分である旨の登記があったときは、所有者（前二項の規定により登記を申請しなければならない者を除く。）は、共用部分である旨の登記又は団地共用部分である旨の登記がされた日から一月以内に、当該登記事項に関する変更の登記を申請しなければならない。

4　共用部分である旨の登記又は団地共用部分である旨の登記がある建物について、第一項の登記事項について変更があった後に所有権を取得した者（前項の規定により登記を申請しなければならない者を除く。）は、その所有権の取得の日から一月以内に、当該登記事項に関する変更の登記を申請しなければならない。

5　建物が区分建物である場合において、第四十四条第一項第一号（区分建物である建物に係るものに限る。）又は第七

号から第九号までに掲げる登記事項(同号に掲げる登記事項にあっては、法務省令で定めるものに限る。次項及び第五十三条第二項において同じ。)に関する変更の登記は、当該登記に係る区分建物と同じ一棟の建物に属する他の区分建物についてされた変更の登記としての効力を有する。

6 前項の場合において、同項に規定する登記事項に関する変更の登記がされたときは、登記官は、職権で、当該一棟の建物に属する他の区分建物について、当該登記事項に関する変更の登記をしなければならない。

(区分建物となったことによる建物の表題部の変更の登記)

第五十二条 表題登記がある建物(区分建物を除く。)に接続して区分建物が新築されて一棟の建物となったことにより当該表題登記がある建物が区分建物になった場合における当該表題登記がある建物についての表題部の変更の登記の申請は、当該新築に係る区分建物についての表題登記の申請と併せてしなければならない。

2 前項の場合において、当該表題登記がある建物の表題部所有者又は所有権の登記名義人は、当該新築に係る区分建物の所有者に代わって、当該新築に係る区分建物についての表題登記を申請することができる。

3 いずれも表題登記がある二以上の建物(区分建物を除く。)が増築その他の工事により相互に接続して区分建物になった場合における当該表題登記がある二以上の建物についての表題部の変更の登記の申請は、一括してしなければならない。

4 前項の場合において、当該表題登記がある二以上の建物のうち、表題登記がある一の建物の表題部所有者又は所有権の登記名義人は、表題登記がある他の建物の表題部所有者若しくは所有権の登記名義人又はこれらの者の相続人その他の一般承継人に代わって、当該表題登記がある他の建物について表題部の変更の登記を申請することができる。

(建物の表題部の更正の登記)

第五十三条 第二十七条第一号、第二号若しくは第四号(同号にあっては、法務省令で定めるものに限る。)又は第四十四条第一項各号(第二号及び第六号を除く。)に掲げる登記事項に関する更正の登記は、表題部所有者又は所有権の登記名義人(共用部分である旨の登記又は団地共用部分である旨の登記がある建物の場合にあっては、所有者)以外の者は、申請することができない。

2 第五十一条第五項及び第六項の規定は、建物が区分建物である場合における同条第五項に規定する登記事項に関する表題部の更正の登記について準用する。

(建物の分割、区分又は合併の登記)

第五十四条 次に掲げる登記は、表題部所有者又は所有権の

登記名義人以外の者は、申請することができない。

一　建物の分割の登記（表題登記がある建物の附属建物を当該表題登記がある建物の登記記録から分割して登記記録上別の一個の建物とする登記をいう。以下同じ。）

二　建物の区分の登記（表題登記がある建物又は附属建物の部分であって区分建物に該当するものを登記記録上区分建物とする登記をいう。以下同じ。）

三　建物の合併の登記（表題登記がある建物を登記記録上他の表題登記がある建物の附属建物とする登記又は表題登記がある区分建物を登記記録上これと接続する他の区分建物である表題登記がある建物若しくは附属建物に合併して一個の建物とする登記をいう。以下同じ。）

2　共用部分である旨の登記又は団地共用部分である旨の登記がある建物についての建物の分割の登記又は建物の区分の登記は、所有者以外の者は、申請することができない。

3　第四十条の規定は、所有権等の登記以外の権利に関する登記がある建物についての建物の分割の登記又は建物の区分の登記をするときについて準用する。

（特定登記）

第五十五条　登記官は、敷地権付き区分建物（区分建物に関する敷地権の登記がある建物をいう。第七十三条第一項及び第三項、第七十四条第二項並びに第七十六条第一項において同じ。）のうち特定登記（所有権等の登記以外の権利に関する登記であって、第七十三条第一項の規定により敷地権についてされた登記としての効力を有するものをいう。以下この条において同じ。）があるものについて、第四十四条第一項第九号の敷地利用権が区分所有者の有する専有部分と分離して処分することができるものとなったことにより敷地権の変更の登記をする場合において、当該変更の登記の申請情報と併せて特定登記に係る権利の登記名義人（当該特定登記が抵当権の登記である場合において、抵当証券が発行されているときは、当該抵当証券の所持人又は裏書人を含む。）が当該変更の登記後の当該建物又は当該敷地権の目的であった土地について当該特定登記に係る権利を消滅させることを承諾したことを証する情報が提供されたとき（当該特定登記に係る権利を目的とする第三者の権利に関する登記がある場合にあっては、当該第三者が承諾したことを証する情報が併せて提供されたときに限る。）は、法務省令で定めるところにより、当該承諾に係る建物又は土地について当該特定登記に係る権利が消滅した旨を登記しなければならない。

2　前項の規定は、特定登記がある建物について敷地権の不存在を原因とする表題部の更正の登記について準用する。この場合において、同項中「第四十四条第一項第九号の敷

地利用権が区分所有者の有する専有部分と分離して処分することができるものとなったことにより敷地権の変更の登記」とあるのは「敷地権の不存在を原因とする表題部の更正の登記」と、「当該変更の登記」とあるのは「当該更正の登記」と読み替えるものとする。

3　第一項の規定は、特定登記がある建物の合体又は合併により当該建物が敷地権のない建物となる場合における合体による登記等又は建物の合併の登記について準用する。この場合において、同項中「第四十四条第一項第九号の敷地利用権が区分所有者の有する専有部分と分離して処分することができるものとなったことにより敷地権の変更の登記」とあるのは「当該建物の合体又は合併により当該建物が敷地権のない建物となる場合における合体による登記等又は建物の合併の登記」と、「当該変更の登記」とあるのは「当該合体による登記等又は当該建物の合併の登記」と読み替えるものとする。

4　第一項の規定は、特定登記がある建物の滅失の登記について準用する。この場合において、同項中「第四十四条第一項第九号の敷地利用権が区分所有者の有する専有部分と分離して処分することができるものとなったことにより敷地権の変更の登記」とあるのは「建物の滅失の登記」と、「当該変更の登記」とあるのは「当該建物の滅失の登記」と、「当該建物又は当該敷地権の目的であった土地」とあるのは「当該敷地権の目的であった土地」と、「当該承諾に係る建物又は土地」とあるのは「当該土地」と読み替えるものとする。

（建物の合併の登記の制限）

第五十六条　次に掲げる建物の合併の登記は、することができない。

一　共用部分である旨の登記又は団地共用部分である旨の登記がある建物の合併の登記

二　表題部所有者又は所有権の登記名義人が相互に異なる建物の合併の登記

三　表題部所有者又は所有権の登記名義人が相互に持分を異にする建物の合併の登記

四　所有権の登記がない建物と所有権の登記がある建物との建物の合併の登記

五　所有権等の登記以外の権利に関する登記がある建物（権利に関する登記であって、合併後の建物の登記記録に登記することができるものとして法務省令で定めるものがある建物を除く。）の建物の合併の登記

（建物の滅失の登記の申請）

第五十七条　建物が滅失したときは、表題部所有者又は所有権の登記名義人（共用部分である旨の登記又は団地共用部

分である旨の登記がある建物の場合にあっては、所有者）は、その滅失の日から一月以内に、当該建物の滅失の登記を申請しなければならない。

（共用部分である旨の登記等）

第五十八条　共用部分である旨の登記又は団地共用部分である旨の登記に係る建物の表示に関する登記の登記事項は、第二十七条各号（第三号を除く。）及び第四十四条第一項各号（第六号を除く。）に掲げるもののほか、次のとおりとする。

一　共用部分である旨の登記にあっては、当該共用部分である建物が当該建物の属する一棟の建物以外の一棟の建物に属する建物の区分所有者の共用に供されるものであるときは、その旨

二　団地共用部分である旨の登記にあっては、当該団地共用部分を共用すべき者の所有する建物（当該建物が区分建物であるときは、当該建物が属する一棟の建物）

2　共用部分である旨の登記又は団地共用部分である旨の登記は、当該共用部分である旨の登記又は団地共用部分である旨の登記をする建物の表題部所有者又は所有権の登記名義人以外の者は、申請することができない。

3　共用部分である旨の登記又は団地共用部分である旨の登記は、当該共用部分又は団地共用部分である建物に所有権等の登記以外の権利に関する登記があるときは、当該権利に関する登記に係る権利の登記名義人（当該権利に関する登記が抵当権の登記である場合において、抵当証券が発行されているときは、当該抵当証券の所持人又は裏書人を含む。）の承諾があるとき（当該権利を目的とする第三者の権利に関する登記がある場合にあっては、当該第三者の承諾を得たときに限る。）でなければ、申請することができない。

4　登記官は、共用部分である旨の登記又は団地共用部分である旨の登記をするときは、職権で、当該建物について表題部所有者の登記又は権利に関する登記を抹消しなければならない。

5　第一項各号に掲げる登記事項についての変更の登記又は更正の登記は、当該共用部分である旨の登記又は団地共用部分である旨の登記がある建物の所有者以外の者は、申請することができない。

6　共用部分である旨の登記又は団地共用部分である旨の登記がある建物について共用部分である旨又は団地共用部分である旨を定めた規約を廃止した場合には、当該建物の所有者は、当該規約の廃止の日から一月以内に、当該建物の表題登記を申請しなければならない。

7　前項の規約を廃止した後に当該建物の所有権を取得した者は、その所有権の取得の日から一月以内に、当該建物の

表題登記を申請しなければならない。

（権利に関する登記の登記事項）
第五十九条　権利に関する登記の登記事項は、次のとおりとする。
一　登記の目的
二　申請の受付の年月日及び受付番号
三　登記原因及びその日付
四　登記に係る権利の権利者の氏名又は名称及び住所並びに登記名義人が二人以上であるときは当該権利の登記名義人ごとの持分
五　登記の目的である権利の消滅に関する定めがあるときは、その定め
六　共有物分割禁止の定め（共有物若しくは所有権以外の財産権について民法（明治二十九年法律第八十九号）第二百五十六条第一項ただし書（同法第二百六十四条において準用する場合を含む。）若しくは第九百八条第二項の規定により分割をしない旨の契約をした場合若しくは同条第一項の規定により被相続人が遺言で共有物若しくは所有権以外の財産権について分割を禁止した場合における共有物若しくは所有権以外の財産権の分割を禁止する定め又は同条第四項の規定により家庭裁判所が遺産である共有物若しくは所有権以外の財産権についてした分割を禁止する審判をいう。第六十五条において同じ。）があるときは、その定め
七　民法第四百二十三条その他の法令の規定により他人に代わって登記を申請した者（以下「代位者」という。）があるときは、当該代位者の氏名又は名称及び住所並びに代位原因
八　第二号に掲げるもののほか、権利の順位を明らかにするために必要な事項として法務省令で定めるもの

（共同申請）
第六十条　権利に関する登記の申請は、法令に別段の定めがある場合を除き、登記権利者及び登記義務者が共同してしなければならない。

（登記原因証明情報の提供）
第六十一条　権利に関する登記を申請する場合には、申請人は、法令に別段の定めがある場合を除き、その申請情報と併せて登記原因を証する情報を提供しなければならない。

（一般承継人による申請）
第六十二条　登記権利者、登記義務者又は登記名義人が権利に関する登記の申請人となることができる場合において、当該登記権利者、登記義務者又は登記名義人について相続その他の一般承継があったときは、相続人その他の一般承継人は、当該権利に関する登記を申請することができる。

（判決による登記等）

第六十三条　第六十条、第六十五条又は第八十九条第一項（同条第二項（第九十五条第二項において準用する場合を含む。）及び第九十五条第二項において準用する場合を含む。）の規定にかかわらず、これらの規定により申請を共同してしなければならない者の一方に登記手続をすべきことを命ずる確定判決による登記は、当該申請を共同してしなければならない者の他方が単独で申請することができる。

2　相続又は法人の合併による権利の移転の登記は、登記権利者が単独で申請することができる。

3　遺贈（相続人に対する遺贈に限る。）による所有権の移転の登記は、第六十条の規定にかかわらず、登記権利者が単独で申請することができる。

（登記名義人の氏名等の変更の登記又は更正の登記等）

第六十四条　登記名義人の氏名若しくは名称又は住所についての変更の登記又は更正の登記は、登記名義人が単独で申請することができる。

2　抵当証券が発行されている場合における債務者の氏名若しくは名称又は住所についての変更の登記又は更正の登記は、債務者が単独で申請することができる。

（共有物分割禁止の定めの登記）

第六十五条　共有物分割禁止の定めに係る権利の変更の登記の申請は、当該権利の共有者であるすべての登記名義人が共同してしなければならない。

（権利の変更の登記又は更正の登記）

第六十六条　権利の変更の登記又は更正の登記は、登記上の利害関係を有する第三者（権利の変更の登記又は更正の登記につき利害関係を有する抵当証券の所持人又は裏書人を含む。以下この条において同じ。）の承諾がある場合及び当該第三者がない場合に限り、付記登記によってすることができる。

（登記の更正）

第六十七条　登記官は、権利に関する登記に錯誤又は遺漏があることを発見したときは、遅滞なく、その旨を登記権利者及び登記義務者（登記権利者及び登記義務者がない場合にあっては、登記名義人。第三項及び第七十一条第一項において同じ。）に通知しなければならない。ただし、登記権利者、登記義務者又は登記名義人がそれぞれ二人以上あるときは、その一人に対し通知すれば足りる。

2　登記官は、前項の場合において、登記の錯誤又は遺漏が登記官の過誤によるものであるときは、遅滞なく、当該登記官を監督する法務局又は地方法務局の長の許可を得て、登記の更正をしなければならない。ただし、登記上の利害関係を有する第三者（当該登記の更正につき利害関係を有

する抵当証券の所持人又は裏書人を含む。以下この項において同じ。）がある場合にあっては、当該第三者の承諾があるときに限る。

3　登記官が前項の登記の更正をしたときは、その旨を登記権利者及び登記義務者に通知しなければならない。この場合においては、第一項ただし書の規定を準用する。

4　第一項及び前項の通知は、代位者にもしなければならない。この場合においては、第一項ただし書の規定を準用する。

（登記の抹消）

第六十八条　権利に関する登記の抹消は、登記上の利害関係を有する第三者（当該登記の抹消につき利害関係を有する抵当証券の所持人又は裏書人を含む。以下この条において同じ。）がある場合には、当該第三者の承諾があるときに限り、申請することができる。

（死亡又は解散による登記の抹消）

第六十九条　権利が人の死亡又は法人の解散によって消滅する旨が登記されている場合において、当該権利がその死亡又は解散によって消滅したときは、第六十条の規定にかかわらず、登記権利者は、単独で当該権利に係る権利に関する登記の抹消を申請することができる。

（買戻しの特約に関する登記の抹消）

第六十九条の二　買戻しの特約に関する登記がされている場合において、契約の日から十年を経過したときは、第六十条の規定にかかわらず、登記権利者は、単独で当該登記の抹消を申請することができる。

（除権決定による登記の抹消等）

第七十条　登記権利者は、共同して登記の抹消の申請をすべき者の所在が知れないためその者と共同して権利に関する登記の抹消を申請することができないときは、非訟事件手続法（平成二十三年法律第五十一号）第九十九条に規定する公示催告の申立てをすることができる。

2　前項の登記が地上権、永小作権、質権、賃借権若しくは採石権に関する登記又は買戻しの特約に関する登記であり、かつ、登記された存続期間又は買戻しの期間が満了している場合において、相当の調査が行われたと認められるものとして法務省令で定める方法により調査を行ってもなお共同して登記の抹消の申請をすべき者の所在が判明しないときは、その者の所在が知れないものとみなして、同項の規定を適用する。

3　前二項の場合において、非訟事件手続法第百六条第一項に規定する除権決定があったときは、第六十条の規定にかかわらず、当該登記権利者は、単独で第一項の登記の抹消を申請することができる。

4　第一項に規定する場合において、登記権利者が先取特権、質権又は抵当権の被担保債権が消滅したことを証する情報として政令で定めるものを提供したときは、第六十条の規定にかかわらず、当該登記権利者は、単独でそれらの権利に関する登記の抹消を申請することができる。同項に規定する場合において、被担保債権の弁済期から二十年を経過し、かつ、その期間を経過した後に当該被担保債権、その利息及び債務不履行により生じた損害の全額に相当する金銭が供託されたときも、同様とする。

（職権による登記の抹消）

第七十一条　登記官は、権利に関する登記を完了した後に当該登記が第二十五条第一号から第三号まで又は第十三号に該当することを発見したときは、登記権利者及び登記義務者並びに登記上の利害関係を有する第三者に対し、一月以内の期間を定め、当該登記の抹消について異議のある者がその期間内に書面で異議を述べないときは、当該登記を抹消する旨を通知しなければならない。

2　登記官は、通知を受けるべき者の住所又は居所が知れないときは、法務省令で定めるところにより、前項の通知に代えて、通知をすべき内容を公告しなければならない。

3　登記官は、第一項の異議を述べた者がある場合において、当該異議に理由がないと認めるときは決定で当該異議を却下し、当該異議に理由があると認めるときは決定でその旨を宣言し、かつ、当該異議を述べた者に通知しなければならない。

4　登記官は、第一項の異議を述べた者がないとき、又は前項の規定により当該異議を却下したときは、職権で、第一項に規定する登記を抹消しなければならない。

（抹消された登記の回復）

第七十二条　抹消された登記（権利に関する登記に限る。）の回復は、登記上の利害関係を有する第三者（当該登記の回復につき利害関係を有する抵当証券の所持人又は裏書人を含む。以下この条において同じ。）がある場合には、当該第三者の承諾があるときに限り、申請することができる。

（敷地権付き区分建物に関する登記等）

第七十三条　敷地権付き区分建物についての所有権又は担保権（一般の先取特権、質権又は抵当権をいう。以下この条において同じ。）に係る権利に関する登記は、第四十六条の規定により敷地権である旨の登記をした土地の敷地権についてされた登記としての効力を有する。ただし、次に掲げる登記は、この限りでない。

一　敷地権付き区分建物についての所有権又は担保権に係る権利に関する登記であって、区分建物に関する敷地権の登記をする前に登記されたもの（担保権に係る権利に

関する登記にあっては、当該登記の目的等（登記の目的、申請の受付の年月日及び受付番号並びに登記原因及びその日付をいう。以下この号において同じ。）が当該敷地権となった土地の権利についてされた担保権に係る権利に関する登記の目的等と同一であるものを除く。）

二　敷地権付き区分建物についての所有権に係る仮登記であって、区分建物に関する敷地権の登記をした後に登記されたものであり、かつ、その登記原因が当該建物の当該敷地権が生ずる前に生じたもの

三　敷地権付き区分建物についての質権又は抵当権に係る権利に関する登記であって、区分建物に関する敷地権の登記をした後に登記されたものであり、かつ、その登記原因が当該建物の当該敷地権が生ずる前に生じたもの

四　敷地権付き区分建物についての所有権又は質権若しくは抵当権に係る権利に関する登記であって、区分建物に関する敷地権の登記をした後に登記されたものであり、かつ、その登記原因が当該建物の当該敷地権が生じた後に生じたもの（区分所有法第二十二条第一項本文（同条第三項において準用する場合を含む。）の規定により区分所有者の有する専有部分とその専有部分に係る敷地利用権とを分離して処分することができない場合（以下この条において「分離処分禁止の場合」という。）を除く。）

2　第四十六条の規定により敷地権である旨の登記をした土地には、敷地権の移転の登記又は敷地権を目的とする担保権に係る権利に関する登記をすることができない。ただし、当該土地が敷地権の目的となった後にその登記原因が生じたもの（分離処分禁止の場合を除く。）又は敷地権についての仮登記若しくは質権若しくは抵当権に係る権利に関する登記であって当該土地が敷地権の目的となる前にその登記原因が生じたものは、この限りでない。

3　敷地権付き区分建物には、当該建物のみの所有権の移転を登記原因とする所有権の登記又は当該建物のみを目的とする担保権に係る権利に関する登記をすることができない。ただし、当該建物の敷地権が生じた後にその登記原因が生じたもの（分離処分禁止の場合を除く。）又は当該建物のみの所有権についての仮登記若しくは当該建物のみを目的とする質権若しくは抵当権に係る権利に関する登記であって当該建物の敷地権が生ずる前にその登記原因が生じたものは、この限りでない。

（所有権の登記の登記事項）

第七十三条の二　所有権の登記の登記事項は、第五十九条各号に掲げるもののほか、次のとおりとする。

一　所有権の登記名義人が法人であるときは、会社法人等番号（商業登記法（昭和三十八年法律第百二十五号）第七

条(他の法令において準用する場合を含む。)に規定する会社法人等番号をいう。)その他の特定の法人を識別するために必要な事項として法務省令で定めるもの
二　所有権の登記名義人が国内に住所を有しないときは、その国内における連絡先となる者の氏名又は名称及び住所その他の国内における連絡先に関する事項として法務省令で定めるもの
2　前項各号に掲げる登記事項についての登記に関し必要な事項は、法務省令で定める。

(所有権の保存の登記)
第七十四条　所有権の保存の登記は、次に掲げる者以外の者は、申請することができない。
一　表題部所有者又はその相続人その他の一般承継人
二　所有権を有することが確定判決によって確認された者
三　収用(土地収用法(昭和二十六年法律第二百十九号)その他の法律の規定による収用をいう。第百十八条第一項及び第三項から第五項までにおいて同じ。)によって所有権を取得した者
2　区分建物にあっては、表題部所有者から所有権を取得した者も、前項の登記を申請することができる。この場合において、当該建物が敷地権付き区分建物であるときは、当該敷地権の登記名義人の承諾を得なければならない。

(表題登記がない不動産についてする所有権の保存の登記)
第七十五条　登記官は、前条第一項第二号又は第三号に掲げる者の申請に基づいて表題登記がない不動産について所有権の保存の登記をするときは、当該不動産に関する不動産の表示のうち法務省令で定めるものを登記しなければならない。

(所有権の保存の登記の登記事項等)
第七十六条　所有権の保存の登記においては、第五十九条第三号の規定にかかわらず、登記原因及びその日付を登記することを要しない。ただし、敷地権付き区分建物について第七十四条第二項の規定により所有権の保存の登記をする場合は、この限りでない。
2　登記官は、所有権の登記がない不動産について嘱託により所有権の処分の制限の登記をするときは、職権で、所有権の保存の登記をしなければならない。
3　前条の規定は、表題登記がない不動産について嘱託により所有権の処分の制限の登記をする場合について準用する。

(相続等による所有権の移転の登記の申請)
第七十六条の二　所有権の登記名義人について相続の開始があったときは、当該相続により所有権を取得した者は、自己のために相続の開始があったことを知り、かつ、当該所有権を取得したことを知った日から三年以内に、所有権の

移転の登記を申請しなければならない。遺贈（相続人に対する遺贈に限る。）により所有権を取得した者も、同様とする。

2　前項前段の規定による登記（民法第九百条及び第九百一条の規定により算定した相続分に応じてされたものに限る。次条第四項において同じ。）がされた後に遺産の分割があったときは、当該遺産の分割によって当該相続分を超えて所有権を取得した者は、当該遺産の分割の日から三年以内に、所有権の移転の登記を申請しなければならない。

3　前二項の規定は、代位者その他の者の申請又は嘱託により、当該各項の規定による登記がされた場合には、適用しない。

（相続人である旨の申出等）

第七十六条の三　前条第一項の規定により所有権の移転の登記を申請する義務を負う者は、法務省令で定めるところにより、登記官に対し、所有権の登記名義人について相続が開始した旨及び自らが当該所有権の登記名義人の相続人である旨を申し出ることができる。

2　前条第一項に規定する期間内に前項の規定による申出をした者は、同条第一項に規定する所有権の取得（当該申出の前にされた遺産の分割によるものを除く。）に係る所有権の移転の登記を申請する義務を履行したものとみなす。

3　登記官は、第一項の規定による申出があったときは、職権で、その旨並びに当該申出をした者の氏名及び住所その他法務省令で定める事項を所有権の登記に付記することができる。

4　第一項の規定による申出をした者は、その後の遺産の分割によって所有権を取得したとき（前条第一項前段の規定による登記がされた後に当該遺産の分割によって所有権を取得したときを除く。）は、当該遺産の分割の日から三年以内に、所有権の移転の登記を申請しなければならない。

5　前項の規定は、代位者その他の者の申請又は嘱託により、同項の規定による登記がされた場合には、適用しない。

6　第一項の規定による申出の手続及び第三項の規定による登記に関し必要な事項は、法務省令で定める。

（所有権の登記の抹消）

第七十七条　所有権の登記の抹消は、所有権の移転の登記がない場合に限り、所有権の登記名義人が単独で申請することができる。

（担保権の登記の登記事項）

第八十三条　先取特権、質権若しくは転質又は抵当権の登記の登記事項は、第五十九条各号に掲げるもののほか、次のとおりとする。

一　債権額（一定の金額を目的としない債権については、

その価額）
二　債務者の氏名又は名称及び住所
三　所有権以外の権利を目的とするときは、その目的となる権利
四　二以上の不動産に関する権利を目的とするときは、当該二以上の不動産及び当該権利
五　外国通貨で第一号の債権額を指定した債権を担保する質権若しくは転質又は抵当権の登記にあっては、本邦通貨で表示した担保限度額

2　登記官は、前項第四号に掲げる事項を明らかにするため、法務省令で定めるところにより、共同担保目録を作成することができる。

（債権の一部譲渡による担保権の移転の登記等の登記事項）

第八十四条　債権の一部について譲渡又は代位弁済がされた場合における先取特権、質権若しくは転質又は抵当権の移転の登記の登記事項は、第五十九条各号に掲げるもののほか、当該譲渡又は代位弁済の目的である債権の額とする。

（抵当権の登記の登記事項）

第八十八条　抵当権（根抵当権（民法第三百九十八条の二第一項の規定による抵当権をいう。以下同じ。）を除く。）の登記の登記事項は、第五十九条各号及び第八十三条第一項各号に掲げるもののほか、次のとおりとする。

一　利息に関する定めがあるときは、その定め
二　民法第三百七十五条第二項に規定する損害の賠償額の定めがあるときは、その定め
三　債権に付した条件があるときは、その条件
四　民法第三百七十条ただし書の別段の定めがあるときは、その定め
五　抵当証券発行の定めがあるときは、その定め
六　前号の定めがある場合において元本又は利息の弁済期又は支払場所の定めがあるときは、その定め

2　根抵当権の登記の登記事項は、第五十九条各号及び第八十三条第一項各号（第一号を除く。）に掲げるもののほか、次のとおりとする。

一　担保すべき債権の範囲及び極度額
二　民法第三百七十条ただし書の別段の定めがあるときは、その定め
三　担保すべき元本の確定すべき期日の定めがあるときは、その定め
四　民法第三百九十八条の十四第一項ただし書の定めがあるときは、その定め

（登記事項証明書の交付等）

第百十九条　何人も、登記官に対し、手数料を納付して、登記記録に記録されている事項の全部又は一部を証明した書

面（以下「登記事項証明書」という。）の交付を請求することができる。

2　何人も、登記官に対し、手数料を納付して、登記記録に記録されている事項の概要を記載した書面の交付を請求することができる。

3　前二項の手数料の額は、物価の状況、登記事項証明書の交付に要する実費その他一切の事情を考慮して政令で定める。

4　第一項及び第二項の手数料の納付は、収入印紙をもってしなければならない。ただし、法務省令で定める方法で登記事項証明書の交付を請求するときは、法務省令で定めるところにより、現金をもってすることができる。

5　第一項の交付の請求は、法務省令で定める場合を除き、請求に係る不動産の所在地を管轄する登記所以外の登記所の登記官に対してもすることができる。

6　登記官は、第一項及び第二項の規定にかかわらず、登記記録に記録されている者（自然人であるものに限る。）の住所が明らかにされることにより、人の生命若しくは身体に危害を及ぼすおそれがある場合又はこれに準ずる程度に心身に有害な影響を及ぼすおそれがあるものとして法務省令で定める場合において、その者からの申出があったときは、法務省令で定めるところにより、第一項及び第二項に規定する各書面に当該住所に代わるものとして法務省令で定める事項を記載しなければならない。

（地図の写しの交付等）

第百二十条　何人も、登記官に対し、手数料を納付して、地図、建物所在図又は地図に準ずる図面（以下この条において「地図等」という。）の全部又は一部の写し（地図等が電磁的記録に記録されているときは、当該記録された情報の内容を証明した書面）の交付を請求することができる。

2　何人も、登記官に対し、手数料を納付して、地図等（地図等が電磁的記録に記録されているときは、当該記録された情報の内容を法務省令で定める方法により表示したもの）の閲覧を請求することができる。

3　前条第三項から第五項までの規定は、地図等について準用する。

（登記簿の附属書類の写しの交付等）

第百二十一条　何人も、登記官に対し、手数料を納付して、登記簿の附属書類（電磁的記録を含む。以下同じ。）のうち政令で定める図面の全部又は一部の写し（これらの図面が電磁的記録に記録されているときは、当該記録された情報の内容を証明した書面）の交付を請求することができる。

2　何人も、登記官に対し、手数料を納付して、登記簿の附属書類のうち前項の図面（電磁的記録にあっては、記録さ

れた情報の内容を法務省令で定める方法により表示したもの。次項において同じ。）の閲覧を請求することができる。
3　何人も、正当な理由があるときは、登記官に対し、法務省令で定めるところにより、手数料を納付して、登記簿の附属書類（第一項の図面を除き、電磁的記録にあっては、記録された情報の内容を法務省令で定める方法により表示したもの。次項において同じ。）の全部又は一部（その正当な理由があると認められる部分に限る。）の閲覧を請求することができる。
4　前項の規定にかかわらず、登記を申請した者は、登記官に対し、法務省令で定めるところにより、手数料を納付して、自己を申請人とする登記記録に係る登記簿の附属書類の閲覧を請求することができる。
5　第百十九条第三項から第五項までの規定は、登記簿の附属書類について準用する。

（法務省令への委任）
第百二十二条　この法律に定めるもののほか、登記簿、地図、建物所在図及び地図に準ずる図面並びに登記簿の附属書類（第百五十四条及び第百五十五条において「登記簿等」という。）の公開に関し必要な事項は、法務省令で定める。

⑵不動産登記令（抄）

〔平成十六年十二月一日号外　政令第三百七十九号〕

最終改正　令和五年一〇月四日政令第二九七号

第一章　総則

（趣旨）
第一条　この政令は、不動産登記法（以下「法」という。）の規定による不動産についての登記に関し必要な事項を定めるものとする。

（定義）
第二条　この政令において、次の各号に掲げる用語の意義は、それぞれ当該各号に定めるところによる。
一　添付情報　登記の申請をする場合において、法第二十二条本文若しくは第六十一条の規定、次章の規定又はその他の法令の規定によりその申請情報と併せて登記所に提供しなければならないものとされている情報をいう。
二　土地所在図　一筆の土地の所在を明らかにする図面であって、法務省令で定めるところにより作成されるものをいう。
三　地積測量図　一筆の土地の地積に関する測量の結果を

明らかにする図面であって、法務省令で定めるところにより作成されるものをいう。

四　地役権図面　地役権設定の範囲が承役地の一部である場合における当該地役権設定の範囲を明らかにする図面であって、法務省令で定めるところにより作成されるものをいう。

五　建物図面　一個の建物の位置を明らかにする図面であって、法務省令で定めるところにより作成されるものをいう。

六　各階平面図　一個の建物の各階ごとの平面の形状を明らかにする図面であって、法務省令で定めるところにより作成されるものをいう。

七　嘱託情報　法第十六条第一項に規定する登記の嘱託において、同条第二項において準用する法第十八条の規定により嘱託者が登記所に提供しなければならない情報をいう。

八　順位事項　法第五十九条第八号の規定により権利の順位を明らかにするために必要な事項として法務省令で定めるものをいう。

第二章　申請情報及び添付情報

（申請情報）

第三条　登記の申請をする場合に登記所に提供しなければならない法第十八条の申請情報の内容は、次に掲げる事項とする。

一　申請人の氏名又は名称及び住所

二　申請人が法人であるときは、その代表者の氏名

三　代理人によって登記を申請するときは、当該代理人の氏名又は名称及び住所並びに代理人が法人であるときはその代表者の氏名

四　民法（明治二十九年法律第八十九号）第四百二十三条その他の法令の規定により他人に代わって登記を申請するときは、申請人が代位者である旨、当該他人の氏名又は名称及び住所並びに代位原因

五　登記の目的

六　登記原因及びその日付（所有権の保存の登記を申請する場合にあっては、法第七十四条第二項の規定により敷地権付き区分建物について申請するときに限る。）

七　土地の表示に関する登記又は土地についての権利に関する登記を申請するときは、次に掲げる事項

イ　土地の所在する市、区、郡、町、村及び字

ロ　地番（土地の表題登記を申請する場合、法第七十四条第一項第二号又は第三号に掲げる者が表題登記がない土地について所有権の保存の登記を申請する場合及び表題登記がない土地について所有権の処分の制限の

登記を嘱託する場合を除く。）
ハ　地目
ニ　地積
八　建物の表示に関する登記又は建物についての権利に関する登記を申請するときは、次に掲げる事項
イ　建物の所在する市、区、郡、町、村、字及び土地の地番（区分建物である建物にあっては、当該建物が属する一棟の建物の所在する市、区、郡、町、村、字及び土地の地番）
ロ　家屋番号（建物の表題登記（合体による登記等における合体後の建物についての表題登記を含む。）を申請する場合、法第七十四条第一項第二号又は第三号に掲げる者が表題登記がない建物について所有権の保存の登記を申請する場合及び表題登記がない建物について所有権の処分の制限の登記を嘱託する場合を除く。）
ハ　建物の種類、構造及び床面積
ニ　建物の名称があるときは、その名称
ホ　附属建物があるときは、その所在する市、区、郡、町、村、字及び土地の地番（区分建物である附属建物にあっては、当該附属建物が属する一棟の建物の所在する市、区、郡、町、村、字及び土地の地番）並びに種類、構造及び床面積
ヘ　建物又は附属建物が区分建物であるときは、当該建物又は附属建物が属する一棟の建物の構造及び床面積（トに掲げる事項を申請情報の内容とする場合（ロに規定する場合を除く。）を除く。）
ト　建物又は附属建物が区分建物である場合であって、当該建物又は附属建物が属する一棟の建物の名称があるときは、その名称
九　表題登記又は権利の保存、設定若しくは移転の登記（根質権、根抵当権及び信託の登記を除く。）を申請する場合において、表題部所有者又は登記名義人となる者が二人以上であるときは、当該表題部所有者又は登記名義人となる者ごとの持分
十　法第三十条の規定により表示に関する登記を申請するときは、申請人が表題部所有者又は所有権の登記名義人の相続人その他の一般承継人である旨
十一　権利に関する登記を申請するときは、次に掲げる事項
イ　申請人が登記権利者又は登記義務者（登記権利者及び登記義務者がない場合にあっては、登記名義人）でないとき（第四号並びにロ及びハの場合を除く。）は、登記権利者、登記義務者又は登記名義人の氏名又は名称及び住所

ロ　法第六十二条の規定により登記を申請するときは、申請人が登記権利者、登記義務者又は登記名義人の相続人その他の一般承継人である旨
ハ　ロの場合において、登記名義人となる登記権利者の相続人その他の一般承継人が申請するときは、登記権利者の氏名又は名称及び一般承継の時における住所
ニ　登記の目的である権利の消滅に関する定め又は共有物分割禁止の定めがあるときは、その定め
ホ　権利の一部を移転する登記を申請するときは、移転する権利の一部
ヘ　敷地権付き区分建物についての所有権、一般の先取特権、質権又は抵当権に関する登記（法第七十三条第三項ただし書に規定する登記を除く。）を申請するときは、次に掲げる事項
(1)　敷地権の目的となる土地の所在する市、区、郡、町、村及び字並びに当該土地の地番、地目及び地積
(2)　敷地権の種類及び割合
ト　所有権の保存若しくは移転の登記を申請するとき又は所有権の登記がない不動産について所有権の処分の制限の登記を嘱託するときは、次に掲げる事項
(1)　所有権の登記名義人となる者が法人であるときは、法第七十三条の二第一項第一号に規定する特定の法人を識別するために必要な事項として法務省令で定めるもの（別表において「法人識別事項」という。）
(2)　所有権の登記名義人となる者が国内に住所を有しないときは、法第七十三条の二第一項第二号に規定する国内における連絡先に関する事項として法務省令で定めるもの（別表において「国内連絡先事項」という。）
十二　申請人が法第二十二条に規定する申請をする場合において、同条ただし書の規定により登記識別情報を提供することができないときは、当該登記識別情報を提供することができない理由
十三　前各号に掲げるもののほか、別表の登記欄に掲げる登記を申請するときは、同表の申請情報欄に掲げる事項

（申請情報の作成及び提供）
第四条　申請情報は、登記の目的及び登記原因に応じ、一の不動産ごとに作成して提供しなければならない。ただし、同一の登記所の管轄区域内にある二以上の不動産について申請する登記の目的並びに登記原因及びその日付が同一であるときその他法務省令で定めるときは、この限りでない。

（一の申請情報による登記の申請）
第五条　合体による登記等の申請は、一の申請情報によってしなければならない。この場合において、法第四十九条第

一項後段の規定により併せて所有権の登記の申請をするときは、これと当該合体による登記等の申請とは、一の申請情報によってしなければならない。

2　信託の登記の申請と当該信託に係る権利の保存、設定、移転又は変更の登記の申請とは、一の申請情報によってしなければならない。

3　法第百四条第一項の規定による信託の登記の抹消の申請と信託財産に属する不動産に関する権利の移転の登記若しくは変更の登記又は当該権利の登記の抹消の申請とは、一の申請情報によってしなければならない。

4　法第百四条の二第一項の規定による信託の登記の抹消及び信託の登記の申請と権利の変更の登記の申請とは、一の申請情報によってしなければならない。

（申請情報の一部の省略）

第六条　次の各号に掲げる規定にかかわらず、法務省令で定めるところにより、不動産を識別するために必要な事項として法第二十七条第四号の法務省令で定めるもの（次項において「不動産識別事項」という。）を申請情報の内容としたときは、当該各号に定める事項を申請情報の内容とすることを要しない。

一　第三条第七号　同号に掲げる事項

二　第三条第八号　同号に掲げる事項

三　第三条第十一号ヘ(1)　敷地権の目的となる土地の所在する市、区、郡、町、村及び字並びに当該土地の地番、地目及び地積

2　第三条第十三号の規定にかかわらず、法務省令で定めるところにより、不動産識別事項を申請情報の内容としたときは、次に掲げる事項を申請情報の内容とすることを要しない。

一　別表の十三の項申請情報欄ロに掲げる当該所有権の登記がある建物の家屋番号

二　別表の十三の項申請情報欄ハ(1)に掲げる当該合体前の建物の家屋番号

三　別表の十八の項申請情報欄に掲げる当該区分所有者が所有する建物の家屋番号

四　別表の十九の項申請情報欄イに掲げる当該建物の所在する市、区、郡、町、村、字及び土地の地番並びに当該建物の家屋番号

五　別表の三十五の項申請情報欄又は同表の三十六の項申請情報欄に掲げる当該要役地の所在する市、区、郡、町、村及び字並びに当該要役地の地番、地目及び地積

六　別表の四十二の項申請情報欄イ、同表の四十六の項申請情報欄イ、同表の四十九の項申請情報欄イ、同表の五十の項申請情報欄ロ、同表の五十五の項申請情報欄イ、

同表の五十八の項申請情報欄イ又は同表の五十九の項申請情報欄ロに掲げる他の登記所の管轄区域内にある不動産についての第三条第七号及び第八号に掲げる事項

七　別表の四十二の項申請情報欄ロ⑴、同表の四十六の項申請情報欄ハ⑴、同表の四十七の項申請情報欄ホ⑴、同表の四十九の項申請情報欄ハ⑴若しくはヘ⑴、同表の五十五の項申請情報欄ハ⑴、同表の五十六の項申請情報欄ニ⑴又は同表の五十八の項申請情報欄ハ⑴若しくはヘ⑴に掲げる当該土地の所在する市、区、郡、町、村及び字並びに当該土地の地番

八　別表の四十二の項申請情報欄ロ⑵、同表の四十六の項申請情報欄ハ⑵、同表の四十七の項申請情報欄ホ⑵、同表の四十九の項申請情報欄ハ⑵若しくはヘ⑵、同表の五十五の項申請情報欄ハ⑵、同表の五十六の項申請情報欄ニ⑵又は同表の五十八の項申請情報欄ハ⑵若しくはヘ⑵に掲げる当該建物の所在する市、区、郡、町、村、字及び土地の地番並びに当該建物の家屋番号

（添付情報）

第七条　登記の申請をする場合には、次に掲げる情報をその申請情報と併せて登記所に提供しなければならない。

一　申請人が法人であるとき（法務省令で定める場合を除く。）は、次に掲げる情報

イ　会社法人等番号（商業登記法（昭和三十八年法律第百二十五号）第七条（他の法令において準用する場合を含む。）に規定する会社法人等番号をいう。以下このイにおいて同じ。）を有する法人にあっては、当該法人の会社法人等番号

ロ　イに規定する法人以外の法人にあっては、当該法人の代表者の資格を証する情報

二　代理人によって登記を申請するとき（法務省令で定める場合を除く。）は、当該代理人の権限を証する情報

三　民法第四百二十三条その他の法令の規定により他人に代わって登記を申請するときは、代位原因を証する情報

四　法第三十条の規定により表示に関する登記を申請するときは、相続その他の一般承継があったことを証する市町村長（特別区の区長を含むものとし、地方自治法（昭和二十二年法律第六十七号）第二百五十二条の十九第一項の指定都市にあっては、区長又は総合区長とする。第十六条第二項及び第十七条第一項を除き、以下同じ。）、登記官その他の公務員が職務上作成した情報（公務員が職務上作成した情報がない場合にあっては、これに代わるべき情報）

五　権利に関する登記を申請するときは、次に掲げる情報

イ　法第六十二条の規定により登記を申請するときは、

相続その他の一般承継があったことを証する市町村長、登記官その他の公務員が職務上作成した情報（公務員が職務上作成した情報がない場合にあっては、これに代わるべき情報）

ロ　登記原因を証する情報。ただし、次の⑴又は⑵に掲げる場合にあっては当該⑴又は⑵に定めるものに限るものとし、別表の登記欄に掲げる登記を申請する場合（次の⑴又は⑵に掲げる場合を除く。）にあっては同表の添付情報欄に規定するところによる。

⑴　法第六十三条第一項に規定する確定判決による登記を申請するとき　執行力のある確定判決の判決書の正本（執行力のある確定判決と同一の効力を有するものの正本を含む。以下同じ。）

⑵　法第百八条に規定する仮登記を命ずる処分があり、法第百七条第一項の規定による仮登記を申請するとき　当該仮登記を命ずる処分の決定書の正本

ハ　登記原因について第三者の許可、同意又は承諾を要するときは、当該第三者が許可し、同意し、又は承諾したことを証する情報

六　前各号に掲げるもののほか、別表の登記欄に掲げる登記を申請するときは、同表の添付情報欄に掲げる情報

2　前項第一号及び第二号の規定は、不動産に関する国の機関の所管に属する権利について命令又は規則により指定された官庁又は公署の職員が登記の嘱託をする場合には、適用しない。

3　次に掲げる場合には、第一項第五号ロの規定にかかわらず、登記原因を証する情報を提供することを要しない。

一　法第六十九条の二の規定により買戻しの特約に関する登記の抹消を申請する場合

二　所有権の保存の登記を申請する場合（敷地権付き区分建物について法第七十四条第二項の規定により所有権の保存の登記を申請する場合を除く。）

三　法第百十一条第一項の規定により民事保全法（平成元年法律第九十一号）第五十三条第一項の規定による処分禁止の登記（保全仮登記とともにしたものを除く。次号において同じ。）に後れる登記の抹消を申請する場合

四　法第百十一条第二項において準用する同条第一項の規定により処分禁止の登記に後れる登記の抹消を申請する場合

五　法第百十三条の規定により保全仮登記とともにした処分禁止の登記に後れる登記の抹消を申請する場合

（登記名義人が登記識別情報を提供しなければならない登記等）

第八条　法第二十二条の政令で定める登記は、次のとおりと

する。ただし、確定判決による登記を除く。
一 所有権の登記がある土地の合筆の登記
二 所有権の登記がある建物の合体による登記等
三 所有権の登記がある建物の合併の登記
四 共有物分割禁止の定めに係る権利の変更の登記
五 所有権の移転の登記がない場合における所有権の登記の抹消
六 質権又は抵当権の順位の変更の登記
七 民法第三百九十八条の十四第一項ただし書(同法第三百六十一条において準用する場合を含む。)の定めの登記
八 信託法(平成十八年法律第百八号)第三条第三号に掲げる方法によってされた信託による権利の変更の登記
九 仮登記の登記名義人が単独で申請する仮登記の抹消
2 前項の登記のうち次の各号に掲げるものの申請については、当該各号に定める登記識別情報を提供すれば足りる。
一 所有権の登記がある土地の合筆の登記 当該合筆に係る土地のうちいずれか一筆の土地の所有権の登記名義人の登記識別情報
二 登記名義人が同一である所有権の登記がある建物の合体による登記等 当該合体に係る建物のうちいずれか一個の建物の所有権の登記名義人の登記識別情報
三 所有権の登記がある建物の合併の登記 当該合併に係る建物のうちいずれか一個の建物の所有権の登記名義人の登記識別情報
(添付情報の一部の省略)
第九条 第七条第一項第六号の規定により申請情報と併せて住所を証する情報(住所について変更又は錯誤若しくは遺漏があったことを証する情報を含む。以下この条において同じ。)を提供しなければならないものとされている場合において、その申請情報と併せて法務省令で定める情報を提供したときは、同号の規定にかかわらず、その申請情報と併せて当該住所を証する情報を提供することを要しない。

第三章 電子情報処理組織を使用する方法による登記申請の手続

(添付情報の提供方法)
第十条 電子情報処理組織を使用する方法(法第十八条第一号の規定による電子情報処理組織を使用する方法をいう。以下同じ。)により登記を申請するときは、法務省令で定めるところにより、申請情報と併せて添付情報を送信しなければならない。

(登記事項証明書に代わる情報の送信)
第十一条 電子情報処理組織を使用する方法により登記を申請する場合において、登記事項証明書を併せて提供しなければならないものとされているときは、法務大臣の定める

ところに従い、登記事項証明書の提供に代えて、登記官が電気通信回線による登記情報の提供に関する法律（平成十一年法律第二百二十六号）第二条第一項に規定する登記情報の送信を同法第三条第二項に規定する指定法人から受けるために必要な情報を送信しなければならない。

（電子署名）

第十二条　電子情報処理組織を使用する方法により登記を申請するときは、申請人又はその代表者若しくは代理人は、申請情報に電子署名（電子署名及び認証業務に関する法律（平成十二年法律第百二号）第二条第一項に規定する電子署名をいう。以下同じ。）を行わなければならない。

2　電子情報処理組織を使用する方法により登記を申請する場合における添付情報は、作成者による電子署名が行われているものでなければならない。

（表示に関する登記の添付情報の特則）

第十三条　前条第二項の規定にかかわらず、電子情報処理組織を使用する方法により表示に関する登記を申請する場合において、当該申請の添付情報（申請人又はその代表者若しくは代理人が作成したもの並びに土地所在図、地積測量図、地役権図面、建物図面及び各階平面図を除く。）が書面に記載されているときは、当該書面に記載された情報を電磁的記録に記録したものを添付情報とすることができる。この場合において、当該電磁的記録は、当該電磁的記録を作成した者による電子署名が行われているものでなければならない。

2　前項の場合において、当該申請人は、登記官が定めた相当の期間内に、登記官に当該書面を提示しなければならない。

（電子証明書の送信）

第十四条　電子情報処理組織を使用する方法により登記を申請する場合において、電子署名が行われている情報を送信するときは、電子証明書（電子署名を行った者を確認するために用いられる事項が当該者に係るものであることを証明するために作成された電磁的記録をいう。）であって法務省令で定めるものを併せて送信しなければならない。

第四章　書面を提出する方法による登記申請の手続

（添付情報の提供方法）

第十五条　書面を提出する方法（法第十八条第二号の規定により申請情報を記載した書面（法務省令で定めるところにより申請情報の全部又は一部を記録した磁気ディスクを含む。）を登記所に提出する方法をいう。）により登記を申請するときは、申請情報を記載した書面に添付情報を記載した書面（添付情報のうち電磁的記録で作成されているものにあっては、法務省令で定めるところにより当該添付情報を

記録した磁気ディスクを含む。）を添付して提出しなければならない。この場合において、第十二条第二項及び前条の規定は、添付情報を記録した磁気ディスクを提出する場合について準用する。

（申請情報を記載した書面への記名押印等）

第十六条　申請人又はその代表者若しくは代理人は、法務省令で定める場合を除き、申請情報を記載した書面に記名押印しなければならない。

2　前項の場合において、申請情報を記載した書面には、法務省令で定める場合を除き、同項の規定により記名押印した者（委任による代理人を除く。）の印鑑に関する証明書（住所地の市町村長（特別区の区長を含むものとし、地方自治法第二百五十二条の十九第一項の指定都市にあっては、市長又は区長若しくは総合区長とする。次条第一項において同じ。）又は登記官が作成するものに限る。以下同じ。）を添付しなければならない。

3　前項の印鑑に関する証明書は、作成後三月以内のものでなければならない。

4　官庁又は公署が登記の嘱託をする場合における嘱託情報を記載した書面については、第二項の規定は、適用しない。

5　第十二条第一項及び第十四条の規定は、法務省令で定めるところにより申請情報の全部を記録した磁気ディスクを提出する方法により登記を申請する場合について準用する。

（代表者の資格を証する情報を記載した書面の期間制限等）

第十七条　第七条第一項第一号ロ又は第二号に掲げる情報を記載した書面であって、市町村長、登記官その他の公務員が職務上作成したものは、作成後三月以内のものでなければならない。

2　前項の規定は、官庁又は公署が登記の嘱託をする場合には、適用しない。

（代理人の権限を証する情報を記載した書面への記名押印等）

第十八条　委任による代理人によって登記を申請する場合には、申請人又はその代表者は、法務省令で定める場合を除き、当該代理人の権限を証する情報を記載した書面に記名押印しなければならない。復代理人によって申請する場合における代理人についても、同様とする。

2　前項の場合において、代理人（復代理人を含む。）の権限を証する情報を記載した書面には、法務省令で定める場合を除き、同項の規定により記名押印した者（委任による代理人を除く。）の印鑑に関する証明書を添付しなければならない。

3　前項の印鑑に関する証明書は、作成後三月以内のものでなければならない。

4　第二項の規定は、官庁又は公署が登記の嘱託をする場合には、適用しない。

（承諾を証する情報を記載した書面への記名押印等）

第十九条　第七条第一項第五号ハ若しくは第六号の規定又はその他の法令の規定により申請情報と併せて提供しなければならない同意又は承諾を証する情報を記載した書面には、法務省令で定める場合を除き、その作成者が記名押印しなければならない。

2　前項の書面には、官庁又は公署の作成に係る場合その他法務省令で定める場合を除き、同項の規定により記名押印した者の印鑑に関する証明書を添付しなければならない。

第五章　雑則

（登記すべきものでないとき）

第二十条　法第二十五条第十三号の政令で定める登記すべきものでないときは、次のとおりとする。

一　申請が不動産以外のものについての登記を目的とするとき。

二　申請に係る登記をすることによって表題部所有者又は登記名義人となる者（別表の十二の項申請情報欄ロに規定する被承継人及び第三条第十一号ハに規定する登記権利者を除く。）が権利能力を有しないとき。

三　申請が法第三十二条、第四十一条、第五十六条、第七十三条第二項若しくは第三項、第八十条第三項又は第九十二条の規定により登記することができないとき。

四　申請が一個の不動産の一部についての登記（承役地についてする地役権の登記を除く。）を目的とするとき。

五　申請に係る登記の目的である権利が他の権利の全部又は一部を目的とする場合において、当該他の権利の全部又は一部が登記されていないとき。

六　同一の不動産に関し同時に二以上の申請がされた場合（法第十九条第二項の規定により同時にされたものとみなされるときを含む。）において、申請に係る登記の目的である権利が相互に矛盾するとき。

七　申請に係る登記の目的である権利が同一の不動産について既にされた登記の目的である権利と矛盾するとき。

八　前各号に掲げるもののほか、申請に係る登記が民法その他の法令の規定により無効とされることが申請情報若しくは添付情報又は登記記録から明らかであるとき。

（写しの交付を請求することができる図面）

第二十一条　法第百二十一条第一項の政令で定める図面は、土地所在図、地積測量図、地役権図面、建物図面及び各階平面図とする。

2　法第百四十九条第一項の政令で定める図面は、筆界調査委員が作成した測量図その他の筆界特定の手続において測

量又は実地調査に基づいて作成された図面（法第百四十三条第二項の図面を除く。）とする。

（登記識別情報に関する証明）

第二十二条　登記名義人又はその相続人その他の一般承継人は、登記官に対し、手数料を納付して、登記識別情報が有効であることの証明その他の登記識別情報に関する証明を請求することができる。

2　法第百十九条第三項及び第四項の規定は、前項の請求について準用する。

3　前二項に定めるもののほか、第一項の証明に関し必要な事項は、法務省令で定める。

（事件の送付）

第二十三条　法第百五十七条第二項の規定による事件の送付は、審査請求書の正本によってする。

（意見書の提出等）

第二十四条　法第百五十七条第二項の意見を記載した書面（次項において「意見書」という。）は、正本及び当該意見を送付すべき審査請求人の数に行政不服審査法（平成二十六年法律第六十八号）第十一条第二項に規定する審理員の数を加えた数に相当する通数の副本を提出しなければならない。

2　法第百五十七条第二項後段の規定による意見の送付は、意見書の副本によってする。

（行政不服審査法施行令の規定の読替え）

第二十五条　法第百五十六条第一項の審査請求に関する行政不服審査法施行令（平成二十七年政令第三百九十一号）の規定の適用については、同令第六条第二項中「法第二十九条第五項」とあるのは「不動産登記法（平成十六年法律第百二十三号）第百五十七条第六項の規定により読み替えて適用する法第二十九条第五項」と、「弁明書の送付」とあるのは「不動産登記法第百五十七条第二項に規定する意見の送付」と、「弁明書の副本」とあるのは「不動産登記令（平成十六年政令第三百七十九号）第二十四条第一項に規定する意見書の副本」とする。

（登記の嘱託）

第二十六条　この政令（第二条第七号を除く。）に規定する登記の申請に関する法の規定には当該規定を法第十六条第二項において準用する場合を含むものとし、この政令中「申請」、「申請人」及び「申請情報」にはそれぞれ嘱託、嘱託者及び嘱託情報を含むものとする。

（法務省令への委任）

第二十七条　この政令に定めるもののほか、法及びこの政令の施行に関し必要な事項は、法務省令で定める。

附　則　省略

別表（第三条、第七条関係）（抄）

建物の表示に関する登記			
十二	建物の表題登記（十三の項及び二十一の項の登記を除く。）	イ　建物又は附属建物について敷地権が存するときは、次に掲げる事項 (1)　敷地権の目的となる土地の所在する市、区、郡、町、村及び字並びに当該土地の地番、地目及び地積 (2)　敷地権の種類及び割合 (3)　敷地権の登記原因及びその日付 ロ　法第四十七条第二項の規定による申請にあっては、被承継人の氏名又は名称及び一般承継時における住所並びに申請人が被承継人の相続人その他の一般承継人である旨	イ　建物図面 ロ　各階平面図 ハ　表題部所有者となる者が所有権を有することを証する情報 ニ　表題部所有者となる者の住所を証する市町村長、登記官その他の公務員が職務上作成した情報（公務員が職務上作成した情報がない場合にあっては、これに代わるべき情報） ホ　建物又は附属建物が区分建物である場合において、当該区分建物が属する一棟の建物の敷地（建物の区分所有等に関する法律（昭和三十七年法律第六十九号。以下「区分所有法」という。）第二条第五項に規定する建物の敷地をいう。以下同じ。）について登記された所有権、地上権又は賃借権の登記名義人が当該区分建物の所有者であり、かつ、区分所有法第二十二条第一項ただし書（同条第三項において準用する場合を含む。以下同じ。）の規約における別段の定めがあることその他の事由により当該所有権、地上権又は賃借権が当該区分建物の敷地権

となるないときは、当該事由を証する情報

ヘ　建物又は附属建物について敷地権が存するときは、次に掲げる情報

(1)　敷地権の目的である土地が区分所有法第五条第一項の規定により建物の敷地となった土地であるときは、同項の規約を設定したことを証する情報

(2)　敷地権が区分所有法第二十二条第二項ただし書(同条第三項において準用する場合を含む。以下同じ。)の規約で定められている割合によるものであるときは、当該規約を設定したことを証する情報

(3)　敷地権の目的である土地が他の登記所の管轄区域内にあるときは、当該土地の登記事項証明書

ト　法第四十七条第二項の規定による申請にあっては、相続その他の一般承継があったことを証する市町村長、登記官その他の公務員が職務上作成した情報(公務員が職務上作成した情報がない場合にあっては、これに代わるべき情報)

十三	合体による登記等（法第四十九条第一項後段の規定により併せて申請をする所有権の登記があるときは、これを含む。）	イ　合体後の建物について敷地権が存するときは、次に掲げる事項 (1)　敷地権の目的となる土地の所在する市、区、郡、町、村及び字並びに当該土地の地番、地目及び地積 (2)　敷地権の種類及び割合 (3)　敷地権の登記原因及びその日付 ロ　合体前の建物に所有権の登記がある建物があるときは、当該所有権の登記がある建物の家屋番号並びに当該所有権の登記の申請の受付の年月日及び受付番号、順位事項並びに登記名義人の氏名又は名称 ハ　合体前の建物についてされた所有権の登記以外の所有権に関する登記又は先取特権、質権若しくは抵当権に関する登記であって合体後の建物について存続することとなるもの（以下この	イ　建物図面 ロ　各階平面図 ハ　表題部所有者となる者が所有権を有することを証する情報 ニ　表題部所有者となる者の住所を証する市町村長、登記官その他の公務員が職務上作成した情報（公務員が職務上作成した情報がない場合にあっては、これに代わるべき情報） ホ　合体後の建物が区分建物である場合において、当該区分建物が属する一棟の建物の敷地について登記された所有権、地上権又は賃借権の登記名義人が当該区分建物の所有者であり、かつ、区分所有法第二十二条第一項ただし書の規約における別段の定めがあることその他の事由により当該所有権、地上権又は賃借権が当該区分建物の敷地権とならないとき（合体前の二以上の建物がいずれも敷地権の登記がない区分建物であり、かつ、合体後の建物も敷地権の登記がない区分建物となるときを除く。）は、当該事由を証する情報 ヘ　合体後の建物について敷地権が存するとき（合体前の二以上の建物が

		項において「存続登記」という。)があるときは、次に掲げる事項 (1)　当該合体前の建物の家屋番号 (2)　存続登記の目的、申請の受付の年月日及び受付番号、順位事項並びに登記名義人の氏名又は名称 (3)　存続登記の目的となる権利 ニ　存続登記がある建物の所有権の登記名義人が次に掲げる者と同一	いずれも敷地権付き区分建物であり、かつ、合体後の建物も敷地権付き区分建物となるとき(合体前の建物のすべての敷地権の割合を合算した敷地権の割合が合体後の建物の敷地権の割合となる場合に限る。)を除く。)は、次に掲げる情報 (1)　敷地権の目的である土地が区分所有法第五条第一項の規定により建物の敷地となった土地であるときは、同項の規約を設定したことを証する情報 (2)　敷地権が区分
		の者であるときは、これらの者が同一の者でないものとみなした場合における持分(二以上の存続登記がある場合において、当該二以上の存続登記の登記の目的、申請の受付の年月日及び受付番号、登記原因及びその日付並びに登記名義人がいずれも同一であるときの当該二以上の存続登記の目的である所有権の登記名義人に係る持分を	所有法第二十二条第二項ただし書の規約で定められている割合によるものであるときは、当該規約を設定したことを証する情報 (3)　敷地権の目的である土地が他の登記所の管轄区域内にあるときは、当該土地の登記事項証明書 ト　合体後の建物の持分について存続登記と同一の登記をするときは、当該存続登記に係る権利の登記名義人が当該登記を承諾したことを証する当該登記名義人が

		除く。） (1)　合体前の表題登記がない他の建物の所有者 (2)　合体前の表題登記がある他の建物（所有権の登記がある建物を除く。）の表題部所有者 (3)　合体前の所有権の登記がある他の建物の所有権の登記名義人 ホ　法第四十九条第一項後段の規定により併せて申請をする所有権の登記があるときは、次に掲げる事項 (1)　所有権の登記名義人となる者が法人であるときは、法人識別事項 (2)　所有権の登記名義人となる者が国内に住所を有しないときは、国内連絡先事項	作成した情報又は当該登記名義人に対抗することができる裁判があったことを証する情報 チ　トの存続登記に係る権利が抵当証券の発行されている抵当権であるときは、当該抵当証券の所持人若しくは裏書人が当該存続登記と同一の登記を承諾したことを証するこれらの者が作成した情報又はこれらの者に対抗することができる裁判があったことを証する情報及び当該抵当証券 リ　法第四十九条第一項後段の規定により併せて申請をする所有権の登記があるときは、登記名義人となる者の住所を証する市町村長、登記官その他の公務員が職務上作成した情報（公務員が職務上作成した情報がない場合にあっては、これに代わるべき情報）
十四	法第五十一条第一項から第四項までの規定による建物の表題部の変更の登記又は	イ　変更後又は更正後の登記事項 ロ　当該変更の登記又は更正の登記が敷地権に関するものであるときは、変更前又	イ　建物の所在する市、区、郡、町、村、字及び土地の地番を変更し、又は更正するときは、変更後又は更正後の建物図面 ロ　床面積を変更し、又は更正するとき

	法第五十三条第一項の規定による建物の表題部の更正の登記（十五の項の登記を除く。）	は更正前における次に掲げる事項 (1)　敷地権の目的となる土地の所在する市、区、郡、町、村及び字並びに当該土地の地番、地目及び地積 (2)　敷地権の種類及び割合 (3)　敷地権の登記原因及びその日付	は、次に掲げる事項 (1)　変更後又は更正後の建物図面及び各階平面図 (2)　床面積が増加するときは、床面積が増加した部分について表題部所有者又は所有権の登記名義人が所有権を有することを証する情報 ハ　附属建物を新築したときは、変更後の建物図面及び各階平面図並びに附属建物について表題部所有者又は所有権の登記名義人が所有権を有することを証する情報 ニ　共用部分である旨の登記又は団地共用部分である旨の登記がある建物について申請をするときは、当該建物の所有者を証する情報
十五	敷地権の発生若しくは消滅を原因とする建物の表題部の変更の登記又は敷地権の存在若しくは不存在を原因とする建物の表題部の更正の登記	イ　敷地権の目的となる土地の所在する市、区、郡、町、村及び字並びに当該土地の地番、地目及び地積 ロ　敷地権の種類及び割合 ハ　敷地権の登記原因及びその日付	イ　区分所有法第五条第一項の規約を設定したことにより敷地権が生じたときは、当該規約を設定したことを証する情報 ロ　イの規約を廃止したことにより区分所有者の有する専有部分とその専有部分に係る敷地利用権とを分離して処分することができることとなったときは、当該規約を廃止したことを証する情報

ハ　区分所有法第二十二条第一項ただし書の規約における別段の定めがあることその他の事由により区分所有者の有する専有部分とその専有部分に係る敷地利用権とを分離して処分することができることとなったときは、当該事由を証する情報

ニ　登記された権利であって敷地権でなかったものがハの規約の変更その他の事由により敷地権となったときは、当該事由を証する情報

ホ　イ及びニの場合には、次に掲げる情報

(1)　敷地権が区分所有法第二十二条第二項ただし書の規約で定められている割合によるものであるときは、当該規約を設定したことを証する情報

(2)　敷地権の目的である土地が他の登記所の管轄区域内にあるときは、当該土地の登記事項証明書

十六

建物の分割の登記、建物の区分の登記又は建物の合併の登記

イ　分割後、区分後又は合併後の建物についての第三条第八号（ロを除く。）に掲げる事項

ロ　分割前、区

イ　当該分割後、区分後又は合併後の建物図面及び各階平面図

ロ　共用部分である旨の登記又は団地共用部分である旨の登記がある建物の

		分前若しくは合併前の建物又は当該分割後、区分後若しくは合併後の建物について敷地権が存するときは、当該敷地権についての次に掲げる事項 (1) 敷地権の目的となる土地の所在する市、区、郡、町、村及び字並びに当該土地の地番、地目及び地積 (2) 敷地権の種類及び割合 (3) 敷地権の登記原因及びその日付	について建物の分割の登記又は建物の区分の登記を申請するときは、当該建物の所有者を証する情報 ハ　建物の区分の登記を申請する場合において、区分後の建物について敷地権が存するときは、次に掲げる情報（区分建物である建物について建物の区分の登記を申請するときは、(1)及び(3)を除く。） (1) 敷地権の目的である土地が区分所有法第五条第一項の規定により建物の敷地となった土地であるときは、同項の規約を設定したことを証する情報 (2) 敷地権が区分所有法第二十二条第二項ただし書の規約で定められている割合によるものであるときは、当該規約を設定したことを証する情報 (3) 敷地権の目的である土地が他の登記所の管轄区域内にあるときは、当該土地の登記事項証明書
十七	共用部分である旨の登記又は団地共用部分である旨の		当該建物の所有者を証する情報

	登記がある建物の滅失の登記		
十八	共用部分である旨の登記	当該共用部分である建物が当該建物の属する一棟の建物以外の一棟の建物に属する建物の区分所有者の共用に供されるものであるときは、当該区分所有者が所有する建物の家屋番号	イ　共用部分である旨を定めた規約を設定したことを証する情報 ロ　所有権以外の権利に関する登記があるときは、当該権利に関する登記に係る権利の登記名義人（当該権利に関する登記が抵当権の登記である場合において、抵当証券が発行されているときは、当該抵当証券の所持人又は裏書人を含む。）の承諾を証する当該登記名義人が作成した情報又は当該登記名義人に対抗することができる裁判があったことを証する情報 ハ　ロの権利を目的とする第三者の権利に関する登記があるときは、当該第三者の承諾を証する当該第三者が作成した情報又は当該第三者に対抗することができる裁判があったことを証する情報 ニ　ロの権利に関する登記に係る権利が抵当証券の発行されている抵当権であるときは、当該抵当証券
十九	団地共用部分である旨の登記	イ　団地共用部分を共用すべき者の所有する建物が区分	イ　団地共用部分である旨を定めた規約を設定したことを証する情報

		建物でないときは、当該建物の所在する市、区、郡、町、村、字及び土地の地番並びに当該建物の家屋番号 ロ　団地共用部分を共用すべき者の所有する建物が区分建物であるときは、次に掲げる事項 (1)　当該建物が属する一棟の建物の所在する市、区、郡、町、村、字及び土地の地番 (2)　当該一棟の建物の構造及び床面積又はその名称	ロ　所有権以外の権利に関する登記があるときは、当該権利に関する登記に係る権利の登記名義人（当該権利に関する登記が抵当権の登記である場合において、抵当証券が発行されているときは、当該抵当証券の所持人又は裏書人を含む。）の承諾を証する当該登記名義人が作成した情報又は当該登記名義人に対抗することができる裁判があったことを証する情報 ハ　ロの権利を目的とする第三者の権利に関する登記があるときは、当該第三者の承諾を証する当該第三者が作成した情報又は当該第三者に対抗することができる裁判があったことを証する情報 ニ　ロの権利に関する登記に係る権利が抵当証券の発行されている抵当権であるときは、当該抵当証券
二十	法第五十八条第五項に規定する変更の登記又は更正の登記	変更後又は更正後の登記事項	イ　変更又は錯誤若しくは遺漏があったことを証する情報 ロ　当該建物の所有者を証する情報
二十一	建物の表題登記（法第五十八条第六項又は	建物又は附属建物について敷地権が存するときは、次に掲げる事項	イ　共用部分である旨又は団地共用部分である旨を定めた規約を廃止したことを証する情報

第七項の規定により申請するものに限る。）

イ　敷地権の目的となる土地の所在する市、区、郡、町、村及び字並びに当該土地の地番、地目及び地積

ロ　敷地権の種類及び割合

ハ　敷地権の登記原因及びその日付

ロ　表題部所有者となる者が所有権を有することを証する情報

ハ　表題部所有者となる者の住所を証する市町村長、登記官その他の公務員が職務上作成した情報（公務員が職務上作成した情報がない場合にあっては、これに代わるべき情報）

ニ　建物又は附属建物が区分建物である場合において、当該区分建物が属する一棟の建物の敷地について登記された所有権、地上権又は賃借権の登記名義人が当該区分建物の所有者であり、かつ、区分所有法第二十二条第一項ただし書の規約における別段の定めがあることその他の事由により当該所有権、地上権又は賃借権が当該区分建物の敷地権とならないときは、当該事由を証する情報

ホ　建物又は附属建物について敷地権が存するときは、次に掲げる情報

(1)　敷地権の目的である土地が区分所有法第五条第一項の規定により建物の敷地となった土地であるときは、同項の規約を設定したことを証する情報

(2)　敷地権が区分所有法第二十二条第二項ただし書の規約で定められている割合によるものであるときは、当該規約を設定したことを証する情報

(3)　敷地権の目的である土地が他の登記所の管轄区域内にあるときは、当該土地の登記事項証明書

所有権に関する登記

二十八

所有権の保存の登記（法第七十四条第一項各号に掲げる者が申請するものに限る。）

イ　申請人が法第七十四条第一項各号に掲げる者のいずれであるか。

ロ　法第七十四条第一項第二号又は第三号に掲げる者が表題登記がない建物について申請する場合において、当該表題登記がない建物が敷地権のある区分建物であるときは、次に掲げる事項

(1)　敷地権の目的となる土地の所在する市、区、郡、町、村及び字並びに当該土地の地番、地目及び地積

(2)　敷地権の種類及び割

イ　表題部所有者の相続人その他の一般承継人が申請するときは、相続その他の一般承継による承継を証する情報（市町村長、登記官その他の公務員が職務上作成した情報（公務員が職務上作成した情報がない場合にあっては、これに代わるべき情報）を含むものに限る。）

ロ　法第七十四条第一項第二号に掲げる者が申請するときは、所有権を有することが確定判決（確定判決と同一の効力を有するものを含む。）によって確認されたことを証する情報

ハ　法第七十四条第一項第三号に掲げる者が申請するときは、収用によっ

合

て所有権を取得したことを証する情報（収用の裁決が効力を失っていないことを証する情報を含むものに限る。）

ニ　登記名義人となる者の住所を証する市町村長、登記官その他の公務員が職務上作成した情報（公務員が職務上作成した情報がない場合にあっては、これに代わるべき情報）

ホ　法第七十四条第一項第二号又は第三号に掲げる者が表題登記がない土地について申請するときは、当該土地についての土地所在図及び地積測

量図

へ　法第七十四条第一項第二号又は第三号に掲げる者が表題登記がない建物について申請するときは、当該建物についての建物図面及び各階平面図

ト　へに規定する場合（当該表題登記がない建物が区分建物である場合に限る。）において、当該区分建物が属する一棟の建物の敷地について登記された所有権、地上権又は賃借権の登記名義人が当該区分建物の所有者であり、かつ、区分所有法第二十二条第一項ただし書

の規約における別段の定めがあることその他の事由により当該所有権、地上権又は賃借権が当該区分建物の敷地権とならないときは、当該事由を証する情報

チ　へに規定する場合において、当該表題登記がない建物が敷地権のある区分建物であるときは、次に掲げる情報

(1)　敷地権の目的である土地が区分所有法第五条第一項の規定により建物の敷地となった土地であるときは、同項の規約を設定したことを証する情報

(2)　敷地権が区分所有法第二十二条第二項ただし書の規約で定められている割合によるものであるときは、当該規約を設定したことを証する情報

(3)　敷地権の目的である土地が他の登記所の管轄区域内にあるときは、当該土地の登記事項証明書

二十九	
所有権の保存の登記（法第七十四条第二項の規定により表題部	
法第七十四条第二項の規定により登記を申請する旨	
イ　建物が敷地権のない区分建物であるときは、申請人が表題部所有者から当該区分建物の所有権を取得したことを証する表題	

	所有者から所有権を取得した者が申請するものに限る。）		部所有者又はその他の一般承継人が作成した情報 ロ　建物が敷地権付き区分建物であるときは、登記原因を証する情報及び敷地権の登記名義人の承諾を証する情報 ハ　登記名義人となる者の住所を証する市町村長、登記官その他の公務員が職務上作成した情報（公務員が職務上作成した情報がない場合にあっては、これに代わるべき情報）
三十	所有権の移転の登記		イ　登記原因を証する情報 ロ　法第六十三条第三項の規定により登記権利者が単独で申請するときは、相続があったことを証する市町村長その他の公務員が職務上作成した情報（公務員が職務上作成した情報がない場合にあっては、これに代わるべき情報）及び遺贈（相続人に対する遺贈に限る。）によって所有権を取得したことを証する情報 ハ　登記名義人となる者の住所を証する市町村長、登記官その他の公務員が職務上作成した情報（公務員が職務上作成した情報がない場合にあっ

			ては、これに代わるべき情報）
三十一	表題登記がない土地についてする所有権の処分の制限の登記		イ　登記原因を証する情報 ロ　当該土地についての土地所在図及び地積測量図
三十二	表題登記がない建物についてする所有権の処分の制限の登記	当該表題登記がない建物が敷地権のある区分建物であるときは、次に掲げる事項 イ　敷地権の目的となる土地の所在する市、区、郡、町、村及び字並びに当該土地の地番、地目及び地積 ロ　敷地権の種類及び割合	イ　登記原因を証する情報 ロ　当該表題登記がない建物についての建物図面及び各階平面図 ハ　当該表題登記がない建物が区分建物である場合において、当該区分建物が属する一棟の建物の敷地について登記された所有権、地上権又は賃借権の登記名義人が当該区分建物の所有者であり、かつ、区分所有法第二十二条第一項ただし書の規約における別段の定めがあることその他の事由により当該所有権、地上権又は賃借権が当該区分建物の敷地権とならないときは、当該事由を証する情報 ニ　当該表題登記がない建物が敷地権のある区分建物であるときは、次に掲げる情報 (1)　敷地権の目的である土地が区分所有法第五条第一項の規定により建物の敷地となった土地で

あるときは、同項の規約を設定したことを証する情報

(2)　敷地権が区分所有法第二十二条第二項ただし書の規約で定められている割合によるものであるときは、当該規約を設定したことを証する情報

(3)　敷地権の目的である土地が他の登記所の管轄区域内にあるときは、当該土地の登記事項証明書

(3)不動産登記規則(抄)

〔平成十七年二月十八日号外　法務省令第十八号〕

最終改正　令和六年三月一日法務省令第七号

(申請情報)

第三十四条　登記の申請においては、次に掲げる事項を申請情報の内容とするものとする。

一　申請人又は代理人の電話番号その他の連絡先

二　分筆の登記の申請においては、第七十八条の符号

三　建物の分割の登記又は建物の区分の登記の申請においては、第八十四条の符号

四　附属建物があるときは、主である建物及び附属建物の別並びに第百十二条第二項の符号

五　敷地権付き区分建物であるときは、第百十八条第一号イの符号

六　添付情報の表示

七　申請の年月日

八　登記所の表示

2　令第六条第一項に規定する不動産識別事項は、不動産番号とする。

3　令第六条の規定は、同条第一項各号又は第二項各号にめる事項が申請を受ける登記所以外の登記所の管轄区域内にある不動産に係る場合には、当該不動産の不動産番号と併せて当該申請を受ける登記所以外の登記所の表示を申請情報の内容としたときに限り、適用する。

4　令第六条第一項第一号又は第二号の規定にかかわらず、不動産の表題登記を申請する場合、法第七十四条第一項第二号又は第三号に掲げる者が表題登記がない不動産について所有権の保存の登記を申請する場合及び表題登記がない不動産について所有権の処分の制限の登記を嘱託する場合には、令第三条第七号又は第八号に掲げる事項を申請情報の内容としなければならない。

（会社法人等番号の提供を要しない場合等）

第三十六条　令第七条第一項第一号の法務省令で定める場合は、申請人が同号イに規定する法人であって、次に掲げる登記事項証明書（商業登記法（昭和三十八年法律第百二十五号）第十条第一項（他の法令において準用する場合を含む。）に規定する登記事項証明書をいう。以下この項及び次項、第二百九条第三項及び第四項並びに第二百四十三条第二項において同じ。）を提供して登記の申請をするものである場合とする。

一　次号に規定する場合以外の場合にあっては、当該法人の代表者の資格を証する登記事項証明書

二　支配人等（支配人その他の法令の規定により法人を代理することができる者であって、その旨の登記がされているものをいう。以下同じ。）によって登記の申請をする場合にあっては、当該支配人等の権限を証する登記事項証明書

2　前項各号の登記事項証明書は、その作成後三月以内のものでなければならない。

3　令第七条第一項第二号の法務省令で定める場合は、申請人が同項第一号イに規定する法人であって、支配人等が当該法人を代理して登記の申請をする場合とする。

4　令第九条の法務省令で定める情報は、住民票コード（住民基本台帳法（昭和四十二年法律第八十一号）第七条第十三号に規定する住民票コードをいう。）又は会社法人等番号（商業登記法第七条（他の法令において準用する場合を含む。）に規定する会社法人等番号をいう。以下同じ。）とする。ただし、住所についての変更又は錯誤若しくは遺漏があったことを証する情報を提供しなければならないものとされている場合にあっては、当該住所についての変更又は錯誤若しくは遺漏があったことを確認することができることとなるものに限る。

（分筆の登記の場合の地積測量図）

第七十八条　分筆の登記を申請する場合において提供する分筆後の土地の地積測量図には、分筆前の土地を図示し、分筆線を明らかにして分筆後の各土地を表示し、これに符号を付さなければならない。

（建物の分割の登記の場合の建物図面等）

第八十四条　建物の分割の登記又は建物の区分の登記を申請する場合において提供する建物図面及び各階平面図には、分割後又は区分後の各建物を表示し、これに符号を付さなければならない。

（建物）

第百十一条　建物は、屋根及び周壁又はこれらに類するものを有し、土地に定着した建造物であって、その目的とする用途に供し得る状態にあるものでなければならない。

（家屋番号）

第百十二条　家屋番号は、地番区域ごとに建物の敷地の地番と同一の番号をもって定めるものとする。ただし、二個以上の建物が一筆の土地の上に存するとき、一個の建物が二筆以上の土地の上に存するとき、その他特別の事情があるときは、敷地の地番と同一の番号に支号を付す方法その他の方法により、これを定めるものとする。

2　附属建物には、符号を付すものとする。

（建物の種類）

第百十三条　建物の種類は、建物の主な用途により、居宅、店舗、寄宿舎、共同住宅、事務所、旅館、料理店、工場、倉庫、車庫、発電所及び変電所に区分して定め、これらの区分に該当しない建物については、これに準じて定めるものとする。

2　建物の主な用途が二以上の場合には、当該二以上の用途により建物の種類を定めるものとする。

（建物の構造）

第百十四条　建物の構造は、建物の主な部分の構成材料、屋根の種類及び階数により、次のように区分して定め、これらの区分に該当しない建物については、これに準じて定めるものとする。

一　構成材料による区分

イ　木造

ロ　土蔵造

ハ　石造

ニ　れんが造

ホ　コンクリートブロック造

ヘ　鉄骨造

ト　鉄筋コンクリート造

チ　鉄骨鉄筋コンクリート造

二　屋根の種類による区分

イ かわらぶき
ロ スレートぶき
ハ 亜鉛メッキ鋼板ぶき
ニ 草ぶき
ホ 陸屋根

三 階数による区分
イ 平家建
ロ 二階建(三階建以上の建物にあっては、これに準ずるものとする。)

(建物の床面積)

第百十五条 建物の床面積は、各階ごとに壁その他の区画の中心線(区分建物にあっては、壁その他の区画の内側線)で囲まれた部分の水平投影面積により、平方メートルを単位として定め、一平方メートルの百分の一未満の端数は、切り捨てるものとする。

(区分建物の家屋番号)

第百十六条 区分建物である建物の登記記録の表題部には、建物の表題部の登記事項のほか、当該建物が属する一棟の建物に属する他の建物の家屋番号を記録するものとする。

2 登記官は、区分建物である建物の家屋番号に関する変更の登記又は更正の登記をしたときは、当該建物が属する一棟の建物に属する他の建物の登記記録に記録されていた当該建物の家屋番号を抹消する記号を記録し、変更後又は更正後の家屋番号を記録しなければならない。

(区分建物の登記記録の閉鎖)

第百十七条 登記官は、区分建物である建物の登記記録を閉鎖する場合において、当該登記記録の閉鎖後においても当該建物(以下この条において「閉鎖建物」という。)が属する一棟の建物に他の建物(附属建物として登記されているものを除く。)が存することとなるときは、第八条の規定にかかわらず、閉鎖建物の登記記録に記録された次に掲げる事項を抹消する記号を記録することを要しない。

一 一棟の建物の所在する市、区、郡、町、村、字及び土地の地番
二 一棟の建物の構造及び床面積
三 一棟の建物の名称があるときは、その名称
四 前条第一項の規定により記録されている当該他の建物の家屋番号

2 登記官は、前項の場合には、閉鎖建物が属する一棟の建物に属する他の建物の登記記録に記録されている当該閉鎖建物の家屋番号を抹消する記号を記録しなければならない。

3 登記官は、第一項に規定する場合以外の場合において、区分建物である建物の登記記録を閉鎖するときは、閉鎖建物の登記記録及び当該閉鎖建物が属する一棟の建物に属す

る他の建物の登記記録（閉鎖されたものも含む。）の第一項各号に掲げる事項を抹消する記号を記録しなければならない。

（表題部にする敷地権の記録方法）

第百十八条　登記官は、区分建物である建物の登記記録の表題部に法第四十四条第一項第九号に掲げる敷地権を記録するときは、敷地権の登記原因及びその日付のほか、次に掲げる事項を記録しなければならない。

一　敷地権の目的である土地に関する次に掲げる事項

イ　当該土地を記録する順序に従って付した符号

ロ　当該土地の不動産所在事項

ハ　地目

ニ　地積

二　敷地権の種類

三　敷地権の割合

（敷地権である旨の登記）

第百十九条　登記官は、法第四十六条の敷地権である旨の登記をするときは、次に掲げる事項を敷地権の目的である土地の登記記録の権利部の相当区に記録しなければならない。

一　敷地権である旨

二　当該敷地権の登記をした区分建物が属する一棟の建物の所在する市、区、郡、町、村、字及び土地の地番

三　当該敷地権の登記をした区分建物が属する一棟の建物の構造及び床面積又は当該一棟の建物の名称

四　当該敷地権が一棟の建物に属する一部の建物についての敷地権であるときは、当該一部の建物の家屋番号

五　登記の年月日

2　登記官は、敷地権の目的である土地が他の登記所の管轄区域内にあるときは、遅滞なく、当該他の登記所に前項の規定により記録すべき事項を通知しなければならない。

3　前項の規定による通知を受けた登記所の登記官は、遅滞なく、敷地権の目的である土地の登記記録の権利部の相当区に、通知を受けた事項を記録しなければならない。

（合体による登記等）

第百二十条　合体後の建物についての建物の表題登記をする場合において、合体前の建物に所有権の登記がある建物があるときは、合体後の建物の登記記録の表題部に表題部所有者に関する登記事項を記録することを要しない。法第四十九条第一項後段の規定により併せて所有権の登記の申請があった場合についても、同様とする。

2　登記官は、前項前段の場合において、表題登記をしたときは、当該合体後の建物の登記記録の甲区に次に掲げる事項を記録しなければならない。

一　合体による所有権の登記をする旨

二　所有権の登記名義人の氏名又は名称及び住所並びに登記名義人が二人以上であるときは当該所有権の登記名義人ごとの持分
三　合体前の建物に法人識別事項等の登記があるときは、当該法人識別事項等
四　登記の年月日
3　登記官は、法第四十九条第一項後段の規定により併せて所有権の登記の申請があった場合において、当該申請に基づく所有権の登記をするときは、前項各号に掲げる事項のほか、第百五十六条の四に規定する法人識別事項、第百五十六条の六第一項に規定する国内連絡先事項並びに当該申請の受付の年月日及び受付番号も記録しなければならない。
4　登記官は、合体前の建物について存続登記(令別表の十三の項申請情報欄ハに規定する存続登記をいう。以下この項において同じ。)がある場合において、合体後の建物の持分について当該存続登記と同一の登記をするときは、合体前の建物の登記記録から合体後の建物の登記記録の権利部の相当区に当該存続登記を移記し、その末尾に本項の規定により登記を移記した旨及びその年月日を記録しなければならない。
5　法第五十条の規定による権利が消滅した旨の登記は、合体による登記等の申請情報と併せて次に掲げる情報の提供がされた場合にするものとする。
一　当該権利の登記名義人(当該権利が抵当権である場合において、抵当証券が発行されているときは、当該抵当証券の所持人又は裏書人を含む。)が当該権利を消滅させることについて承諾したことを証する当該登記名義人が作成した情報又は当該登記名義人に対抗することができる裁判があったことを証する情報
二　前号の権利を目的とする第三者の権利に関する登記があるときは、当該第三者が承諾したことを証する当該第三者が作成した情報又は当該第三者に対抗することができる裁判があったことを証する情報
三　第一号の権利が抵当証券の発行されている抵当権であるときは、当該抵当証券
6　前項の場合における権利が消滅した旨の登記は、付記登記によってするものとする。この場合には、第四項の規定にかかわらず、当該消滅した権利に係る権利に関する登記を合体後の建物の登記記録に移記することを要しない。
7　第百二十四条の規定は、敷地権付き区分建物が合体した場合において、合体後の建物につき敷地権の登記をしないときについて準用する。
8　前条の規定は、合体前の二以上の建物がいずれも敷地権付き区分建物であり、かつ、合体後の建物も敷地権付き区

分建物となる場合において、合体前の建物のすべての敷地権の割合を合算した敷地権の割合が合体後の建物の敷地権の割合となるときは、適用しない。

9　第百四十四条の規定は、合体前の建物の表題部の登記の抹消について準用する。

（附属建物の新築の登記）

第百二十一条　登記官は、附属建物の新築による建物の表題部の登記事項に関する変更の登記をするときは、建物の登記記録の表題部に、附属建物の符号、種類、構造及び床面積を記録しなければならない。

（区分建物の表題部の変更の登記）

第百二十二条　法第五十一条第五項の法務省令で定める登記事項は、次のとおりとする。

一　敷地権の目的となる土地の不動産所在事項、地目及び地積

二　敷地権の種類

2　法第五十三条第二項において準用する第五十一条第五項の法務省令で定める事項は、前項各号に掲げる事項並びに敷地権の登記原因及びその日付とする。

（建物の表題部の変更の登記等により敷地権の登記をする場合の登記）

第百二十三条　登記官は、建物の表題部の登記事項に関する変更の登記又は更正の登記により新たに敷地権の登記をした場合において、建物についての所有権又は特定担保権（一般の先取特権、質権又は抵当権をいう。以下この条において同じ。）に係る権利に関する登記があるときは、所有権の登記を除き、当該権利に関する登記についてする付記登記によって建物のみに関する旨を記録しなければならない。ただし、特定担保権に係る権利に関する登記であって、当該登記の目的等（登記の目的、申請の受付の年月日及び受付番号並びに登記原因及びその日付をいう。以下この項において同じ。）が当該敷地権についてされた特定担保権に係る権利に関する登記の目的等と同一であるものは、この限りでない。

2　登記官は、前項ただし書の場合には、職権で、当該敷地権についてされた特定担保権に係る権利に関する登記の抹消をしなければならない。この場合には、敷地権の目的である土地の登記記録の権利部の相当区に本項の規定により抹消をする旨及びその年月日を記録しなければならない。

（敷地権の登記の抹消）

第百二十四条　登記官は、敷地権付き区分建物について、敷地権であった権利が敷地権でない権利となったことによる建物の表題部に関する変更の登記をしたときは、当該敷地権の目的であった土地の登記記録の権利部の相当区に敷地

権の変更の登記により敷地権を抹消する旨及びその年月日を記録し、同区の敷地権である旨の登記の抹消をしなければならない。敷地権であった権利が消滅したことによる建物の表題部に関する変更の登記をしたときも、同様とする。
2　登記官は、前項前段の場合には、同項の土地の登記記録の権利部の相当区に、敷地権であった権利、その権利の登記名義人の氏名又は名称及び住所、当該登記名義人の法人識別事項等の登記があるときは当該法人識別事項等並びに登記名義人が二人以上であるときは当該権利の登記名義人ごとの持分を記録し、敷地権である旨の登記を抹消したことにより登記をする旨及び登記の年月日を記録しなければならない。
3　登記官は、前項に規定する登記をすべき場合において、敷地権付き区分建物の登記記録に特定登記(法第五十五条第一項に規定する特定登記をいう。以下同じ。)があるときは、当該敷地権付き区分建物の登記記録から第一項の土地の登記記録の権利部の相当区にこれを転写しなければならない。
4　登記官は、前項の場合において、第一項の土地の登記記録の権利部の相当区に前項の規定により転写すべき登記に後れる登記があるときは、同項の規定にかかわらず、新たに当該土地の登記記録を作成した上、当該登記記録の表題部に従前の登記記録の表題部にされていた登記を移記するとともに、権利部に、権利の順序に従って、同項の規定により転写すべき登記を転写し、かつ、従前の登記記録の権利部にされていた登記を移記しなければならない。この場合には、従前の登記記録の表題部及び権利部にこの項の規定により登記を移記した旨及びその年月日を記録し、従前の登記記録を閉鎖しなければならない。
5　登記官は、前二項の規定により土地の登記記録の権利部の相当区に登記を転写し、又は移記したときは、その登記の末尾に第三項又は第四項の規定により転写し、又は移記した旨を記録しなければならない。
6　登記官は、第三項の規定により転写すべき登記が、一般の先取特権、質権又は抵当権の登記であるときは、共同担保目録を作成しなければならない。この場合には、建物及び土地の各登記記録の転写された権利に係る登記の末尾に、新たに作成した共同担保目録の記号及び目録番号を記録しなければならない。
7　前項の規定は、転写すべき登記に係る権利について既に共同担保目録が作成されていた場合には、適用しない。この場合において、登記官は、当該共同担保目録の従前の敷地権付き区分建物を目的とする権利を抹消する記号を記録し、敷地権の消滅後の建物及び土地を目的とする権利を記

録して、土地の登記記録の当該権利の登記の末尾に当該共同担保目録の記号及び目録番号を記録しなければならない。

8　登記官は、第一項の変更の登記をした場合において、敷地権の目的である土地が他の登記所の管轄区域内にあるときは、遅滞なく、当該他の登記所に同項の登記をした旨及び第二項又は第三項の規定により記録し、又は転写すべき事項を通知しなければならない。

9　前項の通知を受けた登記所の登記官は、遅滞なく、第一項から第七項までに定める手続をしなければならない。

10　第六条後段の規定は、第四項の規定により登記を移記する場合について準用する。

（特定登記に係る権利の消滅の登記）

第百二十五条　特定登記に係る権利が消滅した場合の登記は、敷地権の変更の登記の申請情報と併せて次に掲げる情報が提供された場合にするものとする。

一　当該権利の登記名義人（当該権利が抵当権である場合において、抵当証券が発行されているときは、当該抵当証券の所持人又は裏書人を含む。）が当該権利を消滅させることを承諾したことを証する当該登記名義人が作成した情報又は当該登記名義人に対抗することができる裁判があったことを証する情報

二　前号の権利を目的とする第三者の権利に関する登記があるときは、当該第三者が承諾したことを証する当該第三者が作成した情報又は当該第三者に対抗することができる裁判があったことを証する情報

三　第一号の権利が抵当証券の発行されている抵当権であるときは、当該抵当証券

2　前項の場合における特定登記に係る権利が土地について消滅した旨の登記は、付記登記によってするものとする。この場合には、前条第三項の規定にかかわらず、当該消滅した権利に係る権利に関する登記を土地の登記記録に転写することを要しない。

3　第一項の場合における特定登記に係る権利が建物について消滅した旨の登記は、付記登記によってするものとする。この場合には、登記の年月日及び当該権利に関する登記を抹消する記号を記録しなければならない。

4　前三項の規定は、法第五十五条第二項から第四項までの規定による特定登記に係る権利が消滅した場合の登記について準用する。

（敷地権の不存在による更正の登記）

第百二十六条　登記官は、敷地権の不存在を原因とする建物の表題部に関する更正の登記をしたときは、その権利の目的である土地の登記記録の権利部の相当区に敷地権の更正の登記により敷地権を抹消する旨及びその年月日を記録し、

同区の敷地権である旨の登記の抹消をしなければならない。
2　登記官は、前項の場合において、法第七十三条第一項本文の規定により敷地権の移転の登記としての効力を有する登記があるときは、前項の土地の登記記録の権利部の相当区に当該登記の全部を転写しなければならない。
3　第百二十四条第三項から第十項までの規定は、前項の場合について準用する。

（建物の分割の登記における表題部の記録方法）
第百二十七条　登記官は、甲建物からその附属建物を分割して乙建物とする建物の分割の登記をするときは、乙建物について新たに登記記録を作成し、当該登記記録の表題部に家屋番号何番の建物から分割した旨を記録しなければならない。
2　登記官は、前項の場合には、甲建物の登記記録の表題部に、家屋番号何番の建物に分割した旨及び分割した附属建物を抹消する記号を記録しなければならない。
3　登記官は、第一項の場合において、分割により不動産所在事項に変更が生じたときは、変更後の不動産所在事項、分割により変更した旨及び変更前の不動産所在事項を抹消する記号を記録しなければならない。

（建物の分割の登記における権利部の記録方法）
第百二十八条　第百二条及び第百四条第一項から第三項までの規定は、前条第一項の規定により甲建物からその附属建物を分割して乙建物とする建物の分割の登記をする場合について準用する。
2　登記官は、分割前の建物について現に効力を有する所有権の登記がされた後当該分割に係る附属建物の新築による当該分割前の建物の表題部の登記事項に関する変更の登記がされていたときは、前項において準用する第百二条の規定により当該所有権の登記を転写することに代えて、乙建物の登記記録の甲区に次に掲げる事項を記録しなければならない。
一　分割による所有権の登記をする旨
二　所有権の登記名義人の氏名又は名称及び住所並びに登記名義人が二人以上であるときは当該所有権の登記名義人ごとの持分
三　甲建物に法人識別事項等の登記があるときは、当該法人識別事項等
四　登記の年月日

（建物の区分の登記における表題部の記録方法）
第百二十九条　登記官は、区分建物でない甲建物を区分して甲建物と乙建物とする建物の区分の登記をするときは、区分後の各建物について新たに登記記録を作成し、各登記記録の表題部に家屋番号何番の建物から区分した旨を記録し

なければならない。

2　登記官は、前項の場合には、区分前の甲建物の登記記録の表題部に区分によって家屋番号何番及び何番の建物の登記記録に移記した旨並びに従前の建物の表題部の登記事項を抹消する記号を記録し、当該登記記録を閉鎖しなければならない。

3　登記官は、区分建物である甲建物を区分して甲建物と乙建物とする建物の区分の登記をするときは、乙建物について新たに登記記録を作成し、これに家屋番号何番の建物から区分した旨を記録しなければならない。

4　登記官は、前項の場合には、甲建物の登記記録の表題部に、残余部分の建物の表題部の登記事項、家屋番号何番の建物を区分した旨及び従前の建物の表題部の登記事項の変更部分を抹消する記号を記録しなければならない。

（建物の区分の登記における権利部の記録方法）

第百三十条　登記官は、前条第一項の場合には、区分後の各建物についての新登記記録の権利部の相当区に、区分前の建物の登記記録から権利に関する登記を移記し、かつ、建物の区分の登記に係る申請の受付の年月日及び受付番号を記録しなければならない。この場合においては、第百二条第一項後段、第二項及び第三項並びに第百四条第一項から第三項までの規定を準用する。

2　第百二条及び第百四条第一項から第三項までの規定は、前条第三項の場合における権利に関する登記について準用する。

3　第百二十三条の規定は、前条第一項の規定による建物の区分の登記をした場合において、区分後の建物が敷地権付き区分建物となるときについて準用する。

（建物の合併の登記の制限の特例）

第百三十一条　法第五十六条第五号の合併後の建物の登記記録に登記することができる権利に関する登記は、次に掲げる登記とする。

一　担保権の登記であって、登記の目的、申請の受付の年月日及び受付番号並びに登記原因及びその日付が同一のもの

二　信託の登記であって、法第九十七条第一項各号に掲げる登記事項が同一のもの

（附属合併の登記における表題部の記録方法）

第百三十二条　登記官は、甲建物を乙建物の附属建物とする建物の合併（以下「附属合併」という。）に係る建物の合併の登記をするときは、乙建物の登記記録の表題部に、附属合併後の建物の表題部の登記事項及び家屋番号何番の建物を合併した旨を記録しなければならない。

2　登記官は、前項の場合において、附属合併により不動産

所在事項に変更が生じた場合には、変更後の不動産所在事項、合併により変更した旨及び変更前の不動産所在事項を抹消する記号を記録しなければならない。

3　登記官は、第一項の場合には、甲建物の登記記録の表題部に家屋番号何番の建物に合併した旨及び従前の建物の表題部の登記事項を抹消する記号を記録し、当該登記記録を閉鎖しなければならない。

（区分合併の登記における表題部の記録方法）

第百三十三条　登記官は、区分建物である甲建物を乙建物又は乙建物の附属建物に合併する建物の合併（乙建物又は乙建物の附属建物が甲建物と接続する区分建物である場合に限る。以下「区分合併」という。）に係る建物の合併の登記をするときは、乙建物の登記記録の表題部に、区分合併後の建物の表題部の登記事項、家屋番号何番の建物を合併した旨及び従前の建物の表題部の登記事項の変更部分を抹消する記号を記録しなければならない。

2　登記官は、前項に規定する場合には、甲建物の登記記録の表題部に家屋番号何番の建物に合併した旨及び従前の建物の表題部の登記事項を抹消する記号を記録し、当該登記記録を閉鎖しなければならない。

3　登記官は、第一項の規定にかかわらず、区分合併（甲建物を乙建物の附属建物に合併する場合を除く。）に係る建物の合併の登記をする場合において、区分合併後の建物が区分建物でないときは、区分合併後の建物について新たに登記記録を作成し、当該登記記録の表題部に区分合併後の建物の表題部の登記事項及び合併により家屋番号何番の建物の登記記録から移記した旨を記録しなければならない。

4　登記官は、前項の場合には、区分合併前の乙建物の登記記録の表題部に家屋番号何番の建物を合併した旨、合併により家屋番号何番の建物の登記記録に移記した旨及び乙建物についての建物の表題部の登記事項を抹消する記号を記録し、乙建物の登記記録を閉鎖しなければならない。

（建物の合併の登記における権利部の記録方法）

第百三十四条　第百七条第一項及び第六項の規定は、建物の合併の登記について準用する。

2　登記官は、前条第三項の場合において、区分合併前のすべての建物に第百三十一条に規定する登記があるときは、同項の規定により区分合併後の建物について新たに作成した登記記録の乙区に当該登記を移記し、当該登記が合併後の建物の全部に関する旨を付記登記によって記録しなければならない。

3　第百二十四条の規定は、区分合併に係る建物の合併の登記をする場合において、区分合併後の建物が敷地権のない建物となるときについて準用する。

（建物の分割の登記及び附属合併の登記における表題部の記録方法）

第百三十五条　登記官は、甲建物の登記記録から甲建物の附属建物を分割して、これを乙建物の附属建物としようとする場合において、建物の分割の登記及び建物の合併の登記をするときは、乙建物の登記記録の表題部に、附属合併後の建物の表題部の登記事項及び家屋番号何番の建物から合併した旨を記録しなければならない。この場合には、第百三十二条第一項及び第三項の規定は、適用しない。

2　登記官は、前項の場合には、甲建物の登記記録の表題部の分割に係る附属建物について、家屋番号何番の建物に合併した旨及び従前の建物の表題部の登記事項の変更部分を抹消する記号を記録しなければならない。この場合には、第百二十七条第一項及び第二項の規定は、適用しない。

（建物の分割及び区分合併の登記における表題部の記録方法）

第百三十六条　登記官は、甲建物の登記記録から甲建物の附属建物（区分建物に限る。）を分割して、これを乙建物又は乙建物の附属建物に合併しようとする場合（乙建物又は乙建物の附属建物が甲建物の附属建物と接続する区分建物である場合に限る。）において、建物の分割の登記及び建物の合併の登記をするときは、乙建物の登記記録の表題部に、区分合併後の建物の表題部の登記事項、家屋番号何番の一部を合併した旨及び従前の建物の表題部の登記事項の変更部分を抹消する記号を記録しなければならない。この場合には、第百三十三条第一項及び第二項の規定は、適用しない。

2　前条第二項の規定は、前項の場合において、甲建物の登記記録の表題部の記録方法について準用する。

3　第百三十三条第三項及び第四項の規定は、第一項の場合（甲建物の附属建物を分割して乙建物の附属建物に合併しようとする場合を除く。）において、区分合併後の乙建物が区分建物でない建物となるときについて準用する。

（建物の区分及び附属合併の登記における表題部の記録方法）

第百三十七条　第百三十五条第一項の規定は、甲建物を区分してその一部を乙建物の附属建物としようとする場合において、建物の区分の登記及び附属合併の登記をするときにおける乙建物の登記記録の表題部の記録方法について準用する。

2　登記官は、前項の場合において、区分前の甲建物が区分建物でない建物であったときは、区分後の甲建物について新たに登記記録を作成し、当該登記記録の表題部に家屋番号何番の建物から区分した旨を記録するとともに、区分前

の甲建物の登記記録に区分及び合併によって家屋番号何番及び何番の建物の登記記録に移記した旨並びに従前の建物の表題部の登記事項を抹消する記号を記録し、当該登記記録を閉鎖しなければならない。この場合には、第百二十九条第一項及び第二項の規定は、適用しない。

3　登記官は、第一項の場合において、区分前の甲建物が区分建物であったときは、甲建物の登記記録の表題部に、残余部分の建物の表題部の登記事項、区分した一部を家屋番号何番に合併した旨及び従前の建物の表題部の登記事項の変更部分を抹消する記号を記録しなければならない。この場合には、第百二十九条第三項及び第四項の規定は、適用しない。

（建物の区分及び区分合併の登記における表題部の記録方法）

第百三十八条　第百三十六条第一項の規定は、甲建物を区分して、その一部を乙建物又は乙建物の附属建物に合併しようとする場合（乙建物又は乙建物の附属建物が当該一部と接続する区分建物である場合に限る。）において、建物の区分の登記及び建物の合併の登記をするときにおける乙建物の登記記録の表題部の記録方法について準用する。

2　前条第三項の規定は、前項の場合（区分前の甲建物が区分建物であった場合に限る。）において、甲建物の登記記録の表題部の記録方法について準用する。

（建物の分割の登記及び附属合併の登記等における権利部の記録方法）

第百三十九条　第百四条第一項から第三項まで並びに第百七条第一項及び第六項の規定は、第百三十五条から前条までの場合における権利部の記録方法について準用する。

（建物が区分建物となった場合の登記等）

第百四十条　登記官は、法第五十二条第一項及び第三項に規定する表題部の登記事項に関する変更の登記をするときは、当該変更の登記に係る区分建物である建物について新たに登記記録を作成し、当該登記記録の表題部に本項の規定により登記を移記した旨を記録しなければならない。

2　登記官は、前項の場合には、新たに作成した登記記録の権利部の相当区に、変更前の建物の登記記録から権利に関する登記を移記し、登記の年月日及び本項の規定により登記を移記した旨を記録しなければならない。

3　登記官は、第一項の場合には、変更前の建物の登記記録の表題部に同項の規定により登記を移記した旨及び従前の建物の表題部の登記事項を抹消する記号を記録し、当該登記記録を閉鎖しなければならない。

4　前三項の規定は、区分合併以外の原因により区分建物である建物が区分建物でない建物となったときについて準用

する。この場合において、第一項中「区分建物である建物」とあるのは、「建物」と読み替えるものとする。

（共用部分である旨の登記等）

第百四十一条　登記官は、共用部分である旨の登記又は団地共用部分である旨の登記をするときは、所有権の登記がない建物にあっては表題部所有者に関する登記事項を抹消する記号を記録し、所有権の登記がある建物にあっては権利に関する登記の抹消をしなければならない。

（共用部分である旨の登記がある建物の分割等）

第百四十二条　登記官は、共用部分である旨の登記若しくは団地共用部分である旨の登記がある甲建物からその附属建物を分割して乙建物とする建物の分割の登記をし、又は当該甲建物を区分して甲建物と乙建物とする建物の区分の登記をする場合において、甲建物の登記記録に法第五十八条第一項各号に掲げる登記事項があるときは、乙建物の登記記録に当該登記事項を転写しなければならない。

（共用部分である旨を定めた規約等の廃止による建物の表題登記）

第百四十三条　登記官は、共用部分である旨又は団地共用部分である旨を定めた規約を廃止したことによる建物の表題登記の申請があった場合において、当該申請に基づく表題登記をするときは、当該建物の登記記録の表題部に所有者の氏名又は名称及び住所並びに所有者が二人以上であるときはその所有者ごとの持分並びに敷地権があるときはその内容を記録すれば足りる。この場合には、共用部分である旨又は団地共用部分である旨の記録を抹消する記号を記録しなければならない。

（建物の滅失の登記）

第百四十四条　登記官は、建物の滅失の登記をするときは、当該建物の登記記録の表題部の登記事項を抹消する記号を記録し、当該登記記録を閉鎖しなければならない。

2　第百十条の規定は、前項の登記について準用する。

（敷地権付き区分建物の滅失の登記）

第百四十五条　第百二十四条第一項から第五項まで及び第八項から第十項までの規定は、敷地権付き区分建物の滅失の登記をする場合について準用する。

2　第百二十四条第六項及び第七項の規定は、前項の場合において、当該敷地権付き区分建物の敷地権の目的であった土地が二筆以上あるときについて準用する。

（権利部の登記）

第百四十六条　登記官は、権利部の相当区に権利に関する登記をする場合には、法令に別段の定めがある場合を除き、権利に関する登記の登記事項のうち、登記の目的、申請の受付の年月日及び受付番号並びに登記原因及びその日付の

ほか、新たに登記すべきものを記録しなければならない。

（順位番号等）

第百四十七条　登記官は、権利に関する登記をするときは、権利部の相当区に登記事項を記録した順序を示す番号を記録しなければならない。

2　登記官は、同順位である二以上の権利に関する登記をするときは、順位番号に当該登記を識別するための符号を付さなければならない。

3　令第二条第八号の順位事項は、順位番号及び前項の符号とする。

（登記完了証）

第百八十一条　登記官は、登記の申請に基づいて登記を完了したときは、申請人に対し、登記完了証を交付することにより、登記が完了した旨を通知しなければならない。この場合において、申請人が二人以上あるときは、その一人（登記権利者及び登記義務者が申請人であるときは、登記権利者及び登記義務者の各一人）に通知すれば足りる。

2　前項の登記完了証は、別記第六号様式により、次の各号に掲げる事項を記録して作成するものとする。

一　申請の受付の年月日及び受付番号

二　第百四十七条第二項の符号

三　不動産番号

四　法第三十四条第一項各号及び第四十四条第一項各号（第六号及び第九号を除く。）に掲げる事項

五　共同担保目録の記号及び目録番号（新たに共同担保目録を作成したとき及び共同担保目録に記録された事項を変更若しくは更正し、又は抹消する記号を記録したときに限る。）

六　法第二十七条第一号の登記の年月日

七　申請情報（電子申請の場合にあっては、第三十四条第一項第一号に規定する情報及び第三十六条第四項に規定する住民票コードを除き、書面申請の場合にあっては、登記の目的に限る。）

（登記事項証明書の作成及び交付）

第百九十七条　登記官は、登記事項証明書を作成するときは、請求に係る登記記録に記録された事項の全部又は一部である旨の認証文を付した上で、作成の年月日及び職氏名を記載し、職印を押印しなければならない。この場合において、当該登記記録の甲区又は乙区の記録がないときは、認証文にその旨を付記しなければならない。

2　前項の規定により作成する登記事項証明書は、次の各号の区分に応じ、当該各号に定める様式によるものとする。ただし、登記記録に記録した事項の一部についての登記事項証明書については適宜の様式によるものとする。

一　土地の登記記録　別記第七号様式
二　建物（次号の建物を除く。）の登記記録　別記第八号様式
三　区分建物である建物に関する登記記録　別記第九号様式
四　共同担保目録　別記第十号様式
五　信託目録　別記第五号様式

3　登記事項証明書を作成する場合において、第百九十三条第一項第五号に掲げる事項が請求情報の内容とされていないときは、共同担保目録又は信託目録に記録された事項の記載を省略するものとする。

4　登記事項証明書に登記記録に記録した事項を記載するときは、その順位番号の順序に従って記載するものとする。

5　登記記録に記録されている事項を抹消する記号が記録されている場合において、登記事項証明書に抹消する記号を表示するときは、抹消に係る事項の下に線を付して記載するものとする。

6　登記事項証明書の交付は、請求人の申出により、送付の方法によりすることができる。

別記第六号 （第百八十一条第二項関係）

（電子申請の場合）

登記完了証（電子申請）

次の登記申請に基づく登記が完了したことを通知します。

申請受付年月日		
申請受付番号		
登記の年月日		
不　動　産		
申　請　情　報		

（注）

1「登記の年月日」欄は、表示に関する登記が完了した場合に記録されます。

2「不動産」欄に表示されている不動産のうち、下線のあるものは、登記記録が閉鎖されたことを示すものです。

3「申請情報」欄に表示されている内容は、申請人又はその代理人から提供を受けた申請情報を編集したものです。最終的な登記の内容は登記事項証明書等により確認してください。

4 この登記完了証は、登記識別情報を通知するものではありません。

以上

年　　月　　日

法務局　　　　　　出張所

登記官

（書面申請の場合）

登記完了証（書面申請）

次の登記申請に基づく登記が完了したことを通知します。

申請受付年月日		
申請受付番号		
登記の目的		
登記の年月日		
不　動　産		

（注）

1「登記の目的」欄に表示されている内容は、「不動産」欄の最初に表示されている不動産に記録された登記の目的です（権利に関する登記の場合に限ります。）。

2「登記の年月日」欄は、表示に関する登記が完了した場合に記録されます。

3「不動産」欄に表示されている不動産のうち、下線のあるものは、登記記録が閉鎖されたことを示すものです。

4 この登記完了証は、登記識別情報を通知するものではありません。

以上

年　　月　　日

法務局　　　　　　出張所

登記官　　　　　　　　　　　　　　職印

別記第八号　（第百九十七条第二項第二号関係）

<table>
<tr><td colspan="2">表　題　部　（主である建物の表示）</td><td>調製</td><td></td><td>不動産番号</td><td></td></tr>
<tr><td>所在図番号</td><td colspan="5"></td></tr>
<tr><td>所　　在</td><td colspan="3"></td><td colspan="2"></td></tr>
<tr><td>家屋番号</td><td colspan="3"></td><td colspan="2"></td></tr>
<tr><td>① 種 類</td><td>② 構 造</td><td colspan="2">③ 床　面　積　㎡</td><td colspan="2">原因及びその日付
〔登記の日付〕</td></tr>
<tr><td></td><td></td><td colspan="2"></td><td colspan="2"></td></tr>
</table>

<table>
<tr><td colspan="5">表　題　部　（附属建物の表示）</td></tr>
<tr><td>符　号</td><td>①種 類</td><td>② 構 造</td><td>③ 床　面　積　㎡</td><td>原因及びその日付
〔登記の日付〕</td></tr>
<tr><td></td><td></td><td></td><td></td><td></td></tr>
<tr><td>所　有　者</td><td colspan="4"></td></tr>
</table>

<table>
<tr><td colspan="4">権　利　部（甲区）（所有権に関する事項）</td></tr>
<tr><td>順位番号</td><td>登 記 の 目 的</td><td>受付年月日・受付番号</td><td>権 利 者 そ の 他 の 事 項</td></tr>
<tr><td></td><td></td><td></td><td></td></tr>
</table>

<table>
<tr><td colspan="4">権　利　部（乙区）（所有権以外の権利に関する事項）</td></tr>
<tr><td>順位番号</td><td>登 記 の 目 的</td><td>受付年月日・受付番号</td><td>権 利 者 そ の 他 の 事 項</td></tr>
<tr><td></td><td></td><td></td><td></td></tr>
</table>

別記第九号　（第百九十七条第二項第三号関係）

専有部分の家屋番号				
表　題　部　（一棟の建物の表示）	調製		所在図番号	
所　　在				
建物の名称				
① 構　造	② 床　面　積　㎡		原因及びその日付〔登記の日付〕	

表　題　部　（敷地権の目的である土地の表示）				
①土地の符号	②所在及び地番	③地目	④　地　積　㎡	登記の日付

表　題　部（専有部分の建物の表示）			不動産番号	
家屋番号				
建物の表示				
① 種 類	② 構　造	③ 床　面　積　㎡	原因及びその日付〔登記の日付〕	

表　題　部（附属建物の表示）				
符　号	①種　類	② 構　造	③ 床　面　積　㎡	原因及びその日付〔登記の日付〕

表　題　部（敷地権の表示）			
①土地の符号	②敷地権の種類	③敷地権の割合	原因及びその日付〔登記の日付〕
所　有　者			

権　利　部（甲区）（所有権に関する事項）			
順位番号	登　記　の　目　的	受付年月日・受付番号	権利者その他の事項

権　利　部（乙区）（所有権以外の権利に関する事項）			
順位番号	登　記　の　目　的	受付年月日・受付番号	権利者その他の事項

（参考）不動産登記規則の施行前の不動産登記法施行細則に基づく旧様式（抄）

附録第三号ノ二

枚数	所在	家屋番号	①種類 ②構造 ③床面積㎡	原因及びその日付	登記の日付
1〜15		番			
所在図番号					

表題部（主たる建物の表示）

丁

表題部（附属建物の表示）

符号	①種類 ②構造 ③床面積㎡	原因及びその日付	登記の日付

地番区域	
地番 家屋番号	

甲区（所有権）

順位番号	事項欄

丁

甲区（所有権）

順位番号	事項欄

地番区域	
地　番 家屋番号	

乙　区（所有権以外の権利）

順位番号	事項欄

乙　区（所有権以外の権利）

順位番号	事項欄

丁

附録第三号ノ三

専有部分の家屋番号	

表題部（一棟の建物の表示）

所在	所在図番号	建物の番号	①構造	②床面積 ㎡	原因及びその日付	登記の日付

敷地権の目的たる土地の表示

①土地の符号	②所在及び地番	③地目	④地積 ㎡	登記の日付

丁

附録第三号ノ四

枚数
1
2
3
4
5
6
7
8
9
10
11
12
13
14
15

表題部（専有部分の建物の表示）

家屋番号	①種類	②構造	③床面積 ㎡	原因及びその日付	登記の日付
建物の番号					

（附属建物の表示）

符号	①種類	②構造	③床面積 ㎡	原因及びその日付	登記の日付

丁

（敷地権の表示）

①土地の符号	②敷地権の種類	③敷地権の割合	原因及びその日付	登記の日付

地番区域	
地　番 家屋番号	

甲　区（所有権）

順位番号	
事項欄	
順位番号	
事項欄	
順位番号	
事項欄	

丁

甲　区（所有権）

順位番号	
事項欄	
順位番号	
事項欄	
順位番号	
事項欄	

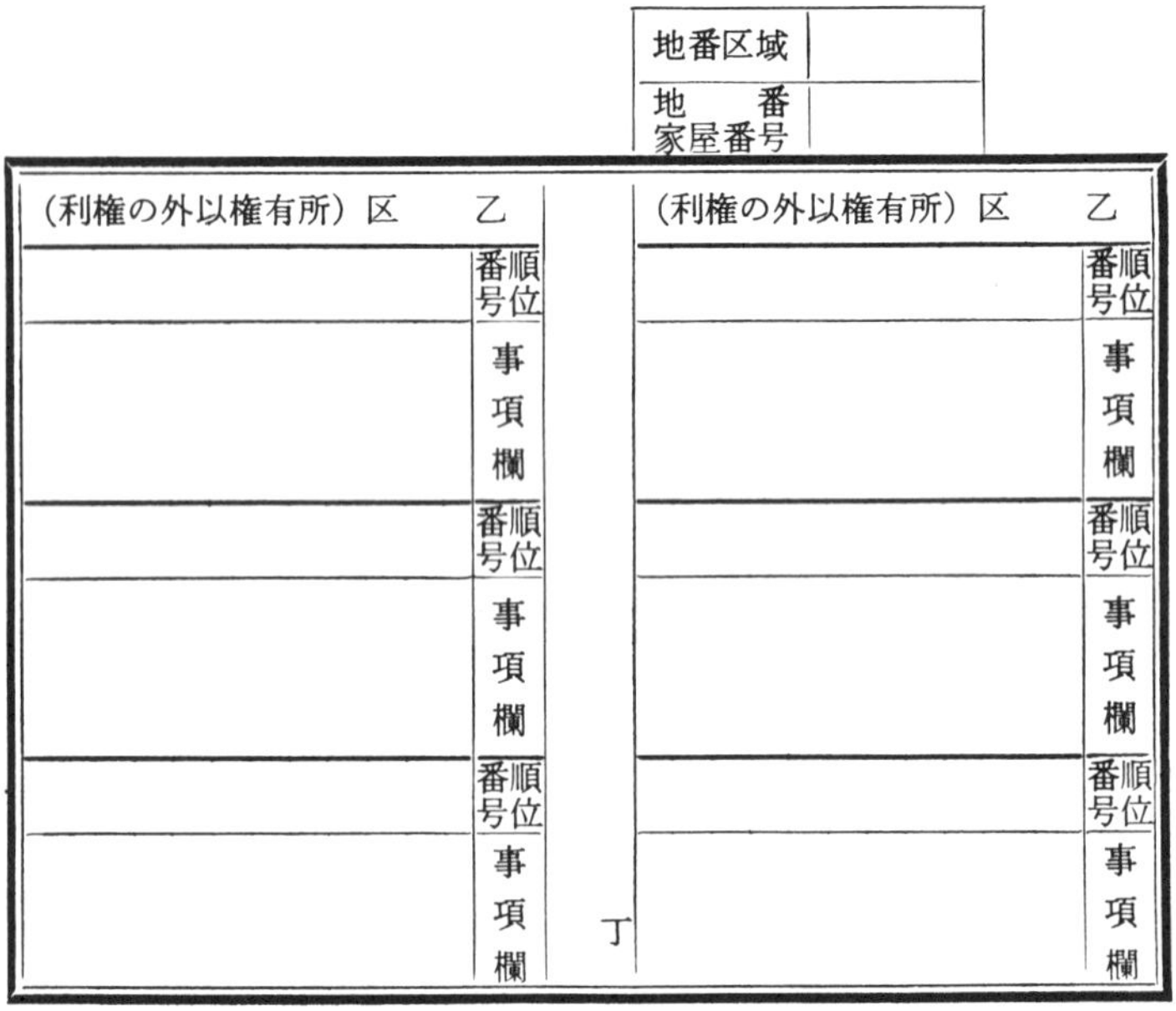

(4) 不動産登記事務取扱手続準則（抄）

〔平成十七年二月二十五日　法務省民二第四五六号〕

最終改正　平成二八年三月二四日　法務省民二第二六八号

（建物認定の基準）

第七十七条　建物の認定に当たっては、次の例示から類推し、その利用状況等を勘案して判定するものとする。

一　建物として取り扱うもの

ア　停車場の乗降場又は荷物積卸場。ただし、上屋を有する部分に限る。

イ　野球場又は競馬場の観覧席。ただし、屋根を有する部分に限る。

ウ　ガード下を利用して築造した店舗、倉庫等の建造物

エ　地下停車場、地下駐車場又は地下街の建造物

オ　園芸又は農耕用の温床施設。ただし、半永久的な建造物と認められるものに限る。

二　建物として取り扱わないもの

ア　ガスタンク、石油タンク又は給水タンク

イ　機械上に建設した建造物。ただし、地上に基脚を有し、又は支柱を施したものを除く。

ウ　浮船を利用したもの。ただし、固定しているものを除く。
エ　アーケード付街路（公衆用道路上に屋根覆いを施した部分）
オ　容易に運搬することができる切符売場又は入場券売場等

（建物の個数の基準）
第七十八条　効用上一体として利用される状態にある数棟の建物は、所有者の意思に反しない限り、一個の建物として取り扱うものとする。
2　一棟の建物に構造上区分された数個の部分で独立して住居、店舗、事務所又は倉庫その他の建物としての用途に供することができるものがある場合には、その各部分は、各別にこれを一個の建物として取り扱うものとする。ただし、所有者が同一であるときは、その所有者の意思に反しない限り、一棟の建物の全部又は隣接する数個の部分を一個の建物として取り扱うものとする。
3　数個の専有部分に通ずる廊下（例えば、アパートの各室に通ずる廊下）又は階段室、エレベーター室、屋上等建物の構造上区分所有者の全員又はその一部の共用に供されるべき建物の部分は、各別に一個の建物として取り扱うことができない。

（家屋番号の定め方）
第七十九条　家屋番号は、規則第百十二条に定めるところによるほか、次に掲げるところにより定めるものとする。
一　一筆の土地の上に一個の建物が存する場合には、敷地の地番と同一の番号をもって定める（敷地の地番が支号の付されたものである場合には、その支号の付された地番と同一の番号をもって定める。）。
二　一筆の土地の上に二個以上の建物が存する場合には、敷地の地番と同一の番号に、壱、弐、参の支号を付して、例えば、地番が「五番」であるときは「五番の壱」、「五番の弐」等と、地番が「六番壱」であるときは「六番壱の壱」、「六番壱の弐」等の例により定める。
三　二筆以上の土地にまたがって一個の建物が存する場合には、主たる建物（附属建物の存する場合）又は床面積の多い部分（附属建物の存しない場合）の存する敷地の地番と同一の番号をもって、主たる建物が二筆以上の土地にまたがる場合には、床面積の多い部分の存する敷地の地番と同一の番号をもって定める。なお、建物が管轄登記所を異にする土地にまたがって存する場合には、管轄指定を受けた登記所の管轄する土地の地番により定める。
四　二筆以上の土地にまたがって二個以上の建物が存する場合には、第二号及び前号の方法によって定める。例え

ば、五番及び六番の土地にまたがる二個の建物が存し、いずれも床面積の多い部分の存する土地が五番であるときは、「五番の壱」及び「五番の弐」のように定める。
五　建物が永久的な施設としてのさん橋の上に存する場合又は固定した浮船を利用したものである場合には、その建物に最も近い土地の地番と同一の番号をもって定める。
六　一棟の建物の一部を一個の建物として登記する場合において、その一棟の建物が二筆以上の土地にまたがって存するときは、一棟の建物の床面積の多い部分の存する敷地の地番と同一の番号に支号を付して定める。
七　家屋番号が敷地の地番と同一である建物の敷地上に存する他の建物を登記する場合には、敷地の地番に弐、参の支号を付した番号をもって定める。この場合には、最初に登記された建物の家屋番号を必ずしも変更することを要しない。
八　建物の分割又は区分の登記をする場合には、前各号に準じて定める。
九　建物の合併の登記をする場合には、合併前の建物の家屋番号のうち上位のものをもって合併後の家屋番号とする。ただし、上位の家屋番号によることが相当でないと認められる場合には、他の番号を用いても差し支えない。
十　敷地地番の変更又は更正による建物の不動産所在事項の変更の登記又は更正の登記をした場合には、前各号に準じて、家屋番号を変更する。

（建物の種類の定め方）

第八十条　規則第百十三条第一項に規定する建物の種類の区分に該当しない建物の種類は、その用途により、次のように区分して定めるものとし、なお、これにより難い場合には、建物の用途により適当に定めるものとする。

校舎、講堂、研究所、病院、診療所、集会所、公会堂、停車場、劇場、映画館、遊技場、競技場、野球場、競馬場、公衆浴場、火葬場、守衛所、茶室、温室、蚕室、物置、便所、鶏舎、酪農舎、給油所
2　建物の主たる用途が二以上の場合には、その種類を例えば「居宅・店舗」と表示するものとする。

（建物の構造の定め方等）
第八十一条　建物の構造は、規則第百十四条に定めるところによるほか、おおむね次のように区分して定めるものとする。
一　構成材料による区分
ア　木骨石造
イ　木骨れんが造
ウ　軽量鉄骨造
二　屋根の種類による区分

ア　セメントかわらぶき
イ　アルミニューム板ぶき
ウ　板ぶき
エ　杉皮ぶき
オ　石板ぶき
カ　銅板ぶき
キ　ルーフィングぶき
ク　ビニール板ぶき
ケ　合金メッキ鋼板ぶき

三　階数による区分
ア　地下何階建
イ　地下何階付き平家建(又は何階建)
ウ　ガード下にある建物については、ガード下平家建(又は何階建)
エ　渡廊下付きの一棟の建物については、渡廊下付き平家建(又は何階建)

2　建物の主たる部分の構成材料が異なる場合には、例えば「木・鉄骨造」と、屋根の種類が異なる場合には、例えば「かわら・亜鉛メッキ鋼板ぶき」と表示するものとする。

3　建物を階層的に区分してその一部を一個の建物とする場合において、建物の構造を記載するときは、屋根の種類を記載することを要しない。

4　天井の高さ一・五メートル未満の地階及び屋階等(特殊階)は、階数に算入しないものとする。

(建物の床面積の定め方)

第八十二条　建物の床面積は、規則第百十五条に定めるところによるほか、次に掲げるところにより定めるものとする。

一　天井の高さ一・五メートル未満の地階及び屋階(特殊階)は、床面積に算入しない。ただし、一室の一部が天井の高さ一・五メートル未満であっても、その部分は、当該一室の面積に算入する。

二　停車場の上屋を有する乗降場及び荷物積卸場の床面積は、その上屋の占める部分の乗降場及び荷物積卸場の面積により計算する。

三　野球場、競馬場又はこれらに類する施設の観覧席は、屋根の設備のある部分の面積を床面積として計算する。

四　地下停車場、地下駐車場及び地下街の建物の床面積は、壁又は柱等により区画された部分の面積により定める。ただし、常時一般に開放されている通路及び階段の部分を除く。

五　停車場の地下道設備(地下停車場のものを含む。)は、床面積に算入しない。

六　階段室、エレベーター室又はこれに準ずるものは、床を有するものとみなして各階の床面積に算入する。

七　建物に附属する屋外の階段は、床面積に算入しない。
八　建物の一部が上階まで吹抜になっている場合には、その吹抜の部分は、上階の床面積に算入しない。
九　柱又は壁が傾斜している場合の床面積は、各階の床面の接着する壁その他の区画の中心線で囲まれた部分による。
十　建物の内部に煙突又はダストシュートがある場合（その一部が外側に及んでいるものを含む。）には、その部分は各階の床面積に算入し、外側にあるときは算入しない。
十一　出窓は、その高さ一・五メートル以上のものでその下部が床面と同一の高さにあるものに限り、床面積に算入する。

（建物の再築）

第八十三条　既存の建物全部を取り壊し、その材料を用いて建物を建築した場合（再築）は、既存の建物が滅失し、新たな建物が建築されたものとして取り扱うものとする。

（建物の一部取壊し及び増築）

第八十四条　建物の一部の取壊し及び増築をした場合は、建物の床面積の減少又は増加として取り扱って差し支えない。

（建物の移転）

第八十五条　建物を解体移転した場合は、既存の建物が滅失し、新たな建物が建築されたものとして取り扱うものとする。

2　建物をえい行移転した場合は、建物の所在の変更として取り扱うものとする。

（合併の禁止）

第八十六条　法第五十四条第一項第三号の建物の合併の登記は、次に掲げる場合には、することができない。
一　附属合併にあっては、合併しようとする建物が主たる建物と附属建物の関係にないとき。
二　区分合併にあっては、区分された建物が互いに接続していないとき。

（所有権を証する情報等）

第八十七条　建物の表題登記の申請をする場合における表題部所有者となる者の所有権を証する情報は、建築基準法（昭和二十五年法律第二百一号）第六条の確認及び同法第七条の検査のあったことを証する情報、建築請負人又は敷地所有者の証明情報、国有建物の払下げの契約に係る情報、固定資産税の納付証明に係る情報その他申請人の所有権の取得を証するに足る情報とする。

2　共用部分又は団地共用部分である建物についての建物の所有者を証する情報は、共用部分若しくは団地共用部分である旨を定めた規約を設定したことを証する情報又は登記した他の区分所有者若しくは建物の所有者の全部若しくは

一部の者が証明する情報とする。

3　国又は地方公共団体の所有する建物について、官庁又は公署が建物の表題登記を嘱託する場合には、第一項の情報の提供を便宜省略して差し支えない。

(建物の所在の記録方法)

第八十八条　建物の登記記録の表題部に不動産所在事項を記録する場合において、当該建物が他の都道府県にまたがって存在するときは、不動産所在事項に当該他の都道府県名を冠記するものとする。

2　建物の登記記録の表題部に二筆以上の土地にまたがる建物の不動産所在事項を記録する場合には、床面積の多い部分又は主たる建物の所在する土地の地番を先に記録し、他の土地の地番は後に記録するものとする。

3　前項の場合において、建物の所在する土地の地番を記録するには、「六番地、四番地、八番地」のように記録するものとし、「六、四、八番地」のように略記してはならない。ただし、建物の所在する土地の地番のうちに連続する地番(ただし、支号のあるものを除く。)がある場合には、その連続する地番を、例えば、「五番地ないし七番地」のように略記して差し支えない。

4　建物が永久的な施設としてのさん橋の上に存する場合又は固定した浮船を利用したものである場合については、その建物から最も近い土地の地番を用い、「何番地先」のように記録するものとする。

(附属建物の表題部の記録方法)

第八十九条　附属建物が主たる建物と同一の一棟の建物に属するものである場合において、当該附属建物に関する登記事項を記録するには、その一棟の建物の所在する市、区、郡、町、村、字及び土地の地番並びに構造及び床面積を記録することを要しない。

(区分建物の構造の記録方法)

第九十条　区分建物である建物が、例えば、当該建物が属する一棟の建物の三階及び四階に存する場合において、その階数による構造を記録するときは、「二階建」のように記録するものとする。

(床面積の記録方法)

第九十一条　平家建以外の建物の登記記録の表題部に床面積を記録するときは、各階ごとに床面積を記録しなければならない。この場合において、各階の床面積の合計を記録することを要しない。

2　地階があるときは、その床面積は、地上階の床面積の記録の次に記録するものとする。

3　床面積を記録する場合において、平方メートル未満の端数がないときであっても、平方メートル未満の表示として、

「○○」と記録するものとする。

（附属建物の略記の禁止）

第九十二条　表題部に附属建物に関する事項を記録する場合において、当該附属建物の種類、構造及び床面積が直前に記録された附属建物の記録と同一のときであっても、「同上」のように略記してはならない。

（附属建物等の原因及びその日付の記録）

第九十三条　附属建物がある建物の表題登記をする場合において、附属建物の新築の日が主たる建物の新築の日と同一であるときは、附属建物の表示欄の原因及びその日付欄の記録を要しない。

2　区分建物である建物の表題登記をする場合には、一棟の建物の表示欄の原因及びその日付欄の記録を要しない。

3　附属建物がある区分建物である建物の表題登記をする場合において、附属建物の新築の日が主たる建物の新築の日と同一であるときは、附属建物の表示欄の原因及びその日付欄の記録を要しない。

（附属建物の変更の登記の記録方法等）

第九十四条　附属建物の種類、構造又は床面積に関する変更の登記又は更正の登記をする場合において、表題部に附属建物に関する記録をするときは、当該附属建物の変更後又は更正後の種類、構造及び床面積の全部を記録し、従前の登記事項（符号を除く。）の全部を抹消するものとする。

2　前項の場合において、表題部に登記原因及びその日付を記録するときは、変更し、又は更正すべき事項の種類に応じて、登記原因及びその日付の記録に当該変更又は更正に係る該当欄の番号を冠記してするものとする。例えば、増築による床面積に関する変更の登記をするときは、原因及びその日付欄に、「③平成何年何月何日増築」のように記録するものとする。

3　第一項の規定により変更後又は更正後の事項を記録するときは、符号欄に従前の符号を記録するものとする。

（合体による変更の登記の記録方法）

第九十五条　主たる建物と附属建物の合体による建物の表題部の登記事項に関する変更の登記をする場合において、表題部に登記原因及びその日付を記録するときは、主たる建物の床面積の変更については、原因及びその日付欄に、登記原因及びその日付の記録に床面積欄の番号を冠記して、「③平成何年何月何日附属建物合体（又は「増築及び附属建物合体」）」のように記録し、附属建物の表題部の抹消については、「平成何年何月何日主たる建物に合体」と記録しなければならない。二以上の附属建物の合体による建物の表題部の登記事項に関する変更の登記をする場合についても、同様とする。

（分割の登記の記録方法）
第九十六条　甲建物からその附属建物を分割して乙建物とする建物の分割の登記をする場合において、甲建物の登記記録の表題部に規則第百二十七条第二項の規定による記録をするときは、原因及びその日付欄に「何番の何に分割」のように記録するものとする。

2　前項の場合において、乙建物の登記記録の表題部に規則第百二十七条第一項の規定による記録をするときは、原因及びその日付欄に「何番から分割」のように記録するものとする。

（区分の登記の記録方法）
第九十七条　前条の規定は、甲建物を区分して甲建物と乙建物とする建物の区分の登記をする場合について準用する。

（附属合併の登記の記録方法）
第九十八条　甲建物を乙建物の附属建物とする附属合併の登記をする場合において、甲建物の登記記録の表題部に規則第百三十二条第三項の規定による記録をするときは、原因及びその日付欄に「何番に合併」のように記録するものとする。

2　前項の場合において、乙建物の登記記録の表題部に規則第百三十二条第一項の規定による記録をするときは、原因及びその日付欄に「何番を合併」のように記録するものとする。

（区分合併の登記の記録方法）
第九十九条　区分合併（甲建物を乙建物の附属建物に合併する場合を除く。）に係る建物の合併の登記をする場合において、区分合併後の建物が区分建物でないときは、区分合併前の乙建物の表題部の登記記録の一棟の建物の表題部の原因及びその日付欄に「合併」と記録するものとする。

（建物の分割及び附属合併の登記の記録方法）
第百条　甲建物からその附属建物を分割してこれを乙建物の附属建物とする建物の分割の登記及び附属合併の登記をする場合において、甲建物の登記記録の表題部に規則第百三十五条第二項の規定による記録をするときは、当該登記記録の附属建物の表示欄の原因及びその日付欄に「何番に合併」のように記録するものとする。

2　前項の場合において、乙建物の登記記録の表題部に規則第百三十五条第一項の規定による記録をするときは、当該登記記録の附属建物の表示欄の原因及びその日付欄に「何番から合併」のように記録するものとする。

（附属建物がある建物の滅失の登記の記録方法）
第百一条　建物の滅失の登記をする場合において、当該建物の登記記録に附属建物があるときでも、当該附属建物の表示欄の原因及びその日付欄には、何らの記録を要しない。

（附属建物がある主たる建物の滅失による表題部の変更の登記の記録方法）

第百二条　附属建物がある主たる建物の滅失による表題部の登記事項に関する変更の登記をする場合には、表題部の主たる建物の表示欄の原因及びその日付欄に滅失の登記原因及びその日付を記録し、当該表示欄に主たる建物となるべき附属建物に関する種類、構造及び床面積を記録し、当該原因及びその日付欄に「平成何年何月何日主たる建物に変更」のように記録するものとする。この場合には、当該附属建物の表示欄の原因及びその日付欄に「平成何年何月何日主たる建物に変更」のように記録して、当該附属建物についての従前の登記事項を抹消するものとする。

（共用部分である旨の登記における記録方法等）

第百三条　共用部分である旨の登記をするときは、原因及びその日付欄に「平成何年何月何日規約設定」及び「共用部分」のように記録するものとする。ただし、当該共用部分が法第五十八条第一項第一号に掲げるものである場合には、「平成何年何月何日規約設定」及び「家屋番号何番、何番の共用部分」のように記録するものとする。

2　団地共用部分である旨の登記をするときは、その団地共用部分を共用すべき者の所有する建物の所在及び家屋番号又はその建物が属する一棟の建物の所在並びに構造及び床面積若しくはその名称を記録した上、原因及びその日付欄に「平成何年何月何日団地規約設定」及び「団地共用部分」のように記録するものとする。

3　法第五八条第四項の規定により権利に関する登記を抹消する場合には、「平成何年何月何日不動産登記法第五十八条第四項の規定により抹消」のように記録するものとする。

4　共用部分である旨又は団地共用部分である旨を定めた規約を廃止したことによる建物の表題登記をする場合には、原因及びその日付欄に「平成何年何月何日共用部分（又は団地共用部分）の規約廃止」のように記録するものとし、共用部分である旨又は団地共用部分である旨を抹消するときは、その登記原因及びその日付の記録を要しない。

5　建築基準法関係

(1) 建築基準法（抄）

〔昭和二十五年五月二十四日
法　律　第　二　百　一　号〕

最終改正　令和五年六月一六日法律第六三号

（用語の定義）

第二条　この法律において次の各号に掲げる用語の意義は、当該各号に定めるところによる。

一　建築物　土地に定着する工作物のうち、屋根及び柱若しくは壁を有するもの（これに類する構造のものを含む。）、これに附属する門若しくは塀、観覧のための工作物又は地下若しくは高架の工作物内に設ける事務所、店舗、興行場、倉庫その他これらに類する施設（鉄道及び軌道の線路敷地内の運転保安に関する施設並びに跨《こ》線橋、プラットホームの上家、貯蔵槽その他これらに類する施設を除く。）をいい、建築設備を含むものとする。

二　特殊建築物　学校（専修学校及び各種学校を含む。以下同様とする。）、体育館、病院、劇場、観覧場、集会場、展示場、百貨店、市場、ダンスホール、遊技場、公衆浴場、旅館、共同住宅、寄宿舎、下宿、工場、倉庫、自動車車庫、危険物の貯蔵場、と畜場、火葬場、汚物処理場その他これらに類する用途に供する建築物をいう。

三　建築設備　建築物に設ける電気、ガス、給水、排水、換気、暖房、冷房、消火、排煙若しくは汚物処理の設備又は煙突、昇降機若しくは避雷針をいう。

四　居室　居住、執務、作業、集会、娯楽その他これらに類する目的のために継続的に使用する室をいう。

五　主要構造部　壁、柱、床、はり、屋根又は階段をいい、建築物の構造上重要でない間仕切壁、間柱、付け柱、揚げ床、最下階の床、回り舞台の床、小ばり、ひさし、局部的な小階段、屋外階段その他これらに類する建築物の部分を除くものとする。

六　延焼のおそれのある部分　隣地境界線、道路中心線又は同一敷地内の二以上の建築物（延べ面積の合計が五百平方メートル以内の建築物は、一の建築物とみなす。）相互の外壁間の中心線（ロにおいて「隣地境界線等」という。）から、一階にあつては三メートル以下、二階以上に

あつては五メートル以下の距離にある建築物の部分をいう。ただし、次のイ又はロのいずれかに該当する部分を除く。

イ　防火上有効な公園、広場、川その他の空地又は水面、耐火構造の壁その他これらに類するものに面する部分

ロ　建築物の外壁面と隣地境界線等との角度に応じて、当該建築物の周囲において発生する通常の火災時における火熱により燃焼するおそれのないものとして国土交通大臣が定める部分

七　耐火構造　壁、柱、床その他の建築物の部分の構造のうち、耐火性能（通常の火災が終了するまでの間当該火災による建築物の倒壊及び延焼を防止するために当該建築物の部分に必要とされる性能をいう。）に関して政令で定める技術的基準に適合する鉄筋コンクリート造、れんが造その他の構造で、国土交通大臣が定めた構造方法を用いるもの又は国土交通大臣の認定を受けたものをいう。

七の二　準耐火構造　壁、柱、床その他の建築物の部分の構造のうち、準耐火性能（通常の火災による延焼を抑制するために当該建築物の部分に必要とされる性能をいう。第九号の三ロ及び第二十六条第二項第二号において同じ。）に関して政令で定める技術的基準に適合するもので、国土交通大臣が定めた構造方法を用いるもの又は国土交通大臣の認定を受けたものをいう。

八　防火構造　建築物の外壁又は軒裏の構造のうち、防火性能（建築物の周囲において発生する通常の火災による延焼を抑制するために当該外壁又は軒裏に必要とされる性能をいう。）に関して政令で定める技術的基準に適合する鉄網モルタル塗、しつくい塗その他の構造で、国土交通大臣が定めた構造方法を用いるもの又は国土交通大臣の認定を受けたものをいう。

九　不燃材料　建築材料のうち、不燃性能（通常の火災時における火熱により燃焼しないことその他の政令で定める性能をいう。）に関して政令で定める技術的基準に適合するもので、国土交通大臣が定めたもの又は国土交通大臣の認定を受けたものをいう。

九の二　耐火建築物　次に掲げる基準に適合する建築物をいう。

イ　その主要構造部のうち、防火上及び避難上支障がないものとして政令で定める部分以外の部分（以下「特定主要構造部」という。）が、(1)又は(2)のいずれかに該当すること。

(1)　耐火構造であること。

(2)　次に掲げる性能（外壁以外の特定主要構造部にあつては、(i)に掲げる性能に限る。）に関して政令で定

める技術的基準に適合するものであること。

(i)　当該建築物の構造、建築設備及び用途に応じて屋内において発生が予測される火災による火熱に当該火災が終了するまで耐えること。

(ii)　当該建築物の周囲において発生する通常の火災による火熱に当該火災が終了するまで耐えること。

ロ　その外壁の開口部で延焼のおそれのある部分に、防火戸その他の政令で定める防火設備(その構造が遮炎性能(通常の火災時における火炎を有効に遮るために防火設備に必要とされる性能をいう。第二十七条第一項において同じ。)に関して政令で定める技術的基準に適合するもので、国土交通大臣が定めた構造方法を用いるもの又は国土交通大臣の認定を受けたものに限る。)を有すること。

九の三　準耐火建築物　耐火建築物以外の建築物で、イ又はロのいずれかに該当し、外壁の開口部で延焼のおそれのある部分に前号ロに規定する防火設備を有するものをいう。

イ　主要構造部を準耐火構造としたもの

ロ　イに掲げる建築物以外の建築物であつて、イに掲げるものと同等の準耐火性能を有するものとして主要構造部の防火の措置その他の事項について政令で定める技術的基準に適合するもの

十　設計　建築士法(昭和二十五年法律第二百二号)第二条第六項に規定する設計をいう。

十一　工事監理者　建築士法第二条第八項に規定する工事監理をする者をいう。

十二　設計図書　建築物、その敷地又は第八十八条第一項から第三項までに規定する工作物に関する工事用の図面(現寸図その他これに類するものを除く。)及び仕様書をいう。

十三　建築　建築物を新築し、増築し、改築し、又は移転することをいう。

十四　大規模の修繕　建築物の主要構造部の一種以上について行う過半の修繕をいう。

十五　大規模の模様替　建築物の主要構造部の一種以上について行う過半の模様替をいう。

十六　建築主　建築物に関する工事の請負契約の注文者又は請負契約によらないで自らその工事をする者をいう。

十七　設計者　その者の責任において、設計図書を作成した者をいい、建築士法第二十条の二第三項又は第二十条の三第三項の規定により建築物が構造関係規定(同法第二十条の二第二項に規定する構造関係規定をいう。第五条の六第二項及び第六条第三項第二号において同じ。)又

は設備関係規定（同法第二十条の三第二項に規定する設備関係規定をいう。第五条の六第三項及び第六条第三項第三号において同じ。）に適合することを確認した構造設計一級建築士（同法第十条の三第四項に規定する構造設計一級建築士をいう。第五条の六第二項及び第六条第三項第二号において同じ。）又は設備設計一級建築士（同法第十条の三第四項に規定する設備設計一級建築士をいう。第五条の六第三項及び第六条第三項第三号において同じ。）を含むものとする。

十八　工事施工者　建築物、その敷地若しくは第八十八条第一項から第三項までに規定する工作物に関する工事の請負人又は請負契約によらないで自らこれらの工事をする者をいう。

十九　都市計画　都市計画法（昭和四十三年法律第百号）第四条第一項に規定する都市計画をいう。

二十　都市計画区域又は準都市計画区域　それぞれ、都市計画法第四条第二項に規定する都市計画区域又は準都市計画区域をいう。

二十一　第一種低層住居専用地域、第二種低層住居専用地域、第一種中高層住居専用地域、第二種中高層住居専用地域、第一種住居地域、第二種住居地域、準住居地域、田園住居地域、近隣商業地域、商業地域、準工業地域、工業地域、工業専用地域、特別用途地区、特定用途制限地域、特例容積率適用地区、高層住居誘導地区、高度地区、高度利用地区、特定街区、都市再生特別地区、居住環境向上用途誘導地区、特定用途誘導地区、防火地域、準防火地域、特定防災街区整備地区又は景観地区　それぞれ、都市計画法第八条第一項第一号から第六号までに掲げる第一種低層住居専用地域、第二種低層住居専用地域、第一種中高層住居専用地域、第二種中高層住居専用地域、第一種住居地域、第二種住居地域、準住居地域、田園住居地域、近隣商業地域、商業地域、準工業地域、工業地域、工業専用地域、特別用途地区、特定用途制限地域、特例容積率適用地区、高層住居誘導地区、高度地区、高度利用地区、特定街区、都市再生特別地区、居住環境向上用途誘導地区、特定用途誘導地区、防火地域、準防火地域、特定防災街区整備地区又は景観地区をいう。

二十二　地区計画　都市計画法第十二条の四第一項第一号に掲げる地区計画をいう。

二十三　地区整備計画　都市計画法第十二条の五第二項第一号に掲げる地区整備計画をいう。

二十四　防災街区整備地区計画　都市計画法第十二条の四第一項第二号に掲げる防災街区整備地区計画をいう。

二十五　特定建築物地区整備計画　密集市街地における防

災街区の整備の促進に関する法律（平成九年法律第四十九号。以下「密集市街地整備法」という。）第三十二条第二項第一号に規定する特定建築物地区整備計画をいう。

二十六　防災街区整備地区整備計画　密集市街地整備法第三十二条第二項第二号に規定する防災街区整備地区整備計画をいう。

二十七　歴史的風致維持向上地区計画　都市計画法第十二条の四第一項第三号に掲げる歴史的風致維持向上地区計画をいう。

二十八　歴史的風致維持向上地区整備計画　地域における歴史的風致の維持及び向上に関する法律（平成二十年法律第四十号。以下「地域歴史的風致法」という。）第三十一条第二項第一号に規定する歴史的風致維持向上地区整備計画をいう。

二十九　沿道地区計画　都市計画法第十二条の四第一項第四号に掲げる沿道地区計画をいう。

三十　沿道地区整備計画　幹線道路の沿道の整備に関する法律（昭和五十五年法律第三十四号。以下「沿道整備法」という。）第九条第二項第一号に掲げる沿道地区整備計画をいう。

三十一　集落地区計画　都市計画法第十二条の四第一項第五号に掲げる集落地区計画をいう。

三十二　集落地区整備計画　集落地域整備法（昭和六十二年法律第六十三号）第五条第三項に規定する集落地区整備計画をいう。

三十三　地区計画等　都市計画法第四条第九項に規定する地区計画等をいう。

三十四　プログラム　電子計算機に対する指令であつて、一の結果を得ることができるように組み合わされたものをいう。

三十五　特定行政庁　この法律の規定により建築主事又は建築副主事を置く市町村の区域については当該市町村の長をいい、その他の市町村の区域については都道府県知事をいう。ただし、第九十七条の二第一項若しくは第二項又は第九十七条の三第一項若しくは第二項の規定により建築主事又は建築副主事を置く市町村の区域内の政令で定める建築物については、都道府県知事とする。

（建築物の建築等に関する申請及び確認）

第六条　建築主は、第一号から第三号までに掲げる建築物を建築しようとする場合（増築しようとする場合においては、建築物が増築後において第一号から第三号までに掲げる規模のものとなる場合を含む。）、これらの建築物の大規模の修繕若しくは大規模の模様替をしようとする場合又は第四号に掲げる建築物を建築しようとする場合においては、当

該工事に着手する前に、その計画が建築基準関係規定（この法律並びにこれに基づく命令及び条例の規定（以下「建築基準法令の規定」という。）その他建築物の敷地、構造又は建築設備に関する法律並びにこれに基づく命令及び条例の規定で政令で定めるものをいう。以下同じ。）に適合するものであることについて、確認の申請書を提出して建築主事又は建築副主事（以下「建築主事等」という。）の確認（建築副主事の確認にあつては、大規模建築物以外の建築物に係るものに限る。以下この項において同じ。）を受け、確認済証の交付を受けなければならない。当該確認を受けた建築物の計画の変更（国土交通省令で定める軽微な変更を除く。）をして、第一号から第三号までに掲げる建築物を建築しようとする場合（増築しようとする場合においては、建築物が増築後において第一号から第三号までに掲げる規模のものとなる場合を含む。）、これらの建築物の大規模の修繕若しくは大規模の模様替をしようとする場合又は第四号に掲げる建築物を建築しようとする場合も、同様とする。

一　別表第一(い)欄に掲げる用途に供する特殊建築物で、その用途に供する部分の床面積の合計が二百平方メートルを超えるもの

二　木造の建築物で三以上の階数を有し、又は延べ面積が五百平方メートル、高さが十三メートル若しくは軒の高さが九メートルを超えるもの

三　木造以外の建築物で二以上の階数を有し、又は延べ面積が二百平方メートルを超えるもの

四　前三号に掲げる建築物を除くほか、都市計画区域若しくは準都市計画区域（いずれも都道府県知事が都道府県都市計画審議会の意見を聴いて指定する区域を除く。）若しくは景観法（平成十六年法律第百十号）第七十四条第一項の準景観地区（市町村長が指定する区域を除く。）内又は都道府県知事が関係市町村の意見を聴いてその区域の全部若しくは一部について指定する区域内における建築物

2　前項の規定は、防火地域及び準防火地域外において建築物を増築し、改築し、又は移転しようとする場合で、その増築、改築又は移転に係る部分の床面積の合計が十平方メートル以内であるときについては、適用しない。

3　建築主事等は、第一項の申請書が提出された場合において、その計画が次の各号のいずれかに該当するときは、当該申請書を受理することができない。

一　建築士法第三条第一項、第三条の二第一項、第三条の三第一項、第二十条の二第一項若しくは第二十条の三第一項の規定又は同法第三条の二第三項の規定に基づく条例の規定に違反するとき。

二　構造設計一級建築士以外の一級建築士が建築士法第二十条の二第一項の建築物の構造設計を行つた場合において、当該建築物が構造関係規定に適合することを構造設計一級建築士が確認した構造設計によるものでないとき。
三　設備設計一級建築士以外の一級建築士が建築士法第二十条の三第一項の建築物の設備設計を行つた場合において、当該建築物が設備関係規定に適合することを設備設計一級建築士が確認した設備設計によるものでないとき。

4　建築主事等は、第一項の申請書を受理した場合においては、同項第一号から第三号までに係るものにあつてはその受理した日から三十五日以内に、同項第四号に係るものにあつてはその受理した日から七日以内に、申請に係る建築物の計画が建築基準関係規定に適合するかどうかを審査し、審査の結果に基づいて建築基準関係規定に適合することを確認したときは、当該申請者に確認済証を交付しなければならない。

5　建築主事等は、前項の場合において、申請に係る建築物の計画が第六条の三第一項の構造計算適合性判定を要するものであるときは、建築主から同条第七項の適合判定通知書又はその写しの提出を受けた場合に限り、第一項の規定による確認をすることができる。

6　建築主事等は、第四項の場合(申請に係る建築物の計画が第六条の三第一項の特定構造計算基準(第二十条第一項第二号イの政令で定める基準に従つた構造計算で同号イに規定する方法によるものによつて確かめられる安全性を有することに係る部分に限る。)に適合するかどうかを審査する場合その他国土交通省令で定める場合に限る。)において、第四項の期間内に当該申請者に第一項の確認済証を交付することができない合理的な理由があるときは、三十五日の範囲内において、第四項の期間を延長することができる。この場合においては、その旨及びその延長する期間並びにその期間を延長する理由を記載した通知書を同項の期間内に当該申請者に交付しなければならない。

7　建築主事等は、第四項の場合において、申請に係る建築物の計画が建築基準関係規定に適合しないことを認めたとき、又は建築基準関係規定に適合するかどうかを決定することができない正当な理由があるときは、その旨及びその理由を記載した通知書を同項の期間(前項の規定により第四項の期間を延長した場合にあつては、当該延長後の期間)内に当該申請者に交付しなければならない。

8　第一項の確認済証の交付を受けた後でなければ、同項の建築物の建築、大規模の修繕又は大規模の模様替の工事は、することができない。

9　第一項の規定による確認の申請書、同項の確認済証並び

に第六項及び第七項の通知書の様式は、国土交通省令で定める。

（国土交通大臣等の指定を受けた者による確認）

第六条の二　前条第一項各号に掲げる建築物の計画（前条第三項各号のいずれかに該当するものを除く。）が建築基準関係規定に適合するものであることについて、第七十七条の十八から第七十七条の二十一までの規定の定めるところにより国土交通大臣又は都道府県知事が指定した者の確認を受け、国土交通省令で定めるところにより確認済証の交付を受けたときは、当該確認は前条第一項の規定による確認と、当該確認済証は同項の確認済証とみなす。

2　前項の規定による指定は、二以上の都道府県の区域において同項の規定による確認の業務を行おうとする者を指定する場合にあつては国土交通大臣が、一の都道府県の区域において同項の規定による確認の業務を行おうとする者を指定する場合にあつては都道府県知事がするものとする。

3　第一項の規定による指定を受けた者は、同項の規定による確認の申請を受けた場合において、申請に係る建築物の計画が次条第一項の構造計算適合性判定を要するものであるときは、建築主から同条第七項の適合判定通知書又はその写しの提出を受けた場合に限り、第一項の規定による確認をすることができる。

4　第一項の規定による指定を受けた者は、同項の規定による確認の申請を受けた場合において、申請に係る建築物の計画が建築基準関係規定に適合しないことを認めたとき、又は建築基準関係規定に適合するかどうかを決定することができない正当な理由があるときは、国土交通省令で定めるところにより、その旨及びその理由を記載した通知書を当該申請者に交付しなければならない。

5　第一項の規定による指定を受けた者は、同項の確認済証又は前項の通知書の交付をしたときは、国土交通省令で定める期間内に、国土交通省令で定めるところにより、確認審査報告書を作成し、当該確認済証又は当該通知書の交付に係る建築物の計画に関する国土交通省令で定める書類を添えて、これを特定行政庁に提出しなければならない。

6　特定行政庁は、前項の規定による確認審査報告書の提出を受けた場合において、第一項の確認済証の交付を受けた建築物の計画が建築基準関係規定に適合しないと認めるときは、当該建築物の建築主及び当該確認済証を交付した同項の規定による指定を受けた者にその旨を通知しなければならない。この場合において、当該確認済証は、その効力を失う。

7　前項の場合において、特定行政庁は、必要に応じ、第九条第一項又は第十項の命令その他の措置を講ずるものとす

る。

（建築物に関する完了検査）

第七条　建築主は、第六条第一項の規定による工事を完了したときは、国土交通省令で定めるところにより、建築主事等の検査（建築副主事の検査にあつては、大規模建築物以外の建築物に係るものに限る。第七条の三第一項において同じ。）を申請しなければならない。

2　前項の規定による申請は、第六条第一項の規定による工事が完了した日から四日以内に建築主事等に到達するように、しなければならない。ただし、申請をしなかつたことについて国土交通省令で定めるやむを得ない理由があるときは、この限りでない。

3　前項ただし書の場合における検査の申請は、その理由がやんだ日から四日以内に建築主事等に到達するように、しなければならない。

4　建築主事等が第一項の規定による申請を受理した場合においては、建築主事等又はその委任を受けた当該市町村若しくは都道府県の職員（以下この章において「検査実施者」という。）は、その申請を受理した日から七日以内に、当該工事に係る建築物及びその敷地が建築基準関係規定に適合しているかどうかを検査しなければならない。

5　検査実施者は、前項の規定による検査をした場合において、当該建築物及びその敷地が建築基準関係規定に適合していることを認めたときは、国土交通省令で定めるところにより、当該建築物の建築主に対して検査済証を交付しなければならない。

（国土交通大臣等の指定を受けた者による完了検査）

第七条の二　第七十七条の十八から第七十七条の二十一までの規定の定めるところにより国土交通大臣又は都道府県知事が指定した者が、第六条第一項の規定による工事の完了の日から四日が経過する日までに、当該工事に係る建築物及びその敷地が建築基準関係規定に適合しているかどうかの検査を引き受けた場合において、当該検査の引受けに係る工事が完了したときについては、前条第一項から第三項までの規定は、適用しない。

2　前項の規定による指定は、二以上の都道府県の区域において同項の検査の業務を行おうとする者を指定する場合にあつては国土交通大臣が、一の都道府県の区域において同項の検査の業務を行おうとする者を指定する場合にあつては都道府県知事がするものとする。

3　第一項の規定による指定を受けた者は、同項の規定による検査の引受けを行つたときは、国土交通省令で定めるところにより、その旨を証する書面を建築主に交付するとともに、その旨を建築主事等（当該検査の引受けが大規模建

築物に係るものである場合にあつては、建築主事。第七条の四第二項において同じ。）に通知しなければならない。

4　第一項の規定による指定を受けた者は、同項の規定による検査の引受けを行つたときは、当該検査の引受けを行つた第六条第一項の規定による工事が完了した日又は当該検査の引受けを行つた日のいずれか遅い日から七日以内に、第一項の検査をしなければならない。

5　第一項の規定による指定を受けた者は、同項の検査をした建築物及びその敷地が建築基準関係規定に適合していることを認めたときは、国土交通省令で定めるところにより、当該建築物の建築主に対して検査済証を交付しなければならない。この場合において、当該検査済証は、前条第五項の検査済証とみなす。

6　第一項の規定による指定を受けた者は、同項の検査をしたときは、国土交通省令で定める期間内に、国土交通省令で定めるところにより、完了検査報告書を作成し、同項の検査をした建築物及びその敷地に関する国土交通省令で定める書類を添えて、これを特定行政庁に提出しなければならない。

7　特定行政庁は、前項の規定による完了検査報告書の提出を受けた場合において、第一項の検査をした建築物及びその敷地が建築基準関係規定に適合しないと認めるときは、遅滞なく、第九条第一項又は第七項の規定による命令その他必要な措置を講ずるものとする。

(2) 建築基準法施行令（抄）

〔昭和二十五年十一月十六日号外
政令第三百三十八号〕

最終改正　令和六年一月四日政令第一号

（面積、高さ等の算定方法）

第二条　次の各号に掲げる面積、高さ及び階数の算定方法は、当該各号に定めるところによる。

一　敷地面積　敷地の水平投影面積による。ただし、建築基準法（以下「法」という。）第四十二条第二項、第三項又は第五項の規定によつて道路の境界線とみなされる線と道との間の部分の敷地は、算入しない。

二　建築面積　建築物（地階で地盤面上一メートル以下にある部分を除く。以下この号において同じ。）の外壁又はこれに代わる柱の中心線（軒、ひさし、はね出し縁その他これらに類するもの（以下この号において「軒等」という。）で当該中心線から水平距離一メートル以上突き出たもの（建築物の建蔽率の算定の基礎となる建築面積を算定する場合に限り、工場又は倉庫の用途に供する建築

物において専ら貨物の積卸しその他これに類する業務のために設ける軒等でその端と敷地境界線との間の敷地の部分に有効な空地が確保されていることその他の理由により安全上、防火上及び衛生上支障がないものとして国土交通大臣が定める軒等（以下この号において「特例軒等」という。）のうち当該中心線から突き出た距離が水平距離一メートル以上五メートル未満のものであるものを除く。）がある場合においては、その端から水平距離一メートル後退した線（建築物の建蔽率の算定の基礎となる建築面積を算定する場合に限り、特例軒等のうち当該中心線から水平距離五メートル以上突き出たものにあつては、その端から水平距離五メートル以内で当該特例軒等の構造に応じて国土交通大臣が定める距離後退した線））で囲まれた部分の水平投影面積による。ただし、国土交通大臣が高い開放性を有すると認めて指定する構造の建築物又はその部分については、当該建築物又はその部分の端から水平距離一メートル以内の部分の水平投影面積は、当該建築物の建築面積に算入しない。

三　床面積　建築物の各階又はその一部で壁その他の区画の中心線で囲まれた部分の水平投影面積による。

四　延べ面積　建築物の各階の床面積の合計による。ただし、法第五十二条第一項に規定する延べ面積（建築物の容積率の最低限度に関する規制に係る当該容積率の算定の基礎となる延べ面積を除く。）には、次に掲げる建築物の部分の床面積を算入しない。

イ　自動車車庫その他の専ら自動車又は自転車の停留又は駐車のための施設（誘導車路、操車場所及び乗降場を含む。）の用途に供する部分（第三項第一号及び第百三十七条の八において「自動車車庫等部分」という。）

ロ　専ら防災のために設ける備蓄倉庫の用途に供する部分（第三項第二号及び第百三十七条の八において「備蓄倉庫部分」という。）

ハ　蓄電池（床に据え付けるものに限る。）を設ける部分（第三項第三号及び第百三十七条の八において「蓄電池設置部分」という。）

ニ　自家発電設備を設ける部分（第三項第四号及び第百三十七条の八において「自家発電設備設置部分」という。）

ホ　貯水槽を設ける部分（第三項第五号及び第百三十七条の八において「貯水槽設置部分」という。）

ヘ　宅配ボックス（配達された物品（荷受人が不在その他の事由により受け取ることができないものに限る。）の一時保管のための荷受箱をいう。）を設ける部分（第三項第六号及び第百三十七条の八において「宅配ボック

ス設置部分」という。）

五　築造面積　工作物の水平投影面積による。ただし、国土交通大臣が別に算定方法を定めた工作物については、その算定方法による。

六　建築物の高さ　地盤面からの高さによる。ただし、次のイ、ロ又はハのいずれかに該当する場合においては、それぞれイ、ロ又はハに定めるところによる。

イ　法第五十六条第一項第一号の規定並びに第百三十条の十二及び第百三十五条の十九の規定による高さの算定については、前面道路の路面の中心からの高さによる。

ロ　法第三十三条及び法第五十六条第一項第三号に規定する高さ並びに法第五十七条の四第一項、法第五十八条第一項及び第二項、法第六十条の二の二第三項並びに法第六十条の三第二項に規定する高さ（北側の前面道路又は隣地との関係についての建築物の各部分の高さの最高限度が定められている場合におけるその高さに限る。）を算定する場合を除き、階段室、昇降機塔、装飾塔、物見塔、屋窓その他これらに類する建築物の屋上部分の水平投影面積の合計が当該建築物の建築面積の八分の一以内の場合においては、その部分の高さは、十二メートル（法第五十五条第一項から第三項まで、法第五十六条の二第四項、法第五十九条の二第一項（法第五十五条第一項に係る部分に限る。）並びに法別表第四(ろ)欄二の項、三の項及び四の項ロの場合には、五メートル）までは、当該建築物の高さに算入しない。

ハ　棟飾、防火壁の屋上突出部その他これらに類する屋上突出物は、当該建築物の高さに算入しない。

七　軒の高さ　地盤面（第百三十条の十二第一号イの場合には、前面道路の路面の中心）から建築物の小屋組又はこれに代わる横架材を支持する壁、敷桁又は柱の上端までの高さによる。

八　階数　昇降機塔、装飾塔、物見塔その他これらに類する建築物の屋上部分又は地階の倉庫、機械室その他これらに類する建築物の部分で、水平投影面積の合計がそれぞれ当該建築物の建築面積の八分の一以下のものは、当該建築物の階数に算入しない。また、建築物の一部が吹抜きとなつている場合、建築物の敷地が斜面又は段地である場合その他建築物の部分によつて階数を異にする場合においては、これらの階数のうち最大なものによる。

2　前項第二号、第六号又は第七号の「地盤面」とは、建築物が周囲の地面と接する位置の平均の高さにおける水平面をいい、その接する位置の高低差が三メートルを超える場合においては、その高低差三メートル以内ごとの平均の高

さにおける水平面をいう。

3　第一項第四号ただし書の規定は、次の各号に掲げる建築物の部分の区分に応じ、当該敷地内の建築物の各階の床面積の合計（同一敷地内に二以上の建築物がある場合においては、それらの建築物の各階の床面積の合計の和）に当該各号に定める割合を乗じて得た面積を限度として適用するものとする。

一　自動車車庫等部分　五分の一

二　備蓄倉庫部分　五十分の一

三　蓄電池設置部分　五十分の一

四　自家発電設備設置部分　百分の一

五　貯水槽設置部分　百分の一

六　宅配ボックス設置部分　百分の一

4　第一項第六号ロ又は第八号の場合における水平投影面積の算定方法は、同項第二号の建築面積の算定方法によるものとする。

（耐火性能に関する技術的基準）

第百七条　法第二条第七号の政令で定める技術的基準は、次に掲げるものとする。

一　次の表の上欄に掲げる建築物の部分にあつては、当該各部分に通常の火災による火熱が同表の下欄に掲げる当該部分の存する階の区分に応じそれぞれ同欄に掲げる時間加えられた場合に、構造耐力上支障のある変形、溶融、破壊その他の損傷を生じないものであること。

二　前号に掲げるもののほか、壁及び床にあつては、これらに通常の火災による火熱が一時間（非耐力壁である外壁の延焼のおそれのある部分以外の部分にあつては、三十分間）加えられた場合に、当該加熱面以外の面（屋内に面するものに限る。）の温度が当該面に接する可燃物が燃焼するおそれのある温度として国土交通大臣が定める温度（以下「可燃物燃焼温度」という。）以上に上昇しないものであること。

三　前二号に掲げるもののほか、外壁及び屋根にあつては、これらに屋内において発生する通常の火災による火熱が一時間（非耐力壁である外壁の延焼のおそれのある部分以外の部分及び屋根にあつては、三十分間）加えられた場合に、屋外に火炎を出す原因となる亀裂その他の損傷を生じないものであること。

建築物の部分		時間				
		最上階及び最上階から数えた階数が二以上で四以内の階	最上階から数えた階数が五以上で九以内の階	最上階から数えた階数が十以上で十四以内の階	最上階から数えた階数が十五以上で十九以内の階	最上階から数えた階数が二十以上の階
壁	間仕切壁（耐力壁に限る。）	一時間	一・五時間	二時間	二時間	二時間
	外壁（耐力壁に限る。）	一時間	一・五時間	二時間	二時間	二時間
柱		一時間	一・五時間	二時間	二・五時間	三時間
床		一時間	一・五時間	二時間	二時間	二時間
はり		一時間	一・五時間	二時間	二・五時間	三時間
屋根		三十分間				
階段		三十分間				

備考

一　第二条第一項第八号の規定により階数に算入されない屋上部分がある建築物の当該屋上部分は、この表の適用については、建築物の最上階に含まれるものとする。

二　この表における階数の算定については、第二条第一項第八号の規定にかかわらず、地階の部分の階数は、全て算入するものとする。

（準耐火性能に関する技術的基準）

第百七条の二　法第二条第七号の二の政令で定める技術的基準は、次に掲げるものとする。

一　次の表の上欄に掲げる建築物の部分にあつては、当該部分に通常の火災による火熱が加えられた場合に、加熱開始後それぞれ同表の下欄に掲げる時間において構造耐力上支障のある変形、溶融、破壊その他の損傷を生じないものであること。

壁	間仕切壁（耐力壁に限る。）	四十五分間
	外壁（耐力壁に限る。）	四十五分間
柱		四十五分間
床		四十五分間
はり		四十五分間
屋根（軒裏を除く。）		三十分間
階段		三十分間

二　壁、床及び軒裏（外壁によつて小屋裏又は天井裏と防火上有効に遮られているものを除く。以下この号において同じ。）にあつては、これらに通常の火災による火熱が加えられた場合に、加熱開始後四十五分間（非耐力壁である外壁及び軒裏（いずれも延焼のおそれのある部分以外の部分に限る。）にあつては、三十分間）当該加熱面以外の面（屋内に面するものに限る。）の温度が可燃物燃焼温度以上に上昇しないものであること。

三　外壁及び屋根にあつては、これらに屋内において発生する通常の火災による火熱が加えられた場合に、加熱開始後四十五分間（非耐力壁である外壁（延焼のおそれのある部分以外の部分に限る。）及び屋根にあつては、三十分間）屋外に火炎を出す原因となる亀裂その他の損傷を生じないものであること。

（防火性能に関する技術的基準）

第百八条　法第二条第八号の政令で定める技術的基準は、次に掲げるものとする。

一　耐力壁である外壁にあつては、これに建築物の周囲において発生する通常の火災による火熱が加えられた場合に、加熱開始後三十分間構造耐力上支障のある変形、溶融、破壊その他の損傷を生じないものであること。

二　外壁及び軒裏にあつては、これらに建築物の周囲において発生する通常の火災による火熱が加えられた場合に、加熱開始後三十分間当該加熱面以外の面（屋内に面するものに限る。）の温度が可燃物燃焼温度以上に上昇しないものであること。

（不燃性能及びその技術的基準）

第百八条の二 法第二条第九号の政令で定める性能及びその技術的基準は、建築材料に、通常の火災による火熱が加えられた場合に、加熱開始後二十分間次の各号(建築物の外部の仕上げに用いるものにあつては、第一号及び第二号)に掲げる要件を満たしていることとする。

一 燃焼しないものであること。

二 防火上有害な変形、溶融、き裂その他の損傷を生じないものであること。

三 避難上有害な煙又はガスを発生しないものであること。

(主要構造部のうち防火上及び避難上支障がない部分)

第百八条の三 法第二条第九号の二イの政令で定める部分は、主要構造部のうち、次の各号のいずれにも該当する部分とする。

一 当該部分が、床、壁又は第百九条に規定する防火設備(当該部分において通常の火災が発生した場合に建築物の他の部分又は周囲への延焼を有効に防止できるものとして、国土交通大臣が定めた構造方法を用いるもの又は国土交通大臣の認定を受けたものに限る。)で区画されたものであること。

二 当該部分が避難の用に供する廊下その他の通路の一部となつている場合にあつては、通常の火災時において、建築物に存する者の全てが当該通路を経由しないで地上までの避難を終了することができるものであること。

(耐火建築物の特定主要構造部に関する技術的基準)

第百八条の四 法第二条第九号の二イ(2)の政令で定める技術的基準は、特定主要構造部が、次の各号のいずれかに該当することとする。

一 特定主要構造部が、次のイ及びロ(外壁以外の特定主要構造部にあつては、イ)に掲げる基準に適合するものであることについて耐火性能検証法により確かめられたものであること。

イ 特定主要構造部ごとに当該建築物の屋内において発生が予測される火災による火熱が加えられた場合に、当該特定主要構造部が次に掲げる要件を満たしていること。

(1) 耐力壁である壁、柱、床、はり、屋根及び階段にあつては、当該建築物の自重及び積載荷重(第八十六条第二項ただし書の規定によつて特定行政庁が指定する多雪区域における建築物の特定主要構造部にあつては、自重、積載荷重及び積雪荷重。以下この条において同じ。)により、構造耐力上支障のある変形、溶融、破壊その他の損傷を生じないものであること。

(2) 壁及び床にあつては、当該壁及び床の加熱面以外

の面（屋内に面するものに限る。）の温度が可燃物燃焼温度（当該面が面する室において、国土交通大臣が定める基準に従い、内装の仕上げを不燃材料ですることとその他これに準ずる措置が講じられている場合にあつては、国土交通大臣が別に定める温度）以上に上昇しないものであること。

(3)　外壁及び屋根にあつては、屋外に火炎を出す原因となる亀裂その他の損傷を生じないものであること。

ロ　外壁が、当該建築物の周囲において発生する通常の火災による火熱が一時間（延焼のおそれのある部分以外の部分にあつては、三十分間）加えられた場合に、次に掲げる要件を満たしていること。

(1)　耐力壁である外壁にあつては、当該外壁に当該建築物の自重及び積載荷重により、構造耐力上支障のある変形、溶融、破壊その他の損傷を生じないものであること。

(2)　外壁の当該加熱面以外の面（屋内に面するものに限る。）の温度が可燃物燃焼温度（当該面が面する室において、国土交通大臣が定める基準に従い、内装の仕上げを不燃材料ですることとその他これに準ずる措置が講じられている場合にあつては、国土交通大臣が別に定める温度）以上に上昇しないものであること。

二　前号イ及びロ（外壁以外の特定主要構造部にあつては、同号イ）に掲げる基準に適合するものとして国土交通大臣の認定を受けたものであること。

2　前項の「耐火性能検証法」とは、次に定めるところにより、当該建築物の特定主要構造部の耐火に関する性能を検証する方法をいう。

一　当該建築物の屋内において発生が予測される火災の継続時間を当該建築物の室ごとに次の式により計算すること。

$$t_f = \frac{Q_r}{60 q_b}$$

この式において、t_f、Q_r及びq_bは、それぞれ次の数値を表すものとする。

t_f　当該室における火災の継続時間（単位　分）

Q_r　当該室の用途及び床面積並びに当該室の壁、床及び天井（天井のない場合においては、屋根）の室内に面する部分の表面積及び当該部分に使用する建築材料の種類に応じて国土交通大臣が定める方法により算出した当該室内の可燃物の発熱量（単位　メガジュール）

q_b　当該室の用途及び床面積の合計並びに当該室

（の開口部の面積及び高さに応じて国土交通大臣が定める方法により算出した当該室内の可燃物の一秒間当たりの発熱量（単位　メガワット））

二　特定主要構造部ごとに、当該特定主要構造部が、当該建築物の屋内において発生が予測される火災による火熱が加えられた場合に、前項第一号イに掲げる要件に該当して耐えることができる加熱時間（以下この項において「屋内火災保有耐火時間」という。）を、当該特定主要構造部の構造方法、当該建築物の自重及び積載荷重並びに当該火熱による特定主要構造部の表面の温度の推移に応じて国土交通大臣が定める方法により求めること。

三　当該外壁が、当該建築物の周囲において発生する通常の火災時の火熱が加えられた場合に、前項第一号ロに掲げる要件に該当して耐えることができる加熱時間（以下この項において「屋外火災保有耐火時間」という。）を、当該外壁の構造方法並びに当該建築物の自重及び積載荷重に応じて国土交通大臣が定める方法により求めること。

四　特定主要構造部ごとに、次のイ及びロ（外壁以外の特定主要構造部にあつては、イ）に該当するものであることを確かめること。

イ　各特定主要構造部の屋内火災保有耐火時間が、当該特定主要構造部が面する室について第一号に掲げる式によつて計算した火災の継続時間以上であること。

ロ　各外壁の屋外火災保有耐火時間が、一時間（延焼のおそれのある部分以外の部分にあつては、三十分間）以上であること。

3　特定主要構造部が第一項第一号又は第二号に該当する建築物（次項に規定する建築物を除く。）に対する第百十二条第一項、第三項、第七項から第十一項まで及び第十六項から第二十一項まで、第百十四条第一項及び第二項、第百十七条第二項、第百二十条第一項、第二項及び第四項、第百二十一条第二項、第百二十二条第一項、第百二十三条第一項及び第三項、第百二十三条の二、第百二十六条の二、第百二十八条の四第一項及び第四項、第百二十八条の五第一項及び第四項、第百二十八条の七第一項、第百二十九条第一項、第百二十九条の二第一項、第百二十九条の二の四第一項、第百二十九条の十三の二、第百二十九条の十三の三第三項及び第四項、第百三十七条の十四並びに第百四十五条第一項第一号及び第二項の規定（次項において「耐火性能関係規定」という。）の適用については、当該建築物の部分で特定主要構造部であるものの構造は、耐火構造とみなす。

4　特定主要構造部が第一項第一号に該当する建築物（当該建築物の特定主要構造部である床又は壁（外壁を除く。）の

開口部に設けられた防火設備が、当該防火設備に当該建築物の屋内において発生が予測される火災による火熱が加えられた場合に、当該加熱面以外の面に火炎を出さないものであることについて防火区画検証法により確かめられたものであるものに限る。）及び特定主要構造部が同項第二号に該当する建築物（当該建築物の特定主要構造部である床又は壁（外壁を除く。）の開口部に設けられた防火設備が、当該防火設備に当該建築物の屋内において発生が予測される火災による火熱が加えられた場合に、当該加熱面以外の面に火炎を出さないものとして国土交通大臣の認定を受けたものであるものに限る。）に対する第百十二条第一項、第七項から第十一項まで、第十六項、第十八項、第十九項及び第二十一項、第百二十二条第一項、第百二十三条第一項及び第三項、第百二十六条の二、第百二十八条の五第一項及び第四項、第百二十八条の七第一項、第百二十九条の二の四第一項、第百二十九条の十三の二、第百二十九条の十三の三第三項並びに第百三十七条の十四の規定（以下この項において「防火区画等関係規定」という。）の適用については、これらの建築物の部分で特定主要構造部であるものの構造は耐火構造と、これらの防火設備の構造は第百十二条第一項に規定する特定防火設備とみなし、これらの建築物に対する防火区画等関係規定以外の耐火性能関係規定の適用については、これらの建築物の部分で特定主要構造部であるものの構造は耐火構造とみなす。

5　前項の「防火区画検証法」とは、次に定めるところにより、開口部に設けられる防火設備（以下この項において「開口部設備」という。）の火災時における遮炎に関する性能を検証する方法をいう。

一　開口部設備が設けられる開口部が面する室において発生が予測される火災の継続時間を第二項第一号に掲げる式により計算すること。

二　開口部設備ごとに、当該開口部設備が、当該建築物の屋内において発生が予測される火災による火熱が加えられた場合に、当該加熱面以外の面に火炎を出すことなく耐えることができる加熱時間（以下この項において「保有遮炎時間」という。）を、当該開口部設備の構造方法及び当該火熱による開口部設備の表面の温度の推移に応じて国土交通大臣が定める方法により求めること。

三　開口部設備ごとに、保有遮炎時間が第一号の規定によつて計算した火災の継続時間以上であることを確かめること。

（防火戸その他の防火設備）

第百九条　法第二条第九号の二ロ、法第十二条第一項、法第二十一条第二項、法第二十七条第一項（法第八十七条第三

項において準用する場合を含む。第百十条から第百十条の五までにおいて同じ。）、法第五十三条第三項第一号イ及び法第六十一条第一項の政令で定める防火設備は、防火戸、ドレンチャーその他火炎を遮る設備とする。

2　隣地境界線、道路中心線又は同一敷地内の二以上の建築物（延べ面積の合計が五百平方メートル以内の建築物は、一の建築物とみなす。）相互の外壁間の中心線のあらゆる部分で、開口部から一階にあつては三メートル以下、二階以上にあつては五メートル以下の距離にあるものと当該開口部とを遮る外壁、袖壁、塀その他これらに類するものは、前項の防火設備とみなす。

（遮炎性能に関する技術的基準）

第百九条の二　法第二条第九号の二ロの政令で定める技術的基準は、防火設備に通常の火災による火熱が加えられた場合に、加熱開始後二十分間当該加熱面以外の面に火炎を出さないものであることとする。

（主要構造部を準耐火構造とした建築物等の層間変形角）

第百九条の二の二　主要構造部を準耐火構造とした建築物（特定主要構造部を耐火構造とした建築物を含む。）及び第百三十六条の二第一号ロ又は第二号ロに掲げる基準に適合する建築物の地上部分の層間変形角は、百五十分の一以内でなければならない。ただし、主要構造部が防火上有害な変形、亀裂その他の損傷を生じないことが計算又は実験によつて確かめられた場合においては、この限りでない。

2　建築物が第百九条の八に規定する火熱遮断壁等で区画されている場合における当該火熱遮断壁等により分離された部分は、前項の規定の適用については、それぞれ別の建築物とみなす。

3　法第二十六条第二項に規定する特定部分（以下この項において「特定部分」という。）を有する建築物であつて、当該建築物の特定部分が同条第二項第一号（同号に規定する基準に係る部分を除く。）又は第二号に該当するものに係る第一項の規定の適用については、当該建築物の特定部分及び他の部分をそれぞれ別の建築物とみなす。

（主要構造部を準耐火構造とした建築物と同等の耐火性能を有する建築物の技術的基準）

第百九条の三　法第二条第九号の三ロの政令で定める技術的基準は、次の各号のいずれかに掲げるものとする。

一　外壁が耐火構造であり、かつ、屋根の構造が法第二十二条第一項に規定する構造であるほか、法第八十六条の四の場合を除き、屋根の延焼のおそれのある部分の構造が、当該部分に屋内において発生する通常の火災による火熱が加えられた場合に、加熱開始後二十分間屋外に火炎を出す原因となるき裂その他の損傷を生じないものと

して、国土交通大臣が定めた構造方法を用いるもの又は国土交通大臣の認定を受けたものであること。

二　主要構造部である柱及びはりが不燃材料で、その他の主要構造部が準不燃材料で造られ、外壁の延焼のおそれのある部分、屋根及び床が次に掲げる構造であること。

イ　外壁の延焼のおそれのある部分にあつては、防火構造としたもの

ロ　屋根にあつては、法第二十二条第一項に規定する構造としたもの

ハ　床にあつては、準不燃材料で造るほか、三階以上の階における床又はその直下の天井の構造を、これらに屋内において発生する通常の火災による火熱が加えられた場合に、加熱開始後三十分間構造耐力上支障のある変形、溶融、き裂その他の損傷を生じず、かつ、当該加熱面以外の面（屋内に面するものに限る。）の温度が可燃物燃焼温度以上に上昇しないものとして、国土交通大臣が定めた構造方法を用いるもの又は国土交通大臣の認定を受けたものとしたもの

(3) 建築基準法施行規則（抄）

〔昭和二十五年十一月十六日号外 建設省令第四十号〕

最終改正　令和六年三月二九日国土交通省令第二六号

（確認済証等の様式等）

第二条　法第六条第四項（法第八十七条第一項において準用する場合を含む。）の規定による確認済証の交付は、別記第五号様式による確認済証に第一条の三の申請書の副本一通並びにその添付図書及び添付書類、第三条の十二に規定する図書及び書類並びに建築物のエネルギー消費性能の向上等に関する法律施行規則（平成二十八年国土交通省令第五号）第六条に規定する書類（建築物のエネルギー消費性能の向上等に関する法律（平成二十七年法律第五十三号）第十二条第六項に規定する適合判定通知書又はその写し、同規則第六条第一号に規定する認定書の写し、同条第二号に規定する通知書又はその写し及び同条第三号に規定する通知書又はその写しを除く。第四項、第三条の四第一項及び同条第二項第一号において同じ。）を添えて行うものとする。

2　法第六条第六項の国土交通省令で定める場合は、次のいずれかに該当する場合とする。

一　申請に係る建築物の計画が特定増改築構造計算基準（令第八十一条第二項に規定する基準に従つた構造計算で、法第二十条第一項第二号イに規定する方法によるものによつて確かめられる安全性を有することに係る部分に限る。）に適合するかどうかの審査をする場合

二　申請に係る建築物（法第六条第一項第二号又は第三号に掲げる建築物に限る。）の計画が令第八十一条第二項又は第三項に規定する基準に従つた構造計算で、法第二十条第一項第二号イ又は第三号イに規定するプログラムによるものによつて確かめられる安全性を有するかどうかを審査する場合において、第一条の三第一項第一号ロ(2)ただし書の規定による電磁的記録媒体の提出がなかつた場合

三　申請に係る建築物（法第六条第一項第二号又は第三号に掲げる建築物を除く。）の計画が令第八十一条第二項又は第三項に規定する基準に従つた構造計算で、法第二十条第一項第二号イ又は第三号イに規定するプログラムによるものによつて確かめられる安全性を有するかどうかを審査する場合

四　申請に係る建築物の計画が令第八十一条第三項に規定する基準に従つた構造計算で、法第二十条第一項第三号イに規定する方法によるものによつて確かめられる安全性を有するかどうかを審査する場合

五　法第六条第四項の期間の末日の三日前までに法第六条の三第七項に規定する適合判定通知書（以下単に「適合判定通知書」という。）若しくはその写し又は建築物のエネルギー消費性能の向上等に関する法律第十二条第六項に規定する適合判定通知書若しくはその写し（建築物のエネルギー消費性能の向上等に関する法律施行規則第六条第一号に掲げる場合にあつては同号に規定する認定書の写し、同条第二号に掲げる場合にあつては同号に規定する通知書又はその写し、同条第三号に掲げる場合にあつては同号に規定する通知書又はその写し。第四項、第三条の四第二項第一号及び第六条の三第二項第十一号において同じ。）の提出がなかつた場合

3　法第六条第六項の規定による同条第四項の期間を延長する旨及びその延長する期間並びにその期間を延長する理由を記載した通知書の交付は、別記第五号の二様式により行うものとする。

4　法第六条第七項（法第八十七条第一項において準用する場合を含む。次項において同じ。）の規定による適合しないことを認めた旨及びその理由を記載した通知書の交付は、別記第六号様式による通知書に第一条の三の申請書の副本一通並びにその添付図書及び添付書類、適合判定通知書又

はその写し、第三条の十二に規定する図書及び書類、建築物のエネルギー消費性能の向上等に関する法律第十二条第六項に規定する適合判定通知書又はその写し並びに建築物のエネルギー消費性能の向上等に関する法律施行規則第六条に規定する書類を添えて行うものとする。

5　法第六条第七項の規定による適合するかどうかを決定することができない旨及びその理由を記載した通知書の交付は、別記第七号様式により行うものとする。

（指定確認検査機関が交付する確認済証等の様式等）

第三条の四　法第六条の二第一項（法第八十七条第一項、法第八十七条の四又は法第八十八条第一項若しくは第二項において準用する場合を含む。次条において同じ。）の規定による確認済証の交付は、別記第十五号様式による確認済証に、前条において準用する第一条の三、第二条の二又は第三条の申請書の副本一通並びにその添付図書及び添付書類、第三条の十二に規定する図書及び書類並びに建築物のエネルギー消費性能の向上等に関する法律施行規則第六条に規定する書類を添えて行わなければならない。

2　法第六条の二第四項（法第八十七条第一項、法第八十七条の四又は法第八十八条第一項若しくは第二項において準用する場合を含む。次条第一項において同じ。）の規定による通知書の交付は、次の各号に掲げる通知書の区分に応じ、それぞれ当該各号に定めるところによるものとする。

一　申請に係る建築物の計画が建築基準関係規定に適合しないことを認めた旨及びその理由を記載した通知書　別記第十五号の二様式による通知書に、前条において準用する第一条の三、第二条の二又は第三条の申請書の副本一通並びにその添付図書及び添付書類、適合判定通知書又はその写し、第三条の十二に規定する図書及び書類、建築物のエネルギー消費性能の向上等に関する法律第十二条第六項に規定する適合判定通知書又はその写し並びに建築物のエネルギー消費性能の向上等に関する法律施行規則第六条に規定する書類を添えて行う。

二　申請に係る建築物の計画が申請の内容によつては建築基準関係規定に適合するかどうかを決定することができない旨及びその理由を記載した通知書　別記第十五号の三様式による通知書により行う。

3　前二項に規定する図書及び書類の交付については、電子情報処理組織（指定確認検査機関の使用に係る電子計算機と交付を受ける者の使用に係る入出力装置とを電気通信回線で接続した電子情報処理組織をいう。第三条の十一、第三条の二十二（第六条の十、第六条の十二、第六条の十四及び第六条の十六において準用する場合を含む。）及び第十一条の二の二を除き、以下同じ。）の使用又は電磁的記録媒

体の交付によることができる。

（検査済証の様式）

第四条の四　法第七条第五項（法第八十七条の四又は法第八十八条第一項若しくは第二項において準用する場合を含む。）の規定による検査済証の交付は、別記第二十一号様式による検査済証に、第四条第一項第一号又は第四号に掲げる図書及び書類を添えて行うものとする。ただし、同条第二項の規定に基づき完了検査申請書に同条第一項第一号の図書及び書類の添付を要しない場合にあつては、当該図書及び書類の添付を要しない。

（指定確認検査機関が交付する検査済証の様式）

第四条の六　法第七条の二第五項（法第八十七条の四又は法第八十八条第一項若しくは第二項において準用する場合を含む。次項において同じ。）に規定する検査済証の様式は、別記第二十四号様式による。

2　指定確認検査機関が第四条の四の二において準用する第四条第一項第一号又は第四号に掲げる図書及び書類の提出を受けた場合における法第七条の二第五項の検査済証の交付は、当該図書及び書類を添えて行わなければならない。

3　前項に規定する図書及び書類の交付については、電子情報処理組織の使用又は電磁的記録媒体の交付によることができる。

第五号様式（第二条、第二条の二、第三条関係）（Ａ４）

建築基準法第６条第１項の規定による

確認済証

第　　　　号

年　月　日

建築主、設置者又は築造主　　　　様

建築主事等職氏名　　　　印

下記による確認申請書に記載の計画は、建築基準法第６条第１項（建築基準法第６条の４第１項の規定により読み替えて適用される同法第６条第１項）の建築基準関係規定に適合していることを証明する。

なお、当該計画が同法第６条の３第１項ただし書に規定する特定構造計算基準又は特定増改築構造計算基準に適合するかどうかの審査を同項ただし書に規定する建築主事等が行つたものである。

記

１．申請年月日　　　　　年　　月　　日

２．建築場所、設置場所又は築造場所

３．建築物、建築設備若しくは工作物又はその部分の概要

４．適合判定通知書の番号

５．適合判定通知書の交付年月日

６．適合判定通知書の交付者

（注意）この証は、大切に保存しておいてください。

注　不要な文字は、抹消してください。

第五号の二様式（第二条関係）（Ａ４）

建築基準法第６条第４項に規定する期間を延長する旨の通知書

第　　　　号

年　月　日

建築主、設置者又は築造主　　　　　　様

建築主事等職氏名　　　　　　　印

下記による確認申請書は、下記の理由により建築基準法第６条第４項に規定する期間内に確認済証を交付できないので、下記期間の範囲内において同項の期間を延長することを、同条第６項の規定により通知します。

記

1．申請年月日　　　年　　月　　日

2．建築場所、設置場所又は築造場所

（理由）

（延長する期間）

（備考）

第六号様式（第二条、第二条の二、第三条関係）（Ａ４）

建築基準法第６条第７項の規定による
適合しない旨の通知書

第　　　　　　　号
年　　月　　日

建築主、設置者又は築造主　　　　　様

建築主事等職氏名　　　　　　　印

別添の確認申請書及び添付図書に記載の計画は、下記の理由により建築基準法第６条第１項（建築基準法第６条の４第１項の規定により読み替えて適用される同法第６条第１項）の建築基準関係規定に適合しないことを認めましたので、通知します。

なお、この処分に不服があるときは、この通知を受けた日の翌日から起算して３か月以内に　　　　建築審査会に対して審査請求をすることができます（なお、この通知を受けた日の翌日から起算して３か月以内であつても、処分の日から１年を経過すると審査請求をすることができなくなります。）。また、この通知を受けた日（当該処分につき審査請求をした場合においては、これに対する裁決の送達を受けた日）の翌日から起算して６か月以内に　　　　を被告として（訴訟において　　　　を代表する者は　　　　となります。）、処分の取消しの訴えを提起することができます（なお、この通知又は裁決の送達を受けた日の翌日から起算して６か月以内であつても、処分又は裁決の日から１年を経過すると処分の取消しの訴えを提起することができなくなります。）。

（理由）

第七号様式（第二条、第二条の二、第三条関係）（Ａ４）

建築基準法第６条第７項の規定による
適合するかどうかを決定することができない旨の通知書

第　　　　　号
年　月　日

建築主、設置者又は築造主　　　　　　　　様

建築主事等職氏名　　　　　　　　印

下記による確認申請書は、下記の理由により建築基準法第６条第１項（同法第６条の４第１項の規定により読み替えて適用される同法第６条第１項）の建築基準関係規定に適合するかどうかを決定することができないので、同条第７項（同法第87条第１項、第87条の４又は第88条第１項若しくは第２項において準用する場合を含む。）の規定により通知します。

なお、この処分に不服があるときは、この通知を受けた日の翌日から起算して３か月以内に　　　　建築審査会に対して審査請求をすることができます（なお、この通知を受けた日の翌日から起算して３か月以内であつても、処分の日から１年を経過すると審査請求をすることができなくなります。）。また、この通知を受けた日（当該処分につき審査請求をした場合においては、これに対する裁決の送達を受けた日）の翌日から起算して６か月以内に　　　　　を被告として（訴訟において　　　　　を代表する者は　　　　　となります。）、処分の取消しの訴えを提起することができます（なお、この通知又は裁決の送達を受けた日の翌日から起算して６か月以内であつても、処分又は裁決の日から１年を経過すると処分の取消しの訴えを提起することができなくなります。）。

記

１．申請年月日　　　年　　月　　日
２．建築場所、設置場所又は築造場所
（理由）

（備考）

第十五号様式（第三条の四関係）（Ａ４）

建築基準法第６条の２第１項の規定による

確認済証

第　　　　　号

年　月　日

建築主、設置者又は築造主　　　　　様

指定確認検査機関名　　　　　　　　印

下記による計画は、建築基準法第６条第１項（建築基準法第６条の４第１項の規定により読み替えて適用される同法第６条第１項）の建築基準関係規定に適合していることを証明する。

なお、当該計画が同法第６条の３第１項ただし書に規定する特定構造計算基準又は特定増改築構造計算基準に適合するかどうかの審査を同項ただし書に規定する確認検査員又は副確認検査員が行つたものである。

記

１．建築場所、設置場所又は築造場所

２．建築物、建築設備若しくは工作物又はその部分の概要

３．確認を行つた確認検査員又は副確認検査員の職氏名

４．適合判定通知書の番号

５．適合判定通知書の交付年月日

６．適合判定通知書の交付者

（注意）この証は、大切に保存しておいてください。

注　不要な文字は、抹消してください。

第十五号の二様式（第三条の四関係）（Ａ４）

建築基準法第６条の２第４項の規定による
適合しない旨の通知書

第　　　　　号
年　月　日

建築主、設置者又は築造主　　　　　　　　様

指定確認検査機関　　　　　　　印

別添の確認申請書及び添付図書に記載の計画は、下記の理由により建築基準法第６条第１項（同法第６条の４第１項の規定により読み替えて適用される同法第６条第１項）の建築基準関係規定に適合しないことを認めましたので、同条第４項（同法第87条第１項、第87条の４又は第88条第１項若しくは第２項において準用する場合を含む。）の規定により通知します。

なお、この処分に不服があるときは、この通知を受けた日の翌日から起算して３か月以内に　　　　建築審査会に対して審査請求をすることができます（なお、この通知を受けた日の翌日から起算して３か月以内であつても、処分の日から１年を経過すると審査請求をすることができなくなります。）。また、この通知を受けた日（当該処分につき審査請求をした場合においては、これに対する裁決の送達を受けた日）の翌日から起算して６か月以内に　　　　　を被告として（訴訟において　　　　　を代表する者は　　　　　となります。）、処分の取消しの訴えを提起することができます（なお、この通知又は裁決の送達を受けた日の翌日から起算して６か月以内であつても、処分又は裁決の日から１年を経過すると処分の取消しの訴えを提起することができなくなります。）。

（理由）

第十五号の三様式（第三条の四関係）（Ａ４）

建築基準法第６条の２第４項の規定による
適合するかどうかを決定することができない旨の通知書

第　　　　号
年　月　日

建築主、設置者又は築造主　　　　　　　様

指定確認検査機関　　　　　　　印

下記による確認申請書は、下記の理由により建築基準法第６条第１項（同法第６条の４第１項の規定により読み替えて適用される同法第６条第１項）の建築基準関係規定に適合するかどうかを決定することができないので、同法第６条の２第４項（同法第87条第１項、第87条の４又は第88条第１項若しくは第２項において準用する場合を含む。）の規定により通知します。

なお、この処分に不服があるときは、この通知を受けた日の翌日から起算して３か月以内に　　　　建築審査会に対して審査請求をすることができます（なお、この通知を受けた日の翌日から起算して３か月以内であつても、処分の日から１年を経過すると審査請求をすることができなくなります。）。また、この通知を受けた日（当該処分につき審査請求をした場合においては、これに対する裁決の送達を受けた日）の翌日から起算して６か月以内に　　　　を被告として（訴訟において　　　　を代表する者は　　　　となります。）、処分の取消しの訴えを提起することができます（なお、この通知又は裁決の送達を受けた日の翌日から起算して６か月以内であつても、処分又は裁決の日から１年を経過すると処分の取消しの訴えを提起することができなくなります。）。

記

１．申請年月日　　　　　　　　年　　月　　日
２．建築場所、設置場所又は築造場所
（理由）

（備考）

第二十一号様式（第四条の四関係）（A４）

建築基準法第７条第５項の規定による
検査済証

第　　　　　　号
年　　月　　日

建築主、設置者又は築造主　　　　　様

検査実施者職氏名　　　　　　　　印

下記に係る工事は、建築基準法第７条第４項の規定による検査の結果、建築基準法第６条第１項（建築基準法第６条の４第１項の規定により読み替えて適用される同法第６条第１項）の建築基準関係規定に適合していることを証明する。

記

１．確認済証番号　　　　　　　　第　　　　　　号
２．確認済証交付年月日　　　　　　年　　　月　　　日
３．確認済証交付者
４．建築場所、設置場所又は築造場所
５．検査を行った建築物、建築設備若しくは工作物又はその部分の概要
６．検査後も引き続き建築基準法第３条第２項（同法第86条の９第１項において準用する場合を含む。）の規定の適用を受ける場合は、その根拠となる規定及び不適合の規定
７．検査年月日　　　　　　　　　　年　　月　　日
８．委任した建築主事等職氏名　　　　　　印

（注意）この証は、大切に保存しておいてください。

第二十四号様式（第四条の六関係）（Ａ４）

建築基準法第７条の２第５項の規定による

検査済証

第　　　　　　号

年　　月　　日

建築主、設置者又は築造主　　　　様

指定確認検査機関名　　　　　　印

下記に係る工事は、建築基準法第７条の２第１項の規定による検査の結果、建築基準法第６条第１項（建築基準法第６条の４第１項の規定により読み替えて適用される同法第６条第１項）の建築基準関係規定に適合していることを証明する。

記

１．確認済証番号　　　　　　第　　　　　　号

２．確認済証交付年月日　　　　　年　　月　　日

３．確認済証交付者

４．建築場所、設置場所又は築造場所

５．検査を行った建築物、建築設備若しくは工作物又はその部分の概要

６．検査後も引き続き建築基準法第３条第２項（同法第86条の９第１項において準用する場合を含む。）の規定の適用を受ける場合は、その根拠となる規定及び不適合の規定

７．検査年月日　　　　　　　　　年　　月　　日

８．検査を行った確認検査員又は副確認検査員の職氏名

（注意）この証は、大切に保存しておいてください。

6　長期優良住宅普及促進法関係

(1)長期優良住宅の普及の促進に関する法律

〔平成二十年十二月五日
法 律 第 八 十 七 号〕

最終改正　令和五年六月一六日法律第五八号

第一章　総則

(目的)

第一条　この法律は、現在及び将来の国民の生活の基盤となる良質な住宅が建築され、及び長期にわたり良好な状態で使用されることが住生活の向上及び環境への負荷の低減を図る上で重要となっていることにかんがみ、長期にわたり良好な状態で使用するための措置がその構造及び設備について講じられた優良な住宅の普及を促進するため、国土交通大臣が策定する基本方針について定めるとともに、所管行政庁による長期優良住宅建築等計画の認定、当該認定を受けた長期優良住宅建築等計画に基づき建築及び維持保全が行われている住宅についての住宅性能評価に関する措置その他の措置を講じ、もって豊かな国民生活の実現と我が国の経済の持続的かつ健全な発展に寄与することを目的とする。

(定義)

第二条　この法律において「住宅」とは、人の居住の用に供する建築物(建築基準法(昭和二十五年法律第二百一号)第二条第一号に規定する建築物をいう。以下この項において同じ。)又は建築物の部分(人の居住の用以外の用に供する建築物の部分との共用に供する部分を含む。)をいう。

2　この法律において「建築」とは、住宅を新築し、増築し、又は改築することをいう。

3　この法律において「維持保全」とは、次に掲げる住宅の部分又は設備について、点検又は調査を行い、及び必要に応じ修繕又は改良を行うことをいう。

一　住宅の構造耐力上主要な部分として政令で定めるもの
二　住宅の雨水の浸入を防止する部分として政令で定めるもの
三　住宅の給水又は排水の設備で政令で定めるもの
4　この法律において「長期使用構造等」とは、住宅の構造及び設備であって、次に掲げる措置が講じられたものをいう。
一　当該住宅を長期にわたり良好な状態で使用するために次に掲げる事項に関し誘導すべき国土交通省令で定める基準に適合させるための措置
イ　前項第一号及び第二号に掲げる住宅の部分の構造の腐食、腐朽及び摩損の防止
ロ　前項第一号に掲げる住宅の部分の地震に対する安全性の確保
二　居住者の加齢による身体の機能の低下、居住者の世帯構成の異動その他の事由による住宅の利用の状況の変化に対応した構造及び設備の変更を容易にするための措置として国土交通省令で定めるもの
三　維持保全を容易にするための措置として国土交通省令で定めるもの
四　日常生活に身体の機能上の制限を受ける高齢者の利用上の利便性及び安全性、エネルギーの使用の効率性その他住宅の品質又は性能に関し誘導すべき国土交通省令で定める基準に適合させるための措置
5　この法律において「長期優良住宅」とは、住宅であって、その構造及び設備が長期使用構造等であるものをいう。
6　この法律において「所管行政庁」とは、建築基準法の規定により建築主事又は建築副主事を置く市町村又は特別区の区域については当該市町村又は特別区の長をいい、その他の市町村又は特別区の区域については都道府県知事をいう。ただし、同法第九十七条の二第一項若しくは第二項又は第九十七条の三第一項若しくは第二項の規定により建築主事又は建築副主事を置く市町村又は特別区の区域内の政令で定める住宅については、都道府県知事とする。

（国、地方公共団体及び事業者の努力義務）

第三条　国及び地方公共団体は、長期優良住宅の普及を促進するために必要な財政上及び金融上の措置その他の措置を講ずるよう努めなければならない。
2　国及び地方公共団体は、長期優良住宅の普及の促進に関し、国民の理解と協力を得るため、長期優良住宅の建築及び維持保全に関する知識の普及及び情報の提供に努めなければならない。
3　国及び地方公共団体は、長期優良住宅の普及を促進するために必要な人材の養成及び資質の向上に努めなければならない。

4　国は、長期優良住宅の普及を促進するため、住宅の建設における木材の使用に関する伝統的な技術を含め、長期使用構造等に係る技術に関する研究開発の推進及びその成果の普及に努めなければならない。

5　長期優良住宅の建築又は販売を業として行う者は、長期優良住宅の建築又は購入をしようとする者及び長期優良住宅の建築又は購入をした者に対し、当該長期優良住宅の品質又は性能に関する情報及びその維持保全を適切に行うために必要な情報を提供するよう努めなければならない。

6　長期優良住宅の維持保全を業として行う者は、長期優良住宅の所有者又は管理者に対し、当該長期優良住宅の維持保全を適切に行うために必要な情報を提供するよう努めなければならない。

第二章　基本方針

第四条　国土交通大臣は、長期優良住宅の普及の促進に関する基本的な方針（以下この条及び第六条第一項第八号において「基本方針」という。）を定めなければならない。

2　基本方針には、次に掲げる事項を定めるものとする。

一　長期優良住宅の普及の促進の意義に関する事項

二　長期優良住宅の普及の促進のための施策に関する基本的事項

三　次条第一項に規定する長期優良住宅建築等計画及び同条第六項に規定する長期優良住宅維持保全計画の第六条第一項の認定に関する基本的事項

四　前三号に掲げるもののほか、長期優良住宅の普及の促進に関する重要事項

3　国土交通大臣は、基本方針を定めるに当たっては、国産材（国内で生産された木材をいう。以下この項において同じ。）の適切な利用が我が国における森林の適正な整備及び保全並びに地球温暖化の防止及び循環型社会の形成に資することに鑑み、国産材その他の木材を使用した長期優良住宅の普及が図られるよう配慮するものとする。

4　国土交通大臣は、基本方針を定めようとするときは、関係行政機関の長に協議しなければならない。

5　国土交通大臣は、基本方針を定めたときは、遅滞なく、これを公表しなければならない。

6　前二項の規定は、基本方針の変更について準用する。

第三章　長期優良住宅建築等計画等の認定等

（長期優良住宅建築等計画等の認定）

第五条　住宅（区分所有住宅（二以上の区分所有者（建物の区分所有等に関する法律（昭和三十七年法律第六十九号）第二条第二項に規定する区分所有者をいう。）が存する住宅をいう。以下同じ。）を除く。以下この項から第三項までにおいて同じ。）の建築をしてその構造及び設備を長期使用構造等

とし、自らその建築後の住宅について長期優良住宅として維持保全を行おうとする者は、国土交通省令で定めるところにより、当該住宅の建築及び維持保全に関する計画（以下「長期優良住宅建築等計画」という。）を作成し、所管行政庁の認定を申請することができる。

2　住宅の建築をしてその構造及び設備を長期使用構造等とし、その建築後の住宅を他の者に譲渡してその者（以下この条、第九条第一項及び第十三条第二項において「譲受人」という。）において当該建築後の住宅について長期優良住宅として維持保全を行おうとする場合における当該譲渡をしようとする者（次項、第九条第一項及び第十三条第二項において「一戸建て住宅等分譲事業者」という。）は、当該譲受人と共同して、国土交通省令で定めるところにより、長期優良住宅建築等計画を作成し、所管行政庁の認定を申請することができる。

3　一戸建て住宅等分譲事業者は、譲受人を決定するまでに相当の期間を要すると見込まれる場合において、当該譲受人の決定に先立って当該住宅の建築に関する工事に着手する必要があるときは、前項の規定にかかわらず、国土交通省令で定めるところにより、単独で長期優良住宅建築等計画を作成し、所管行政庁の認定を申請することができる。

4　住宅（複数の者に譲渡することにより区分所有住宅とするものに限る。）の建築をしてその構造及び設備を長期使用構造等とし、当該区分所有住宅の管理者等（建物の区分所有等に関する法律第三条若しくは第六十五条に規定する団体について同法第二十五条第一項（同法第六十六条において準用する場合を含む。）の規定により選任された管理者又は同法第四十七条第一項（同法第六十六条において準用する場合を含む。）の規定による法人について同法第四十九条第一項（同法第六十六条において準用する場合を含む。）の規定により置かれた理事をいう。以下同じ。）において当該建築後の区分所有住宅について長期優良住宅として維持保全を行おうとする場合における当該譲渡をしようとする者（第九条第三項及び第十三条第三項において「区分所有住宅分譲事業者」という。）は、国土交通省令で定めるところにより、長期優良住宅建築等計画を作成し、所管行政庁の認定を申請することができる。

5　区分所有住宅の増築又は改築をしてその構造及び設備を長期使用構造等とし、その増築又は改築後の区分所有住宅について長期優良住宅として維持保全を行おうとする当該区分所有住宅の管理者等は、国土交通省令で定めるところにより、長期優良住宅建築等計画を作成し、所管行政庁の認定を申請することができる。

6　住宅（区分所有住宅を除く。以下この項において同じ。）

のうちその構造及び設備が長期使用構造等に該当すると認められるものについて当該住宅の所有者その他当該住宅の維持保全の権原を有する者（以下この項において「所有者等」という。）において長期優良住宅として維持保全を行おうとする場合には、当該所有者等は、国土交通省令で定めるところにより、当該住宅の維持保全に関する計画（以下「長期優良住宅維持保全計画」という。）を作成し、所管行政庁の認定を申請することができる。

7　区分所有住宅のうちその構造及び設備が長期使用構造等に該当すると認められるものについて当該区分所有住宅の管理者等において長期優良住宅として維持保全を行おうとする場合には、当該管理者等は、国土交通省令で定めるところにより、長期優良住宅維持保全計画を作成し、所管行政庁の認定を申請することができる。

8　長期優良住宅建築等計画又は長期優良住宅維持保全計画には、次に掲げる事項を記載しなければならない。

一　住宅の位置

二　住宅の構造及び設備

三　住宅の規模

四　第一項、第二項又は第五項の長期優良住宅建築等計画にあっては、次に掲げる事項

イ　建築後の住宅の維持保全の方法及び期間

ロ　住宅の建築及び建築後の住宅の維持保全に係る資金計画

五　第三項又は第四項の長期優良住宅建築等計画にあっては、次に掲げる事項

イ　建築後の住宅の維持保全の方法の概要

ロ　住宅の建築に係る資金計画

六　長期優良住宅維持保全計画にあっては、次に掲げる事項

イ　当該認定後の住宅の維持保全の方法及び期間

ロ　当該認定後の住宅の維持保全に係る資金計画

七　その他国土交通省令で定める事項

（認定基準等）

第六条　所管行政庁は、前条第一項から第七項までの規定による認定の申請があった場合において、当該申請に係る長期優良住宅建築等計画又は長期優良住宅維持保全計画が次に掲げる基準に適合すると認めるときは、その認定をすることができる。

一　当該申請に係る住宅の構造及び設備が長期使用構造等であること。

二　当該申請に係る住宅の規模が国土交通省令で定める規模以上であること。

三　当該申請に係る住宅が良好な景観の形成その他の地域

における居住環境の維持及び向上に配慮されたものであること。
四　当該申請に係る住宅が自然災害による被害の発生の防止又は軽減に配慮されたものであること。
五　前条第一項、第二項又は第五項の規定による認定の申請に係る長期優良住宅建築等計画にあっては、次に掲げる基準に適合すること。
イ　建築後の住宅の維持保全の方法が当該住宅を長期にわたり良好な状態で使用するために誘導すべき国土交通省令で定める基準に適合するものであること。
ロ　建築後の住宅の維持保全の期間が三十年以上であること。
ハ　資金計画が当該住宅の建築及び維持保全を確実に遂行するため適切なものであること。
六　前条第三項又は第四項の規定による認定の申請に係る長期優良住宅建築等計画にあっては、次に掲げる基準に適合すること。
イ　建築後の住宅の維持保全の方法の概要が当該住宅を三十年以上にわたり良好な状態で使用するため適切なものであること。
ロ　資金計画が当該住宅の建築を確実に遂行するため適切なものであること。
七　前条第六項又は第七項の規定による認定の申請に係る長期優良住宅維持保全計画にあっては、次に掲げる基準に適合すること。
イ　当該認定後の住宅の維持保全の方法が当該住宅を長期にわたり良好な状態で使用するために誘導すべき国土交通省令で定める基準に適合するものであること。
ロ　当該認定後の住宅の維持保全の期間が三十年以上であること。
ハ　資金計画が当該住宅の維持保全を確実に遂行するため適切なものであること。
八　その他基本方針のうち第四条第二項第三号に掲げる事項に照らして適切なものであること。
2　前条第一項から第五項までの規定による認定の申請をする者は、所管行政庁に対し、当該所管行政庁が当該申請に係る長期優良住宅建築等計画(住宅の建築に係る部分に限る。以下この条において同じ。)を建築主事又は建築副主事に通知し、当該長期優良住宅建築等計画が建築基準法第六条第一項に規定する建築基準関係規定に適合するかどうかの審査を受けるよう申し出ることができる。この場合においては、当該申請に併せて、同項の規定による確認の申請書を提出しなければならない。
3　前項の規定による申出を受けた所管行政庁は、速やかに、

当該申出に係る長期優良住宅建築等計画を建築主事又は建築副主事に通知しなければならない。

4　建築基準法第十八条第三項及び第十四項の規定は、建築主事又は建築副主事が前項の規定による通知を受けた場合について準用する。

5　所管行政庁が、前項において準用する建築基準法第十八条第三項の規定による確認済証の交付を受けた場合において、第一項の認定をしたときは、当該認定を受けた長期優良住宅建築等計画は、同法第六条第一項の規定による確認済証の交付があったものとみなす。

6　所管行政庁は、第四項において準用する建築基準法第十八条第十四項の規定による通知書の交付を受けた場合においては、第一項の認定をしてはならない。

7　建築基準法第十二条第八項及び第九項並びに第九十三条から第九十三条の三までの規定は、第四項において準用する同法第十八条第三項及び第十四項の規定による確認済証及び通知書の交付について準用する。

8　マンションの管理の適正化の推進に関する法律(平成十二年法律第百四十九号)第五条の八に規定する認定管理計画のうち国土交通省令で定める維持保全に関する基準に適合するものに係る区分所有住宅の管理者等が前条第五項の長期優良住宅建築等計画又は同条第七項の長期優良住宅維持保全計画の認定の申請をした場合における第一項の規定の適用については、当該申請に係る長期優良住宅建築等計画にあっては同項第五号に掲げる基準に、当該申請に係る長期優良住宅維持保全計画にあっては同項第七号に掲げる基準に、それぞれ適合しているものとみなす。

（認定の通知）

第七条　所管行政庁は、前条第一項の認定をしたときは、速やかに、国土交通省令で定めるところにより、その旨(同条第五項の場合においては、同条第四項において準用する建築基準法第十八条第三項の規定による確認済証の交付を受けた旨を含む。)を当該認定を受けた者に通知しなければならない。

（認定を受けた長期優良住宅建築等計画等の変更）

第八条　第六条第一項の認定を受けた者は、当該認定を受けた長期優良住宅建築等計画又は長期優良住宅維持保全計画の変更(国土交通省令で定める軽微な変更を除く。)をしようとするときは、国土交通省令で定めるところにより、所管行政庁の認定を受けなければならない。

2　前三条の規定は、前項の認定について準用する。

（譲受人を決定した場合における認定を受けた長期優良住宅建築等計画の変更の認定の申請等）

第九条　第五条第三項の規定による認定の申請に基づき第六

条第一項の認定を受けた一戸建て住宅等分譲事業者は、同項の認定（前条第一項の変更の認定を含む。）を受けた長期優良住宅建築等計画（変更があったときは、その変更後のもの。以下「認定長期優良住宅建築等計画」という。）に基づく建築に係る住宅の譲受人を決定したときは、当該認定長期優良住宅建築等計画に第五条第八項第四号イ及びロに規定する事項その他国土交通省令で定める事項を記載し、当該譲受人と共同して、国土交通省令で定めるところにより、速やかに、前条第一項の変更の認定を申請しなければならない。

2　前項の規定による前条第一項の変更の認定の申請があった場合における同条第二項において準用する第六条第一項の規定の適用については、同項第五号中「前条第一項、第二項又は第五項の規定による」とあるのは、「第九条第一項の規定による第八条第一項の変更の」とする。

3　第五条第四項の規定による認定の申請に基づき第六条第一項の認定を受けた区分所有住宅分譲事業者は、認定長期優良住宅建築等計画に基づく建築に係る区分所有住宅の管理者等が選任されたときは、当該認定長期優良住宅建築等計画に第五条第八項第四号イ及びロに規定する事項その他国土交通省令で定める事項を記載し、当該管理者等と共同して、国土交通省令で定めるところにより、速やかに、前条第一項の変更の認定を申請しなければならない。

4　前項の規定による前条第一項の変更の認定の申請があった場合における同条第二項において準用する第六条第一項の規定の適用については、同項第五号中「前条第一項、第二項又は第五項の規定による」とあるのは、「第九条第三項の規定による第八条第一項の変更の」とする。

（地位の承継）

第十条　次に掲げる者は、所管行政庁の承認を受けて、第六条第一項の認定（第五条第五項又は第七項の規定による認定の申請に基づくものを除き、第八条第一項の変更の認定（前条第一項の規定による第八条第一項の変更の認定を含む。）を受けた者が有していた当該認定に基づく地位を承継することができる。

一　当該認定を受けた者の一般承継人

二　当該認定を受けた者から、次に掲げる住宅の所有権その他当該住宅の建築及び維持保全に必要な権原を取得した者

イ　認定長期優良住宅建築等計画に基づき建築及び維持保全が行われ、又は行われた住宅（当該認定長期優良住宅建築等計画に記載された第五条第八項第四号イ（第八条第二項において準用する場合を含む。）に規定する建築後の住宅の維持保全の期間が経過したものを

除く。）

ロ　第六条第一項の認定（第八条第一項の変更の認定を含む。）を受けた長期優良住宅維持保全計画（変更があったときは、その変更後のもの。以下「認定長期優良住宅維持保全計画」という。）に基づき維持保全が行われ、又は行われた住宅（当該認定長期優良住宅維持保全計画に記載された第五条第八項第六号イ（第八条第二項において準用する場合を含む。）に規定する当該認定後の住宅の維持保全の期間が経過したものを除く。）

（記録の作成及び保存）

第十一条　第六条第一項の認定（第八条第一項の変更の認定（第九条第一項又は第三項の規定による第八条第一項の変更の認定を含む。）を含む。第十四条において「計画の認定」という。）を受けた者（以下「認定計画実施者」という。）は、国土交通省令で定めるところにより、認定長期優良住宅（前条第二号イ又はロに掲げる住宅をいう。以下同じ。）の建築及び維持保全（同号ロに掲げる住宅にあっては、維持保全）の状況に関する記録を作成し、これを保存しなければならない。

2　国及び地方公共団体は、前項の認定長期優良住宅の建築及び維持保全の状況に関する記録の作成及び保存を容易にするため、必要な援助を行うよう努めるものとする。

（報告の徴収）

第十二条　所管行政庁は、認定計画実施者に対し、認定長期優良住宅の建築又は維持保全の状況について報告を求めることができる。

（改善命令）

第十三条　所管行政庁は、認定計画実施者が認定長期優良住宅建築等計画又は認定長期優良住宅維持保全計画に従って認定長期優良住宅の建築又は維持保全を行っていないと認めるときは、当該認定計画実施者に対し、相当の期限を定めて、その改善に必要な措置を命ずることができる。

2　所管行政庁は、認定計画実施者（第五条第三項の規定による認定の申請に基づき第六条第一項の認定を受けた一戸建て住宅等分譲事業者に限る。）が認定長期優良住宅建築等計画に基づく建築に係る住宅の譲受人を決定せず、又はこれを決定したにもかかわらず、第九条第一項の規定による第八条第一項の変更の認定を申請していないと認めるときは、当該認定計画実施者に対し、相当の期限を定めて、その改善に必要な措置を命ずることができる。

3　所管行政庁は、認定計画実施者（第五条第四項の規定による認定の申請に基づき第六条第一項の認定を受けた区分所有住宅分譲事業者に限る。）が、認定長期優良住宅建築等計画に基づく建築に係る区分所有住宅の管理者等が選任さ

れたにもかかわらず、第九条第三項の規定による第八条第一項の変更の認定を申請していないと認めるときは、当該認定計画実施者に対し、相当の期限を定めて、その改善に必要な措置を命ずることができる。

（計画の認定の取消し）

第十四条　所管行政庁は、次に掲げる場合には、計画の認定を取り消すことができる。

一　認定計画実施者が前条の規定による命令に違反したとき。

二　認定計画実施者から認定長期優良住宅建築等計画又は認定長期優良住宅維持保全計画に基づく住宅の建築又は維持保全を取りやめる旨の申出があったとき。

三　認定長期優良住宅建築等計画（第五条第四項の規定による認定の申請に基づき第六条第一項の認定を受けたものに限る。以下この号において同じ。）に基づく建築に関する工事が完了してから当該建築に係る区分所有住宅の管理者等が選任されるまでに通常必要と認められる期間として国土交通省令で定める期間内に認定長期優良住宅建築等計画に基づく建築に係る区分所有住宅の管理者等が選任されないとき。

2　所管行政庁は、前項の規定により計画の認定を取り消したときは、速やかに、その旨を当該認定計画実施者であった者に通知しなければならない。

（助言及び指導）

第十五条　所管行政庁は、認定計画実施者に対し、認定長期優良住宅の建築及び維持保全に関し必要な助言及び指導を行うよう努めるものとする。

第四章　認定長期優良住宅建築等計画等に基づく措置

（認定長期優良住宅についての住宅性能評価）

第十六条　認定長期優良住宅（認定長期優良住宅建築等計画に係るものに限る。）の建築に関する工事の完了後に当該認定長期優良住宅（住宅の品質確保の促進等に関する法律（平成十一年法律第八十一号）第二条第二項に規定する新築住宅であるものを除く。以下この項において同じ。）の売買契約を締結した売主又は認定長期優良住宅（認定長期優良住宅維持保全計画に係るものに限る。）の売買契約を締結した売主は、これらの認定長期優良住宅に係る同法第五条第一項の規定による住宅性能評価書（以下この項において「認定長期優良住宅性能評価書」という。）若しくはその写しを売買契約書に添付し、又は買主に対し認定長期優良住宅性能評価書若しくはその写しを交付した場合においては、当該認定長期優良住宅性能評価書又はその写しに表示された性能を有する認定長期優良住宅を引き渡すことを契約したものとみなす。

2　前項の規定は、売主が売買契約書において反対の意思を表示しているときは、適用しない。

（地方住宅供給公社の業務の特例）

第十七条　地方住宅供給公社は、地方住宅供給公社法（昭和四十年法律第百二十四号）第二十一条に規定する業務のほか、委託により、認定長期優良住宅建築等計画又は認定長期優良住宅維持保全計画に基づく認定長期優良住宅の維持保全を行うことができる。

2　前項の規定により地方住宅供給公社が同項に規定する業務を行う場合には、地方住宅供給公社法第四十九条第三号中「第二十一条に規定する業務」とあるのは、「第二十一条に規定する業務及び長期優良住宅の普及の促進に関する法律（平成二十年法律第八十七号）第十七条第一項に規定する業務」とする。

（容積率の特例）

第十八条　その敷地面積が政令で定める規模以上である住宅のうち、認定長期優良住宅建築等計画に基づく建築に係る住宅であって、建築基準法第二条第三十五号に規定する特定行政庁が交通上、安全上、防火上及び衛生上支障がなく、かつ、その建蔽率（建築面積の敷地面積に対する割合をいう。）、容積率（延べ面積の敷地面積に対する割合をいう。以下この項において同じ。）及び各部分の高さについて総合的な配慮がなされていることにより市街地の環境の整備改善に資すると認めて許可したものの容積率は、その許可の範囲内において、同法第五十二条第一項から第九項まで又は第五十七条の二第六項の規定による限度を超えるものとすることができる。

2　建築基準法第四十四条第二項、第九十二条の二、第九十三条第一項及び第二項、第九十四条並びに第九十五条の規定は、前項の規定による許可について準用する。

第五章　雑則

（国土交通省令への委任）

第十九条　この法律に定めるもののほか、この法律の実施のために必要な事項は、国土交通省令で定める。

（経過措置）

第二十条　この法律の規定に基づき命令を制定し、又は改廃する場合においては、その命令で、その制定又は改廃に伴い合理的に必要と判断される範囲内において、所要の経過措置を定めることができる。

第六章　罰則

第二十一条　第十二条の規定による報告をせず、又は虚偽の報告をしたときは、その違反行為をした者は、三十万円以下の罰金に処する。

2　法人の代表者又は法人若しくは人の代理人、使用人その

他の従業者が、その法人又は人の業務に関し、前項の違反行為をしたときは、行為者を罰するほか、その法人又は人に対して同項の刑を科する。

附則　省略

(2)長期優良住宅の普及の促進に関する法律施行令

〔平成二十一年二月十六日
政令第二十四号〕

最終改正　令和五年九月二九日政令第二九三号

（住宅の構造耐力上主要な部分）

第一条　長期優良住宅の普及の促進に関する法律（以下「法」という。）第二条第三項第一号の住宅の構造耐力上主要な部分として政令で定めるものは、住宅の基礎、基礎ぐい、壁、柱、小屋組、土台、斜材（筋かい、方づえ、火打材その他これらに類するものをいう。）、床版、屋根版又は横架材（はり、けたその他これらに類するものをいう。）で、当該住宅の自重若しくは積載荷重、積雪荷重、風圧、土圧若しくは水圧又は地震その他の震動若しくは衝撃を支えるものとする。

（住宅の雨水の浸入を防止する部分）

第二条　法第二条第三項第二号の住宅の雨水の浸入を防止する部分として政令で定めるものは、住宅の屋根若しくは外壁又はこれらの開口部に設ける戸、枠その他の建具とする。

（住宅の給水又は排水の設備）

第三条　法第二条第三項第三号の住宅の給水又は排水の設備

で政令で定めるものは、住宅に設ける給水又は排水のための配管設備とする。

（都道府県知事が所管行政庁となる住宅）

第四条　法第二条第六項ただし書の政令で定める住宅のうち建築基準法（昭和二十五年法律第二百一号）第九十七条の二第一項又は第二項の規定により建築主事又は建築副主事を置く市町村の区域内のものは、同法第六条第一項第四号に掲げる建築物（その新築、改築、増築、移転又は用途の変更に関して、法律並びにこれに基づく命令及び条例の規定により都道府県知事の許可を必要とするものを除く。）以外の建築物である住宅とする。

2　法第二条第六項ただし書の政令で定める住宅のうち建築基準法第九十七条の三第一項又は第二項の規定により建築主事又は建築副主事を置く特別区の区域内のものは、次に掲げる住宅とする。

一　延べ面積（建築基準法施行令（昭和二十五年政令第三百三十八号）第二条第一項第四号に規定する延べ面積をいう。）が一万平方メートルを超える住宅

二　その新築、改築、増築、移転又は用途の変更に関して、法律並びにこれに基づく命令及び条例の規定により都知事の許可を必要とする住宅（地方自治法（昭和二十二年法律第六十七号）第二百五十二条の十七の二第一項の規定により当該許可に関する事務を特別区が処理することとされた場合における当該住宅を除く。）

（容積率の特例の対象となる住宅の敷地面積の規模）

第五条　法第十八条第一項の政令で定める規模は、次の表の上欄に掲げる地域又は区域の区分に応じ、それぞれ同表の下欄に定める数値とする。

地域又は区域	敷地面積の規模（単位　平方メートル）
都市計画法（昭和四十三年法律第百号）第八条第一項第一号に掲げる第一種低層住居専用地域、第二種低層住居専用地域若しくは田園住居地域又は同号に規定する用途地域の指定のない区域	一、〇〇〇
都市計画法第八条第一項第一号に掲げる第一種中高層住居専用地域、第二種中高層住居専用地域、第一種住居地域、第二種住居地域、準住居地域、準工業地域、工業地域又は工業専用地域	五〇〇
都市計画法第八条第一項第一号に掲げる近隣商業地域又は商業地域	三〇〇

附則　省略

⑶長期優良住宅の普及の促進に関する法律施行規則

〔平成二十一年二月二十四日
国土交通省令第三号〕

最終改正　令和六年三月八日国土交通省令第一八号

（長期使用構造等とするための措置）

第一条　長期優良住宅の普及の促進に関する法律（以下「法」という。）第二条第四項第一号イに掲げる事項に関し誘導すべき国土交通省令で定める基準は、住宅の構造に応じた腐食、腐朽又は摩損しにくい部材の使用その他の同条第三項第一号及び第二号に掲げる住宅の部分の構造の腐食、腐朽及び摩損の防止を適切に図るための措置として国土交通大臣が定めるものが講じられていることとする。

2　法第二条第四項第一号ロに掲げる事項に関し誘導すべき国土交通省令で定める基準は、同条第三項第一号に掲げる住宅の部分（以下「構造躯体」という。）の地震による損傷の軽減を適切に図るための措置として国土交通大臣が定めるものが講じられていることとする。

3　法第二条第四項第二号の国土交通省令で定める措置は、居住者の加齢による身体の機能の低下、居住者の世帯構成の異動その他の事由による住宅の利用の状況の変化に対応した間取りの変更に伴う構造の変更及び設備の変更を容易にするための措置として国土交通大臣が定めるものとする。

4　法第二条第四項第三号の国土交通省令で定める措置は、同条第三項第三号に掲げる住宅の設備について、同項第一号に掲げる住宅の部分に影響を及ぼすことなく点検又は調査を行い、及び必要に応じ修繕又は改良を行うことができるようにするための措置その他の維持保全を容易にするための措置として国土交通大臣が定めるものとする。

5　法第二条第四項第四号の国土交通省令で定める基準は、次に掲げるものとする。

一　住宅の通行の用に供する共用部分について、日常生活に身体の機能上の制限を受ける高齢者の利用上の利便性及び安全性の確保を適切に図るための措置その他の高齢者が日常生活を支障なく営むことができるようにするための措置として国土交通大臣が定めるものが講じられていること。

二　外壁、窓その他の部分を通しての熱の損失の防止その他の住宅に係るエネルギーの使用の合理化を適切に図るための措置として国土交通大臣が定めるものが講じられていること。

（長期優良住宅建築等計画等の認定の申請）

第二条　法第五条第一項から第七項までの規定による認定の

申請をしようとする者は、同条第一項から第三項までの規定による認定の申請にあっては第一号様式の、同条第四項又は第五項の規定による認定の申請にあっては第一号の二様式の、同条第六項又は第七項の規定による認定の申請にあっては第一号の三様式の申請書の正本及び副本に、同条第一項から第五項までの規定による認定の申請にあっては次の表一に、同条第六項又は第七項の規定による認定の申請にあっては次の表一及び表二に掲げる図書（住宅の品質確保の促進等に関する法律（平成十一年法律第八十一号）第六条の二第五項の確認書若しくは住宅性能評価書又はこれらの写しを添えて、法第五条第一項から第五項までの規定による認定の申請をする場合においては次の表三に、同条第六項又は第七項の規定による認定の申請をする場合においては次の表二及び表三に掲げる図書）その他所管行政庁が必要と認める図書（第九条、第十六条第一項第九号並びに第十八条第二項及び第三項を除き、以下「添付図書」と総称する。）を添えて、これらを所管行政庁に提出するものとする。ただし、これらの申請に係る長期優良住宅建築等計画又は長期優良住宅維持保全計画（第五条において「長期優良住宅建築等計画等」という。）に応じて、その必要がないときは、これらの表に掲げる図書又は当該図書に明示すべき事項の一部を省略することができる。

一

図書の種類	明示すべき事項
設計内容説明書	住宅の構造及び設備が長期使用構造等であることの説明
付近見取図	方位、道路及び目標となる地物
配置図	縮尺、方位、敷地境界線、敷地内における建築物の位置、申請に係る建築物と他の建築物との別、空気調和設備等（建築物のエネルギー消費性能の向上等に関する法律（平成二十七年法律第五十三号）第二条第一項第二号に規定する空気調和設備等をいう。）及び当該空気調和設備等以外のエネルギー消費性能（同号に規定するエネルギー消費性能をいう。）の向上に資する建築設備（以下この表において「エネルギー消費性能向上設備」という。）の位置並びに配管に係る外部の排水ますの位置
仕様書（仕上げ表を含む。）	部材の種別、寸法及び取付方法並びにエネルギー消費性能向上設備の種別

各階平面図	縮尺、方位、間取り、各室の名称、用途及び寸法、居室の寸法、階段の寸法及び構造、廊下及び出入口の寸法、段差の位置及び寸法、壁の種類及び位置、通し柱の位置、筋かいの種類及び位置、開口部の位置及び構造、換気孔の位置、設備の種別及び位置、点検口及び掃除口の位置並びに配管取出口及び縦管の位置
用途別床面積表	用途別の床面積
床面積求積図	床面積の求積に必要な建築物の各部分の寸法及び算式
二面以上の立面図	縮尺、外壁、開口部及びエネルギー消費性能向上設備の位置並びに小屋裏換気孔の種別、寸法及び位置
断面図又は矩計図	縮尺、建築物の高さ、外壁及び屋根の構造、軒の高さ、軒及びひさしの出、小屋裏の構造、各階の天井の高さ、天井の構造、床の高さ及び構造並びに床下及び基礎の構造
基礎伏図	縮尺、構造躯体の材料の種別及び寸法並びに床下換気孔の寸法
各階床伏図	縮尺並びに構造躯体の材料の種別及び寸法
小屋伏図	縮尺並びに構造躯体の材料の種別及び寸法
各部詳細図	縮尺並びに断熱部その他の部分の材料の種別及び寸法
各種計算書	構造計算その他の計算を要する場合における当該計算の内容
機器表	エネルギー消費性能向上設備の種別、位置、仕様、数及び制御方法
状況調査書	建築物の劣化事象等の状況の調査の結果

二

図書の種類	明示すべき事項
工事履歴書	新築、増築又は改築の時期及び増築又は改築に係る工事の内容

三

図書の種類	明示すべき事項
付近見取図	方位、道路及び目標となる地物

配置図	縮尺、方位、敷地境界線、敷地内における建築物の位置及び申請に係る建築物と他の建築物との別
各階平面図	縮尺、方位、間取り、各室の名称、用途及び寸法、居室の寸法並びに階段の寸法
用途別床面積表	用途別の床面積
床面積求積図	床面積の求積に必要な建築物の各部分の寸法及び算式
二面以上の立面図	縮尺、外壁及び開口部の位置
断面図又は矩計図	縮尺、建築物の高さ、軒の高さ並びに軒及びひさしの出
状況調査書	建築物の劣化事象等の状況の調査の結果

2 前項の表一、表二又は表三の各項に掲げる図書に明示すべき事項を添付図書のうち他の図書に明示する場合には、同項の規定にかかわらず、当該事項を当該各項に掲げる図書に明示することを要しない。この場合において、当該各項に掲げる図書に明示すべき全ての事項を当該他の図書に明示したときは、当該各項に掲げる図書を同項の申請書に添えることを要しない。

3 第一項に規定する所管行政庁が必要と認める図書を添付する場合には、同項の規定にかかわらず、同項の表一、表二又は表三に掲げる図書のうち所管行政庁が不要と認めるものを同項の申請書に添えることを要しない。

4 法第五条第五項又は第七項の規定による認定の申請をしようとする者のうち、法第六条第八項の規定の適用を受けようとする者は、第一項の申請書の正本及び副本並びに添付図書にマンションの管理の適正化の推進に関する法律施行規則(平成十三年国土交通省令第百十号)第一条の六に規定する通知書及びマンションの管理の適正化の推進に関する法律(平成十二年法律第百四十九号。第五条の二において「マンション管理適正化法」という。)第五条の八に規定する認定管理計画又はこれらの写しを添えて、所管行政庁に提出するものとする。

(長期優良住宅建築等計画の記載事項)

第三条 法第五条第八項第七号の国土交通省令で定める事項は、次に掲げるものとする。

一 長期優良住宅建築等計画にあっては、住宅の建築に関する工事の着手予定時期及び完了予定時期

二 法第五条第三項の長期優良住宅建築等計画にあっては、譲受人の決定の予定時期

三 法第五条第四項の長期優良住宅建築等計画にあっては、

区分所有住宅の管理者等の選任の予定時期

（規模の基準）
第四条　法第六条第一項第二号の国土交通省令で定める規模は、次の各号に掲げる住宅の区分に応じ、それぞれ当該各号に定める面積とする。ただし、住戸の少なくとも一の階の床面積（階段部分の面積を除く。）が四十平方メートルであるものとする。
一　一戸建ての住宅（人の居住の用以外の用途に供する部分を有しないものに限る。次号において同じ。）　床面積の合計が七十五平方メートル（地域の実情を勘案して所管行政庁が五十五平方メートルを下回らない範囲内で別に面積を定める場合には、その面積）
二　共同住宅等（共同住宅、長屋その他の一戸建ての住宅以外の住宅をいう。）　一戸の床面積の合計（共用部分の床面積を除く。）が四十平方メートル（地域の実情を勘案して所管行政庁が四十平方メートルを下回らない範囲内で別に面積を定める場合には、その面積）

（維持保全の方法の基準）
第五条　法第六条第一項第五号イ及び第七号イの国土交通省令で定める基準は、法第二条第三項各号に掲げる住宅の部分及び設備について、国土交通大臣が定めるところにより点検の時期及び内容が長期優良住宅建築等計画等に定められていることとする。

（維持保全に関する基準）
第五条の二　法第六条第八項の国土交通省令で定める基準は、法第二条第三項各号に掲げる住宅の部分及び設備について、国土交通大臣が定めるところにより点検の時期及び内容がマンション管理適正化法第五条の八に規定する認定管理計画に定められていることとする。

（認定の通知）
第六条　法第七条の認定の通知は、第二号様式による通知書に第二条第一項の申請書の副本及びその添付図書を添えて行うものとする。

（法第八条第一項の国土交通省令で定める軽微な変更）
第七条　法第八条第一項の国土交通省令で定める軽微な変更は、次に掲げるものとする。
一　長期優良住宅建築等計画にあっては、住宅の建築に関する工事の着手予定時期又は完了予定時期の六月以内の変更
二　法第五条第三項の長期優良住宅建築等計画にあっては、譲受人の決定の予定時期の六月以内の変更
三　法第五条第四項の長期優良住宅建築等計画にあっては、区分所有住宅の管理者等の選任の予定時期の六月以内の変更

四　前三号に掲げるもののほか、住宅の品質又は性能を向上させる変更その他の変更後も認定に係る長期優良住宅建築等計画が法第六条第一項第一号から第六号まで及び第八号に掲げる基準に適合することが明らかな変更（法第六条第二項の規定により建築基準関係規定に適合するかどうかの審査を受けるよう申し出た場合には、建築基準法（昭和二十五年法律第二百一号）第六条第一項（同法第八十七条第一項において準用する場合を含む。）に規定する軽微な変更であるものに限る。）

五　住宅の品質又は性能を向上させる変更その他の変更後も認定に係る長期優良住宅維持保全計画が法第六条第一項第一号から第四号まで、第七号及び第八号に掲げる基準に適合することが明らかな変更

（法第八条第一項の規定による認定長期優良住宅建築等計画等の変更の認定の申請）

第八条　法第八条第一項の変更の認定を申請しようとする者は、第三号様式による申請書の正本及び副本に、それぞれ添付図書のうち変更に係るものを添えて、所管行政庁に提出するものとする。

（変更の認定の通知）

第九条　法第八条第二項において準用する法第七条の規定による変更の認定の通知は、第四号様式による通知書に、前条の申請書の副本及びその添付図書、第十一条第一項の申請書の副本又は第十三条第一項の申請書の副本を添えて行うものとする。

（法第九条第一項の規定による認定長期優良住宅建築等計画の変更の認定の申請）

第十条　法第九条第一項の国土交通省令で定める事項は、譲受人の氏名又は名称とする。

第十一条　法第九条第一項の規定による法第八条第一項の変更の認定を申請しようとする者は、第五号様式による申請書の正本及び副本を所管行政庁に提出するものとする。

2　前項の申請は、譲受人を決定した日から三月以内に行うものとする。

（法第九条第三項の規定による認定長期優良住宅建築等計画の変更の認定の申請）

第十二条　法第九条第三項の国土交通省令で定める事項は、区分所有住宅の管理者等の氏名又は名称とする。

第十三条　法第九条第三項の規定による法第八条第一項の変更の認定を申請しようとする者は、第六号様式による申請書の正本及び副本を所管行政庁に提出するものとする。

2　前項の申請は、区分所有住宅の管理者等が選任された日から三月以内に行うものとする。

（地位の承継の承認の申請）

第十四条　法第十条の承認を受けようとする者は、第七号様式による申請書の正本及び副本に、それぞれ地位の承継の事実を証する書類（次条において「添付書類」という。）を添えて、所管行政庁に提出するものとする。

（地位の承継の承認の通知）

第十五条　所管行政庁は、法第十条の承認をしたときは、速やかに、第八号様式による通知書に前条の申請書の副本及びその添付書類を添えて、当該承認を受けた者に通知するものとする。

（記録の作成及び保存）

第十六条　法第十一条第一項の認定長期優良住宅の建築及び維持保全の状況に関する記録は、次に掲げる事項を記載した図書とする。

一　法第五条第八項各号に掲げる事項

二　法第六条第一項の認定を受けた旨、その年月日、認定計画実施者の氏名及び認定番号

三　法第八条第一項の変更の認定（法第九条第一項又は第三項の規定による法第八条第一項の変更の認定を含む。第九号において同じ。）を受けた場合は、その旨及びその年月日並びに当該変更の内容

四　法第十条の承認を受けた場合は、その旨並びに承認を受けた者の氏名並びに当該地位の承継があった年月日及び当該承認を受けた年月日

五　法第十二条の規定による報告をした場合は、その旨及びその年月日並びに当該報告の内容

六　法第十三条の規定による命令を受けた場合は、その旨及びその年月日並びに当該命令の内容

七　法第十五条の規定による助言又は指導を受けた場合は、その旨及びその年月日並びに当該助言又は指導の内容

八　添付図書に明示すべき事項

九　法第八条第一項の変更の認定を受けた場合は、第八条に規定する添付図書に明示すべき事項

十　長期優良住宅の維持保全を行った場合は、その旨及びその年月日並びに当該維持保全の内容（維持保全を委託により他の者に行わせる場合は、当該他の者の氏名又は名称を含む。）

2　前項各号に掲げる事項が、電子計算機に備えられたファイル又は磁気ディスク（これに準ずる方法により一定の事項を確実に記録しておくことができるものを含む。以下同じ。）に記録され、必要に応じ電子計算機その他の機器を用いて明確に紙面に表示されるときは、当該記録をもって法第十一条第一項の記録の作成及び保存に代えることができる。

（区分所有住宅の管理者等が選任されるまでの期間）

第十七条　法第十四条第一項第三号の国土交通省令で定める期間は、当該工事が完了した日から起算して一年とする。

（許可申請書及び許可通知書の様式）

第十八条　法第十八条第一項の許可を申請しようとする者は、第九号様式の許可申請書の正本及び副本に、それぞれ、特定行政庁が規則で定める図書又は書面を添えて、特定行政庁に提出するものとする。

2　特定行政庁は、法第十八条第一項の許可をしたときは、第十号様式の許可通知書に、前項の許可申請書の副本及びその添付図書を添えて、申請者に通知するものとする。

3　特定行政庁は、法第十八条第一項の許可をしないときは、第十一号様式の許可しない旨の通知書に、第一項の許可申請書の副本及びその添付図書を添えて、申請者に通知するものとする。

附則　省略

第一号様式（第二条関係）（日本産業規格Ａ列４番）

（第一面）

認　定　申　請　書

（新 築 ／ 増 築・改 築）

年　　月　　日

所管行政庁　　　殿

申 請 者 の 住 所 又 は
主たる事務所の所在地
申請者の氏名又は名称
代　表　者　の　氏　名

長期優良住宅の普及の促進に関する法律第５条〔第１項／第２項／第３項〕の規定に基づき、長期優良住宅建築等計画について認定を申請します。この申請書及び添付図書に記載の事項は、事実に相違ありません。

（本欄には記入しないでください。）

受　付　欄	認 定 番 号 欄	決　裁　欄
年　月　日	年　月　日	
第　　号	第　　号	
係員氏名	係員氏名	

（注意）

1．この様式において、「一戸建ての住宅」は、人の居住の用以外の用途に供する部分を有しないものに限り、「共同住宅等」とは、共同住宅、長屋その他の一戸建ての住宅以外の住宅をいいます。
2．法第５条第２項の規定に基づく申請にあっては、一戸建て住宅等分譲事業者及び譲受人の両者の氏名又は名称を記載してください。
3．申請者（法第５条第２項に基づく申請にあっては、一戸建て住宅等分譲事業者又は譲受人）が法人である場合には、代表者の氏名を併せて記載してください。
4．共同住宅等に係る申請にあっては、第三面を申請に係る住戸（認定を求める住戸）ごとに作成してください。

（第二面）

長 期 優 良 住 宅 建 築 等 計 画

1．建築をしようとする住宅の位置、構造及び設備並びに規模に関する事項

〔建築物に関する事項〕

【1．地名地番】
【2．敷地面積】　　　　　　㎡
【3．工事種別】　□新築　　□増築・改築
【4．建築面積】　　　　　　㎡
【5．床面積の合計】　　　　㎡
【6．建て方】　□一戸建ての住宅　　□共同住宅等 【一戸建ての住宅の場合：各階の床面積】　階　㎡　階　㎡ 【共同住宅等の場合：住戸の数】　建築物全体　戸 認定申請対象住戸　戸
【7．建築物の高さ等】 【最高の高さ】 【最高の軒の高さ】 【階数】（地上）　階（地下）　階
【8．構造】　　造　一部　　造
【9．長期使用構造等に係る構造及び設備の概要】
【10．確認の特例】 法第6条第2項の規定による申出の有無　□無　□有
【11．住宅の品質確保の促進等に関する法律第6条の2第5項の適用の有無】 住宅の品質確保の促進等に関する法律（平成11年法律第81号）第6条の2第3項又は第4項の規定により、その住宅の構造及び設備が長期使用構造等である旨が記載された確認書（住宅の品質確保の促進等に関する法律施行規則（平成12年建設省令第20号）第7条の4第1項第1号に規定する別記第11号の4様式）若しくは住宅性能評価書又はこれらの写しの添付の有無　□無　□有

（注意）
1．【６．建て方】の欄は、該当するチェックボックスに「レ」マークを入れてください。
2．【９．長期使用構造等に係る構造及び設備の概要】の欄について、【11．住宅の品質確保の促進等に関する法律第６条の２第５項の適用の有無】の欄で「無」に「レ」マークを入れた場合においては、設計内容説明書を提出してください。
3．【10．確認の特例】の欄は、認定の申請に併せて建築基準法（昭和25年法律第201号）第６条第１項の規定による確認申請書を提出して適合審査を受けるよう申し出る場合においては「有」に、申し出ない場合においては「無」に「レ」マークを入れてください。
4．【11．住宅の品質確保の促進等に関する法律第６条の２第５項の適用の有無】の欄は、住宅の品質確保の促進等に関する法律第６条の２第３項又は第４項の規定により、その住宅の構造及び設備が長期使用構造等である旨が記載された確認書若しくは住宅性能評価書又はこれらの写しを添付して申請する場合においては「有」に、添付しないで申請する場合においては「無」に「レ」マークを入れてください。
5．この面は、建築確認等他の制度の申請書の写しに必要事項を補うこと等により記載すべき事項のすべてが明示された別の書面をもって代えることができます。

（第三面）

〔申請に係る住戸に関する事項〕

【1．住戸の番号】
【2．住戸の存する階】　　　　　　　　階
【3．専用部分の床面積】　　　　　　　㎡
【4．当該住戸への経路】 　　【共用階段】　　　□無　　□有 　　【共用廊下】　　　□無　　□有 　　【エレベーター】　□無　　□有

（注意）

1．この面は、共同住宅等に係る申請の場合に作成してください。

2．住戸の階数が二以上である場合には、【3．専用部分の床面積】に各階の床面積を併せて記載してください。

3．【4．当該住戸への経路】の欄は該当するチェックボックスに「レ」マークを入れてください。

4．この面は、住宅性能表示等他の制度の申請書の写しに必要事項を補うこと、複数の住戸に関する情報を集約して記載すること等により記載すべき事項の全てが明示された別の書面をもって代えることができます。

（第四面：法第５条第１項又は第２項の規定に基づく申請の場合）

２．建築後の住宅の維持保全の方法及び期間

３．住宅の建築及び維持保全に係る資金計画

①　建築に係る資金計画

②　維持保全に係る資金計画

４．住宅の建築の実施時期

〔建築に関する工事の着手の予定年月日〕	年	月	日
〔建築に関する工事の完了の予定年月日〕	年	月	日

（注意）

１．３①欄には、建築に要する費用の概算額を記載してください。

２．３②欄には、住宅の修繕に要する費用の年間積立予定額を記載してください。

３．共同住宅等に係る申請である場合でも、３①及び②欄とも、一棟に係る費用を記載してください。

４．この面は、複数の住戸に関する情報を集約して記載すること等により記載すべき事項の全てが明示された別の書面をもって代えることができます。

（第四面：法第５条第３項の規定に基づく申請の場合）

２．建築後の住宅の維持保全の方法の概要

３．住宅の建築に係る資金計画

４．住宅の建築の実施時期

〔建築に関する工事の着手の予定年月日〕	年	月	日
〔建築に関する工事の完了の予定年月日〕	年	月	日

５．譲受人の決定の予定時期　　　　年　　月

（注意）

１．３欄には建築に要する費用の概算額を記載してください。また、共同住宅等に係る申請である場合でも、一棟に係る費用を記載してください。

２．この面は、複数の住戸に関する情報を集約して記載すること等により記載すべき事項の全てが明示された別の書面をもって代えることができます。

第一号の二様式（第二条関係）（日本産業規格Ａ列４番）

（第一面）

認　定　申　請　書

（新築／増築・改築）

年　　月　　日

所管行政庁　　　殿

申請者の住所又は
主たる事務所の所在地
申請者の氏名又は名称
代　表　者　の　氏　名

長期優良住宅の普及の促進に関する法律第５条（第４項／第５項）の規定に基づき、長期優良住宅建築等計画について認定を申請します。この申請書及び添付図書に記載の事項は、事実に相違ありません。

（本欄には記入しないでください。）

受　付　欄	認定番号欄	決　裁　欄
年　月　日	年　月　日	
第　　号	第　　号	
係員氏名	係員氏名	

（注意）

1．この様式において、「共同住宅等」とは、共同住宅、長屋その他の一戸建ての住宅以外の住宅をいいます。

2．申請者（法第５条第４項に基づく申請にあっては、区分所有住宅分譲事業者、同条第５項に基づく申請にあっては区分所有住宅の管理者等）が法人である場合には、代表者の氏名を併せて記載してください。

3．第三面を申請に係る住戸（認定を求める住戸）ごとに作成してください。

（第二面）

長　期　優　良　住　宅　建　築　等　計　画

1．建築をしようとする住宅の位置、構造及び設備並びに規模に関する事項

〔建築物に関する事項〕

【1．地名地番】
【2．敷地面積】　　　　　　㎡
【3．工事種別】　□新築　　□増築・改築
【4．建築面積】　　　　　　㎡
【5．床面積の合計】　　　　㎡
【6．建て方】 【住戸の数】　建築物全体　　　　　　戸 認定申請対象住戸　　　　戸
【7．建築物の高さ等】 【最高の高さ】 【最高の軒の高さ】 【階数】　（地上）　　　　階　（地下）　　　　階
【8．構造】　　　　　　造　一部　　　　　　造
【9．長期使用構造等に係る構造及び設備の概要】
【10．確認の特例】 法第6条第2項の規定による申出の有無　　□無　　□有
【11．住宅の品質確保の促進等に関する法律第6条の2第5項の適用の有無】 住宅の品質確保の促進等に関する法律（平成11年法律第81号）第6条の2第3項又は第4項の規定により、その住宅の構造及び設備が長期使用構造等である旨が記載された確認書（住宅の品質確保の促進等に関する法律施行規則（平成12年建設省令第20号）第7条の4第1項第1号に規定する別記第11号の4様式）若しくは住宅性能評価書又はこれらの写しの添付の有無　　□無　　□有
【12．マンションの管理の適正化の推進に関する法律第5条の8に規定する認定管理計画の有無】　　□無　　□有

（注意）

1．【6．建て方】の欄は、該当するチェックボックスに「✓」マークを入れてください。

2．【9．長期使用構造等に係る構造及び設備の概要】の欄について、【11．住宅の品質確保の促進等に関する法律第6条の2第5項の適用の有無】の欄で「無」に「✓」マークを入れた場合においては、設計内容説明書を提出してください。

3．【10．確認の特例】の欄は、認定の申請に併せて建築基準法（昭和25年法律第201号）第6条第1項の規定による確認申請書を提出して適合審査を受けるよう申し出る場合においては「有」に、申し出ない場合においては「無」に「✓」マークを入れてください。

４．【11．住宅の品質確保の促進等に関する法律第６条の２第５項の適用の有無】の欄は、住宅の品質確保の促進等に関する法律第６条の２第３項又は第４項の規定により、その住宅の構造及び設備が長期使用構造等である旨が記載された確認書若しくは住宅性能評価書又はこれらの写しを添付して申請する場合においては「有」に、添付しないで申請する場合においては「無」に「レ」マークを入れてください。
５．【12．マンションの管理の適正化の推進に関する法律第５条の８に規定する認定管理計画の有無】の欄は、マンションの管理の適正化の推進に関する法律施行規則（平成13年国土交通省令第110号）第１条の６に規定する通知書及びマンションの管理の適正化の推進に関する法律（平成12年法律第149号）第５条の８に規定する認定管理計画又はこれらの写しを添付して申請する場合においては「有」に、添付しないで申請する場合においては「無」に「レ」マークを入れてください。
６．この面は、建築確認等他の制度の申請書の写しに必要事項を補うこと等により記載すべき事項の全てが明示された別の書面をもって代えることができます。

（第三面）

〔申請に係る建築物の住戸に関する事項〕

【1．住戸の番号】
【2．住戸の存する階】　　　　　　階
【3．専用部分の床面積】　　　　　m²
【4．当該住戸への経路】 【共用階段】　□無　□有 【共用廊下】　□無　□有 【エレベーター】　□無　□有

（注意）

1．住戸の階数が二以上である場合には、【3．専用部分の床面積】に各階ごとの床面積を併せて記載してください。

2．【4．当該住戸への経路】の欄は該当するチェックボックスに「レ」マークを入れてください。

3．この面は、住宅性能表示等他の制度の申請書の写しに必要事項を補うこと、複数の住戸に関する情報を集約して記載すること等により記載すべき事項の全てが明示された別の書面をもって代えることができます。

（第四面：法第5条第4項の規定に基づく申請の場合）

2．建築後の住宅の維持保全の方法の概要

3．住宅の建築に係る資金計画

4．住宅の建築の実施時期

〔建築に関する工事の着手の予定年月日〕	年	月	日
〔建築に関する工事の完了の予定年月日〕	年	月	日

5．区分所有住宅の管理者等の決定の予定時期　　　　年　　月

（注意）

1．3欄には、一棟の建築に要する費用の概算額を記載してください。

2．この面は、複数の住戸に関する情報を集約して記載すること等により記載すべき事項の全てが明示された別の書面をもって代えることができます。

（第四面：法第５条第５項の規定に基づく申請の場合）

２．建築後の住宅の維持保全の方法及び期間

（注意）

本欄には、区分所有住宅の管理者等が建築後の住宅の維持保全を管理会社と共同して行う場合には、当該管理会社の名称についても記載してください。

３．住宅の建築及び維持保全に係る資金計画

①　建築に係る資金計画

②　維持保全に係る資金計画

４．住宅の建築の実施時期

〔建築に関する工事の着手の予定年月日〕	年	月	日
〔建築に関する工事の完了の予定年月日〕	年	月	日

（注意）

１．３①欄には、一棟の建築に要する費用の概算額を記載してください。

２．３②欄には、一棟の住宅の修繕に要する費用の年間積立予定額を記載してください。

３．この面は、複数の住戸に関する情報を集約して記載すること等により記載すべき事項の全てが明示された別の書面をもって代えることができます。

第一号の三様式（第二条関係）（日本産業規格Ａ列４番）

（第一面）

認　　定　　申　　請　　書

（既　存）

年　　月　　日

所管行政庁　　　殿

申請者の住所又は
主たる事務所の所在地
申請者の氏名又は名称
代表者の氏名

長期優良住宅の普及の促進に関する法律第５条（第６項／第７項）の規定に基づき、長期優良住宅維持保全計画について認定を申請します。この申請書及び添付図書に記載の事項は、事実に相違ありません。

（本欄には記入しないでください。）

受付欄	認定番号欄	決裁欄
年　月　日	年　月　日	
第　　号	第　　号	
係員氏名	係員氏名	

（注意）

1．この様式において、「既存」とは、本申請が、法第５条第６項又は第７項の規定による認定の申請に係るものであることを指します。また、「一戸建ての住宅」は、人の居住の用以外の用途に供する部分を有しないものに限り、「共同住宅等」とは、共同住宅、長屋その他の一戸建ての住宅以外の住宅をいいます。

2．申請者（法第５条第６項に基づく申請にあっては、住宅（区分所有住宅を除く。）の所有者等、同条第７項に基づく申請にあっては区分所有住宅の管理者等）が法人である場合には、代表者の氏名を併せて記載してください。

3．共同住宅等に係る申請にあっては、第三面を申請に係る住戸（認定を求める住戸）ごとに作成してください。

（第二面）

長　期　優　良　住　宅　維　持　保　全　計　画

1．維持保全をしようとする住宅の位置、構造及び設備並びに規模に関する事項

〔建築物に関する事項〕

【1．地名地番】
【2．敷地面積】　　　　　㎡
【3．建築面積】　　　　　㎡
【4．床面積の合計】　　　　　㎡
【5．建て方】　□一戸建ての住宅　□共同住宅等 【一戸建ての住宅の場合：各階の床面積】　階　㎡　階　㎡ 【共同住宅等の場合：住戸の数】　建築物全体　戸 認定申請対象住戸　戸
【6．建築物の高さ等】 【最高の高さ】 【最高の軒の高さ】 【階数】　（地上）　階　（地下）　階
【7．構造】　造　一部　造
【8．長期使用構造等に係る構造及び設備の概要】
【9．新築又は増築・改築の時期】 【新築の時期】　年　月　日 【増築・改築の時期】　年　月　日
【10．住宅の品質確保の促進等に関する法律第6条の2第5項の適用の有無】 住宅の品質確保の促進等に関する法律（平成11年法律第81号）第6条の2第3項又は第4項の規定により、その住宅の構造及び設備が長期使用構造等である旨が記載された確認書（住宅の品質確保の促進等に関する法律施行規則（平成12年建設省令第20号）第7条の4第1項第1号に規定する別記第11号の4様式）若しくは住宅性能評価書又はこれらの写しの添付の有無 □無　□有
【11．マンションの管理の適正化の推進に関する法律第5条の8に規定する認定管理計画の有無】　□無　□有

（注意）

1．【5．建て方】の欄は、該当するチェックボックスに「レ」マークを入れてください。

2．【8．長期使用構造等に係る構造及び設備の概要】の欄について、【10．住宅の品質確保の促進等に関する法律第6条の2第5項の適用の有無】の欄で「無」に「レ」マークを入れた場合においては、設計内容説明書を提出してください。

3．【10．住宅の品質確保の促進等に関する法律第６条の２第５項の適用の有無】の欄は、住宅の品質確保の促進等に関する法律第６条の２第３項又は第４項の規定により、その住宅の構造及び設備が長期使用構造等である旨が記載された確認書若しくは住宅性能評価書又はこれらの写しを添付して申請する場合においては「有」に、添付しないで申請する場合においては「無」に「レ」マークを入れてください。
4．【11．マンションの管理の適正化の推進に関する法律第５条の８に規定する認定管理計画の有無】の欄は、マンションの管理の適正化の推進に関する法律施行規則（平成13年国土交通省令第110号）第１条の６に規定する通知書及びマンションの管理の適正化の推進に関する法律（平成12年法律第149号）第５条の８に規定する認定管理計画又はこれらの写しを添付して申請する場合においては「有」に、添付しないで申請する場合においては「無」に「レ」マークを入れてください。

（第三面）

〔申請に係る建築物の住戸に関する事項〕

【１．住戸の番号】	
【２．住戸の存する階】	階
【３．専用部分の床面積】	㎡
【４．当該住戸への経路】 【共用階段】　□無　□有 【共用廊下】　□無　□有 【エレベーター】　□無　□有	

（注意）
1．この面は、共同住宅等に係る申請の場合に作成してください。
2．住戸の階数が二以上である場合には、【３．専用部分の床面積】に各階の床面積を併せて記載してください。
3．【４．当該住戸への経路】の欄は該当するチェックボックスに「レ」マークを入れてください。
4．この面は、住宅性能表示等他の制度の申請書の写しに必要事項を補うこと、複数の住戸に関する情報を集約して記載すること等により記載すべき事項の全てが明示された別の書面をもって代えることができます。

（第四面）

2．認定後の住宅の維持保全の方法及び期間

３．認定後の住宅の維持保全に係る資金計画

（注意）

１．３欄には、住宅の修繕に要する費用の年間積立予定額を記載してください。また、共同住宅等に係る申請である場合でも、一棟に係る費用を記載してください。

２．この面は、複数の住戸に関する情報を集約して記載すること等により記載すべき事項の全てが明示された別の書面をもって代えることができます。

第二号様式（第六条関係）（日本産業規格Ａ列４番）

認　定　通　知　書

（新 築 ／ 増 築・改 築 ／ 既 存）

認　定　番　号　　第　　　　　　　　号

認 定 年 月 日　　　　　　年　　月　　日

（※）｛確　認　番　号　　第　　　　　　　　号
確 認 年 月 日　　　　　　年　　月　　日
建築主事又は
建築副主事の職氏名｝

殿

所 管 行 政 庁　　　　　　　　　　印

長期優良住宅の普及の促進に関する法律第５条第　項の規定に基づき申請のあった長期優良住宅建築等計画等について、同法第６条第１項の規定に基づき認定しましたので、同法第７条の規定に基づき通知します。

１．申請年月日
２．申請者の住所
３．認定に係る住宅の位置
４．認定に係る住宅の構造
５．共同住宅等に係る申請にあっては、認定対象住戸番号
６．法第５条第１項から第５項までの規定による認定の申請にあっては、工事種別
７．法第５条第６項又は第７項の規定による認定の申請にあっては、新築又は増築・改築の時期
８．住宅の品質確保の促進等に関する法律（平成11年法律第81号）第６条の２第５項の確認書若しくは住宅性能評価書又はこれらの写しを添えて申請を行った場合においては、同条第１項の規定による求めを行った年月日

（※）は法第６条第４項において準用する建築基準法（昭和25年法律第201号）第18条第３項の規定により所管行政庁が確認済証の交付を受けた場合に記入されます。

第三号様式（第八条関係）（日本産業規格Ａ列４番）

変 更 認 定 申 請 書

（新 築 ／ 増 築・改 築 ／ 既 存）

年　　月　　日

所管行政庁　　　殿

申請者の住所又は
主たる事務所の所在地
申請者の氏名又は名称
代 表 者 の 氏 名

長期優良住宅の普及の促進に関する法律第８条第１項の規定に基づき、長期優良住宅建築等計画等の変更の認定を申請します。この申請書及び添付図書に記載の事項は、事実に相違ありません。

１．長期優良住宅建築等計画等の認定番号
　　第　　　　　　　　号
２．長期優良住宅建築等計画等の認定年月日
　　年　　　月　　　日
３．認定に係る住宅の位置
４．認定に係る住宅が共同住宅等である場合は、区分所有住宅の該当の有無
５．法第５条第１項から第５項までの規定による認定の申請により当初認定を受けた場合は、当初認定時の工事種別
６．法第５条第６項又は第７項の規定による認定の申請により当初認定を受けた場合は、新築又は当初認定を受ける前にした増築・改築の時期
７．変更の概要

（本欄には記入しないでください。）

受　付　欄	認 定 番 号 欄	決　裁　欄
年　　月　　日	年　　月　　日	
第　　　　　号	第　　　　　号	
係員氏名	係員氏名	

（注意）

１．この様式において、「既存」とは、本申請が、法第５条第６項又は第７項の規定による認定の申請に係るものであることを指します。

２．法第５条第２項の規定に基づく申請により認定を受けた場合は、一戸建て住宅等分譲事業者及び譲受人の両者の氏名又は名称を記載してください。

３．申請者（法第５条第２項の規定に基づく申請により認定を受けた場合は一戸建て住宅等分譲事業者又は譲受人）が法人である場合には、代表者の氏名を併せて記載してください。

４．５欄は、住宅の質の向上及び円滑な取引環境の整備のための長期優良住宅の普及の促進に関する法律等の一部を改正する法律（令和３年法律第48号）による改正前の法第５条第１項から第３項までの規定による認定の申請により当初認定を受けた場合も記載してください。

第四号様式（第九条関係）（日本産業規格Ａ列４番）

変 更 認 定 通 知 書

（新 築 ／ 増 築・改 築 ／ 既 存）

認　定　番　号　　第　　　　　　　号
認 定 年 月 日　　　　　年　　月　　日
（※）確　認　番　号　　第　　　　　　　号
確 認 年 月 日　　　　　年　　月　　日
建築主事又は
建築副主事の職氏名

殿

所 管 行 政 庁　　　　　　　　印

長期優良住宅の普及の促進に関する法律第８条第１項の規定に基づき申請のあった長期優良住宅建築等計画等の変更について、同条第２項において準用する同法第６条第１項の規定に基づき認定しましたので、同法第８条第２項において準用する同法第７条の規定に基づき通知します。

1．申請年月日
2．申請者の住所
3．当該変更認定を受ける前の長期優良住宅建築等計画等の認定番号
4．認定に係る住宅の位置
5．認定に係る住宅が共同住宅等である場合は、区分所有住宅の該当の有無
6．認定に係る住宅の構造
7．法第５条第１項から第５項までの規定による認定の申請により当初認定を受けた場合は、当初認定時の工事種別
8．法第５条第６項又は第７項の規定による認定の申請により当初認定を受けた場合は、新築又は当初認定を受ける前にした増築・改築の時期

（※）は法第６条第４項において準用する建築基準法（昭和25年法律第201号）第18条第３項の規定により所管行政庁が確認済証の交付を受けた場合に記入されます。

第五号様式（第十一条関係）（日本産業規格Ａ列４番）
（第一面）

変　更　認　定　申　請　書
（新　築　／　増　築　・　改　築）

年　　月　　日

所管行政庁　　　殿

分譲事業者　住所又は
主たる事務所の所在地
申請者の氏名又は名称
代　表　者　の　氏　名

譲　受　人　住所又は
主たる事務所の所在地
氏　名　又　は　名　称
代　表　者　の　氏　名

長期優良住宅の普及の促進に関する法律第９条第１項の規定に基づき、長期優良住宅建築等計画の変更の認定を申請します。この申請書に記載の事項は、事実に相違ありません。

１．長期優良住宅建築等計画の認定番号
第　　　　　　号

２．長期優良住宅建築等計画の認定年月日
年　　　月　　　日

３．認定に係る住宅の位置

４．当初認定時の工事種別

（本欄には記入しないでください。）

受　付　欄	認　定　番　号　欄	決　裁　欄
年　　月　　日	年　　月　　日	
第　　　　　　号	第　　　　　　号	
係員氏名	係員氏名	

（注意）
１．この様式において、「共同住宅等」とは、共同住宅、長屋その他の一戸建ての住宅（人の居住の用以外の用途に供する部分を有しないものに限ります。）以外の住宅をいいます。
２．一戸建て住宅等分譲事業者又は譲受人が法人である場合には、代表者の氏名を併せて記載してください。
３．共同住宅等に係る申請にあたっては、第一面を申請に係る住戸ごとに作成し、第二面については、同時に申請する申請書のうちいずれかの申請書について作成し、他の申請書についてはこの面の作成を省略することができます。

（第二面）

１．建築後の長期優良住宅の維持保全の方法及び期間

２．住宅の建築及び維持保全に係る資金計画

①　建築に係る資金計画

②　維持保全に係る資金計画

３．住宅の建築の実施時期

〔建築に関する工事の着手の予定年月日〕	年	月	日
〔建築に関する工事の完了の予定年月日〕	年	月	日

（注意）

１．２①欄には、建築に要する費用の概算額を記載してください。

２．２②欄には、住宅の修繕に要する費用の年間積み立て予定額を記載してください。

３．共同住宅等に係る申請である場合でも、２①及び②欄とも、一棟に係る費用を記載してください。

第六号様式（第十三条関係）（日本産業規格Ａ列４番）

（第一面）

変　更　認　定　申　請　書

（新築／増築・改築）

年　　月　　日

所管行政庁　　　殿

区分所有住宅　住　所　又　は
分譲事業者　　主たる事務所の所在地
　　　　　　　申請者の氏名又は名称
　　　　　　　代　表　者　の　氏　名
区分所有住宅　住　所　又　は
の管理者等　　主たる事務所の所在地
　　　　　　　氏　名　又　は　名　称
　　　　　　　代　表　者　の　氏　名

長期優良住宅の普及の促進に関する法律第９条第３項の規定に基づき、長期優良住宅建築等計画の変更の認定を申請します。この申請書に記載の事項は、事実に相違ありません。

1．長期優良住宅建築等計画の認定番号
　　　　　第　　　　　号
2．長期優良住宅建築等計画の認定年月日
　　　　　年　　月　　日
3．認定に係る住宅の位置
4．当初認定時の工事種別

（本欄には記入しないでください。）

受　付　欄	認定番号欄	決　裁　欄
年　月　日	年　月　日	
第　　　号	第　　　号	
係員氏名	係員氏名	

（注意）

区分所有住宅分譲事業者又は区分所有住宅の管理者等が法人である場合には、代表者の氏名を併せて記載してください。

（第二面）

1．建築後の長期優良住宅の維持保全の方法及び期間

（注意）

本欄には、区分所有住宅の管理者等が建築後の住宅の維持保全を管理会社と共同して行う場合には、当該管理会社の名称についても記載ください。

2．住宅の建築及び維持保全に係る資金計画

①　建築に係る資金計画

②　維持保全に係る資金計画

（注意）

1．①欄には、建築に要する費用の概算額を記載してください。

2．②欄には、住宅の修繕に要する費用の年間積み立て予定額を記載してください。

3．①、②欄とも、一棟に係る費用を記載してください。

3．住宅の建築の実施時期

〔建築に関する工事の着手の予定年月日〕	年	月	日
〔建築に関する工事の完了の予定年月日〕	年	月	日

第七号様式（第十四条関係）（日本産業規格Ａ列４番）

承　認　申　請　書

（新 築 ／ 増 築・改 築 ／ 既 存）

年　　月　　日

所管行政庁　　　殿

申請者の住所又は
主たる事務所の所在地
申請者の氏名又は名称
代　表　者　の　氏　名

長期優良住宅の普及の促進に関する法律第10条の規定に基づき、認定計画実施者の地位の承継について承認を申請します。この申請書及び添付書類に記載の事項は、事実に相違ありません。

１．長期優良住宅建築等計画等の認定番号

第　　　　　号

２．長期優良住宅建築等計画等の認定年月日

年　　月　　日

３．認定に係る住宅の位置

４．当初認定時の工事種別

５．申請時における認定計画実施者の氏名

６．地位の承継が生じた原因

（本欄には記入しないでください。）

受　付　欄	認 定 番 号 欄	決　裁　欄
年　　月　　日	年　　月　　日	
第　　　　　号	第　　　　　号	
係員氏名	係員氏名	

（注意）

１．この様式において、「既存」とは、本申請が、法第５条第６項又は第７項の規定による認定の申請に係るものであることを指します。

２．申請者が法人である場合には、代表者の氏名を併せて記載してください。

３．４欄は、法第５条第１項から第５項までの規定による認定の申請により当初認定を受けた場合に記載してください。また、住宅の質の向上及び円滑な取引環境の整備のための長期優良住宅の普及の促進に関する法律等の一部を改正する法律（令和３年法律第48号）による改正前の法第５条第１項から第３項までの規定による認定の申請により当初認定を受けた場合も記載してください。

第八号様式（第十五条関係）（日本産業規格Ａ列４番）

承　認　通　知　書

（新 築 ／ 増 築・改 築 ／ 既 存）

年　　月　　日

殿

所　管　行　政　庁　　　　　　　印

長期優良住宅の普及の促進に関する法律第10条の規定に基づき申請のあった地位の承継について承認したので、通知します。

１．申請年月日
２．申請者の住所
３．長期優良住宅建築等計画等の認定番号
４．認定に係る住宅の位置
５．当初認定時の工事種別

第九号様式（第十八条関係）（日本産業規格Ａ列４番）

許可申請書

（第一面）

長期優良住宅の普及の促進に関する法律第18条第１項の規定による許可を申請します。この申請書及び添付図書に記載の事項は、事実に相違ありません。

特定行政庁　　　殿

年　　月　　日

申請者氏名

【１．申請者】

【イ．氏名のフリガナ】

【ロ．氏名】

【ハ．郵便番号】

【ニ．住所】

【ホ．電話番号】

【２．設計者】

【イ．資格】　（　　）建築士　（　　　　）登録第　　　　号

【ロ．氏名】

【ハ．建築士事務所名】　（　　）建築士事務所（　　　）知事登録第　　　　号

【ニ．郵便番号】

【ホ．所在地】

【ヘ．電話番号】

※手数料欄				
※受付欄	※消防関係同意欄	※建築審査会同意欄	※決裁欄	※許可番号欄
年　月　日				年　月　日
第　　　号				第　　　号
係員氏名				係員氏名

（第二面）

建築物及びその敷地に関する事項

【1．地名地番】

【2．住居表示】

【3．防火地域】 □防火地域 □準防火地域 □指定なし

【4．その他の区域、地域、地区又は街区】

【5．道路】
【イ．幅員】
【ロ．敷地と接している部分の長さ】

【6．敷地面積】
【イ．敷地面積】
(1)（ ）（ ）（ ）（ ）
(2)（ ）（ ）（ ）（ ）
【ロ．用途地域等】
（ ）（ ）（ ）（ ）
【ハ．建築基準法第52条第1項及び第2項の規定による建築物の容積率】
（ ）（ ）（ ）（ ）
【ニ．建築基準法第53条第1項の規定による建築物の建蔽率】
（ ）（ ）（ ）（ ）
【ホ．敷地面積の合計】
(1)
(2)
【ヘ．敷地に建築可能な延べ面積を敷地面積で除した数値】
【ト．敷地に建築可能な建築面積を敷地面積で除した数値】
【チ．備考】

【7．主要用途】
（区分 ）

【8．工事種別】　□新築　□増築　□改築

【9．建築面積】　(申請部分　)　(申請以外の部分)　(合計　)
【イ．建築物全体】　(　)　(　)　(　)
【ロ．建蔽率の算定の基礎となる建築面積】
(　)　(　)　(　)
【ハ．建蔽率】

【10．延べ面積】　(申請部分　)　(申請以外の部分)　(合計　)
【イ．建築物全体】　(　)　(　)　(　)
【ロ．地階の住宅又は老人ホーム等の部分】
(　)　(　)　(　)
【ハ．エレベーターの昇降路の部分】
(　)　(　)　(　)
【ニ．共同住宅又は老人ホーム等の共用の廊下等の部分】
(　)　(　)　(　)
【ホ．認定機械室等の部分】　(　)　(　)　(　)
【ヘ．自動車車庫等の部分】　(　)　(　)　(　)
【ト．備蓄倉庫の部分】　(　)　(　)　(　)
【チ．蓄電池の設置部分】　(　)　(　)　(　)
【リ．自家発電設備の設置部分】
(　)　(　)　(　)
【ヌ．貯水槽の設置部分】　(　)　(　)　(　)
【ル．宅配ボックスの設置部分】
(　)　(　)　(　)
【ヲ．その他の不算入部分】　(　)　(　)　(　)
【ワ．住宅の部分】　(　)　(　)　(　)
【カ．老人ホーム等の部分】　(　)　(　)　(　)
【ヨ．延べ面積】
【タ．容積率】

【11．建築物の数】
【イ．申請に係る建築物の数】
【ロ．同一敷地内の他の建築物の数】

【12．工事着手予定年月日】　年　月　日

【13．工事完了予定年月日】　年　月　日

【14．その他必要な事項】

【15．備考】

（第三面）

建築物別概要

【1．番号】

【2．工事種別】　□新築　□増築　□改築

【3．構造】　造　一部　造

【4．高さ】
【イ．最高の高さ】
【ロ．最高の軒の高さ】

【5．用途別床面積】

(用途の区分)	(具体的な用途の名称)	(申請部分　)	(申請以外の部分)	(合計　)
(　)	(　)	(　)	(　)	(　)
(　)	(　)	(　)	(　)	(　)
(　)	(　)	(　)	(　)	(　)
(　)	(　)	(　)	(　)	(　)
(　)	(　)	(　)	(　)	(　)

【6．その他必要な事項】

【7．備考】

（注意）

1．各面共通関係

数字は算用数字を、単位はメートル法を用いてください。

2．第一面関係

①　申請者が２以上のときは、１欄は代表となる申請者について記入し、別紙に他の申請者についてそれぞれ必要な事項を記入して添えてください。

②　２欄は、設計者が建築士事務所に属しているときは、その名称を書き、建築士事務所に属していないときは、所在地は設計者の住所を書いてください。

③　設計者が２以上のときは、２欄は代表となる設計者について記入し、別紙に他の設計者について棟別に必要な事項を記入して添えてください。

④　※印のある欄は記入しないでください。

3．第二面関係

①　住居表示が定まっているときは、２欄に記入してください。

②　３欄は、該当するチェックボックスに「レ」マークを入れてください。なお、建築物の敷地が防火地域、準防火地域又は指定のない区域のうち２以上の地域又は区域にわたるときは、それぞれの地域又は区域について記入してください。

③　４欄は、建築物の敷地が存する３欄に掲げる地域以外の区域、地域、地区又は街区を記入してください。なお、建築物の敷地が２以上の区域、地域、地区又は街区にわたる場合は、それぞれの区域、地域、地区又は街区を記入してください。

④　５欄は、建築物の敷地が２メートル以上接している道路のうち最も幅員の大きなものについて記入してください。

⑤　６欄の「イ」（１）は、建築物の敷地が、２以上の用途地域、高層住居誘導地区、居住環境向上用途誘導地区若しくは特定用途誘導地区、建築基準法（昭和25年法律201号）第52条第１項第１号から第８号までに規定する容積率の異なる地域、地区若しくは区域又は同法第53条第１項第１号から第６号までに規定する建蔽率若しくは高層住居誘導地区に関する都市計画において定められた建築物の建蔽率の最高限度の異なる地域、地区若しくは区域（以下「用途地域が異なる地域等」という。）にわたる場合においては、用途地域が異なる地域等ごとに、それぞれの用途地域が異なる地域等に対応する敷地の面積を記入してください。「イ」（２）は、同法第52条第12項の規定を適用する場合において、同条第13項の規定に基づき、「イ」（１）で記入した敷地面積に対応する敷地の部分について、建築物の敷地のうち前面道路と壁面線又は壁面の位置の制限として定められた限度の線との間の部分を除いた敷地の面積を記入してください。

⑥　６欄の「ロ」、「ハ」及び「ニ」は、「イ」に記入した敷地面積に対応する敷地の部分について、それぞれ記入してください。

⑦　６欄の「ホ」（１）は、「イ」（１）の合計とし、「ホ」（２）は、「イ」（２）の合計とします。

⑧　建築物の敷地が、建築基準法第52条第７項若しくは第９項に該当する場合又は同条第８項若しくは第12項の規定が適用される場合においては、６欄の「へ」に、同条第７項若しくは第９項の規定に基づき定められる当該建築物の容積率又は同条第８項若しくは第12項の規定が適用される場合における当該建築物の容積率を記入してください。

⑨　建築物の敷地について、建築基準法第57条の２第４項の規定により現に特例容積率の限度が公告されているときは、６欄の「チ」にその旨及び当該特例容積率の限度を記入してください。

⑩　建築物の敷地が建築基準法第53条第２項若しくは同法第57条の５第２項に該当する場合又は建築物が同法第53条第３項、第６項、第７項若しくは第８項に該当する場合においては、６欄の「ト」に、同条第２項、第３項、第６項、第７項又は第８項の規定に基づき定められる当該建築物の建蔽率を記入してください。

⑪　７欄は、建築基準法施行規則（昭和25年建設省令第40号）別紙の表の用途の区分に従い対応する記号を記入した上で、主要用途をできるだけ具体的に書いてください。

⑫　８欄は、該当するチェックボックスに「レ」マークを入れてください。

⑬　９欄の「ロ」は、建築物に建築基準法施行令第２条第１項第２号に規定する特例軒等を設ける場合において、当該特例軒等のうち当該建築物の外壁又はこれに代わる柱の中心線から突き出た距離が水平距離１メートル以上５メートル未満のものにあっては当該中心線で囲まれた部分の水平投影面積を、当該中心線から突き出た距離が水平距離５メートル以上のものにあっては当該特例軒等の端から同号に規定する国土交通大臣が定める距離後退した線で囲まれた部分の水平投影面積を記入してください。その他の建築物である場合においては、９欄の「イ」と同じ面積を記入してください。

⑭　10欄の「ロ」に建築物の地階でその天井が地盤面からの高さ１メートル以下にあるものの住宅又は老人ホーム、福祉ホームその他これらに類するものの用途に供する部分、「ハ」にエレベーターの昇降路の部分、「ニ」に共同住宅又は老人ホーム、福祉ホームその他これらに類するものの共用の廊下又は階段の用に供する部分、「ホ」に住宅又は老人ホーム等に設ける機械室その他これに類する建築物の部分（建築基準法施行規則第10条の４の４に規定する建築設備を設置するためのものであって、同規則第10条の４の５各号に掲げる基準に適合するものに限る。）で、特定行政庁が交通上、安全上、防火上及び衛生上支障がないと認めるもの、「へ」に自動車車庫その他の専ら自動車又は自転車の停留又は駐車のための施設（誘導車路、操車場所及び乗降場を含む。）の用途に供する部分、「ト」に専ら防災のために設ける備蓄倉庫の用途に供する部分、「チ」に蓄電池（床に据え付けるものに限る。）を設ける部分、「リ」に自家発電設備を設ける部分、「ヌ」に貯水槽を設ける部分、「ル」に宅配ボックス（配達された物品（荷受人が不在その他の事由により受け取ることができないものに限る。）の一時保管のための荷受箱をいう。）を設ける部分、「ワ」に住宅の用途に供する部分、「カ」に老人ホーム、福祉ホームその他これらに類するものの用途に供する部分のそれぞれの床面積を記入してください。また、建築基準法令以外の法令の規定により、容積率の算定の基礎となる延べ面積に算入しない部分を有する場合においては、「ヲ」に当該部分の床面積を記入してください。

⑮　住宅又は老人ホーム、福祉ホームその他これらに類するものについては、10欄の「ロ」の床面積は、その地階の住宅又は老人ホーム、福祉ホームその他これらに類するものの用途に供する部分の床面積から、その地階のエレベーターの昇降路の部分又は共同住宅若しくは老人ホーム、福祉ホームその他これらに類するものの共用の廊下若しくは階段の用に供する部分の床面積を除いた面積とします。

⑯　10欄の「ヨ」の延べ面積及び「タ」の容積率の算定の基礎となる延べ面積は、各階の床面積の合計から「ロ」に記入した床面積（この面積が敷地内の建築物の住宅及び老人ホーム、福祉ホームその他これらに類するものの用途に供する部分（エレベーターの昇降路の部分又は共同住宅若しくは老人ホーム、福祉ホームその他これらに類するものの共用の廊下若しくは階段の用に供する部分を除く。）の床面積の合計の３分の１を超える場合においては、敷地内の建築物の住宅及び老人ホーム、福祉ホームその他これらに類するものの用途に供する部分（エレベーターの昇降路の部分又は共同住宅若しくは老人ホーム、福祉ホームその他これらに類するものの共用の廊下若しくは階段の用に供する部分を除く。）の床面積の合計の３分の１の面積）、「ハ」から「ホ」までに記入した床面積、「ヘ」から「ル」までに記入した床面積（これらの面積が、次の（1）から（6）までに掲げる建築物の部分の区分に応じ、敷地内の建築物の各階の床面積の合計にそれぞれ（1）から（6）までに定める割合を乗じて得た面積を超える場合においては、敷地内の建築物の各階の床面積の合計にそれぞれ（1）から（6）までに定める割合を乗じて得た面積）及び「ヲ」に記入した床面積を除いた面積とします。また、建築基準法第52条第12項の規定を適用する場合においては、「タ」の容積率の算定の基礎となる敷地面積は、６欄「ホ」（2）によることとします。

（1）　自動車車庫等の部分　５分の１
（2）　備蓄倉庫の部分　50分の１
（3）　蓄電池の設置部分　50分の１
（4）　自家発電設備の設置部分　100分の１
（5）　貯水槽の設置部分　100分の１
（6）　宅配ボックスの設置部分　100分の１

⑰　６欄の「ハ」、「ニ」、「ヘ」及び「ト」、９欄の「ハ」並びに10欄の「タ」は、百分率を用いてください。

⑱　ここに書き表せない事項で特に許可を受けようとする事項は、14欄又は別紙に記載して添えてください。

４．第三面関係

①　この書類は、建築物ごとに作成してください。

②　この書類に記載する事項のうち、５欄の事項については、別紙に明示して添付すれば記載する必要はありません。

③　１欄は、建築物の数が１のときは「１」と記入し、建築物の数が２以上のときは、建築物ごとに通し番号を付し、その番号を記入してください。

④　２欄は、該当するチェックボックスに「レ」マークを入れてください。

⑤　５欄は、建築基準法施行規則別紙の表の用途の区分に従い対応する記号を記入した上で、用途をできるだけ具体的に書き、それぞれの用途に供する部分の床面積を記入してください。

⑥　ここに書き表せない事項で特に許可を受けようとする事項は、６欄又は別紙に記載して添えてください。

⑦　建築物が高床式住宅（豪雪地において積雪対策のため通常より床を高くした住宅をいう。）である場合には、床面積の算定において床下部分の面積を除くものとし、７欄に、高床式住宅である旨及び床下の部分の面積を記入してください。

第十号様式（第十八条関係）（日本産業規格Ａ列４番）

許　可　通　知　書

第　　　　号
年　　月　　日

申請者　　　殿

特定行政庁　　　　　　印

１．申請年月日　　　　年　月　日
２．建築場所
３．建築物又はその部分の概要

上記による許可申請書及び添付図書に記載の計画について、長期優良住宅の普及の促進に関する法律第18条第１項の規定に基づき、下記の条件を付して許可しましたので通知します。

記

（長期優良住宅の普及の促進に関する法律18条第２項において準用する建築基準法（昭和25年法律201号）第92条の２の規定により許可に付す条件）

（注意）　この通知書は、大切に保存しておくこと。

第十一号様式（第十八条関係）（日本産業規格Ａ列４番）

許可しない旨の通知書

第　　　　号
年　　月　　日

申請者　　　殿

特定行政庁　　　　　印

別添の許可申請書及び添付図書に記載の計画については、下記の理由により長期優良住宅の普及の促進に関する法律第18条第１項の規定による許可をしないこととしましたので、通知します。

なお、この処分に不服があるときは、この通知を受けた日の翌日から起算して３か月以内に　　　　　　建築審査会に対して審査請求をすることができます（なお、この通知を受けた日の翌日から起算して３か月以内であっても、処分の日から１年を経過すると審査請求をすることができなくなります。）。また、当該審査請求に対する裁決の送達を受けた日の翌日から起算して６か月以内に　　　　　　を被告として（訴訟において　　　　　　を代表する者は　　　　　　となります。）、処分の取消しの訴えを提起することができます（なお、裁決の送達を受けた日の翌日から起算して６か月以内であっても、裁決の日から１年を経過すると処分の取消しの訴えを提起することができなくなります。）。

記

（理由）

7　都市の低炭素化促進法関係

(1)都市の低炭素化の促進に関する法律(抄)

〔平成二十四年九月五日号外
法　律　第　八　十　四　号〕

最終改正　令和五年六月一六日法律第五八号

第一章　総則

(目的)

第一条　この法律は、社会経済活動その他の活動に伴って発生する二酸化炭素の相当部分が都市において発生しているものであることに鑑み、都市の低炭素化の促進に関する基本的な方針の策定について定めるとともに、市町村による低炭素まちづくり計画の作成及びこれに基づく特別の措置並びに低炭素建築物の普及の促進のための措置を講ずることにより、地球温暖化対策の推進に関する法律(平成十年法律第百十七号)と相まって、都市の低炭素化の促進を図り、もって都市の健全な発展に寄与することを目的とする。

(定義)

第二条　この法律において「都市の低炭素化」とは、都市における社会経済活動その他の活動に伴って発生する二酸化炭素の排出を抑制し、並びにその吸収作用を保全し、及び強化することをいう。

2　この法律において「低炭素まちづくり計画」とは、市町村が作成する都市の低炭素化を促進するためのまちづくりに関する計画であって、第七条の規定により作成されたものをいう。

3　この法律において「低炭素建築物」とは、二酸化炭素の排出の抑制に資する建築物であって、第五十四条第一項の認定を受けた第五十三条第一項に規定する低炭素建築物新築等計画(変更があったときは、その変更後のもの)に基づき新築又は増築、改築、修繕若しくは模様替若しくは空気調和設備その他の建築設備の設置若しくは改修が行われ、又は行われたものをいう。

第二章　基本方針等

(基本方針)

第三条　国土交通大臣、環境大臣及び経済産業大臣は、都市の低炭素化の促進に関する基本的な方針(以下「基本方針」という。)を定めなければならない。

2　基本方針においては、次に掲げる事項を定めるものとする。
一　都市の低炭素化の促進の意義及び目標に関する事項
二　都市の低炭素化の促進のために政府が実施すべき施策に関する基本的な方針
三　低炭素まちづくり計画の作成に関する基本的な事項
四　低炭素建築物の普及の促進に関する基本的な事項
五　都市の低炭素化の促進に関する施策の効果についての評価に関する基本的な事項
六　前各号に掲げるもののほか、都市の低炭素化の促進に関する重要事項
3　基本方針は、地球温暖化の防止を図るための施策に関する国の計画との調和が保たれたものでなければならない。
4　国土交通大臣、環境大臣及び経済産業大臣は、基本方針を定めようとするときは、関係行政機関の長に協議しなければならない。
5　国土交通大臣、環境大臣及び経済産業大臣は、基本方針を定めたときは、遅滞なく、これを公表しなければならない。
6　前三項の規定は、基本方針の変更について準用する。

（国の責務）

第四条　国は、都市の低炭素化の促進に関する施策を総合的に策定し、及び実施する責務を有する。
2　国は、市街地の整備改善、住宅の整備その他の都市機能の維持又は増進を図るための事業に係る施策を講ずるに当たっては、都市機能の集約が図られるよう配慮し、都市の低炭素化に資するよう努めなければならない。
3　国は、地方公共団体その他の者が行う都市の低炭素化の促進に関する取組のために必要となる情報の収集及び提供その他の支援を行うよう努めなければならない。
4　国は、教育活動、広報活動その他の活動を通じて、都市の低炭素化の促進に関し、国民の理解を深めるよう努めなければならない。

（地方公共団体の責務）

第五条　地方公共団体は、都市の低炭素化の促進に関し、国との適切な役割分担を踏まえて、その地方公共団体の区域の自然的経済的社会的諸条件に応じた施策を策定し、及び実施する責務を有する。

（事業者の責務）

第六条　事業者は、土地の利用、旅客又は貨物の運送その他の事業活動に関し、都市の低炭素化に自ら努めるとともに、国又は地方公共団体が実施する都市の低炭素化の促進に関する施策に協力しなければならない。

第四章　低炭素建築物の普及の促進のための措置

（低炭素建築物新築等計画の認定）
第五十三条　市街化区域等内において、建築物の低炭素化に資する建築物の新築又は建築物の低炭素化のための建築物の増築、改築、修繕若しくは模様替若しくは建築物への空気調和設備その他の政令で定める建築設備（以下この項において「空気調和設備等」という。）の設置若しくは建築物に設けた空気調和設備等の改修（以下「低炭素化のための建築物の新築等」という。）をしようとする者は、国土交通省令で定めるところにより、低炭素化のための建築物の新築等に関する計画（以下「低炭素建築物新築等計画」という。）を作成し、所管行政庁（建築基準法の規定により建築主事又は建築副主事を置く市町村の区域については市町村長をいい、その他の市町村の区域については都道府県知事をいう。ただし、同法第九十七条の二第一項若しくは第二項又は第九十七条の三第一項若しくは第二項の規定により建築主事又は建築副主事を置く市町村の区域内の政令で定める建築物については、都道府県知事とする。以下同じ。）の認定を申請することができる。
2　低炭素建築物新築等計画には、次に掲げる事項を記載しなければならない。
一　建築物の位置
二　建築物の延べ面積、構造、設備及び用途並びに敷地面積
三　低炭素化のための建築物の新築等に係る資金計画
四　その他国土交通省令で定める事項

（低炭素建築物新築等計画の認定基準等）
第五十四条　所管行政庁は、前条第一項の規定による認定の申請があった場合において、当該申請に係る低炭素建築物新築等計画が次に掲げる基準に適合すると認めるときは、その認定をすることができる。
一　当該申請に係る建築物のエネルギーの使用の効率性その他の性能が、建築物のエネルギー消費性能の向上等に関する法律第二条第一項第三号に規定する建築物エネルギー消費性能基準を超え、かつ、建築物のエネルギー消費性能の向上の一層の促進その他の建築物の低炭素化の促進のために誘導すべき経済産業大臣、国土交通大臣及び環境大臣が定める基準に適合するものであること。
二　低炭素建築物新築等計画に記載された事項が基本方針に照らして適切なものであること。
三　前条第二項第三号の資金計画が低炭素化のための建築物の新築等を確実に遂行するため適切なものであること。
2　前条第一項の規定による認定の申請をする者は、所管行政庁に対し、当該所管行政庁が当該申請に係る低炭素建築物新築等計画を建築主事又は建築副主事に通知し、当該低

炭素建築物新築等計画が建築基準法第六条第一項に規定する建築基準関係規定に適合するかどうかの審査を受けるよう申し出ることができる。この場合においては、当該申請に併せて、同項の規定による確認の申請書を提出しなければならない。

3　前項の規定による申出を受けた所管行政庁は、速やかに、当該申出に係る低炭素建築物新築等計画を建築主事又は建築副主事に通知しなければならない。

4　建築基準法第十八条第三項及び第十四項の規定は、建築主事又は建築副主事が前項の規定による通知を受けた場合について準用する。

5　所管行政庁が、前項において準用する建築基準法第十八条第三項の規定による確認済証の交付を受けた場合において、第一項の認定をしたときは、当該認定を受けた低炭素建築物新築等計画は、同法第六条第一項の確認済証の交付があったものとみなす。

6　所管行政庁は、第四項において準用する建築基準法第十八条第十四項の規定による通知書の交付を受けた場合においては、第一項の認定をしてはならない。

7　建築基準法第十二条第八項及び第九項並びに第九十三条から第九十三条の三までの規定は、第四項において準用する同法第十八条第三項及び第十四項の規定による確認済証及び通知書の交付について準用する。

8　低炭素化のための建築物の新築等をしようとする者がその低炭素建築物新築等計画について第一項の認定を受けたときは、当該低炭素化のための建築物の新築等のうち、建築物のエネルギー消費性能の向上等に関する法律第十二条第一項の建築物エネルギー消費性能適合性判定を受けなければならないものについては、第二項の規定による申出があった場合及び同法第二条第二項の条例が定められている場合を除き、同法第十二条第三項の規定により適合判定通知書の交付を受けたものとみなして、同条第六項から第八項までの規定を適用する。

9　低炭素化のための建築物の新築等をしようとする者がその低炭素建築物新築等計画について第一項の認定を受けたときは、当該低炭素化のための建築物の新築等のうち、建築物のエネルギー消費性能の向上等に関する法律第十九条第一項の規定による届出をしなければならないものについては、同法第二条第二項の条例が定められている場合を除き、同法第十九条第一項の規定による届出をしたものとみなす。この場合においては、同条第二項及び第三項の規定は、適用しない。

（低炭素建築物新築等計画の変更）

第五十五条　前条第一項の認定を受けた者（以下「認定建築

主」という。）は、当該認定を受けた低炭素建築物新築等計画の変更（国土交通省令で定める軽微な変更を除く。）をしようとするときは、国土交通省令で定めるところにより、所管行政庁の認定を受けなければならない。

2　前条の規定は、前項の認定について準用する。

（報告の徴収）

第五十六条　所管行政庁は、認定建築主に対し、第五十四条第一項の認定を受けた低炭素建築物新築等計画（変更があったときは、その変更後のもの。次条において「認定低炭素建築物新築等計画」という。）に基づく低炭素化のための建築物の新築等（次条及び第五十九条において「低炭素建築物の新築等」という。）の状況について報告を求めることができる。

（改善命令）

第五十七条　所管行政庁は、認定建築主が認定低炭素建築物新築等計画に従って低炭素建築物の新築等を行っていないと認めるときは、当該認定建築主に対し、相当の期限を定めて、その改善に必要な措置をとるべきことを命ずることができる。

（低炭素建築物新築等計画の認定の取消し）

第五十八条　所管行政庁は、認定建築主が前条の規定による命令に違反したときは、第五十四条第一項の認定を取り消すことができる。

（助言及び指導）

第五十九条　所管行政庁は、認定建築主に対し、低炭素建築物の新築等に関し必要な助言及び指導を行うよう努めるものとする。

（低炭素建築物の容積率の特例）

第六十条　建築基準法第五十二条第一項、第二項、第七項、第十二項及び第十四項、第五十七条の二第三項第二号、第五十七条の三第二項、第五十九条第一項及び第三項、第五十九条の二第一項、第六十条第一項、第六十条の二第一項及び第四項、第六十八条の三第一項、第六十八条の四、第六十八条の五（第二号イを除く。）、第六十八条の五の二（第二号イを除く。）、第六十八条の五の三第一項（第一号ロを除く。）、第六十八条の五の四（第一号ロを除く。）、第六十八条の五の五第一項第一号ロ、第六十八条の八、第六十八条の九第一項、第八十六条第三項及び第四項、第八十六条の二第二項及び第三項、第八十六条の五第三項並びに第八十六条の六第一項に規定する建築物の容積率（同法第五十九条第一項、第六十条の二第一項及び第六十八条の九第一項に規定するものについては、これらの規定に規定する建築物の容積率の最高限度に係る場合に限る。）の算定の基礎となる延べ面積には、同法第五十二条第三項及び第六項に

定めるもののほか、低炭素建築物の床面積のうち、第五十四条第一項第一号に掲げる基準に適合させるための措置をとることにより通常の建築物の床面積を超えることとなる場合における政令で定める床面積は、算入しないものとする。

第五章　雑則

（権限の委任）

第六十一条　この法律に規定する国土交通大臣の権限は、国土交通省令で定めるところにより、その一部を地方支分部局の長に委任することができる。

委任　「国土交通省令」＝〈本法施行規則〉四七条

（経過措置）

第六十二条　この法律の規定に基づき命令を制定し、又は改廃する場合においては、その命令で、その制定又は改廃に伴い合理的に必要と判断される範囲内において、所要の経過措置（罰則に関する経過措置を含む。）を定めることができる。

第六章　罰則

第六十五条　次の各号のいずれかに該当する者は、三十万円以下の罰金に処する。

一　第十二条又は第五十六条の規定による報告をせず、又は虚偽の報告をした者

二　第十七条第一項の規定による補助を受けた認定集約都市開発事業者で、当該補助に係る認定集約都市開発事業により整備される特定建築物についての第十四条の規定による市町村長の命令に違反したもの

三　第十八条第一項又は第三項の規定に違反した者

第六十六条　法人の代表者又は法人若しくは人の代理人、使用人その他の従業者が、その法人又は人の業務に関し、前三条の違反行為をしたときは、行為者を罰するほか、その法人又は人に対して各本条の罰金刑を科する。

⑵都市の低炭素化の促進に関する法律の施行期日を定める政令

〔平成二十四年十一月三十日
政令第二百八十五号〕

都市の低炭素化の促進に関する法律の施行期日を定める政令をここに公布する。

都市の低炭素化の促進に関する法律の施行期日を定める政令

内閣は、都市の低炭素化の促進に関する法律（平成二十四年法律第八十四号）附則第一条の規定に基づき、この政令を制定する。

都市の低炭素化の促進に関する法律の施行期日は、平成二十四年十二月四日とする。

⑶都市の低炭素化の促進に関する法律施行規則（抄）

〔平成二十四年十二月三日号外
国土交通省令第八十六号〕

最終改正　令和六年三月八日国土交通省令第一八号

第一章　総則

（定義）

第一条　この省令において使用する用語は、都市の低炭素化の促進に関する法律（以下「法」という。）において使用する用語の例による。

第三章　低炭素建築物の普及の促進のための措置

（低炭素建築物新築等計画の認定の申請）

第四十一条　法第五十三条第一項の規定により低炭素建築物新築等計画の認定の申請をしようとする者は、別記様式第五による申請書の正本及び副本に、それぞれ次の表の(い)項及び(ろ)項に掲げる図書その他所管行政庁が必要と認める図書（建築物のエネルギー消費性能の向上等に関する法律（平成二十七年法律第五十三号）第十二条第一項の建築物エネルギー消費性能適合性判定を受けなければならない場合の正本に添える図書にあっては、当該図書の設計者の氏名の記載があるものに限る。）を添えて、これらを所管行政庁に

提出しなければならない。ただし、当該低炭素建築物新築等計画に住戸が含まれる場合においては、当該住戸については、同表の(ろ)項に掲げる図書に代えて同表の(は)項に掲げる図書を提出しなければならない。

(い)	
図書の種類	明示すべき事項
設計内容説明書	建築物のエネルギーの使用の効率性その他の性能が法第五十四条第一項第一号に掲げる基準に適合するものであることの説明
付近見取図	方位、道路及び目標となる地物
配置図	縮尺及び方位
	敷地境界線、敷地内における建築物の位置及び申請に係る建築物と他の建築物との別
	空気調和設備等及び空気調和設備等以外の低炭素化に資する建築設備（以下この表において「低炭素化設備」という。）の位置
	建築物の緑化その他の建築物の低炭素化のための措置（以下この表において「低炭素化措置」という。）
仕様書（仕上げ表を含む。）	部材の種別及び寸法
	低炭素化設備の種別
	低炭素化措置の内容
各階平面図	縮尺及び方位
	間取り、各室の名称、用途及び寸法並びに天井の高さ
	壁の位置及び種類
	開口部の位置及び構造
	低炭素化設備の位置
	低炭素化措置
床面積求積図	床面積の求積に必要な建築物の各部分の寸法及び算式
用途別床面積表	用途別の床面積
立面図	縮尺
	外壁及び開口部の位置
	低炭素化設備の位置
	低炭素化措置
断面図又は矩計図	縮尺
	建築物の高さ
	外壁及び屋根の構造

	(ろ)	
		軒の高さ並びに軒及びひさしの出
		小屋裏の構造
		各階の天井の高さ及び構造
		床の高さ及び構造並びに床下及び基礎の構造
各部詳細図		縮尺
		外壁、開口部、床、屋根その他断熱性を有する部分の材料の種別及び寸法
各種計算書		建築物のエネルギーの使用の効率性その他の性能に係る計算その他の計算を要する場合における当該計算の内容
低炭素化措置が法第五十四条第一項第一号に規定する経済産業大臣、国土交通大臣及び環境大臣が定める基準に適合することの確認に必要な書類		低炭素化措置の法第五十四条第一項第一号に規定する経済産業大臣、国土交通大臣及び環境大臣が定める基準への適合性審査に必要な事項
機器表	空気調和設備	熱源機、ポンプ、空気調和機その他の機器の種別、仕様及び数
	空気調和設備以外の機械換気設備	給気機、排気機その他これらに類する設備の種別、仕様及び数
	照明設備	照明設備の種別、仕様及び数
	給湯設備	給湯器の種別、仕様及び数
		太陽熱を給湯に利用するための設備の種別、仕様及び数
		節湯器具の種別及び数
	空気調和設備等以外の低炭素化に資する建築設備	空気調和設備等以外の低炭素化に資する建築設備の種別、仕様及び数
仕様書	昇降機	昇降機の種別、数、積載量、定格速度及び速度制御方法
系統図	空気調和設備	空気調和設備の位置及び連結先
	空気調和設備以外の機械換気設備	空気調和設備以外の機械換気設備の位置及び連結先
	給湯設備	給湯設備の位置及び連結先
	空気調和設備等以外の低炭素化に資する建築設備	空気調和設備等以外の低炭素化に資する建築設備の位

		素化に資する建築設備	置及び連結先
	各階平面図	空気調和設備	縮尺
			空気調和設備の有効範囲
			熱源機、ポンプ、空気調和機その他の機器の位置
		空気調和設備以外の機械換気設備	縮尺
			給気機、排気機その他これらに類する設備の位置
		照明設備	縮尺
			照明設備の位置
		給湯設備	縮尺
			給湯設備の位置
			配管に講じた保温のための措置
			節湯器具の位置
		昇降機	縮尺
			位置
		空気調和設備等以外の低炭素化に資する建築設備	縮尺
			位置
	制御図	空気調和設備	空気調和設備の制御方法
		空気調和設備以外の機械換気設備	空気調和設備以外の機械換気設備の制御方法
		照明設備	照明設備の制御方法
		給湯設備	給湯設備の制御方法
		空気調和設備等以外の低炭素化に資する建築設備	空気調和設備等以外の低炭素化に資する建築設備の制御方法
(は)	機器表	空気調和設備	空気調和設備の種別、位置、仕様、数及び制御方法
		空気調和設備以外の機械換気設備	空気調和設備以外の機械換気設備の種別、位置、仕様、数及び制御方法
		照明設備	照明設備の種別、位置、仕様、数及び制御方法
		給湯設備	給湯器の種別、位置、仕様、数及び制御方法
			太陽熱を給湯に利用するための設備の種別、位置、仕様、数及び制御方法
			節湯器具の種別、位置及び数

空気調和設備等以外の低炭素化に資する建築設備	空気調和設備等以外の低炭素化に資する建築設備の種別、位置、仕様、数及び制御方法

2　前項の表の各項に掲げる図書に明示すべき事項を同項に規定する図書のうち他の図書に明示する場合には、同項の規定にかかわらず、当該事項を当該各項に掲げる図書に明示することを要しない。この場合において、当該各項に掲げる図書に明示すべき全ての事項を当該他の図書に明示したときは、当該各項に掲げる図書を同項の申請書に添えることを要しない。

3　第一項に規定する所管行政庁が必要と認める図書を添付する場合には、同項の規定にかかわらず、同項の表に掲げる図書のうち所管行政庁が不要と認めるものを同項の申請書に添えることを要しない。

（低炭素建築物新築等計画の記載事項）

第四十二条　法第五十三条第二項第四号の国土交通省令で定める事項は、低炭素化のための建築物の新築等に関する工事の着手予定時期及び完了予定時期とする。

（低炭素建築物新築等計画の認定の通知）

第四十三条　所管行政庁は、法第五十四条第一項の認定をしたときは、速やかに、その旨（同条第五項の場合においては、同条第四項において準用する建築基準法第十八条第三項の規定による確認済証の交付を受けた旨を含む。）を申請者に通知するものとする。

2　前項の通知は、別記様式第六による通知書に第四十一条第一項の申請書の副本（法第五十四条第五項の場合においては、第四十一条第一項の申請書の副本及び前項の確認済証に添えられた建築基準法施行規則第一条の三の申請書の副本）及びその添付図書を添えて行うものとする。

（低炭素建築物新築等計画の軽微な変更）

第四十四条　法第五十五条第一項の国土交通省令で定める軽微な変更は、次に掲げるものとする。

一　低炭素化のための建築物の新築等に関する工事の着手予定時期又は完了予定時期の六月以内の変更

二　前号に掲げるもののほか、建築物のエネルギーの使用の効率性その他の性能を向上させる変更その他の変更後も認定に係る低炭素建築物新築等計画が法第五十四条第一項各号に掲げる基準に適合することが明らかな変更（同条第二項の規定により建築基準関係規定に適合するかどうかの審査を受けるよう申し出た場合には、建築基準法第六条第一項（同法第八十七条第一項において準用する場合を含む。）に規定する軽微な変更であるものに限る。）

（低炭素建築物新築等計画の変更の認定の申請）
第四十五条　法第五十五条第一項の規定により変更の認定の申請をしようとする者は、別記様式第七による申請書の正本及び副本に、それぞれ第四十一条第一項に規定する図書のうち変更に係るものを添えて、これらを所管行政庁に提出しなければならない。この場合において、同項の表中「法第五十四条第一項第一号」とあるのは、「法第五十五条第二項において準用する法第五十四条第一項第一号」とする。

（低炭素建築物新築等計画の変更の認定の通知）
第四十六条　第四十三条の規定は、法第五十五条第一項の変更の認定について準用する。この場合において、第四十三条第一項中「同条第五項」とあるのは「法第五十五条第二項において準用する法第五十四条第五項」と、「同条第四項」とあるのは「法第五十五条第二項において準用する法第五十四条第四項」と、同条第二項中「別記様式第六」とあるのは「別記様式第八」と、「法第五十四条第五項」とあるのは「法第五十五条第二項において準用する法第五十四条第五項」と読み替えるものとする。

（軽微な変更に関する証明書の交付）
第四十六条の二　建築物のエネルギー消費性能の向上等に関する法律第十二条第一項の建築物エネルギー消費性能適合性判定を受けなければならない建築物の建築に係る建築基準法第七条第五項、同法第七条の二第五項又は同法第十八条第十八項の規定による検査済証の交付を受けようとする者は、その計画の変更が第四十四条の軽微な変更に該当していることを証する書面の交付を所管行政庁に求めることができる。

（磁気ディスクによる手続）
第四十六条の三　別記様式第五又は別記様式第七による申請書並びにその添付図書のうち所管行政庁が認める図書及び書類については、当該図書及び書類に代えて、所管行政庁が定める方法により当該図書及び書類に明示すべき事項を記録した磁気ディスクであって、所管行政庁が定めるものによることができる。

第四章　雑則

（権限の委任）
第四十七条　法第三章第三節第一款から第四款まで及び第三十三条に規定する国土交通大臣の権限は、次に掲げるものを除き、地方運輸局長（同条に規定する権限については、運輸監理部長を含む。次条第一項において同じ。）に委任する。

一　法第二十三条第三項（同条第七項において準用する場合を含む。）の規定による認定及び同条第八項の規定によ

る認定の取消しに係るもの（鉄道事業法（昭和六十一年法律第九十二号）第三条第一項の規定による許可、同法第七条第一項の規定による認可（鉄道事業法施行規則第七十一条第一項第一号に掲げるものを除く。）若しくは同法第十六条第一項の規定による認可又は同条第三項の規定による届出（同令第七十一条第一項第七号に掲げるものを除く。）に係る鉄道利便増進実施計画に係るものに限る。）

二　法第二十六条第三項（同条第八項において準用する場合を含む。）の規定による認定及び同条第九項の規定による認定の取消しに係るもの（軌道法第三条の規定による特許又は同法第十一条第一項の規定による認可に係る軌道利便増進実施計画に係るものに限る。）

2　法第三十一条及び第三十七条に規定する国土交通大臣の権限は、地方運輸局長（同条に規定する権限については、運輸監理部長を含む。）も行うことができる。

（書類の提出）

第四十八条　この省令の規定により地方運輸局長に提出すべき申請書又は届出書は、それぞれ当該事案の関する土地を管轄する地方運輸局長（当該事案が二以上の地方運輸局長の管轄区域（当該事案が貨物運送共同化事業に係るものである場合の近畿運輸局長の管轄区域にあっては、神戸運輸監理部長の管轄区域を除く。）にわたるときは、当該事案の主として関する土地を管轄する地方運輸局長。以下「所轄地方運輸局長」という。）に提出しなければならない。

2　この省令の規定により国土交通大臣に提出すべき申請書は、所轄地方運輸局長を経由して提出しなければならない。

3　この省令の規定により地方運輸局長に提出すべき申請書であって道路運送利便増進事業に係るものは、当該事案の関する土地を管轄する運輸監理部長又は運輸支局長（当該事案が運輸監理部長と運輸支局長又は二以上の運輸支局長の管轄区域にわたるときは、当該事案の主として関する土地を管轄する運輸監理部長又は運輸支局長）を経由して提出しなければならない。

4　この省令の規定により地方運輸局長に提出すべき申請書であって貨物運送共同化事業に係るものは、当該事案の関する土地を管轄する運輸支局長（当該事案が二以上の運輸支局長の管轄区域にわたるときは、当該事案の主として関する土地を管轄する運輸支局長）を経由して提出することができる。

様式第五（第四十一条関係）（日本産業規格Ａ列４番）

（第一面）

低炭素建築物新築等計画認定申請書

年　　月　　日

所管行政庁　　　殿

申請者の住所又は
主たる事務所の所在地
申請者の氏名又は名称
代　表　者　の　氏　名

都市の低炭素化の促進に関する法律第53条第１項の規定により、低炭素建築物新築等計画について認定を申請します。この申請書及び添付図書に記載の事項は、事実に相違ありません。

【申請の対象とする範囲】
□建築物全体
□複合建築物の非住宅部分
□複合建築物の住宅部分

（本欄には記入しないでください。）

受　　付　　欄	認　定　番　号　欄	決　　裁　　欄
年　　月　　日	年　　月　　日	
第　　　　　号	第　　　　　号	
係員氏名	係員氏名	

（注意）

１．この様式において使用する用語は、特別の定めのある場合を除くほか、建築物エネルギー消費性能基準等を定める省令（平成28年経済産業省令・国土交通省令第１号。この様式において「基準省令」という。）及び建築物のエネルギー消費性能の向上の一層の促進その他の建築物の低炭素化の促進のために誘導すべき基準（平成24年経済産業省・国土交通省・環境省告示第119号。この様式において「建築物の低炭素化誘導基準」という。）において使用する用語の例によります。

２．この様式において、次に掲げる用語の意義は、それぞれ次のとおりとします。
①一戸建ての住宅　一棟の建築物からなる一戸の住宅
②共同住宅等　共同住宅、長屋その他の一戸建ての住宅以外の住宅
③非住宅建築物　基準省令第１条第１項第１号に規定する非住宅建築物
④複合建築物　基準省令第１条第１項第１号に規定する複合建築物
⑤施行日以後認定申請建築物　建築物エネルギー消費性能基準等を定める省令の一部を改正する省令（令和４年経済産業省令・国土交通省令第１号。この様式において「令和４年改正基準省令」という。）附則第２項に規定する施行日以後認定申請建築物

３．申請者が法人である場合には、代表者の氏名を併せて記載してください。

４．【申請の対象とする範囲】の欄は、一戸建ての住宅、非住宅建築物又は共同住宅等若しくは複合建築物の全体に係る申請の場合には「建築物全体」に、複合建築物の非住宅部分のみに係る申請の場合には「複合建築物の非住宅部分」に、複合建築物の住宅部分のみに係る申請の場合には「複合建築物の住宅部分」に、「レ」マークを入れてください。

（第二面）

［建築主等に関する事項］

【1．建築主】
【イ．氏名のフリガナ】
【ロ．氏名】
【ハ．郵便番号】
【ニ．住所】
【ホ．電話番号】

【2．代理者】
【イ．資格】　　　（　　）建築士　　（　　　　）登録第　　　　号
【ロ．氏名】
【ハ．建築士事務所名】（　　）建築士事務所（　　　　）知事登録第　　　号
【ニ．郵便番号】
【ホ．所在地】
【ヘ．電話番号】

【3．設計者】
（代表となる設計者）
【イ．資格】　　　（　　）建築士　　（　　　　）登録第　　　　号
【ロ．氏名】
【ハ．建築士事務所名】（　　）建築士事務所（　　　　）知事登録第　　　号
【ニ．郵便番号】
【ホ．所在地】
【ヘ．電話番号】
【ト．作成した設計図書】
（その他の設計者）
【イ．資格】　　　（　　）建築士　　（　　　　）登録第　　　　号
【ロ．氏名】
【ハ．建築士事務所名】（　　）建築士事務所（　　　　）知事登録第　　　号
【ニ．郵便番号】
【ホ．所在地】
【ヘ．電話番号】
【ト．作成した設計図書】
【イ．資格】　　　（　　）建築士　　（　　　　）登録第　　　　号
【ロ．氏名】
【ハ．建築士事務所名】（　　）建築士事務所（　　　　）知事登録第　　　号
【ニ．郵便番号】

【ホ．所在地】 【へ．電話番号】 【ト．作成した設計図書】 【イ．資格】　（　　）建築士　（　　　）登録第　　　号 【ロ．氏名】 【ハ．建築士事務所名】（　　）建築士事務所（　　　）知事登録第　　　号 【ニ．郵便番号】 【ホ．所在地】 【へ．電話番号】 【ト．作成した設計図書】
【4．確認の申請】 □申請済（　　　　） □未申請（　　　　）
【5．備考】

（注意）

1．この面は、低炭素建築物新築等計画に係る建築物の新築等が、建築物のエネルギー消費性能の向上等に関する法律第12条第1項の建築物のエネルギー消費性能適合性判定を受けなければならない場合にのみ、記載してください。

2．建築主が2者以上の場合は、【1．建築主】の欄は代表となる建築主について記入し、別紙に他の建築主について記入して添えてください。

3．【1．建築主】の欄は、建築主が法人の場合は、「イ」は法人の名称及び代表者の氏名のフリガナを、「ロ」は法人の名称及び代表者の氏名を、「ニ」は法人の所在地を、建築主がマンションの管理を行う建物の区分所有等に関する法律第3条又は第65条に規定する団体の場合は、「イ」は団体の名称及び代表者の氏名のフリガナを、「ロ」は団体の名称及び代表者の氏名を、「ニ」は団体の所在地を記入してください。

4．【2．代理者】の欄は、建築主からの委任を受けて提出をする場合に記入してください。

5．【2．代理者】及び【3．設計者】の欄は、代理者又は設計者が建築士事務所に属しているときは、その名称を書き、建築士事務所に属していないときは、所在地はそれぞれ代理者又は設計者の住所を書いてください。

6．【3．設計者】の欄は、代表となる設計者及び申請に係る低炭素建築物新築等計画に係る他のすべての設計者について記入してください。

7．【4．確認の申請】の欄は、該当するチェックボックスに「レ」マークを入れ、申請済の場合には、申請をした市町村名若しくは都道府県名又は指定確認検査機関の名称及び事務所の所在地を記入してください。未申請の場合には、申請する予定の市町村名若しくは都道府県名又は指定確認検査機関の名称及び事務所の所在地を記入し、申請をした後に、遅滞なく、申請をした旨（申請先を変更した場合においては、申請をした市町村名若しくは都道府県名又は指定確認検査機関の名称及び事務所の所在地を含む。）を届け出てください。なお、所在地については、○○県○○市、郡○○町、村、程度で結構です。

（第三面）

低炭素建築物新築等計画

1．新築等をしようとする建築物の位置、延べ面積、構造、設備及び用途並びに敷地面積に関する事項

〔建築物に関する事項〕

【1．地名地番】
【2．市街化区域等】□市街化区域 □区域区分が定められていない都市計画区域のうち用途地域が定められている土地の区域
【3．敷地面積】　㎡
【4．建築面積】　㎡
【5．延べ面積】　㎡
【6．建築物の階数】　（地上）　階　（地下）　階
【7．建築物の用途】□一戸建ての住宅　□共同住宅等 □非住宅建築物 □複合建築物
【8．建築物の住戸の数】 戸
【9．工事種別】□新築　□増築　□改築 □修繕又は模様替 □空気調和設備等の設置　□空気調和設備等の改修
【10．構造】　造　一部　造
【11．建築物の構造及び設備の概要】 別添設計内容説明書による
【12．該当する地域区分】　地域
【13．非住宅部分の床面積】（　床面積　）（開放部分を除いた部分の床面積） 【イ．新築】　（　㎡）　（　㎡） 【ロ．増築】　全体（　㎡）　（　㎡） 増築部分（　㎡）　（　㎡） 【ハ．改築】　全体（　㎡）　（　㎡） 改築部分（　㎡）　（　㎡）

【14．住宅部分の床面積】

		（　床面積　）	（開放部分を除いた部分の床面積）	（開放部分及び共用部分を除いた部分の床面積）
【イ．新築】		（　　　㎡）	（　　　㎡）	（　　　㎡）
【ロ．増築】	全体	（　　　㎡）	（　　　㎡）	（　　　㎡）
	増築部分	（　　　㎡）	（　　　㎡）	（　　　㎡）
【ハ．改築】	全体	（　　　㎡）	（　　　㎡）	（　　　㎡）
	改築部分	（　　　㎡）	（　　　㎡）	（　　　㎡）

【15．建築物全体のエネルギーの使用の効率性】

【イ．非住宅建築物】

（外壁、窓等を通しての熱の損失の防止に関する事項）

□基準省令第10条第１号イ⑴の基準

年間熱負荷係数　　　　　　　ＭＪ／（㎡・年）

（基準値　　　　　　　ＭＪ／（㎡・年））

ＢＰＩ（　　　　　　　）

□基準省令第10条第１号イ⑵の基準

年間熱負荷係数　　　　　　　ＭＪ／（㎡・年）

（基準値　　　　　　　ＭＪ／（㎡・年））

ＢＰＩ（　　　　　　　）

□国土交通大臣が認める方法及びその結果

（　　　　　　　　　　　　）

□令和４年改正基準省令附則第３項の規定による適用除外

（一次エネルギー消費量に関する事項）

□基準省令第10条第１号ロ⑴の基準

誘導基準一次エネルギー消費量　　　　ＧＪ／年

誘導設計一次エネルギー消費量　　　　ＧＪ／年

誘導ＢＥＩ（　　　　　　　）

（誘導ＢＥＩの基準値　　　　　　　）

□基準省令第10条第１号ロ⑵の基準

誘導ＢＥＩ（　　　　　　　）

（誘導ＢＥＩの基準値　　　　　　　）

□国土交通大臣が認める方法及びその結果

（　　　　　　　　　　　　）

□令和４年改正基準省令附則第３項に規定する増築、改築又は修繕等をする部分の基準
誘導基準一次エネルギー消費量　　　　　ＧＪ／年
誘導設計一次エネルギー消費量　　　　　ＧＪ／年
誘導ＢＥＩ（　　　　　　　　）
（誘導ＢＥＩの基準値　　　　　　　　　）

【ロ．一戸建ての住宅】

（外壁、窓等を通しての熱の損失の防止に関する事項）
□基準省令第10条第２号イ(1)の基準
外皮平均熱貫流率　　　　　　W／（㎡・K）
（基準値　　　　　W／（㎡・K））
冷房期の平均日射熱取得率
（基準値　　　　　　　　　　　）
□基準省令第10条第２号イ(2)の基準
□国土交通大臣が認める方法及びその結果
（　　　　　　　　　　　　　　　　　）
□令和４年改正基準省令附則第４項に規定する増築、改築又は修繕等をする部分の基準
（一次エネルギー消費量に関する事項）
□基準省令第10条第２号ロ(1)の基準
誘導基準一次エネルギー消費量　　　　　ＧＪ／年
誘導設計一次エネルギー消費量　　　　　ＧＪ／年
誘導ＢＥＩ（　　　　　　　　）
□基準省令第10条第２号ロ(2)の基準
□国土交通大臣が認める方法及びその結果
（　　　　　　　　　　　　　　　　　）
□令和４年改正基準省令附則第４項に規定する増築、改築又は修繕等をする部分の基準

【ハ．共同住宅等】

（外壁、窓等を通しての熱の損失の防止に関する事項）
□基準省令第10条第２号イ(1)の基準
□基準省令第10条第２号イ(2)の基準
□国土交通大臣が認める方法及びその結果
（　　　　　　　　　　　　　　　　　）
□令和４年改正基準省令附則第４項に規定する増築、改築又は修繕等をする部分の基準
（一次エネルギー消費量に関する事項）

□基準省令第10条第２号ロ⑴の基準
　誘導基準一次エネルギー消費量　　　　ＧＪ／年
　誘導設計一次エネルギー消費量　　　　ＧＪ／年
　誘導ＢＥＩ（　　　　　　　）
□基準省令第10条第２号ロ⑵の基準
□国土交通大臣が認める方法及びその結果
　（　　　　　　　　　　　　　　）
□令和４年改正基準省令附則第４項に規定する増築、改築又は修繕等をする部分の基準

【ニ．複合建築物】
□基準省令第10条第３号イの基準
（非住宅部分）
（外壁、窓等を通しての熱の損失の防止に関する事項）
□基準省令第10条第１号イ⑴の基準
　年間熱負荷係数　　　　　　ＭＪ／（㎡・年）
　（基準値　　　　　　ＭＪ／（㎡・年））
　ＢＰＩ（　　　　　　　）
□基準省令第10条第１号イ⑵の基準
　年間熱負荷係数　　　　　　ＭＪ／（㎡・年）
　（基準値　　　　　　ＭＪ／（㎡・年））
　ＢＰＩ（　　　　　　　）
□国土交通大臣が認める方法及びその結果
　（　　　　　　　　　　　　　　）
□令和４年改正基準省令附則第３項の規定による適用除外
（一次エネルギー消費量に関する事項）
□基準省令第10条第１号ロ⑴の基準
　誘導基準一次エネルギー消費量　　　　ＧＪ／年
　誘導設計一次エネルギー消費量　　　　ＧＪ／年
　誘導ＢＥＩ（　　　　　　　）
　（誘導ＢＥＩの基準値　　　　　　　）
□基準省令第10条第１号ロ⑵の基準
　誘導ＢＥＩ（　　　　　　　）
　（誘導ＢＥＩの基準値　　　　　　　）
□国土交通大臣が認める方法及びその結果
　（　　　　　　　　　　　　　　）

□令和４年改正基準省令附則第３項に規定する増築、改築又は修繕等をする部分の基準
誘導基準一次エネルギー消費量　　　　　ＧＪ／年
誘導設計一次エネルギー消費量　　　　　ＧＪ／年
誘導ＢＥＩ（　　　　　　　）
（誘導ＢＥＩの基準値　　　　　　　）
（住宅部分）
（外壁、窓等を通しての熱の損失の防止に関する事項）
□基準省令第10条第２号イ⑴の基準
□基準省令第10条第２号イ⑵の基準
□国土交通大臣が認める方法及びその結果
（　　　　　　　　　　　　）
□令和４年改正基準省令附則第４項に規定する増築、改築又は修繕等をする部分の基準
（一次エネルギー消費量に関する事項）
□基準省令第10条第２号ロ⑴の基準
誘導基準一次エネルギー消費量　　　　　ＧＪ／年
誘導設計一次エネルギー消費量　　　　　ＧＪ／年
誘導ＢＥＩ（　　　　　　　）
□基準省令第10条第２号ロ⑵の基準
□国土交通大臣が認める方法及びその結果
（　　　　　　　　　　　　）
□令和４年改正基準省令附則第４項に規定する増築、改築又は修繕等をする部分の基準
□基準省令第10条第３号ロの基準
（非住宅部分）
（外壁、窓等を通しての熱の損失の防止に関する事項）
□基準省令第10条第１号イ⑴の基準
年間熱負荷係数　　　　　　ＭＪ／（㎡・年）
（基準値　　　　　　ＭＪ／（㎡・年））
ＢＰＩ（　　　　　　　）
□国土交通大臣が認める方法及びその結果
（　　　　　　　　　　　　）
（一次エネルギー消費量に関する事項）
□基準省令第１条第１項第１号イの基準
基準一次エネルギー消費量　　　　　ＧＪ／年
設計一次エネルギー消費量　　　　　ＧＪ／年
ＢＥＩ（　　　　　　　）

□国土交通大臣が認める方法及びその結果
（　　　　　　　　　　　　　　　　　）
（住宅部分）
（外壁、窓等を通しての熱の損失の防止に関する事項）
□基準省令第10条第２号イ⑴の基準
□基準省令第10条第２号イ⑵の基準
□国土交通大臣が認める方法及びその結果
（　　　　　　　　　　　　　　　　　）
（一次エネルギー消費量に関する事項）
□基準省令第１条第１項第２号ロ⑴の基準
基準一次エネルギー消費量　　　　　ＧＪ／年
設計一次エネルギー消費量　　　　　ＧＪ／年
ＢＥＩ（　　　　　　　　　）
□国土交通大臣が認める方法及びその結果
（　　　　　　　　　　　　　　　　　）
（複合建築物）
（一次エネルギー消費量に関する事項）
誘導基準一次エネルギー消費量　　　　ＧＪ／年
誘導設計一次エネルギー消費量　　　　ＧＪ／年
誘導ＢＥＩ（　　　　　　　　　）
（誘導ＢＥＩの基準値　　　　　　　　）

【16．再生可能エネルギー利用設備】
【イ．非住宅建築物】
再生可能エネルギー利用設備の種類（　　　　　　　　）
【ロ．一戸建ての住宅】
再生可能エネルギー利用設備の種類（　　　　　　　　）
低炭素化促進基準一次エネルギー消費量　　　　ＧＪ／年
低炭素化促進設計一次エネルギー消費量　　　　ＧＪ／年
【ハ．共同住宅等】
再生可能エネルギー利用設備の種類（　　　　　　　　）
【ニ．複合建築物】
再生可能エネルギー利用設備の種類（　　　　　　　　）

【17. 確認の特例】 法第54条第２項の規定による申出の有無　□有　□無
【18. 建築物の床面積のうち、通常の建築物の床面積を超える部分】
【19. 備考】

（注意）

1．【２．市街化区域等】の欄は、新築等をしようとする建築物の敷地が存する区域が該当するチェックボックスに「レ」マークを入れてください。

2．【７．建築物の用途】及び【９．工事種別】の欄は、該当するチェックボックスに「レ」マークを入れてください。

3．【８．建築物の住戸の数】の欄は、【７．建築物の用途】で「共同住宅等」又は「複合建築物」を選んだ場合のみ記載してください。

4．【12. 該当する地域区分】の欄は、建築物の低炭素化誘導基準において定めるところにより、該当する地域区分を記載してください。

5．【13. 非住宅部分の床面積】の欄は、第三面の【９．工事種別】の欄の工事種別に応じ、非住宅部分の床面積を記載して下さい。増築又は改築の場合は、延べ面積を併せて記載して下さい。

6．【13. 非住宅部分の床面積】及び【14. 住宅部分の床面積】の欄において、「床面積」は、それぞれ、非住宅部分の床面積及び住宅部分の床面積をいい、「開放部分を除いた部分の床面積」は、建築物のエネルギー消費性能の向上等に関する法律施行令（平成28年政令第８号）第４条第１項に規定する床面積をいいます。

7．【14. 住宅部分の床面積】の欄において、「開放部分及び共用部分を除いた部分の床面積」は、住宅部分の床面積のうち「開放部分を除いた部分の床面積」から共用部分の床面積を除いた部分の面積をいいます。

8．【15．建築物全体のエネルギーの使用の効率性】の欄は、【7．建築物の用途】の欄において選択した用途に応じて、イからニまでのいずれかについて、以下の内容に従って記載してください。なお、イからニまでの事項のうち、記載しないものについては削除して構いません。

⑴　（外壁、窓等を通しての熱の損失の防止に関する事項）及び（一次エネルギー消費量に関する事項）のそれぞれについて、該当するチェックボックスに「レ」マークを入れた上で記載してください。

⑵　「年間熱負荷係数」については、基準値（基準省令別表第1に掲げる数値をいう。）と併せて記載してください。

⑶　「外皮平均熱貫流率」及び「冷房期の平均日射熱取得率」については、それぞれの基準値（基準省令第10条第2号イ⑴の表に掲げる数値をいう。）と併せて記載してください。

⑷　「基準省令第10条第2号イ⑵の基準」又は「基準省令第10条第2号ロ⑵の基準」を用いる場合は、別紙に詳細を記載してください。また、「基準省令第10条第2号ロ⑵の基準」を用いる場合は、共同住宅等又は複合建築物の住宅部分の共用部分（基準省令第4条第3項第1号の共用部分をいう。）の一次エネルギー消費量に関する事項は、「基準省令第10条第2号ロ⑴の基準」に記載してください。

⑸　この欄において、次に掲げる用語の意義は、それぞれ次のとおりとします。

ⅰ）年間熱負荷係数　屋内周囲空間の年間熱負荷を屋内周囲空間の床面積の合計で除して得た数値をいいます。

ⅱ）ＢＰＩ　年間熱負荷係数を基準値で除したものをいいます。「ＢＰＩ」を記載する場合は、小数点第二位未満を切り上げた数値としてください。

ⅲ）ＢＥＩ　設計一次エネルギー消費量（その他一次エネルギー消費量を除く。）を基準一次エネルギー消費量（その他一次エネルギー消費量を除く。）で除したものをいいます。「ＢＥＩ」を記載する場合は、小数点第二位未満を切り上げた数値としてください。

ⅳ）誘導ＢＥＩ　誘導設計一次エネルギー消費量（その他一次エネルギー消費量を除く。）を基準一次エネルギー消費量（その他一次エネルギー消費量を除く。）で除したものをいいます。「誘導ＢＥＩ」を記載する場合は、小数点第二位未満を切り上げた数値としてください。

ⅴ）誘導ＢＥＩの基準値　誘導基準一次エネルギー消費量（その他一次エネルギー消費量を除く。）を基準一次エネルギー消費量（その他一次エネルギー消費量を除く。）で除したものをいいます。なお、非住宅部分を二以上の用途に供する場合にあっては、用途ごとに算出した誘導基準一次エネルギー消費量（その他一次エネルギー消費量を除く。）の合計を、用途ごとに算出した基準一次エネルギー消費量（その他一次エネルギー消費量を除く。）の合計で除したものをいいます。「誘導ＢＥＩの基準値」を記載する場合は、小数点第二位未満を切り上げた数値としてください。

⑹　施行日以後認定申請建築物の増築、改築又は修繕等をする場合については、以下の内容に従って記載してください。

ⅰ）非住宅建築物及び複合建築物の非住宅部分について、建築物全体の一次エネルギー消費量は「基準省令第10条第１号ロ⑴の基準」又は「基準省令第10条第１号ロ⑵の基準」に、令和４年改正基準省令附則第３項の一次エネルギー消費量に関する国土交通大臣が定める基準に関する事項は「令和４年改正基準省令附則第３項に規定する増築、改築又は修繕等をする部分の基準」に記載してください。

ⅱ）一戸建ての住宅、共同住宅等又は複合建築物の住宅部分について、住戸全体の外壁、窓等を通しての熱の損失の防止に関する事項は「基準省令第10条第２号イ⑴の基準」に、住戸全体の一次エネルギー消費量に関する事項は「基準省令第10条第２号ロ⑴の基準」に記載するとともに、令和４年改正基準省令附則第４項の基準の適用を受ける場合には、「令和４年改正基準省令附則第４項に規定する増築、改築又は修繕等をする部分の基準」に「レ」マークを入れ、別紙に詳細を記載してください。

9．【16．再生可能エネルギー利用設備】の欄の「低炭素化促進基準一次エネルギー消費量」及び「低炭素化促進設計一次エネルギー消費量」は、建築物の低炭素化誘導基準において定めるところに従って算出した数値を記載してください。

10．【17．確認の特例】の欄は、認定の申請に併せて建築基準法（昭和25年法律第201号）第６条第１項の規定による確認の申請書を提出して同項に規定する建築基準関係規定に適合するかどうかの審査を受けるよう申し出る場合には「有」に、申し出ない場合には「無」に、「レ」マークを入れてください。

11．【18．建築物の床面積のうち、通常の建築物の床面積を超える部分】の欄には、法第60条の規定により容積率の算定の基礎となる延べ面積に算入しない部分の床面積（建築基準法第52条第３項及び第６項並びに建築基準法施行令（昭和25年政令第338号）第２条第１項第４号及び第３項の規定に基づき延べ面積に算入しない部分の床面積を除き、建築物の延べ面積の20分の１を超えるときは当該建築物の延べ面積の20分の１とする。）を記入してください。また、当該床面積の算定根拠を示す資料を別に添付してください。

12．この面は、建築確認等他の制度の申請書の写しに必要事項を補って追加して記載した書面その他の記載すべき事項の全てが明示された別の書面をもって代えることができます。

（第四面）

【1．付近見取図】
【2．配置図】

（注意）

1．この面は、低炭素建築物新築等計画に係る建築物の新築等が、建築物のエネルギー消費性能の向上等に関する法律第12条第１項の建築物エネルギー消費性能適合性判定を受けなければならない場合にのみ、記載してください。

2．付近見取図には、方位、道路及び目標となる地物を明示してください。

3．配置図には、縮尺、方位、敷地境界線、敷地内における建築物の位置、計画に係る建築物と他の建築物との別並びに敷地の接する道路の位置及び幅員を明示してください。

（第五面）

〔申請に係る住戸に関する事項〕

【１．住戸の番号】	
【２．住戸の存する階】	階
【３．専用部分の床面積】	㎡

【４．住戸のエネルギーの使用の効率性】

（外壁、窓等を通しての熱の損失の防止に関する基準）

□基準省令第10条第２号イ⑴の基準

外皮平均熱貫流率　　　　W／（㎡・K）

（基準値　　　　W／（㎡・K））

冷房期の平均日射熱取得率

（基準値　　　　　　　　　　）

□基準省令第10条第２号イ⑵の基準

□国土交通大臣が認める方法及びその結果

（　　　　　　　　　　　　　　）

□令和４年改正基準省令附則第４項に規定する増築、改築又は修繕等をする部分の基準

（一次エネルギー消費量に関する事項）

□基準省令第10条第２号ロ⑴の基準

誘導基準一次エネルギー消費量　　　　ＧＪ／年

誘導設計一次エネルギー消費量　　　　ＧＪ／年

誘導ＢＥＩ（　　　　　　　）

□基準省令第10条第２号ロ⑵の基準

□国土交通大臣が認める方法及びその結果

（　　　　　　　　　　　　　　）

□令和４年改正基準省令附則第４項に規定する増築、改築又は修繕等をする部分の基準

（注意）

1．この面は、共同住宅等又は複合建築物（複合建築物の非住宅部分の認定を除く。）に係る申請を行う場合に、申請に係る住戸ごとに作成してください。

2．住戸の階数が二以上である場合には、【3．専用部分の床面積】に各階ごとの床面積を併せて記載してください。

3．【4．住戸のエネルギーの使用の効率性】の欄は、以下の内容に従って記載してください。

⑴　（外壁、窓等を通しての熱の損失の防止に関する基準）及び（一次エネルギー消費量に関する事項）のそれぞれについて、該当するチェックボックスに「レ」マークを入れた上で記載してください。

⑵　「外皮平均熱貫流率」及び「冷房期の平均日射熱取得率」については、それぞれの基準値（基準省令第10条第２号イ⑴の表に掲げる数値をいう。）と併せて記載してください。

⑶　「基準省令第10条第２号イ⑵の基準」又は「基準省令第10条第２号ロ⑵の基準」を用いる場合は、別紙に詳細を記載してください。

⑷　「誘導ＢＥＩ」は、誘導設計一次エネルギー消費量（その他一次エネルギー消費量を除く。）を基準一次エネルギー消費量（その他一次エネルギー消費量を除く。）で除したものをいいます。「誘導ＢＥＩ」を記載する場合は、小数点第二位未満を切り上げた数値としてください。

⑸　施行日以後認定申請建築物の増築、改築又は修繕等をする場合の記載について、住戸全体の外壁、窓等を通しての熱の損失の防止に関する事項は「基準省令第10条第２号イ⑴の基準」に、住戸全体の一次エネルギー消費量に関する事項は「基準省令第10条第２号ロ⑴の基準」に記載するとともに、令和４年改正基準省令附則第４項の基準の適用を受ける場合には、「令和４年改正基準省令附則第４項に規定する増築、改築又は修繕等をする部分の基準」に「レ」マークを入れ、別紙に詳細を記載してください。

4．この面は、他の制度の申請書の写しに必要事項を補うこと、複数の住戸に関する情報を集約して記載すること等により記載すべき事項の全てが明示された別の書面をもって代えることができます。

（別紙）　基準省令第10条第２号イ(2)の基準、基準省令第10条第２号ロ(2)の基準又は令和４年改正基準省令附則第４項に規定する増築、改築若しくは修繕等をする部分の基準を用いる場合

1．住戸に係る事項

(1)　外壁、窓等を通しての熱の損失の防止に関する措置

1）屋根又は天井

【断熱材の施工法】□内断熱　□外断熱　□両面断熱
□充填断熱　□外張断熱　□内張断熱

【断熱性能】□熱貫流率（　W／（㎡・K））　□熱抵抗値（　（㎡・K）／W）

2）壁

【断熱材の施工法】□内断熱　□外断熱　□両面断熱
□充填断熱　□外張断熱　□内張断熱

【断熱性能】□熱貫流率（　W／（㎡・K））　□熱抵抗値（　（㎡・K）／W）

3）床

(イ)　外気に接する部分

【該当箇所の有無】□有　□無

【断熱材の施工法】□内断熱　□外断熱　□両面断熱
□充填断熱　□外張断熱　□内張断熱

【断熱性能】□熱貫流率（　W／（㎡・K））　□熱抵抗値（　（㎡・K）／W）

(ロ)　その他の部分

【該当箇所の有無】□有　□無

【断熱材の施工法】□内断熱　□外断熱　□両面断熱
□充填断熱　□外張断熱　□内張断熱

【断熱性能】□熱貫流率（　W／（㎡・K））　□熱抵抗値（　（㎡・K）／W）

4）土間床等の外周部分の基礎壁

(イ)　外気に接する部分

【該当箇所の有無】□有　□無

【断熱性能】□熱貫流率（　W／（㎡・K））　□熱抵抗値（　（㎡・K）／W）

(ロ)　その他の部分

【該当箇所の有無】□有　□無

【断熱性能】□熱貫流率（　W／（㎡・K））　□熱抵抗値（　（㎡・K）／W）

5）開口部
【断熱性能】熱貫流率（　　W／（㎡・K））
【日射遮蔽性能】
□開口部の日射熱取得率（日射熱取得率　　　　　　　　　　　）
□ガラスの日射熱取得率（日射熱取得率　　　　　　　　　　　）
□付属部材
□ひさし、軒等
6）構造熱橋部
【該当箇所の有無】□有　□無
【断熱性能】断熱補強の範囲（　　㎜）　　断熱補強の熱抵抗値（　　（㎡・K）／W）

⑵　一次エネルギー消費量に関する措置
【暖房】暖房設備（　　　　　　　　　　　　　　　　　　）
　　　　効率（　　　　　　　　　　　　　　　　　　）
【冷房】冷房設備（　　　　　　　　　　　　　　　　　　）
　　　　効率（　　　　　　　　　　　　　　　　　　）
【換気】換気設備（　　　　　　　　　　　　　　　　　　）
　　　　効率（　　　　　　　　　　　　　　　　　　）
【照明】照明設備（　　　　　　　　　　　　　　　　　　）
【給湯】給湯設備（　　　　　　　　　　　　　　　　　　）
　　　　効率（　　　　　　　　　　　　　　　　　　）

2．備考

（注意）

1．1欄は、共同住宅等又は複合建築物の住戸に係る措置について、住戸ごとに記入してください。なお、計画に係る住戸の数が二以上である場合は、当該各住戸に関して記載すべき事項の全てが明示された別の書面をもって代えることができます。

2．1欄の⑴の1）から3）までにおける「断熱材の施工法」は、部位ごとに断熱材の施工法を複数用いている場合は、主たる施工法のチェックボックスに「レ」マークを入れてください。なお、主たる施工法以外の施工法について、主たる施工法に準じて、別紙のうち当該部位に係る事項を記入したものを添えることを妨げるものではありません。

3．1欄の⑴の1）から4）までにおける「断熱性能」は、「熱貫流率」又は「熱抵抗値」のうち、該当するチェックボックスに「レ」マークを入れ、併せて必要な事項を記入してください。

4．1欄の⑴の3）及び4）における(イ)及び(ロ)の「該当箇所の有無」は、該当箇所がある場合には「有」のチェックボックスに、「レ」マークを入れてください。

5．１欄の⑴の５）は、開口部のうち主たるものを対象として、必要な事項を記入してください。
6．１欄の⑴の５）の「日射遮蔽性能」は、「開口部の日射熱取得率」、「ガラスの日射熱取得率」、「付属部材」又は「ひさし、軒等」について該当するチェックボックスに「レ」マークを入れ、必要な事項を記入してください。地域の区分（基準省令第１条第１項第２号イ⑴の地域の区分をいう。）のうち８の地域に存する共同住宅等又は複合建築物に係る「日射遮蔽性能」については、北±22.5度以外の方位に設置する開口部について記載してください。
7．１欄の⑴の６）の「該当箇所の有無」は、該当箇所がある場合には、「有」のチェックボックスに「レ」マークを入れ、「断熱性能」の欄に、「断熱補強の範囲」及び「断熱補強の熱抵抗値」を記入してください。
8．１欄の⑵の「暖房」、「冷房」、「換気」、「照明」、「給湯」については、住戸に設置する設備機器とその効率（「照明」を除き、かつ、効率に係る基準を用いる場合に限る。）を記載してください。設備機器が複数ある場合は最も効率の低い設備機器とその効率を記載してください。「効率」の欄には、「暖房」では暖房能力を消費電力で除した値を、「冷房」では冷房能力を消費電力で除した値を、「換気」では比消費電力（全般換気設備の消費電力を設計風量で除した値をいう。）、有効換気量率又は温度交換効率を、「給湯」ではモード熱効率、年間給湯保温効率又は年間給湯効率をそれぞれ記載してください。ただし、浴室等、台所及び洗面所がない場合は、「給湯」の欄は記載する必要はありません。
9．１欄に書き表せない事項で特に記入すべき事項は、２欄に記入し、又は別紙に記入して添えてください。

様式第六（第四十三条関係）（日本産業規格Ａ列４番）

低炭素建築物新築等計画認定通知書

認　定　番　号　　第　　　　　　　号
認 定 年 月 日　　　　　年　　月　　日
（※）確　認　番　号　　第　　　　　　　号
確 認 年 月 日　　　　　年　　月　　日
建築主事又は
建築副主事の職氏名

殿

所管行政庁　　　　　　　　　　　印

都市の低炭素化の促進に関する法律第53条第１項の規定により申請のあった低炭素建築物新築等計画について、同法第54条第１項の規定に基づき認定しましたので通知します。

１．申請年月日
２．申請者の住所
３．認定に係る建築物の位置

（※）は法第54条第４項において準用する建築基準法（昭和25年法律第201号）第18条第３項の規定により所管行政庁が確認済証の交付を受けた場合に記入されます。

様式第七（第四十五条関係）（日本産業規格Ａ列４番）

低炭素建築物新築等計画変更認定申請書

年　　月　　日

所管行政庁　殿

申請者の住所又は
主たる事務所の所在地
申請者の氏名又は名称
代表者の氏名

都市の低炭素化の促進に関する法律第55条第１項の規定により、低炭素建築物新築等計画の変更の認定を申請します。この申請書及び添付図書に記載の事項は、事実に相違ありません。

１．低炭素建築物新築等計画の認定番号
第　　　　　　　号

２．低炭素建築物新築等計画の認定年月日
年　　月　　日

３．認定に係る建築物の位置

４．申請の対象とする範囲
□建築物全体
□複合建築物の非住宅部分
□複合建築物の住宅部分

５．変更の概要

（本欄には記入しないでください。）

受　付　欄	認 定 番 号 欄	決　裁　欄
年　　月　　日	年　　月　　日	
第　　　　　　号	第　　　　　　号	
係員氏名	係員氏名	

（注意）

１．申請者が法人である場合には、代表者の氏名を併せて記載してください。

２．３欄には、認定に係る建築物の位置する地名地番を記載してください。

３．４欄には、非住宅建築物、一戸建ての住宅、共同住宅等又は複合建築物の全体に係る申請の場合には「建築物全体」に、複合建築物の非住宅部分のみに係る申請の場合には「複合建築物の非住宅部分」に、複合建築物の住宅部分のみに係る申請の場合には「複合建築物の住宅部分」に、「レ」マークを入れてください。

※「非住宅建築物」は建築物エネルギー消費性能基準等を定める省令（平成28年経済産業省令・国土交通省令第１号）第１条第１項第１号に規定する非住宅建築物をいい、「一戸建ての住宅」は一棟の建築物からなる一戸の住宅をいい、「共同住宅等」は共同住宅、長屋その他の一戸建ての住宅以外の住宅をいい、「複合建築物」は同号に規定する複合建築物をいいます。

様式第八（第四十六条関係）（日本産業規格Ａ列４番）

低炭素建築物新築等計画変更認定通知書

認　定　番　号　　第　　　　　　　号
認 定 年 月 日　　　　　年　　月　　日
（※）確　認　番　号　　第　　　　　　　号
確 認 年 月 日　　　　　年　　月　　日
建築主事又は
建築副主事の職氏名

殿

所管行政庁　　　　　　　　　　印

都市の低炭素化の促進に関する法律第55条第１項の規定により申請のあった低炭素建築物新築等計画の変更について、同条第２項において準用する同法第54条第１項の規定に基づき認定しましたので通知します。

１．申請年月日
２．申請者の住所
３．当該変更認定を受ける前の低炭素建築物新築等計画の認定番号
４．認定に係る建築物の位置

（※）は法第55条第２項において準用する法第54条第４項において準用する建築基準法（昭和25年法律第201号）第18条第３項の規定により所管行政庁が確認済証の交付を受けた場合に記入されます。

サービス・インフォメーション

通話無料

①商品に関するご照会・お申込みのご依頼
TEL 0120(203)694／FAX 0120(302)640
②ご住所・ご名義等各種変更のご連絡
TEL 0120(203)696／FAX 0120(202)974
③請求・お支払いに関するご照会・ご要望
TEL 0120(203)695／FAX 0120(202)973

●フリーダイヤル（TEL）の受付時間は、土・日・祝日を除く9:00〜17:30です。
●FAXは24時間受け付けておりますので、あわせてご利用ください。

九次改訂　登録免許税の軽減のための
住宅用家屋証明の手引き

2024年10月20日　初版発行

編・著　民間住宅税制研究会
編集協力　国土交通省住宅局
発行者　田　中　英　弥
発行所　第一法規株式会社
〒107-8560　東京都港区南青山2-11-17
ホームページ https://www.daiichihoki.co.jp/
装　丁　篠　隆　二

家屋証明（九改）ISBN978-4-474-04130-1　C2033（1）